Die Verfassungsentwicklung von Mosambik

SCHRIFTEN ZUM STAATS- UND VÖLKERRECHT

Herausgegeben von Prof. Dr. Dieter Blumenwitz

Band 91

Peter Lang
Frankfurt am Main · Berlin · Bern · Bruxelles · New York · Oxford · Wien

Andreas Rosenfeld

Die Verfassungs-entwicklung von Mosambik

Ein Beitrag zur rechtsstaatlichen Transformation im südlichen Afrika

Peter Lang
Europäischer Verlag der Wissenschaften

Die Deutsche Bibliothek - CIP-Einheitsaufnahme

Rosenfeld, Andreas:

Die Verfassungsentwicklung von Mosambik : ein Beitrag zur rechtsstaatlichen Transformation im südlichen Afrika / Andreas Rosenfeld. - Frankfurt am Main ; Berlin ; Bern ; Bruxelles ; New York ; Oxford ; Wien : Lang, 2001

(Schriften zum Staats- und Völkerrecht ; Bd. 91)
Zugl.: Würzburg, Univ., Diss., 2000
ISBN 3-631-37287-6

D 20
ISSN 0172-7796
ISBN 3-631-37287-6

www.peterlang.de

Meiner Familie

Vorwort

Die vorliegende Arbeit geht auf meine Dissertation zurück, die der Juristischen Fakultät der Bayerischen Julius-Maximilians-Universität zu Würzburg im Frühjahr 2000 vorgelegen hat.

Mein besonderer Dank gilt meinem Doktorvater, Herrn Prof. Dr. Dieter Blumenwitz, der die Dissertation betreut und mich in allen Phasen der Promotion stets unterstützt hat. Herrn Prof. Dr. Blumenwitz danke ich außerdem für die Aufnahme in die Reihe „Schriften zum Staats- und Völkerrecht“. Für die Erstellung des Zweitgutachtens danke ich Herrn Prof. Dr. Michael Wollenschläger. Mein Dank gilt ferner der Hochschule für Politik München, die die Arbeit finanziell gefördert hat.

Mali und Charles danke ich herzlich für ihre Gastfreundschaft in Maputo. Meinem Studienfreund Markus Voltz danke ich für Rat und Tat. Bedanken möchte ich mich ferner bei meiner Frau Dr. Katrin Rosenfeld für die Unterstützung während der gemeinsamen Promotionszeit. Schließlich danke ich meinem Vater und meinen Brüdern für ihre Begleitung meiner juristischen Ausbildung und Unterstützung der vorliegende Arbeit.

Berlin, im April 2001 *Andreas Rosenfeld*

Inhaltsverzeichnis

Abkürzungsverzeichnis

Abs.	Absatz
AöR	Archiv des öffentlichen Rechts
Art.	Artikel
Aufl.	Auflage
AWEPA	Association of Western European Parliamentarians for Southern Africa
BayVBl.	Bayerische Verwaltungsblätter
Bd.	Band
BdR	Boletim da República - Publicação Oficial República Popular de Moçambique
Bearb.	Bearbeiter
BMF	Bundesministerium der Finanzen
BMZ	Bundesministerium für Entwicklung und technische Zusammenarbeit
BRD	Bundesrepublik Deutschland
BVerfG	Bundesverfassungsgericht
BVerfGE	Entscheidungen des Bundesverfassungsgerichts
bzw.	beziehungsweise
CCM	Consehlo Christão de Moçambique
CNE	Comissão Nacional de Eleicões
CPLP	Comunidade dos Países da Língua Portuguêsa (Gemeinschaft portugiesischsprechender Länder)
DASP	Deutsche Gesellschaft für die afrikanischen Staaten portugiesischer Sprache
DDR	Deutsche Demokratische Republik
ders.	derselbe
EA	Europa-Archiv
EG	Europäische Gemeinschaft
EMW	Evangelisches Missionswerk in Deutschland

FAZ	Frankfurter Allgemeine Zeitung
FES	Friedrich-Ebert-Stiftung
f., ff.	folgende
Fn.	Fußnote
FNLA	Frente Nacional de Libertação de Angola (Nationale Befreiungsfront von Angola)
FRELIMO	Frente de Libertação de Moçambique (Befreiungsfront von Mosambik)
GA	General Assembly of the United Nations
GBL	Gesetzblatt
GG	Grundgesetz
GKKE	Gemeinsame Konferenz Kirche und Entwicklung
GTZ	Deutsche Gesellschaft für Technische Zusammenarbeit
Hrsg.	Herausgeber
ICJ	International Court of Justice
ILM	International Legal Materials
i.V.m.	in Verbindung mit
JAL	Journal of African Law
JöR	Jahrbuch des öffentlichen Rechts
JuS	Juristische Schulung
lit.	littera
LDH	Liga Moçambicana dos Direitos Humanos
MPLA	Movimento Popular de Libertação de Angola (Volksbefreiungsbewegung von Angola)
m.w.N.	mit weiteren Nachweisen
NGO	Non-Governmental Organisation
Nr.	Nummer
OAU	Organization of African Unity
OJM	Organização da Juventude Moçambicana (Organisation der Mosambikanischen Jugend)

OMM	Organização da Mulher Moçambicana (Organisation der Mosambikanischen Frau)
ONUMOZ	Opération des Nations Unies en Mozambique
PIDE	Polícia Internacional e de Defesa do Estado (Geheimpolizei Portugals)
Rn.	Randnummer
RENAMO	Resistência Nacional Moçambicana (Nationale Widerstandsbewegung von Mosambik)
Res.	Resolution
RGW	Rat für gegenseitige Wirtschaftshilfe
s.	siehe
S.	Seite
SADC	Southern African Development Community
SADCC	Southern African Development Coordination Conference
SAYIL	South African Yearbook of International Law
SAPEM	Southern African Political and Economy Monthly
SED	Sozialistische Einheitspartei Deutschlands
sog.	sogenannte(r)
SVN	Satzung der Vereinten Nationen
u.	und
u.a.	unter anderem
UD	União Democrática
UN	United Nations
UNAVEM	United Nations Angola Verification Mission
UNDP	United Nations Development Programm
UNITA	União Nacional para a Independência Total de Angola (Nationale Union für die vollständige Unabhängigkeit Angolas)
U.N.Doc.	United Nations Documents
U.N.T.S.	United Nations Treaty Series
Verf.	Verfassung
vgl.	vergleiche
VN	Vereinte Nationen
VRÜ	Verfassung und Recht in Übersee

ZaöRV	Zeitschrift für ausländisches öffentliches Recht und Völkerrecht
Ziff.	Ziffer
zit.	zitiert

Im übrigen wird verwiesen auf Kirchner, Hildebert, Abkürzungsverzeichnis der Rechtssprache, Berlin, 4. Aufl. 1993

Einleitung

Der afrikanische Kontinent erlebt 30 Jahre nach seiner Entkolonialisierung eine zweite Phase der Liberalisierung. Während der Dekolonisationsprozeß, der als *wind of change* bezeichnet wurde,[1] zur Unabhängigkeit des afrikanischen Kontinents führte, findet nun die Demokratisierung Afrikas statt. In dieser Entwicklung nimmt Mosambik eine besondere Rolle ein. Das Land wurde vom ersten *wind of change* sehr spät erfaßt, zählt aber in der Demokratisierungsphase zu den Hoffnungsträgern im südlichen Afrika. Mosambik war eine der letzten Kolonien, die in die Unabhängigkeit entlassen wurden. Das Land mußte sich die Anerkennung seines Selbstbestimmungsrechtes, wie alle afrikanischen Überseegebiete Portugals, in einem langen Befreiungskampf erstreiten. Der eigenen Staatlichkeit folgte der Aufbau eines sozialistischen Staates und die Errichtung eines autoritären Einparteienregimes. Die Befriedigung des Landes währte nur kurz, der junge Staat versank in einen 16-jährigen Bürgerkrieg. Erst durch internationale Vermittlungen und eine der größten UN-Friedensmissionen in der Geschichte der Vereinten Nationen konnten 1992 das Friedensabkommen von Rom unterzeichnet und 1994 die ersten freien Wahlen des Landes abgehalten werden. Nach der erfolgreichen Einführung eines pluralistischen Systems gehört Mosambik nun zu den wenigen demokratischen Ländern im südlichen Afrika.

Die staatliche Entwicklung Mosambiks drückt sich in den beiden Verfassungen von 1975 und 1990 aus. Die Unabhängigkeitsverfassung konstitutionalisierte die marxistisch-leninistische Staatskonzeption der regierenden Befreiungsbewegung FRELIMO. Die demokratische Verfassung von 1990 ermöglichte die Durchführung der ersten freien Wahlen und die demokratische Transition der staatlichen Ordnung. Das Ziel der vorliegenden Arbeit ist es, diese Verfassungsentwicklung des unabhängigen Mosambik zu untersuchen.

Im ersten Teil der Untersuchung wird die Transformation Mosambiks von kolonialer Abhängigkeit in moderne Staatlichkeit dargestellt. Mosambik ist als ehemalige portugiesische Kolonie und eines der ärmsten Länder der Welt in Deutschland relativ unbekannt, obwohl es eng mit der Deutschen Demokratischen Republik verbunden war. Der Schwerpunkt der Darstellung liegt auf der staatsrechtlichen Analyse des postrevolutionären Transitionsprozesses.

Der zweite Teil untersucht die Verfassungsentwicklung des unabhängigen Mosambik und analysiert die Verfassungen von 1975 und 1990. Dabei steht die Verfassung von 1990 und der Entwicklungsprozeß, der zu ihrer Verabschiedung geführt hat, im Vordergrund.

1 Vgl. Berg-Schlosser, Democratization in Africa - Conditions and Prospects, Law and State, Vol. 52, 1995, S. 37.

Im letzten Teil der Arbeit wird die normative Kraft der demokratischen Verfassung von 1990 anhand der Verfassungswirklichkeit überprüft. Abschließend soll die demokratischen Transition Mosambiks bewertet werden. Hierbei wird vergleichend die Entwicklung im südlichen Afrika einbezogen.

Im Anhang der Arbeit befindet sich eine Auswahl von Dokumenten, die für die staatsrechtliche Entwicklung Mosambiks von Bedeutung sind. Auf den Abdruck der aktuellen mosambikanischen Verfassung ist verzichtet worden, da eine deutsche Übersetzung nicht vorliegt. Eine Übersetzung der Verfassung von 1990 findet sich bei *Baumann/Ebert, Die Verfassungen der frankophonen und lusophonen Staaten des subsaharischen Afrikas*[2], in der jedoch die Verfassungsänderungen von 1996 nicht berücksichtigt wurden. Für eine Übersetzung der Unabhängigkeitsverfassung sei auf *Stephani, Volksrepublik Mocambique*[3] und *Graf/Joseph, Volksrepublik Mocambique*[4] verwiesen. Im übrigen finden sich die Verfassungstexte in Originalversion und in englischer Übersetzung in den einschlägigen internationalen Verfassungssammlungen und im Internet.

Da in Mosambik die juristische Wissenschaft noch einen geringen Stellenwert besitzt - das Land verfügt über nur einige hundert ausgebildete Juristen, die erste juristische Fachzeitschrift ist im März 1997 von der rechtswissenschaftlichen Fakultät der Eduardo Mondlane Universität in Maputo herausgegeben worden[5] - handelt es sich bei der für diese Arbeit verwendeten Literatur weniger um mosambikanische Literatur als um ausländische Literatur über Mosambik. Dies umfaßt die rechtswissenschaftlichen Arbeiten von Autoren der DDR, deren staats- und verfassungsrechtliche Beratung die sozialistische Entwicklung Mosambiks wesentlich mitbestimmt hat. Als Erkenntnisquelle für die Untersuchung haben ferner eine Reihe von Interviews gedient. An dieser Stelle sei den Gesprächspartnern - P. Häussler (Leiter der Friedrich-Ebert-Stiftung, Maputo), Prof. Dr. H. Matthes (Botschafter der DDR in Tansania von 1973-1976 und in Mosambik von 1983-1988), A. Sachs (Richter am südafrikanischen Verfassungsgericht, ehemaliger Dozent an der Marxismus-Leninismus-Fakultät der Eduardo-Mondlane-Universität Maputo), Prof. Dr. R. Schattenfroh (ehemaliger Leiter der Friedrich-Ebert-Stiftung, Maputo), Prof. Dr. A. Thomashausen (Direktor des In-

---

2 Baumann/Ebert, Die Verfassungen der frankophonen und lusophonen Staaten des subsaharischen Afrikas, Verfassungen der Länder Afrikas sowie des Nahen und Mittleren Ostens, Bd. 2, S. 587ff.

3 Stephani, Verfassung der Volksrepublik Mozambique vom 20.6.1975, Verfassungstexte, Beilage zu Verfassung und Recht in Übersee, Heft 2/1976.

4 Graf/Joseph, Volksrepublik Mocambique. Wachsen und Werden eines jungen Staates, S. 229ff.

5 DASP (Hrsg.), Heft Mosambik, DASP-Reihe Nr. 73 (98), S. 24.

stitute of Foreign and Comparative Law, UNISA) und Dr. R. Zirpel (Botschafter der BRD in Mosambik) - für ihre Anregungen und Unterstützung gedankt. Schließlich hat ein Forschungsaufenthalt in Mosambik und Südafrika 1998 zum Gelingen der Arbeit beigetragen.

Erster Teil:

Die Transformation kolonialer Abhängigkeit in moderne Staatlichkeit

A. Die Transformation im subsaharischen Afrika

Die Transformation kolonialer Abhängigkeit in moderne Staatlichkeit hat auch an der Schwelle zum 21. Jahrhundert nicht an Aktualität verloren und bestimmt nach wie vor das politische Tagesgeschehen auf dem afrikanischen Kontinent. Obwohl fast alle afrikanischen Länder ihre Unabhängigkeit bereits in den 1960er und 1970er Jahren erhielten, dauert der Transformationsprozeß zu demokratischen und rechtsstaatlichen Staatsstrukturen noch an.

Seit dem Ende des zweiten Weltkrieges wurden mit wachsender Geschwindigkeit die meisten ehemaligen Kolonialländer in Afrika unabhängige Staaten. Im „afrikanischen Jahr" 1960 proklamierten 17 Länder ihre Unabhängigkeit.[6] Diese Dekolonisation verlief weitgehend friedlich und wurde daher als „Entkolonisierung durch Resolutionen" bezeichnet.[7] Die Unabhängigkeit der überseeischen Gebiete Portugals (Angola, Guinea-Bissau, Kapverdische Inseln, Mosambik, São Tomé et Príncipe) und der weißen Siedlerkolonien (Simbabwe, Namibia) war dagegen mit langen Befreiungskriegen verbunden. 1980 hatten bis auf Namibia (21.03.1990) und Eritrea (24.05.1993) alle Staaten des afrikanischen Kontinents ihre Selbständigkeit erreicht.[8]

Die meisten der neuen Staaten übernahmen die Verfassungstraditionen der einstigen Kolonialmächte, insbesondere die parlamentarische Tradition Frankreichs und des Westminster Modells.[9] Die Versuche, eine eigene Staatsordnung nach westlichem Vorbild zu gestalten, schlugen jedoch fehl. Ohne die entsprechende Erfahrung und das gewachsene Vertrauen in ordnungsgemäß zustande

---

6 Vgl. Mair, Staatliche Unabhängigkeit seit Ende der fünfziger Jahre, Informationen zur politischen Bildung Nr. 264/1999, S. 18; Herrfahrdt, Staatsgestaltungsfragen in Entwicklungsländern Asiens und Afrikas, S. 7.

7 Vgl. Kimminich, Einführung in das Völkerrecht, S. 95.

8 Vgl. Africa at a Glance, S. 1ff.

9 Vgl. Berg-Schlosser, Democratization in Africa - Conditions and Prospects, Law and State, Vol. 52, 1995, S. 1.; Rabl, Die gegenwärtigen Hauptprobleme des Verfassungsrechts der afrikanischen Staaten südlich der Sahara, Juristische Blätter 1967, S. 510f.

gekommene Mehrheiten scheiterten die parlamentarischen Regierungssysteme.[10] Eine Lösung der Frage, in welchem Maß die „geerbten" afrikanischen, europäischen und islamischen Rechtstraditionen in einer modernen Verfassung mit allgemeinem Geltungsanspruch fortbestehen konnten, wurde nicht gefunden.[11] Es fehlte den neu geschaffenen Staaten ein ausgeprägtes Nationalbewußtsein. Die von den Kolonialmächten übernommen Grenzen, die künstliche Zusammenhänge geschaffen hatten, verhinderten die Entstehung eines einheitlichen Volkswillens. Die afrikanischen Staatsführer beabsichtigten weniger die Einführung westlich-liberaler Staatsformen, sondern waren vor allem an der Festigung der staatlichen Einheit und der Stärkung des Nationalbewußtseins interessiert.[12] Die Demokratie im westlich-pluralistischen Sinne wurde als ungeeignet abgelehnt. Die politischen Vorstellungen waren überwiegend von sozialistischen und später marxistischen Ideen beeinflußt.[13]

Kurze Zeit nach der Unabhängigkeit wurde daher in fast allen afrikanischen Staaten de iure oder de facto Einparteiensysteme eingeführt. Dauerhafte Ausnahmen waren nur Botswana, Gambia, Mauritius und Simbabwe. Botswana und Mauritius gelten nach wie vor als Musterländer der afrikanischen Demokratie.[14] Simbabwe hat unter der langjährigen Regierung Robert Mugabes an Ansehen verloren, und in Gambia ist 1994 das Mehrparteiensystem nach fast drei Jahrzehnten durch einen Militärputsch beseitigt worden. In den portugiesischsprachigen Länder wurden sofort nach der Unabhängigkeit 1975 Einparteienregimes konstitutionalisiert und der „wissenschaftlichen Sozialismus" zur Staatsdoktrin erklärt, um die Erfahrungen der anderen afrikanischen Staaten zu vermeiden.[15] Das Gemeinsame Merkmal der afrikanischen Einparteiensysteme war die Vormachtstellung einer Partei, in der Regel der einstigen Befreiungsbewegung. Diese Vormachtstellung beruhte entweder auf der politischen Mehrheit in den natio-

---

10 Vgl. Herrfahrdt, Staatsgestaltungsfragen in Entwicklungsländern Asiens und Afrikas, S. 12f.; Illy, Staat und Verwaltung seit der Unabhängigkeit, S. 11ff.

11 Vgl. Wähler, Rechtsordnungen Afrikas und Madagaskars, in: David/Grasmann, Einführung in die großen Rechtssysteme der Gegenwart, S. 647ff.; Bryde, Zur Einführung: Afrikanische Rechtssysteme, JuS 1982, S. 8, 10ff.; Schaeffer, Die Entwicklung des afrikanischen Rechts zwischen Tradition und Entfremdung, S. 107ff.

12 Rogge, Die Verfassung des afrikanischen Einparteienstaates, S. 4.

13 Vgl. Kopfmüller, Politische Ideen der Unabhängigkeitsbewegung, Informationen zur politischen Bildung Nr. 264/1999, S. 35ff.

14 Vgl. von Lucius, „Ausnahmezustand" vor den Wahlen in Botswana, FAZ vom 27.9.1999, S. 9.

15 Vgl. Meyns, Einleitung: Ein neuer Anfang für das portugiesischsprachige Afrika?, S. 4f.

nalen Parlamenten oder auf entsprechenden Verfassungsänderungen.[16] In den Ländern, die einen marxistischen Weg einschlugen, wie Angola, Äthiopien und Mosambik, wurden die Regierungsparteien ausdrücklich als Staatsparteien institutionalisiert.

Den autoritären Einparteiensystemen fehlte die Legitimation und Effektivität.[17] Viele Staaten konnten weder für die Wohlfahrt noch für die Sicherheit ihrer Bevölkerung sorgen. Der Untergang des afrikanischen Einparteienstaates wurde von zahlreichen Bürgerkriegen begleitet, die sich teilweise zu „Stellvertreterkriegen" des Ost-West-Konfliktes entwickelten. In einigen Staaten wurden die sozialistischen Einparteiensysteme durch Militärdiktaturen abgelöst.[18]

Seit dem Ende des Kalten Krieges, zu dessen Verlierern der schwarzafrikanische Kontinent gezählt wird,[19] hat eine neue Phase der Staatswerdung in Afrika begonnen.[20] Diese „zweite Unabhängigkeit" betrifft nicht die äußere, sondern die innere Selbstbestimmung der afrikanischen Völker. Im Mittelpunkt steht eine Erneuerung des afrikanischen Staatswesens unter Berücksichtigung des kolonialen Erbes und der eigenen Traditionen was allgemeine mit dem Begriff *African Renaissance* umschrieben wird.[21] Der Staat wird von den afrikanischen Staatsführern zunehmend als Wohlfahrts- und Sozialstaat und Treuhändler seiner Bürger begriffen. Die politische Situation und wirtschaftliche Marginalisierung des Kontinents wird nicht mehr ausschließlich auf die koloniale Vergangenheit zu-

---

16 Vgl. Rogge, Die Verfassung des afrikanischen Einparteienstaates, S. 1, 15ff.; Rabl, Die gegenwärtigen Hauptprobleme des Verfassungsrechts der afrikanischen Staaten südlich der Sahara, Juristische Blätter 1967, S. 514f.

17 Vgl. Nabudere, Der Niedergang des neokolonialen Staates in Afrika, Vereinte Nationen 4/84, S. 124ff.; Schmidt, Wie ist in Afrika wieder „Staat zu machen"?, Internationales Afrikaforum 1999, S. 257f.

18 Vgl. Berg-Schlosser, Democratization in Africa - Conditions and Prospects, Law and State, Vol. 52, 1995, S. 37f.; Ansprenger, Kriegsherd Afrika?, Internationale Politik 3/1995, S. 41ff.; ders., Politische Geschichte Afrikas im 20. Jahrhundert, S. 100ff.

19 Vgl. Wenzel, Flüchtlinge und Flüchtlingsintegration in Mosambik, Africa Spectrum 30 (1995) 2: 207.

20 Vgl. Breytenbach, Democratization in sub-Saharan Africa: Transitions, elections and prospects for consilidation, S. 44ff.; Riley, The Democratic Transition in Africa. An End to the One-Party State?, S. 28ff.; Diamond, The New Wind, Africa Report at 40, S. 50ff.

21 Die Bezeichnung stammt vom südafrikanischen Staatspräsidenten Thabo Mbeki; vgl. von Lucius, Eine afrikanische Renaissance?, FAZ vom 12.6.1999, Nr. 133 S. III; Mazrui, Afro-Renaissance. Hoffnung im postkolonialen Afrika, Internationale Politik 9/1996, S. 11ff.; Peterson, Finding African Solutions to African Problems, The Washington Quaterly, Cambridge, MA. J.21 Nr. 3, Sommer 1998, S. 149ff.; Waller, Demokratische Renaissance in Afrika?, Internationale Politik 8/1999, S. 49ff.

rückgeführt, sondern auch als Folge eigener Fehler angesehen.[22] Die neue Staatlichkeit kommt in einem geänderten Verfassungsverständnis zum Ausdruck, dessen Verwirklichung allerdings schwierig bleibt.[23] Der Rechtsstaat entwickelt sich (langsam) von einem formellen Gesetzesstaat zu einem materiellen Gerechtigkeitsstaat.

Dieser Staatsfindungsprozeß zeigt Parallelen zu der Verfassungsentwicklung Europas.[24] Auch die moderne demokratische Entwicklung der westlichen Welt ist erst möglich geworden, nachdem durch autoritäre Monarchien eine einheitliche Staatsgewalt geschaffen worden waren. Das 19. Jahrhundert konnte die Staatsgewalt als etwas Selbstverständliches voraussetzen und sich mit der Frage auseinandersetzen, wie die Freiheit des einzelnen gegen diese Staatsgewalt zu schützen sei. Alle Merkmale des modernen Rechtsstaates haben sich aus den Erfahrungen mit der Monarchie entwickelt: Gewaltenteilung, Rechtsstaatlichkeit, Menschenrechte, Bildungssysteme und die Entstehung einer Bürgerschicht. Dieser Prozeß scheint sich auf dem afrikanischen Kontinent in ähnlicher Weise zu wiederholen. Die Erfahrungen mit der Kolonialherrschaft konnten offensichtlich nicht dazu genutzt werden, rechtsstaatliche und demokratische Staatsordnungen zu entwickeln. Es bedurfte zunächst der Festigung der eigenen staatlichen Einheit mit Hilfe von autoritären Regierungssystemen und der Auseinandersetzung mit der eigenen Staatsgewalt. Sofern die innere Durchsetzung der Staatsgewalt erfolgreich war,[25] hat eine Auseinandersetzung mit der Rolle des Staates beginnen können.

Die Demokratisierungswelle hat jedoch nicht den ganzen afrikanischen Kontinent erfaßt. Viele Staaten erwiesen sich in der postkolonialen Phase nur durch die Unterstützung der Supermächte als überlebensfähig und sind nach dem Ende des Kalten Krieges zusammengebrochen.[26] Die Auflösungserscheinungen der

---

22 Vgl. von Lucius, Afrikas Staatschefs wollen eigene Fehler korrigieren, FAZ vom 16.7.1999, S. 6; Ders., Afrika zwischen Selbstkritik und Zuversicht, FAZ vom 13.7.1999, S. 8.

23 Vgl. Betz, Der Prozeß der Verfassungsgebung und die Grenzen von Verfassungen in Ländern der Dritten Welt - Einführung, S. 12f., 18f.; Okoth-Ogendo, Constitutionalism without constitutions: The challenge of reconstruction of the state in Africa, S. 54ff.

24 Vgl. Herrfahrdt, Staatsgestaltungsfragen in Entwicklungsländern Asiens und Afrikas, S. 12.

25 In vielen afrikanischen Ländern ist für die innere Konsolidierung der Staatsgewalt die Beteiligung der Vereinten Nationen erforderlich gewesen, vgl. von Lucius, Aus Fehlern nichts gelernt, FAZ vom 29.9.1999, S. 12.

26 Hierzu zählen Angola, Äthiopien, Liberia, Ruanda, Sierra Leone, Zaire und der Kongo; vgl. Human Rights Watch Report 1999: Africa, Internet: http://www.hrw.org/hrw/worldreport99/africa/index.html (Stand: 2.4.1999); Ansprenger, Afrika - der verlorene Konti-

staatlichen Strukturen zahlreicher Länder sind unter der Terminologie des *failed state* in die Völkerrechtswissenschaft eingegangen. Die den afrikanischen Kontinent beherrschende Frage, wie wieder „Staat zu machen“ ist, bleibt daher vielerorts noch ungelöst.[27] Mosambik scheint diese Frage für sich beantwortet zu haben.

B. Die Transformation in Mosambik

I. Der lange Weg zur Unabhängigkeit

1. Die koloniale Eroberung

a) Die Landung Portugals am Ende des 15. Jahrhunderts

Am Beginn des Transformationsprozesses steht der Anfang der kolonialen Abhängigkeit. Im März 1498 erreichten die Portugiesen unter dem Kommando Vasco da Gamas die ostafrikanische Küste in der Höhe des Sambesideltas und landeten auf einer dem Festland dicht vorgelagerten Insel.[28] Der Herrscher dieser von arabischen Händlern besiedelten Insel nannte sich Musa Ben Mbiki oder Musa il Mbike, woraus die Portugiesen „Mocambique“ bildeten. So bezeichneten sie die Insel und später den von ihnen besetzen Teil Ostafrikas, der ihnen auf der Berliner Kongo-Konferenz 1884/85 zugesprochen wurde.[29]

Portugal befand sich am Ende des 15. Jahrhunderts auf dem Höhepunkt seiner kolonialen Ausdehnung in Afrika. Nach den Kapverdischen Inseln (1445) und

---

nent? Internationale Politik 9/1996, S. 1ff.; Annan, In Afrika Entsetzen und Hoffnung. „Gerade jetzt könnte sich Hilfe auszahlen“, FAZ vom 28.7.1999, S. 3.

27 Schmidt, Wie ist in Afrika wieder „Staat zu machen“? Internationales Afrikaforum 1999, S. 257ff.

28 Vgl. die ausführliche Beschreibung der Entdeckungsfahrt bei Strandes, Die Portugiesenzeit von Deutsch und Englisch-Ostafrika, S. 13ff., 20.

29 Graf/Joseph, Volksrepublik Mocambique. Wachsen und Werden eines jungen Staates, S. 15. Die Insel Mosambik ist 1991 von der UNESCO zum Weltkulturerbe ernannt worden; vgl. Mosambik-Rundbrief Nr. 46, S. 17ff.; Mozambique News Agency AIM-Reports No. 161, 6th July 1999, "Mozambique and UNESCO agree on commission for Mozambique Island".

Guinea-Bissau (1449) waren sie bereits auf den Inseln São Tomé und Príncipe (1471) und in Angola (1482) gelandet.[30]

Die Portugiesen fanden in Mosambik kein einheitliches Staatsgebiet oder eine ostafrikanische Nation vor. Es existierten einzelne Stadtstaaten entlang der ostafrikanischen Küste, wie Sofala, Kilwa, Sansibar, Mombasa, Malindi, Lamu und Mogadischu, und im Inneren des Landes verschiedene afrikanisches Königreiche, zu denen das Reich des Monomotapa südlich des Sambesi-Flusses, drei Malawi-Königreiche nördlich des Sambesi und später das Gaza-Reich gehörten.[31] Die ersten Siedlungen gingen auf Bantu-Einwanderungen im 2. Jahrhundert zurück. Seit dem zehnten Jahrhundert gründeten die Araber Handelsplätze entlang der Küste.[32]

Die Portugiesen verzichteten auf eine Eroberung dieses *terra nullius*[33] und beschränkten sich, wie auch in Angola, auf die Gründung von Handelsniederlassungen und Stützpunkten entlang der Küste. Das Interesse galt vor allem dem Handelsweg nach Indien, dem die Niederlassungen in Ostafrika dienen sollten. Als kleine und in Europa relativ unbedeutende Nation fehlten Portugal die Möglichkeiten, sein gesamtes Kolonialreich zu verwalten. Es hatte weder die finanziellen noch die personellen Mittel, in Afrika das Hinterland zu erschließen und die Konfrontation mit der einheimischen Bevölkerung einzugehen.[34] So wurde Mosambik zunächst nicht selbständig verwaltet. Der 1608 eingerichtete Gouverneursposten war der Kolonialverwaltung in Indisch-Goa unterstellt.[35] Erst 1752 wurde die Verwaltung auf die Insel Mosambik verlegt und das Land damit zur portugiesischen Kolonie. Neun Jahre später kam es zum Erlaß des ersten Verwaltungsstatuts für die Kolonie. 1880 zog die Verwaltung auf das Festland ins

---

30 Vgl. Humbaraci/Muchnik, Portugal's African Wars. Angola, Guinea Bissao, Mozambique, S. 85.

31 Mondlane, Kampf um Mosambik, S. 24; Henrikson, Mozambique: A History, S. 7, 12.

32 Diese hatten sich im Gefolge des Geographen und Reisenden El Masudi, der um 947 bis in die Gegend von Sofala gelangt war, entlang der Küste niedergelassen und handelten mit Elfenbein und Gold; vgl. Stephani, Volksrepublik Mocambique, Beilage zu VRÜ 2/1976, S. II.

33 Bis in das 19. Jahrhundert erfolgte die Landnahme europäischer Staaten in Afrika und Asien durch Okkupation, weil den vorgefundenen Gesellschaftsstrukturen die Rechtsqualität eines Staates nicht zuerkannt wurde; Kimminich, Einführung in das Völkerrecht, S. 154.

34 Aus diesem Grunde wurden mit den afrikanischen Herrschern Verträge abgeschlossen, um im Hinterland der portugiesischen Küstenbesitzungen Sicherheitszonen zu schaffen; vgl. Alexandrowicz in: UNITAR, African International Legal History, S. 33.

35 Der portugiesische Kolonialbesitz in Asien umfaßte neben Goa vor allem Macao und Timor.

südliche Lourenco Marques,[36] der heutigen Hauptstadt Maputo.[37] So blieb der Einfluß Portugals auf Mosambik lange Zeit auf wenige Siedlungen an der Küste beschränkt. Vorstöße ins Innere des Landes beruhten auf dem eigenständigen Vorgehen einzelner Händler und Soldaten.

b) Das prazo-System

Ende des 16. Jahrhunderts entstand das *prazo*-System, eines der charakteristischen Merkmale in der Kolonialgeschichte Mosambiks.[38] Im Inland etablierten sich portugiesische und indische Händler, die aufgrund ihrer wirtschaftlichen und militärischen Macht Rechte und Funktionen erwarben, die denen eines afrikanischen Stammesfürsten entsprachen. Dies beruhte auf Eheschließungen oder Handelsgeschäften mit den Einheimischen, vor allem aber darauf, daß einzelne Händler als Dank für Hilfeleistungen bei Stammeskämpfen vom Häuptling des Monomotapa-Reiches Gebiete seines Königreiches zum Lehen erhielten. Dies schloß die absolute Herrschaft über die Eingeborenen in den betreffenden Gebieten mit ein. Auf diese Weise gelangten einige der Lehenträger (*prazeros*) zu großer Macht, auf die der portugiesische Staat keinerlei Einfluß hatte. Eine Verpflichtung bestand nur gegenüber dem Stammeshäuptling. Aus afrikanischer Sicht waren die *prazos* daher eine Form des Häuptlingswesens, der *chieftaincy*, und als solche Teil der komplexen afrikanischen Gesellschaftsstruktur. Die häufig von Mißwirtschaft und Exzessen gekennzeichnete Herrschaft der *prazeros* erwiesen dieser Struktur jedoch keinen guten Dienst.[39]

Später wurden die *prazos* ergänzt durch Lehen der portugiesischen Krone.[40] Diese *prazos da coroa* entsprachen mittelalterlichen Fronhöfen und basierten auf der zwangsweisen Ausbeutung der afrikanischen Arbeitskraft. Dem *prazero* oblag die Aufrechterhaltung von Recht und Ordnung in seinem *prazo*, wozu ihm die Aufstellung einer eigenen Wehr gestattet war. Politisch dienten die Krongü-

---

36 Die Stadt wurde nach dem gleichnamigen portugiesischen Seefahrer und Kaufmann benannt, der hier 1554 gelandet war; vgl. Graf/Joseph, Volksrepublik Mocambique. Wachsen und Werden eines jungen Staates, S. 18.

37 Graf/Joseph, Volksrepublik Mocambique. Wachsen und Werden eines jungen Staates, S. 15.

38 Vgl. Henrikson, Mozambique: A History, S. 55ff.; Newitt, A History of Mozambique, S. 217ff.; Schaedel, Eingeborenen-Arbeit: Formen der Ausbeutung unter der portugiesischen Kolonialherrschaft in Mosambik, S. 5ff.

39 Newitt, A History of Mozambique, S. 217.

40 Bei Azevedo, Historical Dictionary of Mozambique, S. XV werden diese Lehen als *land grants held under Roman Law contracts of emphyteusis* bezeichnet.

ter dazu, die Kontrolle über das unerschlossene Hinterland zu erhalten, die europäischen Siedlungen zu vergrößern und der Krone eine Einnahmequelle durch die Erhebung von Pachtsummen zu erschließen.[41] Da sich aber die portugiesische Macht nur auf die eigenen Küstenstützpunkte beschränkte, übten viele *prazeros* ihre Herrschaft weitgehend unkontrolliert aus, kooperierten nach wie vor mit afrikanischen Königen oder waren ihnen tributpflichtig und genossen politische Selbständigkeit. 1832 wurde das *prazo*-System offiziell abgeschafft, blieb aber tatsächlich bis zum Ende des Jahrhunderts eine häufige Form der privaten Landherrschaft.[42]

c) Sklavenhandel und Kolonialisierung

Mitte des 18. Jahrhunderts begann der Sklavenhandel, vor allem nach Kuba und Brasilien, der wichtigsten Überseeprovinz Portugals. 1754 wurden zum ersten Mal Sklaven nach Übersee verschifft.[43] Wegen der größeren Entfernung der südostafrikanischen Küste zu den amerikanischen Absatzmärkten hatte sich der transatlantische Sklavenhandel hier erst viel später als an der afrikanischen Westküste zu einem florierenden Geschäft entwickelt.[44]

Da Mosambik mangels Erschließung nicht wirtschaftlich nutzbar, Portugal aber wegen seiner ökonomischen Schwäche auf die wirtschaftliche Ausnutzung der Kolonien angewiesen war, sollte der Sklavenhandel diese Schwäche kompensieren. Bis Anfang des 20. Jahrhunderts wurden schätzungsweise zwei Millionen Menschen als Sklaven gehandelt.[45] Nach der Unabhängigkeit Brasiliens 1822 erreichte der von Mosambik ausgehende Sklavenhandel seinen kurzen Höhepunkt, als bis zu 35.000 Menschen pro Jahr als Sklaven verschifft wurden. Mit der - zunächst nur offiziellen - Abschaffung der Sklaverei durch Lissabon 1836

---

41 Die *prazos da coroa* erstreckten sich beiderseit des Sambesi von der Küste bis in die Gegend von Zumbo.

42 Im Jahre 1889 wurde eine königliche Untersuchungskommission einberufen, um Verbesserungsvorschläge für das *prazo*-System auszuarbeiten. In ihrem Abschlußbericht kam sie zu dem Ergebnis, daß das System ineffektiv und menschenunwürdig sei, ohne aber seine Abschaffung zu fordern; vgl. Azevedo, Historical Dictionary of Mozambique, S. 100.

43 Azevedo, Historical Dictionary of Mozambique, S. XV.

44 Vgl. Azevedo, Historical Dictionary of Mozambique, S. 119.

45 Vgl. Newitt, A History of Mozambique, S. 250.

und unter dem Druck der britischen Anti-Sklaverei-Politik wurde schließlich das Ende dieser Epoche eingeleitet.[46]

1822 enthielt Portugal in Folge der liberalen Revolution von 1820 seine erste geschriebene Verfassung. Diese liberale Verfassung sah keine speziellen Bestimmungen für die Überseegebiete vor, sondern galt grundsätzlich unterschiedslos für das gesamte portugiesische Territorium in Europa und Übersee. Die Eingeborenen in den afrikanischen Kolonien erhielten dadurch die gleichen Rechte wie die Europäer des Mutterlandes, was jedoch keine praktischen Auswirkungen hatte. Hieran änderte sich auch durch die Verfassung von 1838 nichts, die erstmals von „Überseeprovinzen" (*províncias do ultramar*) sprach.[47] 1869 wurde die Geltung des portugiesischen bürgerlichen Gesetzbuches auf die Überseeprovinzen ausgedehnt, das neben den gewohnheitsrechtlichen Sitten und Gebräuchen der Einheimischen Anwendung finden sollten.[48]

Mitte des 19. Jahrhunderts verstärkte Portugal nach dem Rückgang des Sklavenhandels die Kolonialisierungsbemühungen in Mosambik, um neue Handelsquellen zu erschließen, was jedoch zunächst wenig erfolgreich war. Wiederholt kam es wegen Portugals Bestrebungen, das Hinterland zu erschließen und wirtschaftlich auszunutzen, zu erbitterten Auseinandersetzungen mit den einheimischen Stämmen. In den 1820ern waren Horden des Nguni-Stammes auf der Flucht vor dem Zulu-König Shaka aus der südafrikanischen Region Natal im Süden Mosambiks eingefallen und hatten weite Gebiete zwischen Lourenco Marques und dem Sambesi in ihren Besitz gebracht. Ab 1840 folgte im Sambesi-Gebiet eine Reihe von Kriegen zwischen den *prazeros* und verschiedenen Stammesfürsten.[49]

Zu den Auseinandersetzungen im Inneren des Landes traten die Bedrohungen der portugiesischen Besitzungen von außen durch europäische Mächte und ara-

---

46 Großbritannien hatte als erste europäische Großmacht die Sklaverei in seinem Reich abgeschafft und setzte sich seit 1830 für die Unterdrückung des Sklavenhandels ein. Dazu kontrollierte es die drei Afrika umgebenden Meere. Portugal folgte dem Beispiel und räumte der britischen Marine alle Kontrollbefugnisse über die unter portugiesischer Flagge fahrenden Schiffe ein. 1848 schloß sich auch Frankreich der britischen Politik an. Im Jahre 1873 kam mit der Schließung des öffentlichen Sklavenhandels in Sansibar der Export des „schwarzen Elfenbeins" zum Erliegen; vgl. Henrikson, Mozambique: A History, S. 65ff.

47 Vgl. Arntz, Das Recht der Portugiesischen Überseegebiete, S. 17.

48 Jacob, Grundzüge der Geschichte Portugals und seiner Übersee-Provinzen, S. 190.

49 Vgl. Newitt, A History of Mozambique, S. 298ff.; Henrikson, Mozambique: A History, S. 78ff.

bische Dynastien.[50] Als Ende des 16. Jahrhunderts die spanische und portugiesische Vorherrschaft als europäische Kolonialisten zu Ende ging, drängten zunächst die Araber an ihre alten Siedlungen an der ostafrikanischen Küste zurück. Unter dem Imam Sultan Ibn Saif von Mskat-Oman wurden bis Mitte des 17. Jahrhunderts alle Städte nördlich von der Insel Mosambik zurückerobert und Statthaltern unterstellt. [51] Es folgten die Holländer, Engländer und Franzosen, die dem portugiesischen Streben nach Handelsplätzen an der afrikanischen Ostküste nacheiferten.[52] Zu Beginn des 19. Jahrhunderts hatte Portugal große Teile seiner Handelsstützpunkte wieder verloren. Auch Mitte des 19. Jahrhundert beschränkte sich daher die Herrschaft der Portugiesen auf die Küstenregionen. Nach wie vor fehlte es an einem einheitlichen Staatsgebiet und an einer effektiven, nicht nur nominell ausgeübten portugiesischen Staatsgewalt.

d) Der Wettlauf um Afrika am Ende des 19. Jahrhunderts

Dies änderte sich mit den Ereignissen am Ende des ausgehenden Jahrhunderts und dem einsetzenden imperialistischen Wettlauf in Afrika. Ende des 19. Jahrhunderts machten Großbritannien und Deutschland im Ringen um die afrikanischen Kolonien Portugals Stellung in Mosambik streitig. Nach einem Rückgang des Interesses an Afrika in Europa im Anschluß an die napoleonischen Kriege und das Verbot des Menschenhandels, setzte im letzten Viertel des 19. Jahrhunderts eine Welle der kolonialen Eroberung ein. Während nicht nur die Territorien Europas, sondern auch Asiens, des pazifischen Raumes und der „neuen Welt" nahezu restlos in anerkannte und durch Grenzen definierte Staaten gegliedert waren, stellten weite Bereiche Afrikas südlich der Sahara aus Sicht der europäische Mächte *terra nullius* und überwiegend auch *terra incognita* dar. Um 1876 befanden sich nur etwa 10 % des afrikanischen Kontinents im Besitz der europäischen Mächte, Anfang des 20. Jahrhunderts war dagegen das gesamte afrikanische Territorium südlich der Sahara mit Ausnahme von Äthiopien und Liberia[53]

---

50 Büttner, Afrika: Geschichte Afrikas. Von den Anfängen bis zur Gegenwart, Teil 1, S. 156.

51 Büttner , Afrika: Geschichte Afrikas. Von den Anfängen bis zur Gegenwart, Teil 1, S. 149.

52 Newitt, A History of Mozambique, S. 167ff.

53 Die Republik Liberia wurde 1847 von befreiten Sklaven gegründet, die seit 1822 aus den USA nach Westafrika repatriiert worden waren, um die Kolonie Liberia für die amerikanischen Handelsinteressen nutzbar zu machen. Äthiopien wurde abgesehen von einer kurzen Phase der Besatzung durch Italien von 1936-1941 niemals kolonialisiert. Das Land konnte in Folge der Berliner Kongo-Konferenz die europäischen Kolonialmächte

von den „alten“ und „neuen“ Kolonialmächten beherrscht. Zu ersteren gehörten vor allem Großbritannien, Frankreich und Portugal, zu letzteren zählten Deutschland, Belgien und Italien.[54]

Das neue Interesse an Afrika hatte überwiegend wirtschaftliche Gründe. Im Zuge der industriellen Revolution und des einsetzenden Maschinenzeitalters änderten sich die Bedürfnisse in Europa grundlegend. Bisher hatte der überseeische Sklavenhandel das Interesse der europäischen Großmächte am afrikanischen Kontinent bestimmt, um Arbeitskräfte für die eigenen Plantagen zu gewinnen. Nun brauchte man die Afrikaner für den Abbau von Rohstoffen in Afrika und die Erschließung neuer Absatzmärkte. Der rasche technische Fortschritt und die wachsende Industrialisierung ermöglichten die Beherrschung größerer, über das eigene Territorium hinausgehender Räume und erforderten eine Erweiterung der heimischen Märkte sowie die Erschließung neuer Rohstoffquellen.

Die Übersteigerung der Idee des Nationalstaats, die sich gegen Ende des 19. Jahrhunderts in allen europäischen Völker durchgesetzt hatte, führte zur Entstehung eines nationalistischen Imperialismus. Der Kolonialbesitz in Übersee wurde als Voraussetzung für nationale Größe angesehen, ohne die man aus dem Kreis der Weltmächte ausgeschlossen blieb. Daher wurden selbst wirtschaftlich und strategisch nutzlose Gebiete, wie etwa die südafrikanische Kalahari-Wüste, besetzt, weil jede Erweiterung des eigenen Territorien als Zuwachs an Prestige galt. Diese Übersteigerung des Nationalismus ließ nicht selten ein Sendungsbewußtsein entstehen, das die Ausbreitung der eigenen Macht als für die Menschheit segensreich darstellte.

Weitere Triebkraft, die Europa nach Afrika zog, war die wissenschaftliche Neugier an dem unbekannten Kontinent[55] und die christliche Mission.[56]

So führten die Liberalisierung des Handels in Europa, die Erschließung der Weltmärkte und das Großmachtstreben der selbstbewußten Nationalstaaten Europas zu einer imperialistischen Invasion in Afrika. Von den Küstenstützpunkten aus begann die Erschließung großer zusammenhängender Kolonialgebiete. Die Eroberung erfolgte durch kriegerische Auseinandersetzungen mit den Eingeborenen und Vertragsschlüsse mit afrikanischen Herrschern, die nicht selten erzwungen wurden. Die Spannungen unter den europäischen Kolonialmächten im Kampf um die „besten Stücke“ ließen nicht lange auf sich warten.

---

gegeneinander ausspielen und durch einen Sieg über die Italiener in der historischen Schlacht von Adua (1896) die drohende Abhängigkeit verhindern.

54 Die deutsche Kolonialzeit begann 1884 mit der offiziellen Landnahme in Deutsch-Südwest-Afrika, Kamerun und Togo.

55 Vgl. Ki-Zerbo, Die Geschichte Schwarzafrikas, S. 439ff.

56 Vgl. etwa Wilde, Schwarz und Weiß, Berlin: Berliner Missionsgesellschaft, 1913.

(1) Die Berliner Kongo-Konferenz 1884/85

Vor allem die Machtverhältnisse im Kongogebiet führten zu Auseinandersetzungen.[57] Portugal, das seit der Landung Diego Cãos in Angola 1482 den Kongo als sein Eigentum betrachtete, fühlte sich durch die Expansionsbestrebungen des ehrgeizigen belgischen Königs Leopold II. im Kongobecken bedroht.[58] Auch Frankreich erhob Anspruch auf das Mündungsgebiet. In der Sorge, das Kongogebiet zu verlieren, schlug Portugal die Durchführung einer internationalen Konferenz vor, was vom deutschen Reichskanzler Bismarck aufgenommen wurde,[59] um Großbritannien, das Handelsfreiheit im Kongobecken anstrebte, die Initiative aus den Händen zu nehmen.[60] Dies führte zur Einberufung der Kongo-Konferenz in Berlin auf Einladung des kaiserlichen Deutschlands. Vom 15. November 1884 bis zum 26. Februar 1885 tagten Vertreter Frankreichs, Großbritanniens, der USA, Deutschlands, Österreich-Ungarns, Portugals, Belgiens, Italiens, Spaniens, der Türkei, Hollands, Rußlands, Dänemarks, Schwedens und Norwegens über die Aufteilung der umstrittenen afrikanischen Territorien und ihre wirtschaftliche Nutzbarkeit.[61]

---

57 Der Journalist Henry Morton Stanley war nach einer ersten Expedition nach Afrika und der Entdeckung des verschollen geglaubten Livingstone von 1874 bis 1877 ein zweites Mal nach Afrika aufgebrochen und hatte den Lauf des Kongo vom Tanganjika-See bis zu seiner Mündung erkundet. Diese Entdeckung führte zu großem Aufsehen, da sich der Kongo als Hauptzugangsweg in das Innere Afrikas und als Wasserweg von der West- zur Ostküste erschloß; vgl. Jean Suret-Canale in: Gatter, Protokolle und Generalakte der Berliner Afrika-Konferenz, S. 21.

58 Um seine „historischen“ Rechte geltend zu machen, besetzte Portugal 1883 das Gebiet nördlich der Kongomündung und ließ sich von Großbritannien die vertragliche Anerkennung der Gebietsansprüche an der Atlantikküste versprechen. Aufgrund der Proteste des belgischen Königs und der ablehnenden Haltung der öffentlichen Meinung in England gegenüber Portugal, das als „rückschrittliches“ Land betrachtete wurde, verzichtete die britsche Regierung jedoch darauf, den Vertrag dem Parlament zur Ratifizierung vorzulegen; vgl. Ki-Zerbo, Die Geschichte Schwarzafrikas, S. 443f.; Duffy, Portuguese Africa, S. 208ff.

59 Der deutsche Reichskanzler hatte aus Sorge um die Einheit des jungen Reiches zunächst eine Teilnahme am Kolonialisierungprozeß abgelehnt. Um eine internationale Isolierung zu vermeiden, beteiligte sich dann auch das Deutsche Reich am kolonialen Wettlauf in Afrika; Wehler, Imperialismus, S. 259ff.; Suret-Canale in Gatter, Berliner Afrika-Konferenz, S. 25f; Jacob, Grundzüge der Geschichte Portugals und seiner Übersee-Provinzen, S. 147.

60 Ki-Zerbo, Die Geschichte Schwarzafrikas, S. 443f.

61 Eines der deutschen Hauptexportgüter nach Afrika in dieser Zeit war Branntwein. Bismarck selbst war Eingentümer von vier Schnapsbrennereien; Suret-Canale in: Gatter, Protokolle und Generalakte der Berliner Afrika-Konferenz, S. 27.

Als Ergebnis der Konferenz wurde eine Generalakte verabschiedet.[62] Diese enthielt eine Erklärung zur Freiheit des Handels im Kongobecken und zum Sklavenhandel, eine Kongo- und Niger-Schiffahrtsakte und eine Erklärung zur Neutralität des Kongobeckens, wodurch der „historische" Anspruch Portugals auf das Kongobecken zurückgewiesen wurde.[63] Außerdem einigten sich die Kolonialmächte auf eine Klausel über die Besitzergreifungen der afrikanischen Territorien.[64] Danach berechtigte die Besetzung nur der Küstenbereiche nicht dazu, Ansprüche auf das Hinterland geltend zu machen. Vielmehr war die tatsächliche Landnahme, d.h. die Ausübung der effektiven Herrschaftsgewalt in den entsprechenden Gebieten erforderlich, die außerdem den anderen Kolonialmächten anzuzeigen war. Dem Gebot der effektiven Landnahme wurde der Vorzug gegeben vor dem Prinzip der ersten Landnahme. Auch diese Regelung stellte eine Niederlage der Portugiesen dar, die als erste europäische Kolonialmacht im südlichen Afrika gelandet war.[65] Auch wenn die Generalakte im übrigen keine territorialen Bestimmungen enthielt, wurde im *off* der Konferenz rege um die Aufteilung der Einflußsphären gefeilscht und die Grenzen der zukünftigen Kolonien in bilateralen und multilateralen Verträgen festgelegt.[66]

Die Berliner Kongo-Konferenz und die vereinbarte Klausel der effektiven Landnahme führte zu einem Wettlauf zwischen den Kolonialmächten um die noch unbeherrschten Gebiete, an dem sich auch das portugiesische Reich beteiligte.[67]

---

62 Text in: Gatter, Protokolle und Generalakte der Berliner Afrika-Konferenz, S. 593ff. (die ersten acht Seiten der Akte sind in falscher Reihenfolge wiedergegeben, was sich anhand der Seitenzahlen des Reichs-Gesetzblatts [S. 215-222] erkennen läßt, *Anmerkung des Verfassers*).

63 Artikel 10-12 der Generalakte, s. Fn. 62.

64 Artikel 34 und 35 der Generalakte, s. Fn. 62.

65 Als Wahrzeichen der „historischen" Rechte Portugals galt das von Diego Cão nach seiner Landung an der Kongomündung für König João II. errichtete Steinkreuz, das folgende Inschrift trug: „Ära der Erschaffung der Welt 6681, Jahr der Geburt unseres Herrn Jesus Christus 1482, der sehr erhabene, sehr ausgezeichnete und mächtige Fürst, der König Juan II. von Portugal, befahl dieses Land zu entdecken und diesen Wappenpfeiler aufzustellen durch Diego Cão, Ritter seines Hauses"; Büttner, Afrika: Geschichte Afrikas. Von den Anfängen bis zur Gegenwart, Teil 1, S. 139; vgl. auch Jacob, Grundzüge der Geschichte Portugals und seiner Übersee-Provinzen, S. 147; Ki-Zerbo, Die Geschichte Schwarzafrikas, S. 190; Duffy, Portugal in Africa S. 39.

66 Vgl. die Protokolle der Kongo-Konferenz in: Gatter, Protokolle und Generalakte der Berliner Afrika-Konferenz, S. 97ff.

67 Vgl. Schneppen, VRÜ 31 (1998), S. 318f.

(2) Die Entstehung des mosambikanischen Staatsgebietes

Das Ziel des einsetzenden *Scramble for Africa* war es, die bereits beherrschten Gebiete miteinander zu verbinden. Portugal strebte eine Landverbindung zwischen Angola und Mosambik an, ohne dabei jedoch seine wirtschaftlichen Möglichkeiten richtig einzuschätzen. 1885 hatte der portugiesische Außenminister eine Karte erstellen lassen, die sog. *Rose-Coloured Map*, die die Gebietsansprüche Portugals in Zentralafrika definierte.[68] Die angestrebte Ausdehnung umfaßte ein territoriales Band entlang des Sambesi südlich des Kongo zur Verbindung von Angola und Mosambik, was den damals noch unbeherrschten Gebieten des heutigen Malawi und Sambia entsprach.

Die Absichten der portugiesischen Regierung schienen sich zunächst in die Tat umsetzen zu lassen, weil Frankreich und Deutschland in bilateralen Grenzverträgen mit Portugal im Mai bzw. Dezember 1886 die portugiesischen Expansionspläne entsprechend der *Rose-Coloured Map* anerkannten.[69] Der Vertragsschluß mit Deutschland diente der Festlegung der Grenze zwischen Portugiesisch- und Deutsch-Ostafrika, die entlang des Rovuma-Flusses gezogen wurde.[70]

Portugal sah sich jedoch dem Druck Großbritanniens ausgesetzt, das unter der Führung Cecil Rhodes eine Nord-Süd-Verbindung seiner afrikanischen Kolonien beabsichtigte.[71] Als alle diplomatischen Bemühungen um eine Einigung gescheitert waren, forderte die britische Regierung in einem Ultimatum vom 11. Januar 1890 die Aufgabe der portugiesischen Expansionspläne und ließ vor der mosambikanischen Küste Kriegsschiffe Stellung beziehen. Einer militärischen Konfron-

---

68 Eine Kopie dieser Karte findet sich bei Newitt, A History of Mozambique, S. 342; vgl. auch Duffy, Portuguese Africa S. 213ff.

69 Die Veröffentlichung der Verträge 1887 führte zu einem Protest der englischen Regierung unter Hinweis auf die in Berlin vereinbarte Effektivitätsklausel.

70 Text des Vertrages in: Banning, Die politische Theilung Afrika's nach den neusten internationalen Vereinbarungen, S. 68ff. Artikel 2 des Vertrages lautete: „Die Grenzlinie, welche in Südostafrika die portugiesischen Besitzungen von den deutschen scheiden soll, folgt dem Laufe des Flusses Rovuma von seiner Mündung bis zu dem Punkte, wo der M'finje-Fluß in den Rovuma mündet und läuft von dort nach Westen weiter auf dem Breitenparallel bis zu dem Ufer des Knassa-Sees." Streitgegenstand zwischen Portugal und Deutschland in Ostafrika blieb die Hoheit über das Kionga-Dreieck südlich des Rovuma, die 1904 zunächst Deutsch-Ostafrika erhielt, bis das Dreieck im Versailler Vertrag von 1919 Portugal zugesprochen wurde; vgl. Jacob, Grundzüge der Geschichte Portugals und seiner Übersee-Provinzen, S. 213.

71 Der Portugiese Pinto wie auch der Engländer Cameron hatten das Mashonaland und den Shire River erkundet und jeweils für das eigene Land beansprucht; vgl. Duffy, Portuguese Africa S. 218; Duffy, Portugal in Africa S. 114; Azevedo, Historical Dictionary of Mozambique, S. 38; Ki-Zerbo, Die Geschichte Schwarzafrikas, S. 447; Jacob, Grundzüge der Geschichte Portugals und seiner Übersee-Provinzen, S. 148.

tation mit der einstigen Schutzmacht nicht gewachsen, mußte Lissabon in tiefer Resignation den Verlust der reichen Hochebenen im Hinterland an Großbritannien hinnehmen.[72] Nach zwei Jahrzehnten der steten Ausdehnung der Einflußgebiete im südlichen Afrika markierte der 11. Januar 1890 das abrupte Ende aller portugiesischen Expansionsträume. Am 20. August 1890 wurde der umstrittene Grenzverlauf im Osten Mosambiks durch einen britisch-portugiesischen Vertrag festgelegt, der am 11. Juni 1891 in Kraft trat.[73] Großbritannien gewährte im Gegenzug eine Bestandsgarantie der Kolonien Portugals im Windsor Vertrag von 1899.[74] Der Imageverlust Portugals war groß, aber der Erhalt der beiden großen afrikanischen Kolonien war gesichert.

Die Berliner Kongo-Konferenz und ihr *follow-up* markierten somit den Beginn des mosambikanischen Staates im Sinne einer selbständigen Gebietskörperschaft. Die bilateralen Verträge Portugals mit Deutschland und Großbritannien definierten die Grenze der portugiesischen Kolonie, die noch heute die Ausdehnung des mosambikanischen Staatsgebietes festlegen. Nach einer mehr als 400jährigen Anwesenheit an der Südostküste Afrikas konnte das portugiesische Reich nunmehr mit dem Aufbau einer einheitlichen Staatsgewalt in Mosambik beginnen.

2. Der Kolonialstaat in Mosambik

a) Mosambik unter der Monarchie

In Folge der Ereignisse der Berliner Kongo-Konferenz änderte sich Anfang des 20. Jahrhunderts in Portugal die Haltung gegenüber den afrikanischen Kolonien. Nach Jahrhunderten der Beschränkung auf Küstenstützpunkte und den

---

72 Die portugiesische Regierung lenkte zwei Tage nach Übermittlung des Ultimatums ein, nachdem es zunächst erfolglos die Durchführung eines schiedsrichterlichen Verfahrens gemäß Artikel 12 der Generalakte der Berliner Konferenz angestrengt hatte. Ebenso scheiterte der portugiesische Vorschlag, einen Korridor zwischen Angola und Mosambik unter britisch-portugiesischer Verwaltung einzurichten; vgl. Azevedo, Historical Dictionary of Mozambique, S. 38, 39; Newitt, A History of Mozambique, S. 352ff.

73 In diesem Vertrag wurden die Shire Hochebene sowie Teile des Mashonaland Großbritannien zugesprochen, während Portugal die Manica Hochebene erhielt. Zumbo wurde als der westlichste Punkt des portugiesischen Einflußsphäre im Sambesi-Gebiet festgelegt; vgl. Newitt, A History of Mozambique, S. 353; Elias in: UNITAR, African International Legal History, S. 97.

74 Kinder/Hilgemann, dtv-Atlas zur Weltgeschichte, 19. Aufl., München 1984, Bd. 2, S. 85; Newitt, A History of Mozambique, S. 359f.

Sklavenhandel war man nun an einer raschen Erschließung und wirtschaftlichen Nutzung der Gebiete interessiert. Man erkannte, daß das Mutterland die Überseegebiete vernachlässigt hatte und die Klausel der effektiven Okkupation eine ständige Bedrohung für den Kolonialbesitz darstellte.

Unter António Enes, Bevollmächtigter der Krone in Mosambik 1894/95, begannen die Portugiesen mit dem Aufbau ihres Verwaltungssystems. Enes gehörte zu einer Gruppe von Offizieren, die an der Befriedung Mosambiks mitgekämpft hatten, und nun auf tiefgreifende Reformen drängten.[75] In Abkehr der bisherigen „romantischen" Kolonialpolitik leitete Enes eine neue, praktische Kolonialpolitik ein, die für die zukünftige Entwicklung Mosambiks maßgeblich sein sollte. Das Ziel war die wirksame Beherrschung des Landesinneren und dessen wirtschaftliche Ausnutzung im Interesse des Mutterlandes. Dafür war der Aufbau einer effektiven Verwaltungsstruktur nötig, die sich an den Erfordernissen der Überseegebiete zu orientieren hatte. Die Reformer verlangten die Ablösung der Militär- durch eine Zivilverwaltung, für die eine neue Art von Kolonialbeamten, die besonders für ihre Tätigkeit in Afrika ausgebildet werden sollten, erforderlich war.[76] Die unterste Ebene eines mehrstufigen Verwaltungsaufbaus sollte der Verwaltungskreis bilden, dem ein Verwalter mit umfassenden Befugnissen und der Hoheit über die afrikanischen Herrscher in seinem Gebiet vorstand.[77] Die Eingeborenen sollten zum Zweck der wirtschaftliche Ausnutzung der beherrschten Gebiete zur Arbeit gezwungen werden. 22 Jahre nach dem gesetzlichen Verbot der Sklaverei hatte die portugiesische Regierung 1858 bestimmt, daß bis spätestens 1878 alle Sklaven in die Freiheit entlassen werden sollten. 1869 erhielten die bisherigen Sklaven den Status von *Libertos*, der sie jedoch nach wie vor zur Arbeit verpflichtete. Erst mit der endgültigen Abschaffung der Sklaverei 1878 wurde eine Vorschrift erlassen, die die generelle Zwangsarbeit abschaffte.[78] Diese liberale Entwicklung machten Enes und seinen

75 Dieser Kreis wurde auch als „Generation von 1895" bezeichnet, die der gemeinsame portugiesischen Patriotismus und die Empörung über die Erniedrigung Portugals durch das britische Ultimatum von 1890 verband. Enes war Seefahrtsminister der Regierung João Crisóstomos gewesen und 1891 mit der Umsetzung des britisch-portugiesischen Vertrages betraut; vgl. Mondlane, Kampf um Mosambik, S. 28ff.; Arntz, Das Recht der Portugiesischen Überseegebiete, S. 21f.; Azevedo, Historical Dictionary of Mozambique, S. 63f.

76 Eduardo Ferreira da Costa, Gouverneur von Mosambik 1896 und Vertrauter Enes', hatte in seinen „Studien zur Zivilverwaltung der überseeischen Provinzen" (*Estudos sobre a administração civil das colónias*) von 1901 die Voraussetzungen der neuen Kolonialpolitik entworfen; vgl. Arntz, Das Recht der Portugiesischen Überseegebiete, S. 21f.

77 Mondlane, Kampf um Mosambik, S. 30.

78 Die Anwendung des portugiesischen Strafgesetzbuches erlaubte allerdings für den Tatbestand des „Vagabundentums" die Verhängung von Strafarbeit, was faktisch zu einer Fortsetzung der Zwangsarbeit führte. Die nach europäischen Vorstellungen „faulen" und

Mitarbeitern für die geringe ökonomisch Entwicklung in den Kolonien verantwortlich.[79] Sie schufen daher 1899 eine Arbeitsgesetzgebung, nach der alle Männer zwischen 14 und 60 in den portugiesischen Überseegebieten zu Lohnarbeit für einen bestimmten Zeitraum im Jahr verpflichtet waren.[80] Arbeitsunwilligkeit und Nichtbeachtung des Kontrahierungszwangs führten zu staatlicher Zwangsarbeit, was mit Hilfe der lokalen Stammesautoritäten kontrolliert wurde.

Ein weiterer Aspekt der wirtschaftlichen Ausnutzung der Kolonie war der Export von Arbeitskräften in die umliegenden Länder. Die Emigration erfolgte vor allem in die Bergwerke des benachbarten Transvaal in der Südafrikanischen Union sowie nach Südrhodesien. Hierzu wurden mit den Nachbarstaaten Abkommen geschlossen und an einzelne Unternehmen, wie etwa die südafrikanische *Witwatersrand Native Labour Association,* Konzessionen für die Anwerbung von Arbeitskräften vergeben.[81] Der Kolonialstaat ließ sich für jeden rekrutierten

---

„vagabundierenden“ Eingeborenen konnten nach wie vor zur Arbeit gezwungen werden; Arntz, Das Recht der Portugiesischen Überseegebiete, S. 110; Schaedel, Eingeborenen-Arbeit: Formen der Ausbeutung unter der portugiesischen Kolonialherrschaft in Mosambik, S. 28f.

79 Die Haltung der „Generation von 1895“ gegenüber der afrikanischen Bevölkerung wird deutlich durch das bei Schaedel, Eingeborenen-Arbeit: Formen der Ausbeutung unter der portugiesischen Kolonialherrschaft in Mosambik, S.23 enthaltene Zitat aus Enes' Schrift „Mocambique“ von 1893: „...ich fühle sogar eine innige Sympathie für den Neger, dieses große Kind, unwillkürlich schlecht, wie alle Kinder es sind - mögen mir die Mütter verzeihen! - aber gelehrig und ernst; ich glaube nicht, daß es zur Ausrottung bestimmt ist durch die Notwendigkeit der Ausbreitung der weißen Rasse, auch wenn ich an seine natürliche Minderwertigkeit glaube; dennoch ich verstehe nicht ... die Skrupel, die unsere heimatliche Gesetzgebung hat, den halbwilden Afrikaner, Verbrecher oder Unschuldigen, Freien oder Gefangenen, zu verpflichten, für sich und die Gesellschaft zu arbeiten, zwangsweise zu arbeiten, wenn er nicht freiwillig arbeitet...Ich weiß nicht, ob Afrika eines Tages einen Messias haben wird; sollte es ihn haben, wird die frohe Botschaft seines Evangeliums eine Vorschrift zur Arbeit sein, und sein strahlendes Reich wird sich nur den arbeitssamen Glückseligen öffnen...“.

80 Artikel 1 der „Vorschrift für die Arbeit der Eingeborenen“ (*Regulamento do trabalho dos indígenas*) vom 9.11.1899 lautete: „Alle Eingeborenen der portugiesischen Überseeprovinzen unterliegen der moralischen und gesetzlichen Pflicht, durch Arbeit die Mittel zu erwerben, die sie zum Leben und zur Verbesserung ihres sozialen Standes brauchen. Sie haben volle Freiheit, die Art der Erfüllung dieser Pflicht zu wählen; aber wenn sie sie in keiner Weise erfüllen, kann die öffentliche Autorität ihre Erfüllung erzwingen.“; zitiert nach Schaedel, Eingeborenen-Arbeit: Formen der Ausbeutung unter der portugiesischen Kolonialherrschaft in Mosambik, S. 29; vgl. auch Mann/Roberts, Law in Colonial Africa, S. 30.

81 Vgl. Newitt, A History of Mozambique, S. 482ff.; Schaedel, Eingeborenen-Arbeit: Formen der Ausbeutung unter der portugiesischen Kolonialherrschaft in Mosambik, S. 45; Jacob, Grundzüge der Geschichte Portugals und seiner Übersee-Provinzen, S. 213.

Arbeiter eine Kopfsteuer bezahlen, was einen hohen Anteil am Gesamteinkommen der Kolonialverwaltung ausmachte.[82]

Wegen des anhaltenden Kapitalmangels in Portugal wurde ausländisches Geld angeworben und nahezu zwei Drittel des Landes an Konzessionsgesellschaften vergeben.[83] Hierzu zählten die Mocambique-Company, die Niassa-Company und die Zambezia-Company, die mit Kapital aus England, Deutschland, Frankreich und Südafrika betrieben wurden.[84] Diese Gesellschaften ersparten dem Staat die aufwendige Eroberung und Verwaltung des Landes und ermöglichten den Unternehmen die Kapitalverwertung der zugewiesenen Gebiete. Die Konzessionsgesellschaften wurden mit staatlichen Hoheitsrechten ausgestattet und konnten Grundbesitz übertragen sowie Steuern erheben. Sie erhielten das Recht, Polizeieinheiten aufzustellen und durften alle wirtschaftlichen Rechte ausüben, was die Zwangsrekrutierung von Arbeitskräften mit einschloß. Im Gegenzug verlangte Portugal, daß die Gesellschaften portugiesisch waren und ihren Sitz in Lissabon hatten, um den Einfluß auf die kolonialen Besitzungen nicht völlig aus der Hand zu geben.[85] Der Vergabe der Konzessionen folgte die Verstaatlichung des afrikanischen Grundbesitzes. Auch wenn große Gebiete des Landes der ausschließlichen Nutzung durch die Afrikaner vorbehalten blieben, wurde hierdurch das gesamte Territorium Mosambiks der Kontrolle der Kolonialverwaltung unterstellt und konnte jederzeit beschlagnahmt werden.[86]

1907 nahm mit einem neuen Erlaß für die Verwaltung der eroberten Gebiete die Verwaltungskonzeption praktische Formen an.[87] Die Kolonie wurde in fünf Distrikte - Lourenco Marques, Quelimane, Tete, Mozambique und Inhambane - unterteilt, jeweils in weitere Verwaltungseinheiten untergliedert und die von E-

---

82 Isaacman/Isaacman, Mozambique: From Colonialismus to Revolution, 1900-1982, S. 33; Newitt, A History of Mozambique, S. 492, 497, 512f.

83 Meyns, Befreiung und nationaler Wiederaufbau von Mozambique, S. 92.

84 Die Mozambique-Company erhielt 1890 eine 50 Jahre dauernde Konzession für ein 140.000 qkm großes Gebiet südlich des Sambesi. Die Nyassa-Company (1891-1932) verwaltete im Norden Mosambiks 200.000 qkm Land und die Zambezia-Company verfügte 40 Jahre lang über 150.000 qkm in den Distrikten Tete und Quelimane; vgl. Azevedo, Historical Dictionary of Mozambique, S. 47-49; Humbaraci/Muchnik, Portugal's African Wars. Angola, Guinea Bissao, S. 157; Alexandrowicz in: UNITAR, African International Legal History, S. 44.

85 Vgl. Regendanz, Nyassaland, Bd. 1, S. 16f.

86 Mondlane, Kampf um Mosambik, S. 33f.

87 Arntz, Das Recht der Portugiesischen Überseegebiete, S. 24.

nes entworfenen Verwaltungsstrukturen aufgebaut.[88] Weite Bereiche des Landes waren jedoch nach wie vor der kolonialen Herrschaftsgewalt entzogen, da die völlige Unterwerfung der afrikanischen Stämme erst um 1915 gelang.[89] Der koloniale Staat in Mosambik stellte am Anfang des 20. Jahrhunderts somit ein sehr heterogenes Gebilde dar mit verschiedenen autonomen Gebieten, unterschiedlichen Verwaltungsstrukturen und Politiken gegenüber der einheimischen Bevölkerung. Es blieb der portugiesischen Republik und der sie ablösenden faschistischen Diktatur vorbehalten, eine einheitliche Kolonialverwaltung in Mosambik zu errichten.

b) Mosambik unter der Republik

Im Jahre 1910 wurde in Portugal die Monarchie gestürzt und durch die Republik abgelöst. Die republikanische Verfassung vom 21. August. 1911 widmete sich nur in einem Artikel den Überseegebieten, die nach dem Prinzip der Dezentralisierung verwaltet werden sollten.[90] Zu diesem Zweck wurde ein hoher Kommissar der Republik für Mosambik ernannt, der die Befugnisse des portugiesischen Marine- und Kolonialministers ausübte und über die Gesetzgebungsgewalt für die Kolonien verfügte, sofern diese nicht von der Regierung des Mutterlandes wahrgenommen wurden.[91] Da in der portugiesischen Republik völlige Unordnung herrschte - in 16 Jahren gab es acht Präsidenten und 44 Regierungen und mehrere Revolutionen und Staatsstreiche - wuchsen die Machtbefugnisse der Kolonialverwaltung schnell an.[92] Eine Auseinandersetzung mit den Problemen der Überseegebiete konnte in Portugal nicht stattfinden.

1914 wurde ein „Grundgesetz für die Zivil- und Finanzverwaltung für die Überseeprovinzen“[93] verabschiedet, wodurch die eigenständige Verwaltung der

---

88 Azevedo, Historical Dictionary of Mozambique, S. 30.

89 Vgl. Schaedel, Eingeborenen-Arbeit: Formen der Ausbeutung unter der portugiesischen Kolonialherrschaft in Mosambik, S. 26.

90 Jacob, Grundzüge der Geschichte Portugals und seiner Übersee-Provinzen, S. 185; Arntz, Das Recht der Portugiesischen Überseegebiete, S. 25.

91 Arntz, Das Recht der Portugiesischen Überseegebiete, S. 26.

92 Vgl. Zischg, Die Politik der Sowjetunion gegenüber Angola und Mozambique, S. 44; Arntz, Das Recht der Portugiesischen Überseegebiete, S. 27; Jacob, Grundzüge der Geschichte Portugals und seiner Übersee-Provinzen, S. 155.

93 *Lei Orgânica de Administração Civil das Províncias Ultramarinas* und *Lei Orgânica de Administração de Finanças das Províncias Ultramarinas*, Gesetz Nr. 277 und 278 vom 15.8.1914.

Überseegebiete ermöglicht werden sollte. Das „Grundgesetz für die Zivilverwaltung“ definierte die Kolonien als autonome Körperschaften und erweiterte die Kompetenzen ihrer Gouverneure, während das „Grundgesetz für die Finanzverwaltung“ den Kolonien die eigenständige Verwaltung ihrer Finanzen gewährte. Das administrative System in den befriedeten Gebieten, die nicht unter der Kontrolle der Konzessionsgesellschaften standen, sah wie folgt aus:[94] Der Gouverneur war für die Durchführung der Gesetze des Mutterlandes und die Beaufsichtigung der gesamten Kolonialverwaltung zuständig. Dabei wurde er unterstützt durch einen Regierungsrat (*conselho de governo*) bestehend aus Kolonialbeamten und gewählten Vertretern der weißen Zivilbevölkerung. Dem Gouverneur unterstanden mehrere Distriktgouverneure. Jeder Distrikt war unterteilt in europäische und afrikanische Verwaltungseinheiten. Die Gebiete mit überwiegend weißer Bevölkerung, vor allem die Städte, wurden zu einem *consehlo* (Verwaltungsbezirk) zusammengefaßt, der eine begrenzte Selbstverwaltungsautonomie besaß. Diese *consehlos*, von denen es wegen der geringen europäischen Bevölkerung zunächst nur wenige gab, wurden je nach Größe weiter unterteilt in *freguesias* (Gemeinde), entsprechend der Gemeinden im portugiesischen Verwaltungssystem. Die von der afrikanischen Bevölkerung dominierten, vorwiegend ländlichen Gegenden wurden in *circunscriçãos* (Verwaltungskreise) eingeteilt, die sich wiederum in *postos* untergliederten. Jedem *circunscrição* stand ein Verwalter vor, der die Kolonialverwaltung personifiziert und von den *chefe de posto* unterstützt wurde, die sich aus portugiesischen Kolonialbeamten rekrutierten. Unzureichend ausgebildet und unterbezahlt erwiesen sich diese Kolonialbeamten häufig als schlechte Repräsentanten der Kolonialmacht.

Zur Erleichterung der hoheitlichen Tätigkeit und zur Kontrolle der einheimischen Bevölkerung bediente man sich der gewohnheitsrechtlich anerkannten Hierarchien der afrikanischen Bevölkerung. Stammesautoritäten und Häuptlingen, die nicht selten durch kooperationswilligere Untertanen ersetzt wurden, erhielten als sogenannte *regulos* die Verwaltungshoheit über ein *regedoria*, das sich aus mehreren Dörfern zusammensetzte. Die *regulos* bildeten das unterste Vollzugsorgan bei der Eintreibung von Steuern und der Zwangsrekrutierung von Arbeitskräften und waren mit der Aufrechterhaltung der öffentlichen Ordnung betraut. Von den Kolonialherren eingesetzt und bezahlt, waren die Häuptlinge nicht mehr Herrscher ihrer Stämme, sondern Repräsentanten und Teile der Kolonialverwaltung. Dies war insofern von Bedeutung als das Häuptlingswesen als traditionelles Gesellschaftsmodell zwar nicht abgeschafft, seine Existenz aber von der portugiesischen Gesetzlichkeit abhängig gemacht wurde. Diese Vorgehensweise unterschied sich von der vor allem in den britischen Kolonien prakti-

---

94 Die Konzessionsgebiete hatten unterschiedliche Verwaltungsstrukturen. Die noch unbeherrschten Gebiete unterstanden bis zu ihrer endgültigen Eroberung der Militärverwaltung als sog. *capitanias-mores* oder *comandos-militares*; vgl Henrikson, Mozambique: A History, S. 100f.

zierten *indirect rule*, wonach die Ausübung der Hoheitsgewalt in den unterworfenen Gebieten, sofern eine staatliche oder staatsähnliche Struktur unter einem einheimischen Herrscher existierte, grundsätzlich den afrikanischen Autoritäten überlassen wurde und das anerkannte Gewohnheitsrecht unangetastet blieb.[95]

Der Legitimitätsverlust der von den Portugiesen eingesetzten *regulos* innerhalb der traditionellen Gesellschaft führte einerseits zur Destabilisierung der gewachsenen afrikanische Stammesgemeinschaften, was sich in der ablehnenden Haltung der späteren Befreiungsbewegung gegenüber dem Häuptlingswesen äußerte, und verhinderte andererseits eine dauerhafte Integration der portugiesischen Kolonialmacht.[96]

Die Haltung gegenüber den Eingeborenen war nicht ausdrücklich von Rassismus geprägt, es wurde ihnen aber eine eigene kulturelle Identität verweigert. Die portugiesisch-christliche Kultur war der Maßstab für die Unterscheidung zwischen Eingeborenen und den übrigen Personen, von der alle Gesetze ausgingen.[97] Für die „unzivilisierten" Eingeborenen, die *indígenas*, galt das afrikanische Gewohnheitsrecht, das von den Verwaltern und den *regulos*, angewandt und interpretiert wurde. Die Europäer fielen unter das in den Kolonien geltende portugiesische Recht.[98] Nach dieser Unterscheidung kamen nur die Nichteingeborenen in den Genuß aller bürgerlichen und politischen Rechte, die die portugiesischen Gesetze gewährten, wobei der Regierungsrat der jeweiligen Provinz festzulegen hatte, wer als Eingeborener galt. Für die privatrechtlichen Beziehungen der Eingeborenen untereinander war allein das jeweilige Stammesrecht maßgeblich. Auch im Bereich des Strafrechts konnte das afrikanische Gewohnheitsrecht berücksichtigt werden. Die Zubilligung politischer Rechte für die *indígenas* wurde im Grundgesetz für die Zivilverwaltung ausdrücklich ausgeschlossen.[99]

1911 wurde die Arbeitsgesetzgebung von 1899 durch ein neues Arbeitsgesetzbuch ersetzt, ohne aber die Situation der Afrikaner wesentlich zu verbessern.[100] Zum Schutz der Eingeborenen vor Übervorteilung und Mißbrauch sollte der für die Eingehung einer Arbeitsverpflichtung erforderliche Vertrag von ei-

---

95 Vgl. Wähler in: David/Grasmann, Einführung in die großen Rechtssysteme der Gegenwart, S. 633ff.; Lindholt, Questioning the Universality of Human RightS. The African Charter on Human and Peoples' Rights in Botswana, Malawi and Mozambique, S. 68.

96 Vgl. Isaacman/Isaacman, Mozambique: From Colonialismus to Revolution, 1900-1982, S. 30f.

97 Arntz, Das Recht der Portugiesischen Überseegebiete, S. 106f.

98 Mann/Roberts, Law in Colonial Africa, S. 17.

99 Vgl. Arntz, Das Recht der Portugiesischen Überseegebiete, S. 116f.

100 Gesetz vom 29.3.1911.

nem „Eingeborenenpfleger“ (*curador de indígenas*), dessen Aufgaben vom Verwalter wahrgenommen wurden, für den Eingeborenen abgeschlossen werden.[101]

Der Aufbau der Kolonialverwaltung in Mosambik führte jedoch nicht zu der erhofften Stabilisierung der Verhältnisse in Portugal. Die wirtschaftliche Lage im Mutterland sowie in Mosambik und Angola verschlechterte sich zunehmend,[102] so daß eine ähnliche Entwicklung wie in Brasilien drohte, das sich 1822 aus der Abhängigkeit von Portugal befreit hatte.[103] Die junge portugiesische Republik konnte sich angesichts der eigenen Probleme den Schwierigkeiten in den Überseegebieten nicht widmen, deren Ablehnung gegenüber der Bevormundung aus Lissabon wuchs. Die Gewährung der völligen Unabhängigkeit von Angola und Mosambik erschien 1925 daher nur noch eine Frage der Zeit.[104]

c) Mosambik während der Diktatur

Dies änderte sich mit dem Militärputsch in Portugal am 28. Mai 1926, der dem chaotischen Treiben der Republik eine Ende setzte.[105] Als Portugal und die Überseeprovinzen 1928 vor dem Staatsbankrott standen, wurde am 27. April der Professor der Volkswirtschaft an der Universität Coimbra, Dr. António Salazar, zum Finanzminister mit besonderen Rechten ernannt. 1932 folgte der Aufstieg zum Ministerpräsident, welches Amt er bis 1968 behielt.

Salazar rief den „Neuen Staat“ aus. Er vertrat die Ideologie eines autoritären, ständisch aufgebauten Einheitsstaates. Aufgrund der Erfahrungen mit einer handlungsunfähigen Politik während der republikanischen Zeit war er ein Geg-

---

101 Vgl. Arntz, Das Recht der Portugiesischen Überseegebiete, S. 111.

102 Vgl. Zischg, Die Politik der Sowjetunion gegenüber Angola und Mozambique, S. 46.

103 Brasilien hatte an Bedeutung und Selbständigkeit gewonnen, als nach der Flucht der portugiesischen Krone vor den Truppen Napoleons Rio de Janeiro vorübergehend die Hauptstadt des portugiesischen Reiches wurde. Die liberale Revolution in Portugal veranlaßte König João IV zur Rückkehr nach Lissabon, während sein Sohn Pedro als Regent in Brasilien blieb. Als Portugal Brasilien wieder in eine Kolonie verwandeln wollte, schloß sich Pedro der Unabhängigkeitsbewegung an und verkündete am 7. 9. 1822 die Unabhängigkeit Brasiliens, um wenige Monate später zu Kaiser Pedro I. gekrönt zu werden. 1825 kannte Portugal die Unabhängigkeit der ehemaligen Kolonie an.

104 Arntz, Das Recht der Portugiesischen Überseegebiete, S. 30.

105 Der Militärputsch erfolgte unter der Führung des Marschall Manuel Gomes da Costa, der seine Truppen auf die Hauptstadt marschieren ließ und die Bevölkerung zum Kampf um die Ehre und Freiheit der Nation aufrief; vgl. Jacob, Grundzüge der Geschichte Portugals und seiner Übersee-Provinzen, S. 155ff.

ner des parlamentarischen Systems. Portugal sollte wieder an die glorreiche Zeit der Entdeckungen anknüpfen und zu einer lusitanischen Weltmacht geführt werden, zu deren Aufbau die Überseegebiete dienen sollten.[106] Zu keiner Zeit hatte Portugal eine so bedeutende Rolle gespielt wie während der Epoche der Entdeckung, und das Bindeglied zu dieser Zeit waren die überseeischen Gebiete. Die Überseebesitzungen waren der lebendige Beweis für die Größe Portugals. Das Grundprinzip der salazarschen Staatsphilosophie war daher die unlösbare Einheit von Mutterland und Überseegebieten. In seiner Rede „über den Geist der Revolution" im Jahre 1934 in Porto verkündete Salazar:

> „Portugal und sein Imperium bilden eine territoriale und politische Einheit, die das Werk von Jahrhunderten und dazu bestimmt ist, dem Volke, das als erstes unter Mühen und Opfern seine europäische Enge in der Weite der Meere und neuer Welten überwand, seine Freiheit, seine Größe, seine Wirtschaft und seinen Handel zu sichern. Den Portugiesen von heute ist aufgegeben, die Einheit ihres Reiches auf der Iberischen Halbinsel, in Afrika und im Orient im Geist ihrer Geschichte...zu bewahren und zu entwickeln."[107]

(1) Die verfassungs- und verwaltungsrechtliche Stellung der Überseegebiete im „Neuen Staat"

Der Politikwechsel führte zu einem Kurswechsel gegenüber den nach Unabhängigkeit strebenden Kolonien in Afrika. Die autonomiefreundliche Überseegesetzgebung der Republik wurde durch einen starken Zentralismus ersetzt.

Der entscheidende Wendepunkt in der Kolonialgesetzgebung war der *Acto Colónial* von 1930, dem nach Artikel 133 der portugiesischen Verfassung von 1933 der Rang eines Verfassungsgesetzes zukam.[108] Erstmals beschäftigte sich ein Gesetz ausführlich mit dem Verhältnis zwischen dem Mutterland und den Kolonien. Der *Acto Colónial* bildete die Grundlagen für die uneingeschränkte Souveränität des portugiesischen Staates über die Überseegebiete und betonte die Einheit von Staat und Kirche und deren zivilisatorische Mission. „Ein Staat, eine Rasse, ein Glaube und eine Zivilisation" wurde als Vision der Weltmacht postuliert.[109] Die Konzessionsgesellschaften und der Gebietserwerb durch aus-

---

106 Arntz, Das Recht der Portugiesischen Überseegebiete, S. 35.

107 Zitiert nach Jacob, Grundzüge der Geschichte Portugals und seiner Übersee-Provinzen, S. 165; vgl. auch das auf S. 185 verwendete Zitat von einer Rede Salazars vor den Kolonialgouverneuren.

108 Gesetz Nr. 18.7.50 von 1930; vgl. Arntz, Das Recht derPortugiesischen Überseegebiete, S. 40ff.

109 Vgl. Azevedo, Historical Dictionary of Mozambique, S. 29.

ländische Regierungen in den Kolonien wurden verboten und die private Nutzung der Handelshäfen eingeschränkt. Das Verwaltungssystem wurde streng zentralisiert und insbesondere die Wirtschafts- und Finanzautonomie der Kolonien beschnitten, die zu einer hohen Verschuldung der afrikanischen Kolonien während der republikanischen Zeit geführt hatte.[110]

Als weitere konstitutionelle Grundlagen für die Überseegebiete folgte 1933 der Erlaß eines „Grundgesetz des portugiesischen Kolonialreichs" (*Carta Orgánica do Império Colónial Português*) und ein neues „Gesetz für die Überseeverwaltung" (*Reforma Administrativa Ultramarina*).[111] Während ersteres die Weisungsgebundenheit der Generalgouverneure sanktionierte, legte letzteres den Verwaltungsaufbau der überseeischen Gebiete fest. Danach war Mosambik in mehrere Provinzen unterteilt, die von Provinzgouverneuren verwaltet wurden, die ihrerseits dem Generalgouverneur unterstellt waren. Die weitere Unterteilung der Verwaltungseinheiten und die Beteiligung afrikanischer *regulos*, wie sie Anfang des Jahrhunderts eingeführt worden war, wurde beibehalten. Der Generalgouverneur war die höchste zivile und militärische Instanz. Er übte seine Gesetzgebungskompetenz unter Aufsicht des Kolonialministers und nach Anhörung des Regierungsrates aus, der aus fünf ernannten und fünf aus der weißen Bevölkerung gewählten Vertretern bestand. Die mächtigste Person in der Kolonialverwaltung war der Kolonialminister, der von der Konferenz der Überseegouverneure (*Conferência dos Governadores Ultramarinos*), der Wirtschaftskonferenz der Überseegebiete (*Conferência Económica do Ultramar*) und dem Überseerat (*Consehlo Ultramarino*) unterstützt wurde.[112]

Die Bevölkerung in Portugal wurde zur Übersiedelung nach Angola und Mosambik animiert. Mit Hilfe von Krediten und Landzuteilungen sollte die Kolonien besiedelt werden und der rechtlichen Hoheitsgewalt der Portugiesen die faktische folgen.[113] Die europäische Bevölkerung in Mosambik nahm seit den 1930ern ständig zu und wuchs von etwa 1.500 Siedlern um 1900 auf über 200.000 um 1970.[114] Die Bevölkerungspolitik verstand sich als Beleg für die salazarsche Einheitsdoktrin von Mutterland und Überseegebieten und für einen nichtrassistischen portugiesischen Kolonialismus.

---

110 Arntz, Das Recht der Portugiesischen Überseegebiete, S. 44.

111 Vgl. Newitt, A History of Mozambique, S. 448f

112 Vgl. die ausführlichen Erörterungen bei Arntz, Das Recht der Portugiesischen Überseegebiete, S. 59ff., 78ff.

113 Vgl. Newitt, A History of Mozambique, S. 465ff.; Mährdel, Afrika: Geschichte Afrikas von den Anfängen bis zur Gegenwart, Teil 3, S. 155f.

114 Humbaraci/Muchnik, Portugal's African Wars. Angola, Guinea Bissau, Mozambique, S. 161.

Die neue Überseepolitik des faschistischen Staates wie auch die erfolgreiche Sanierung des portugiesischen Staatshaushaltes führte zu einer Wachstumsphase relativen Fortschritts, von der die afrikanische Bevölkerung in den Kolonien allerdings weitestgehend ausgeschlossen blieb. Infrastrukturen wurden nur dort angelegt, wo es der sich rasch entwickelnde Transitverkehr mit den benachbarten Binnenländern erforderte. Auf eine Industrialisierung wurde weitestgehend verzichtet, da anders als in Angola Bodenschätze keine Rolle spielten.

(2) Die Rechtsstellung der Eingeborenen - die Assimilationspolitik

Die Politik gegenüber der schwarzen Bevölkerung war von einer Assimilationspolitik bestimmt, mit der sich Portugal in der Weltöffentlichkeit als antirassistische Kolonialmacht darstellte. Grundlage dieser Politik war ein nationalistisches Sendungsbewußtsein, getragen von der Vorstellung einer generellen Überlegenheit der portugiesisch-christlichen Kultur.[115] Das Ziel der Assimilation war die Integration der Bevölkerung der Kolonien in die portugiesische Nation. Jedem Einwohner des afrikanischen Kolonialreiches stand die Möglichkeit offen, die portugiesische Zivilisation anzunehmen, da nach der Doktrin der Einheit von Mutterland und Kolonien zwischen den einzelnen Bevölkerungen keine auf rassistischen Ressentiments gründende Ungleichheiten bestehen sollten.[116] Diese Politik sollte durch den Begriff des „Lusotropikalismus“ zum Ausdruck gebracht werden, der die Vorstellung einer weltumfassenden lusitanischen Kulturgemeinschaft beinhaltete.[117] Zur Rechtfertigung der Assimilationspolitik wurde auf die Erfolge der portugiesischen Kolonialisierung in Brasilien und Goa verwiesen, deren kulturell weit entwickelten Gesellschaften jedoch nicht mit den Verhältnissen in Afrika vergleichbar waren. Die großen zivilisatorischen Unterschiede zwischen der afrikanischen und portugiesischen Bevölkerung verhinderten die Akzeptanz der Einheimischen als gleichwertige Bürger der lusitanischen Kulturgemeinschaft. Wenn auch das portugiesischen Sendungsbewußtsein nicht von einer grundsätzlichen Überlegenheit der weißen Rasse ausging und sich dadurch

---

115 „Von Natur aus mit außerordentlichen Fähigkeiten ausgestattet, die Sympathie ihrer Mitmenschen zu gewinnen, wurden die Portugiesen hierin noch gestärkt durch die erhabenen Lehren des Christentums, die für sie den größten Anreiz darstellten, diese Fähigkeiten zu entfalten...“ heißt es bei dem portugiesischen Historiker Bahia dos Santos; zitiert nach Duffy, Portuguese Africa, S. 291.

116 Vgl Arntz, Das Recht der Portugiesischen Überseegebiete, S. 107; Drathschmidt, Portugiesischer Kulturimperialismus in Angola: ein halbes Jahrhundert „christlichen Imperiums“ S. 1ff.

117 Mährdel, Afrika: Geschichte Afrikas von den Anfängen bis zur Gegenwart, Teil 3, S. 150; Arntz, Das Recht der Portugiesischen Überseegebiete, S. 120.

von den Vorstellungen anderer europäischer Kolonialmächte unterschied, waren die praktischen Auswirkungen dieser Differenzierung angesichts der von Sklaverei, Zwangsarbeit und erbittertem Widerstand gegen die afrikanischen Unabhängigkeitsbestrebungen gekennzeichneten portugiesischen Kolonialherrschaft eher gering.[118]

Der zivilisatorische Auftrag, der auch den übrigen Kolonialmächten nicht fremd war, fand seinen gesetzlichen Niederschlag in der Präambel des *Acto Colónial*: „Portugal hat die historische Aufgabe, überseeische Gebiete zu besitzen, zu zivilisieren und zu kolonisieren und seinen moralischen Einfluß geltend zu machen...Diese Gebiete heißen Kolonien...", und in Artikel 133 der Verfassung von 1933: „Es liegt in der organischen Wesenheit der portugiesischen Nation, ihre historische Aufgabe der Kolonialisierung der Länder der großen Entdeckung unter ihre Oberhoheit zu erfüllen und unter den dort lebenden Bevölkerungen die Wohltaten ihrer Zivilisation mitzuteilen und zu verbreiten, wobei sie auch ihren sittlichen Einfluß geltend macht, eine Funktion, die ihr gemäß dem Patronat des Orients übertragen wurde".[119]

Die Assimilationspolitik bewirkte eine Unterteilung der afrikanischen Bevölkerung in zwei Gruppen: zu der bereits bestehenden Klasse der *indígenas* traten die *assimilados*. Die Bezeichnung *assimilado* war die offizielle Anerkennung dessen, daß der betreffende Eingeborene Eingang in die portugiesische Gemeinschaft gefunden hatte. Mit dem Status eines *assimilados* erhielt der Eingeborene die gleichen Rechte und Pflichten wie die Angehörigen der portugiesischen Bevölkerung, wobei aber faktisch eine Gleichbehandlung nur begrenzt erfolgte. Die Voraussetzungen für eine Assimilation waren ausreichende finanzielle Mittel, ein „einwandfreies" Verhalten und die Beherrschung der portugiesischen Sprache in Wort und Schrift.[120] Darüber hinaus mußte die erforderliche Bildung vor-

118 Schaedel, Eingeborenen-Arbeit: Formen der Ausbeutung unter der portugiesischen Kolonialherrschaft in Mosambik, S. 166ff.; Isaacman/Isaacman, Mozambique: From Colonialismus to Revolution, 1900-1982, S. 39f.; Henrikson, Mozambique: A History, S. 122; Jacob, Grundzüge der Geschichte Portugals und seiner Übersee-Provinzen, S. 180ff.

119 Das „Patronat des Orients" (*Padroado do Oriente*) war der päpstliche Missionsauftrag der portugiesischen Krone im Orient. Im 15. Jahrhundert verlieh der Papst dieses Patronat zunächst dem „Christus-Orden", einem ehemals geistlichen Ritterorden, der sich in einen Militärorden der Krone umwandelte, und dann dem Königshaus Portugals. Dadurch verpflichtete sich Portugal, in den neuentdeckten Ländern den christlichen Glauben zu verbreiten und für das Aufkommen der Missionare zu sorgen; Jacob, Grundzüge der Geschichte Portugals und seiner Übersee-Provinzen, S. 180f.; Arntz, Das Recht der Portugiesischen Überseegebiete, S. 42 und 47.

120 Vgl. Ki-Zerbo, Die Geschichte Schwarzafrikas, S. 501.

handen sein und ein Antrag bei der Kolonialverwaltung gestellt werden.[121] Die praktischen Auswirkungen der Assimilationspolitik waren angesichts dieser Voraussetzungen gering.[122]

Bereits 1921 waren in dem „Gesetz über die Eingeborenenhilfe“ die Kriterien für die Unterscheidung von *indígena* und *assimilado* definiert worden.[123] 1926 folgte der Erlaß eines Eingeborenen-Statuts,[124] das 1929 novelliert wurde.[125] Danach galten als *Indígenas* solche Eingeborenen, die sich durch ihre Bildung und Sitten nicht von den typischen Angehörigen der „schwarzen Rasse“ unterschieden.[126] Die bereits bestehende Trennung zwischen der Rechtsordnung der Eingeborenen, denen nach wie vor alle politischen Rechte verwehrt blieben, und dem auf die europäische Bevölkerung anwendbaren portugiesischen Recht wurde weiter vertieft.[127] Gleichzeitig erhielten die Eingeborenen einen Anspruch auf staatlichen Schutz, Erziehung und Bildung.

1928 wurde ein neues Arbeitsgesetzbuch (*Código do Trabalho dos Indígenas*) erlassen,[128] das bis 1963 in Kraft blieb und die Regelungen von 1895 im wesentlich beibehielt.[129] Lediglich die Zwangsarbeit im Interesse von Privatpersonen wurde verboten, während sie zu öffentlichen Zwecken rechtmäßig blieb. Hierzu zählten Strafarbeiten, Arbeiten beim Straßenbau und anderen öffentlichen Angelegenheiten und Arbeitsverpflichtungen, die der Erfüllung der „freiwillig“ eingegangen Arbeitsverpflichtungen der Eingeborenen bzw. ihrer „Zivilisierung“

---

121 Mondlane, Kampf um Mosambik, S. 54, 55.

122 Vgl. Arntz, Das Recht der Portugiesischen Überseegebiete, S. 167; Mählert, Afrika: Geschichte Afrikas von den Anfängen bis zur Gegenwart, S. 153; Schaedel, Eingeborenen-Arbeit: Formen der Ausbeutung unter der portugiesischen Kolonialherrschaft in Mosambik, S. 168; Mondlane, Kampf um Mosambik, S. 42f.; Azevedo, Historical Dictionary of Mozambique, S. 36.

123 Mondlane, Kampf um Mosambik, S. 45.

124 *Estatuto político, civil e criminal dos indígenas de Angola e Moçambique*, Gesetz Nr. 12.533 vom 30.10.1926,

125 Gesetz Nr. 16.473 vom 6.2.1929.

126 Schaedel, Eingeborenen-Arbeit: Formen der Ausbeutung unter der portugiesischen Kolonialherrschaft in Mosambik, S. 166.

127 Vgl. Arntz, Das Recht der Portugiesischen Überseegebiete, S. 122; Schröer, Frelimo und Industriearbeiter in postkolonialen Konflikten: Zur Politik der mosambikanischen Befreiungsbewegung seit ihrer Machtübernahme, S. 56ff.

128 Gesetz Nr. 16.199 vom 6.2.1928.

129 Das Parlament, Aus Politik und Zeitgeschichte, „Südliches Afrika“, 47. Jahrgang, Nr. 9, 21. Februar 1997, S.11.

dienten.[130] An der grundsätzlichen Arbeitspflicht der afrikanischen Bevölkerung änderte sich dadurch nichts.[131] Den Eingeborenen war es weiterhin verboten, Handel zu treiben und sich selbständig zu machen.

(3) Die Rolle der katholischen Kirche

Die katholische Kirche spielte in der Eingeborenenpolitik der portugiesischen Diktatur eine besondere Rolle.[132] Ihr wurde die „zivilisatorische Mission" und die Erziehung der Eingeborenen übertragen.

Nach einer langen Phase der missionarischen Tätigkeit, deren Erfolge 1783 zu der Ernennung eines eigenen Bischofs für Mosambik durch den Papst geführt hatten,[133] wurde der Einfluß der Kirche durch die liberale Entwicklung in Portugal in Folge der Revolution von 1820 beschränkt, die 1834 zu dem Verbot aller religiöser Orden führte. Anfang des 20. Jahrhunderts wurde die Aufhebung der kirchlichen Anstalten in Portugal und den überseeischen Gebieten verfügt, die kirchliche Lehre an Schulen und Universitäten untersagt und durch die Trennung von Staat und Kirche deren Privilegien abgeschafft, was zu einer völligen Entrechtung der Kirche führte. Dies beendete die jahrhundertealte Epoche des ka-

---

130 Mit dieser Unterscheidung hoffte Portugal den Forderungen der Internationalen Arbeitsorganisation gerecht zu werden. Die internationale Debatte über die Zwangsarbeit, die vor allem durch Berichte über die Zustände in den portugiesischen Überseegebieten entstanden war, hatte den Völkerbund dazu veranlaßt, die Internationale Arbeitsorganisation 1926 mit dem Entwurf einer einheitlichen Regelung zu betrauen, was 1930 zum Erlaß einer Konvention zur Zwangsarbeit führte. Diese gestattete nur die Zwangsarbeit im öffentlichen Interesse; vgl. Schaedel, Eingeborenen-Arbeit: Formen der Ausbeutung unter der portugiesischen Kolonialherrschaft in Mosambik, S. 68ff.; Arntz, Das Recht der Portugiesischen Überseegebiete, S. 146ff.; Henrikson, Mozambique: A History, S. 118f.; Graf/Joseph, Volksrepublik Mocambique. Wachsen und Werden eines jungen Staates S. 22f.; Duffy, Portuguese Africa, S. 157ff., 166.

131 Vgl. Arntz, Das Recht der Portugiesischen Überseegebiete, S. 138.

132 Die evangelische Kirche besaß nur eine untergeordnete Rolle. Ihre Unabhängigkeit von der portugiesischen Regierung ermöglichte es ihr, auf die Verbreitung der portugiesischen Sprache und des portugiesischen Nationalbewußtseins zu verzichten. Anders als die katholische Kirche benutzte sie die afrikanischen Sprachen als Unterrichtssprachen und übersetzt die Bibel in die Landessprachen; vgl. Azevedo, Historical Dictionary of Mozambique, S. 101f.; Newitt, A History of Mozambique, S. 435ff.

133 Mitte des 16. Jahrhunderts erreichten die ersten Missionare im Troß der portugiesischen Entdecker die mosambikanische Küste. Zu den ersten Kirchenvertretern gehörte der Jesuitenpater Goncalo da Silveria, der nach kurzer Zeit den Herrscher des Monmotapa-Reiches und dessen gesamte Familie zum römisch-katholischen Glauben bekehren konnte, um anschließend von ihnen umgebracht zu werden; vgl. Duffy, Portugal in Africa S. 89ff.; Azevedo, Historical Dictionary of Mozambique, S. 42ff.

tholischen Staatskirchentums in Portugal. Die säkulare Tätigkeit der Kirche in den Kolonien wurde von Laienmissionaren ausgeübt, die von der republikanischen Regierung eingesetzt wurden.

Erst nach dem Zusammenbruch der Republik in Portugal wuchs die Bedeutung der katholischen Kirche in den afrikanischen Kolonien wieder.[134] Die Zusammenarbeit von Kirche und Staat wurde durch das zwischen dem Heiligen Stuhl und der Republik Portugal am 7. Mai 1940 geschlossene Konkordat, ein Missionsabkommen aus dem gleichen Jahr und das von Portugal erlassene Missionsstatut vom 5. April 1941 neu geregelt.[135] Das Konkordat regelte die Anerkennung der Rechtspersönlichkeit der katholischen Kirche in Portugal und den überseeischen Gebieten und garantierte die freie Ausübung ihrer Autorität. Das Missionsabkommen dehnte das historische Patronatsrecht der Kirche auf die erworbenen Kolonien in Afrika aus und sanktionierte die finanzielle Entschädigung für den enteigneten Kirchenbesitz. Nach dem Missionsstatut waren die katholischen Missionen „Einrichtungen zum Nutzen des Imperiums mit außerordentlicher zivilisatorischer Bedeutung" und mit dem „bisher unter Staatsaufsicht stehenden Eingeborenenunterricht" betraut.[136] Der Eingeborenenunterricht hatte die „vollkommene Nationalisierung und sittliche Erziehung der Eingeborenen" zu verwirklichen und hauptsächlich „unter nationalen, praktischen und zivilisatorischen Gesichtspunkten" zu erfolgen.[137]

Noch bis zum 2. Weltkrieg fehlte es an einem einheitlichen Erziehungs- und Schulsystem für die afrikanische Bevölkerung.[138] Die meisten staatlichen Schulen befanden sich im städtischen Süden des Landes, wo aber nur etwa 10% der Einwohner Mosambiks lebten.[139] Das „Schulsystem" folgte der Trennung zwischen europäischer Bevölkerung und *assimilados* und *indígenas*. Mit der Beauftragung der katholischen Kirche und den einsetzenden politischen Veränderungen in den fünfziger und sechziger Jahren verbesserten sich die Ausbildungsmöglichkeiten für die Einheimischen.[140] 1963 erfolgte die Eröffnung der ersten Universität des Landes in Lourenco Marques. Unter den etwa 300 Studenten der

---

134 Vgl. Ansprenger, Wiriyamo: eine Dokumentation zum Krieg in Mosambik, S. 218.

135 Text in Auszügen in: Ansprenger, Wiriyamo: eine Dokumentation zum Krieg in Mosambik, S. 218ff.; vgl. auch Wenzel, Portugal und der Heilige Stuhl, S. 53ff.

136 Vgl. Art 2 bzw. 66 des Missionsstatuts, s. Fn. 135.

137 Artikel 68 des Missionsstatuts, s. Fn. 135.

138 Newitt, A History of Mozambique, S. 480; Henrikson, Mozambique: A History, S. 146f.

139 Henrikson, Mozambique: A History, S. 144f.

140 Vgl. zu dieser Entwicklung Azevedo, Historical Dictionary of Mozambique, S. 60ff.; Newitt, A History of Mozambique, S. 479ff.

überwiegend technischen Lehrfächer waren fünf Afrikaner.[141] Die Ausbildungsmöglichkeiten waren noch weit von einer Versorgung der gesamten Bevölkerung der Kolonie entfernt. Als die Portugiesen Mosambik 1975 verließen, lag die Analphabetenrate der schwarzen Bevölkerung bei über 90%.[142]

3. Das internationale Recht und die portugiesische Überseepolitik

Nach dem 2. Weltkrieg verstärkte sich der internationale Druck auf Portugal wegen seiner Kolonialpolitik.[143] In der Völkergemeinschaft wurde eine neue Friedensordnung debattiert, deren Verwirklichung die interventionsfreie Selbstregierung der abhängigen Gebiete voraussetzte.[144] Getragen von der Idee des Selbstbestimmungsrechts der Völker setzte eine Phase der Entkolonialisierung ein, die 1960 im sog. „Afrika-Jahr" ihren Höhepunkt erreichte, als 17 afrikanische Kolonien in die Unabhängigkeit entlassen wurden.[145]

Der Grund für diese Entwicklung waren die wirtschaftlichen Auswirkungen des Krieges, die Schwächung und der Prestigeverlust zahlreicher Kolonialmächte sowie der verstärkte Emanzipationswille der Bevölkerung der Kolonien, was zu einer wachsenden Ablehnung der Kolonialherrschaft durch die öffentliche Meinung in den europäischen Kolonialstaaten führte.[146]

Innerhalb weniger Jahre konnte die Entkolonisierung fast völlig unblutig beendet werden.[147] Zu den Ausnahmen dieser „Entkolonisierung durch Resolutio-

---

141 Henrikson, Mozambique: A History, S. 146.

142 Azevedo, Historical Dictionary of Mozambique, S. 62; Isaacman/Isaacman, Mozambique: From Colonialismus to Revolution, 1900-1982, S. 52.

143 Der 1. Weltkrieg hatte an den politischen Verhältnissen auf dem afrikanischen Kontinent wenig verändert. Mit dem Deutschen Reich mußte eine Kolonialmacht Afrika verlassen, allerdings ohne die Mitwirkung der Afrikaner. Erst nach Ende des 2. Weltkrieges begann die gezielte Auseinandersetzung der afrikanischen Politik mit der kolonialen Herrschaft, obwohl dieser Krieg Afrika militärisch weniger belastet hatte als der vorherige; vgl. Ansprenger, Politische Geschichte Afrikas im 20. Jahrhundert S. 54ff.

144 Vgl. Falk/Wahl, Befreiungsbewegungen in Afrika, S. 20ff., 47ff., 59.

145 Dies waren Togo, Tschad, Benin, Elfenbeinküste, Gabun, Zentralafrikanische Republik, Kongo, Zaire, Kamerun, Madagaskar, Mauretanien, Niger, Nigeria, Burkina Faso, Senegal, Somalia und Mali. Zuvor hatte bereits Ghana, ehemals Goldküste/Westtogo, seine Unabhängigkeit erstritten; vgl. Esterhuyzen, Africa at a Glance, S.2.

146 Die Bandung-Konferenz im Jahre 1955 war die erste große gemeinsame Kundgebung des Unabhängigkeitswillens der asiatischen und afrikanischen Völker; vgl. Herrfahrdt, Staatsgestaltungsfragen Asiens und Afrikas, S. 5ff.; Ansprenger, Politische Geschichte Afrikas im 20. Jahrhundert, S. 54ff.

147 Vgl. Kimminich, Einführung in das Völkerrecht, S. 93.

nen" gehörte die Dekolonisation der portugiesischen Überseegebiete Angola, Guinea-Bissau und Mosambik.

a) Die völkerrechtliche Ausgangslage

Die Idee des Selbstbestimmungsrechts der Völker und die Dekolonisationsbemühungen nach dem Abschluß des 2. Weltkrieges fanden ihren Ausdruck in einer Vielzahl internationaler Kodifikationen.[148] Die neue Charta der Vereinten Nationen vom 26. Juni 1945 erklärte in Art. 1 Ziff. 2 und Art. 55 das Selbstbestimmungsrecht zu den grundlegenden Zielen der sich als Nachfolgeorganisation des Völkerbundes konstituierenden Völkerrechtsgemeinschaft. Neben der Anerkennung der souveränen Gleichheit ihrer Mitglieder sollte die Achtung des Selbstbestimmungsrechts das Fundament für eine neue Friedensordnung bilden, deren Dauerhaftigkeit und universelle Geltung ohne eine Lösung der Unabhängigkeitsfrage für die noch unter kolonialer und Fremdherrschaft lebenden Völker zweifelhaft sein mußte.[149] Der Träger dieses Selbstbestimmungsrechts sollte das Volk sein und nicht die Nation, wie im klassischen Völkerrecht des 19. und Anfang des 20. Jahrhunderts. Diese Differenzierung wurde in der Charta und den ihr folgenden Resolutionen getroffen, da gerade in den afrikanischen Kolonialgebieten viele soziale Gemeinschaften den Entwicklungsstand einer Nation noch nicht erreicht hatten. Die Anknüpfung an die Nation hätte daher eine universelle Geltung des Selbstbestimmungsrechts verhindert.

Die Generalversammlung der Vereinten Nationen forderte Anfang der 1950er Jahre die vom Wirtschafts- und Sozialrat (ECOSOC) errichtete UN-Menschenrechtskommission[150] in zwei Resolutionen[151] auf, eine Definition des Selbstbestimmungsrechts zu erstellen und in die von ihr auszuarbeitenden Menschenrechtspakte aufzunehmen. Dies führte dazu, daß den 1954 von der Menschen-

---

148 Vgl. hierzu Resolutionen zum Selbstbestimmungsrecht der Völker, Vereinte Nationen 3/II.

149 Vgl. Resolutionen zum Selbstbestimmungsrecht der Völker, Vereinte Nationen 3/II S. 17.

150 Die Menschenrechtskommission wurde 1946 vom ECOSOC nach Art. 62 AbS. 2 bzw. 68 SVN errichtet. Die Tätigkeit der Menschenrechtskommission hatte zunächst zum Ziel, einen internationalen Menschenrechtskodex (*Universal Bill of Rights*) auszuarbeiten. Mittlerweile liegt der Schwerpunkt ihrer Arbeit auf der Förderung und dem Schutz von Menschenrechten. Die Menschenrechtskommission besteht aus 43 Mitgliedern, die jährlich zu einer sechswöchigen Sitzungsperiode zusammen kommen; vgl. Riedel in: Wolfrum, Handbuch der Vereinten Nationen, (77) Rn. 1ff.; Partsch in: Wolfrum, Handbuch der Vereinten Nationen, (78) Rn. 1ff.

151 GA Res. 421 (V) vom 4. Dezember 1950 und GA Res. 545 (VI) vom 5. Februar 1952.

rechtskommission entworfenen Konventionen, dem Internationalen Pakt über bürgerliche und politische Rechte und dem Internationalen Pakt über wirtschaftliche, soziale und kulturelle Rechte,[152] ein gemeinsamer Artikel vorangestellt wurde, der den Umfang des Selbstbestimmungsrechts der Völker gemäß Art. 1 Ziff. 2 SVN näher konkretisierte.[153] Dieser exponierten Stellung am Anfang beider Konventionen verdankt das Selbstbestimmungsrecht seine Interpretation, als kollektives Recht die notwendige Voraussetzung für die Verwirklichung der (individuellen) Menschenrechte zu sein.[154] Durch die sog. *Friendly Relations Declaration*, der Resolution der Generalversammlung Nr. 2625 XXV vom 24. Oktober 1970,[155] erhielt der Umfang des Selbstbestimmungsrecht der Völker seine weitere Ausgestaltung und Präzision. Danach haben „alle Völker das Recht, ohne Eingriff von außen über ihren politischen Status zu entscheiden und ihre wirtschaftliche, gesellschaftliche und kulturelle Entwicklung frei zu verfolgen", wobei jeder Staat verpflichtet ist, „dieses Recht in Übereinstimmung mit den Satzungsvorschriften [der VN] zu verfolgen" und „von Gewaltmaßnahmen Abstand zu nehmen, die vorerwähnte Völker daran hindern, den hier in Rede stehenden Grundsatz ihres Rechts auf Selbstbestimmung, Freiheit und Unabhängigkeit zu verwirklichen".[156]

Die Entkolonialisierung ist ein Anwendungsfall der Verwirklichung des Selbstbestimmungsrechts, das außer dem Wahlrecht seiner Regierungsform das Recht eines Volkes umfaßt, einen eigenen Staat zu gründen und dadurch zum Völkerrechtssubjekt zu werden.[157] Die Entkolonialisierung der abhängigen Gebiete wird im XI., XII. und XIII. Kapitel der Charta der Vereinten Nationen geregelt. Die das XI. Kapitel umfassenden Art. 73 und 74 enthalten eine „Erklärung über Hoheitsgebiete ohne Selbstregierung". Diese umständliche Formulie-

152 Die beiden Menschenrechtspakte bilden zusammen mit der universellen Erklärung der Menschenrechte und dem Fakultativprotokoll zum Internationalen Pakt für bürgerliche und politische Rechte die Internationale Menschenrechtscharta. Die Menschenrechtspakte wurden 1966 von der Generalversammlung angenommen, traten aber erst 1976 in Kraft; vgl. Partsch in: Wolfrum, Handbuch der Vereinten Nationen, (78) Rn. 1, 13ff.

153 Vgl. Teil I Artikel 1 der beiden Pakte, s. Fn. 152.

154 Vgl. Kimminich, Einführung in das Völkerrecht, S. 135ff. m.w.N.; Resolutionen zum Selbstbestimmungsrecht der Völker,Vereinte Nationen II/3, S. 25.

155 Anhang der Resolution der GA Nr. 2625 (XXV) vom 24.10.1970. Die vollständige Bezeichnung lautet: „Erklärung über völkerrechtliche Grundsätze für freundschaftliche Beziehungen und Zusammenarbeit zwischen den Staaten im Sinne der Charta der Vereinten Nationen".

156 Vgl. den 5. Grundsatz der Friendly Relations Declaration.

157 Partsch in: Wolfrum, Handbuch der Vereinten Nationen, (101) Rn. 12ff.

rung wurde von den Schöpfern der Charta gewählt, um den Begriff Kolonialgebiete zu vermeiden.[158] Hintergrund war die fehlende Bereitschaft der europäischen Mächte, ihre Kolonien freiwillig und unverzüglich in die Unabhängigkeit zu entlassen, gleichwohl man sich grundsätzlich zum Selbstbestimmungsrecht bekannte.[159] Um jede völkerrechtliche Verpflichtung zu vermeiden, bezeichnete man es daher in Art. 73 SVN als den „heiligen Auftrag" der Kolonialmächte, das Wohl der Bevölkerung der Kolonien aufs äußerste zu fördern und den grundsätzlichen Vorrang ihrer Interessen zu wahren.[160] Zu diesem Zweck wurde eine Unterrichtungspflicht der Kolonialmächte gegenüber dem Generalsekretär der Vereinten Nationen statuiert, mit deren Hilfe die Einhaltung des „heiligen Auftrages" der Kolonialmächte kontrolliert werden sollte.

Die Regelungen in Art. 73 SVN bildeten die Grundlage für eine Vielzahl von Resolutionen zur Förderung der Entkolonialisierung. Am 14. Dezember 1960 verabschiedete die Generalversammlung die „Deklaration über die Gewährung der Unabhängigkeit an koloniale Länder und Völker".[161] In dieser Erklärung wurden die Aufrechterhaltung der Kolonialherrschaft als rechtswidrig bezeichnet und „Sofortmaßnahmen" gefordert, um den Einwohnern der abhängigen Gebiete die Verwirklichung ihres Selbstbestimmungsrechts zu ermöglichen. Nur ein Jahr später wurde mit der Bildung des Entkolonialisierungs-Ausschusses der institutionelle Rahmen für ein Aufsichtssystem geschaffen, mit dessen Hilfe die Durchsetzung der deklarierten Prinzipien überprüft werden sollte.[162] Ein weiterer Schritt im Bemühen um die Beschleunigung der Dekolonisation wurde mit der Deklaration 3314 (XXIX) der Generalversammlung vom 14. Dezember 1974 vollzogen, deren Definition des Aggressions-Begriffs von dem Recht der Völker

---

158 Kimminich, Einführung in das Völkerrecht, S. 98.

159 Vgl. Fastenrath in: Simma, Charta der Vereinten Nationen, Art. 73 Rn. 2ff.; Resolutionen zum Selbstbestimmungsrecht der Völker, Vereinte Nationen II/3, S. 18.

160 Kunig in: Wolfrum, Handbuch der Vereinten Nationen, (15) Rn. 8ff.; Fastenrath in: Simma, Charta der Vereinten Nationen, Art. 73 Rn. 5; Partsch in: Wolfrum, Handbuch der Vereinten Nationen, (101) Rn. 11 m.w.N.; Kimminich, Einführung in das Völkerrecht, S. 135f. m.w.N.

161 GA Res. 1514 (XV), 14. Dezember 1960.

162 Der Ausschuß wurde durch die Resolution 1654 (XVI) der Generalversammlung vom 27. November 1961 ins Leben gerufen und besteht mittlerweile aus 24 Vertretern überwiegend afrikanischer, asiatischer und lateinamerikanischer Staaten; vgl. Kunig in: Wolfrum, Handbuch der Vereinten Nationen, (15) Rn. 9; Fastenrath in: Simma, Charta der Vereinten Nationen, Art. 73 Rn. 8ff.

ausgeht, ihre antikoloniale Befreiung gewaltsam zu erstreiten und hierzu die Unterstützung von Dritten zu erhalten.[163]

Der portugiesische Staat war wegen seiner Kolonialpolitik wiederholt selbst Gegenstand von Resolutionen der Organe der Vereinten Nationen. Nach Portugals Weigerung die Konsultationspflicht nach Art. 73 e) SVN für seine überseeischen Gebiete anzuerkennen, setzte die Generalversammlung in ihrer Resolution 1542 (XV) vom 15. Dezember 1960 einseitig sämtliche Besitzungen Portugals in Übersee[164] auf die Liste der abhängigen Gebiete, die dem Aufsichtssystem der Vereinten Nationen unterworfen waren. In einer weiteren Resolution aus dem Jahre 1961[165] errichtete die Generalversammlung einen eigenen Sonderausschuß für die unter portugiesischer Verwaltung befindlichen Gebiete. Dieser Ausschuß sollte sich den Lebensbedingungen in den portugiesischen Kolonien und dem Stand ihrer Selbstregierung widmen, worüber Portugal nach wie vor jede Information ablehnte. Ein Jahr später wurde ein weiteres Mal die portugiesische Haltung von der Generalversammlung verurteilt und der Sicherheitsrat zur Einleitung geeigneter Schritte aufgefordert, dem er allerdings nicht nachkam.[166]

b) Portugals Widerstand gegen die Entkolonialisierung - „the first to come, the last to go“

Portugal versuchte sich, den internationalen Entwicklungen mit einem langen und erbitterten Widerstand zu entziehen. Zu bedeutsam waren die überseeischen Besitzungen für das portugiesische Selbstverständnis, eine europäische Weltmacht zu sein. Die salazarsche Doktrin von der lusitanischen Einheit schloß die Anerkennung eines eigenen Selbstbestimmungsrechts der Völker in den Kolo-

---

163 Ob hieraus die Rechtmäßigkeit bewaffneter Befreiungskämpfe zur Erzwingung der Unabhängigkeit abgeleitet werden kann, ist umstritten. Durch die Verabschiedungen mehrerer Resolutionen hat sich die Generalversammlung um eine Legitimierung der Gewaltanwendung bemüht; vgl. GA Res. 2649 (XXV) vom 30.11.1970 und GA Res. 3070 (XXVIII) vom 30.11.1973; vgl. auch Art. 1 AbS. 4 des I. Zusatzabkommens vom 12.12.1977 zum Genfer Rotkreuz-Abkommen; Bennigsen in: Wolfrum, Handbuch der Vereinten Nationen, (7) Rn. 17ff, 21 m.w.N.; Kimminich, Einführung in das Völkerrecht, S. 283; vgl. auch die Resolution 40/56 der Generalversammlung vom 2. Dezember 1985 zum fünfundzwanigsten Jahrestag der Erklärung über die Gewährung der Unabhängigkeit an kolonialen Länder und Kolonien.

164 Dazu gehörten Kapverden, Guinea, São Tomé und Príncipe, São João Batista de Ajudá, Angola, Mosambik, Goa, Macao und Timor; Fastenrath in: Simma, Charta der Vereinten Nationen, Art. 73 Rn. 14; Kahl, Pro und Kontra Portugal, S. 81ff.

165 GA Res. 1699 (XVI) vom 19. Dezember 1961.

166 GA Res. 1807 (XVII) vom 14. Dezember 1962.

nien *ipso iure* aus. Der wirtschaftliche Nutzen der Kolonien für das kleine Mutterland war weiterhin sehr groß.

1951 wurden zunächst der *Acto Colónial* in die bestehende Verfassung eingegliedert und die Überseegebiete vom Status einer Kolonie in Überseeprovinzen (*Províncias Ultramarinas*) umgewandelt, wodurch man zu der alten, von 1820 an gebräuchlichen Bezeichnung zurückkehrte.[167] Indem die überseeischen Besitzungen auf diese Weise in das Staatsgebiet Portugals integriert und das Schicksal ihrer Völker zu einer inneren Angelegenheit Portugals werden sollten, versuchte das Land sich der internationalen Kritik zu entziehen und Mitglied der Vereinten Nationen zu werden, was im Jahre 1955 auch gelang.[168]

Am 27. Juni 1953 wurde das „Grundgesetz für die portugiesischen Überseegebiete" (*Lei Orgánica do Ultramar Português*) erlassen, das an die Stelle des Grundgesetzes von 1933 trat.[169] Hierdurch wurde in den drei großen portugiesischen Überseeprovinzen Angola, Goa und Mosambik der Verwaltungsaufbau durch ein weiteres Organ ergänzt. An die Seiten des Gouverneurs und des Regierungsrats (*Conselho de Governo*) trat ein mit gewählten Mitgliedern besetzter Gesetzgebungsrat (*Conselho Legislativo*), der mit beschränkter Gesetzgebungsgewalt ausgestattet war. In diesem Rat, der vom Gouverneur geleitet wurde und auf seinen Vorschlag vom Überseeminister jederzeit aufgelöst werden konnte, waren erstmals auch zwei Repräsentanten der Eingeborenen vertreten, die vom Regierungsrat aus einer vom Gouverneur zusammengestellten Liste gewählt wurden. Ziel dieser Maßnahme war es, der Bevölkerung in den Überseegebieten einen größeren Einfluß auf die Verwaltung einzuräumen, ohne aber deren Unabhängigkeitsbestrebungen zu fördern. Die weitreichenden Eingriffs- und Gestaltungsbefugnisse des portugiesischen Überseeministers wurden nicht beschränkt.

Das neue Grundgesetz wurde ein Jahr später durch ein neues Eingeborenengesetz ergänzt.[170] Dieses *Estatuto dos Indígenas Portuguêses* löste die Gesetzge-

---

167 Stephani, Volksrepublik Mozambique, Beilage zu VRÜ 2/1976, S. IV; Jacob, Grundzüge der Geschichte Portugals und seiner Übersee-Provinzen, S. 185.

168 Mährdel, Afrika: Geschichte von den Anfängen bis zur Gegenwart, Teil 3, S. 154. Der Beitritt Portugals zu den Vereinten Nationen erfolgte am 14. Dezember 1955. Im Jahre 1948 war das Land bereits Mitglied der OEEC und 1949 der NATO geworden.

169 Gesetz Nr. 2.066 vom 27.6.1953.

170 Gesetzesverordnung Nr. 39.666 vom 20. Mai 1954. Das Grundgesetz von 1953 hatte den Eingeborenenstatus in den portugiesischen Provinzen Timor und São Tomé und Príncipe abgeschafft, was in Goa, Macao und den Kapverdischen Inseln bereits zu einem früheren Zeitpunkt erfolgt war. Für Angola, Guinea und Mosambik wurde jedoch ausdrücklich bestimmt, daß der Engeborenenstatus als Übergangslösung aufrecht erhalten werden sollte. Hierzu diente die Gesetzgebung von 1954; vgl. Arntz, Das Recht der Portugiesischen Überseegebiete, S. 158ff.

bung von 1929 ab, ohne aber die grundsätzliche Trennung in „Eingeborene“ und „Nichteingeborene“ aufzuheben.

Die 1959 geänderte Verfassung bestätigte die unnachgiebige Haltung Portugals in Bezug auf die überseeischen Besitzungen. Art. 1 der Verfassung dehnte das portugiesische Staatsgebiet auf alle überseeischen Gebiete aus[171] und bestimmte: „Die Regierung verzichtet nicht auf die Rechte an anderen Territorien, die sie hat oder noch erwerben könnte.“[172]

Erst der überraschende Ausbruch der Bürgerkriegs in Angola 1961[173] und die zunehmende Kritik an der Eingeborenenpolitik Portugals veranlaßte Lissabon dazu, das Staatsbürgerschaftsrecht dahingehend zu ändern, alle einheimischen Einwohner der Überseegebieten bedingungslos zu portugiesischen Staatsbürgern werden zu lassen.[174] Durch die Gesetzesverordnung Nr. 43.893 vom 6. September 1961 wurde die Eingeborenengesetzgebung von 1954 abgeschafft und die Unterscheidung zwischen *civilis, indígenas* und *assimilanos* aufgehoben, wodurch die Eingeborenen den gleichen Rechtsstatus wie die Einwohner Portugals und die weißen Bewohner der Überseeprovinzen erhielten. Es existierten zukünftig nur noch gleichberechtigte portugiesische Staatsbürger.[175]

Doch auch hierbei handelte es sich nur um eine unzureichende Verbesserung für die Bevölkerung der Überseeprovinzen. Das Wahlgesetz von 1945 machte die Ausübung staatsbürgerlicher Rechte unter anderem davon abhängig, Lesen und Schreiben zu können, dem nur die wenigsten Eingeborenen genügen konnten.[176] Als Antwort auf die internationalen Berichte über die skandalösen Ar-

---

171 Dies umfaßte das europäische Festland sowie Madeira und die Azoren, die kapverdischen Inseln, Guinea, São Tomé und Príncipe, São Baptista de Ajudá, Cabinda, Angola, Mosambik, Macau, Timor und Goa (*Estado da India*), wobei letzteres bereits zum Zeitpunkt der Verfassungsänderung *de facto* nicht mehr der Staatsgewalt des portugiesischen Reiches unterstand, weil es 1954 von Truppen der indischen Union besetzt worden war.

172 Zitiert nach Arntz, Das Recht der Portugiesischen Überseegebiete, S. 46.

173 Am 4. Februar 1961 versuchten Anhänger der nationalen Befreiungsfront MPLA (*Movimento Popular de Libertação de Angola*) das Zentralgefängnis von Luanda zu erstürmen. Fünf Wochen später folgte ein von der Befreiungsbewegung FNLA (*Frente Nacional de Libertação de Angola*) organisierter Aufstand in den nördlichen Kaffeeanbaugebieten, und Mitte Mai eröffnete die MPLA von Zaire aus eine weitere Kampffront; vgl. Becker, Angola, Mosambik und Zimbabwe, S. 75ff.; Schürmer in: Hofmeier/Schönborn, Politisches Lexikon Afrika, S. 32ff.

174 Mondlane, Kampf um Mosambik, S. 46.

175 Vgl. Arntz, Das Recht der Portugiesischen Überseegebiete, S. 172f.

176 Arntz, Das Recht der Portugiesischen Überseegebiete, S. 174 u. 72ff. Bei den letzten Wahlen unter portugiesischer Herrschaft waren von den neun Millionen Einwohnern le-

beitsbedingungen in den portugiesischen Überseegebieten wurde 1962 die Arbeitsgesetzgebung geändert und ein ausschließlich für die Überseeprovinzen geschaffenes Gesetz für die Landarbeit (*Código do Trabahlo Rural*) geschaffen.[177] Dieses sah unter Androhung von Strafe die Abschaffung der Zwangsarbeit zu privaten und öffentlichen Zwecken vor und schaffte die strafrechtlichen Sanktionsmöglichkeiten für die Verletzung der Arbeitspflicht ab, wenn auch das Anwerbungsverfahren staatlicher und privater Stellen erhalten blieb. Die gesetzlichen und vertraglichen Arbeitsbestimmungen wurden verbessert und jede Unterscheidung aufgrund des Geschlechts oder der Herkunft hinsichtlich Entlohnung und Arbeitsbedingungen verboten, was mit Hilfe eines neu eingeführten Inspektionssystems kontrolliert werden sollte.[178]

Am 24. Juni 1963 folgte schließlich der Erlaß eines neues Grundgesetz für die portugiesischen Überseegebiete (*Lei Orgânica do Ultramar Português*)[179] das die bisher bestehenden Regelungen erheblich abändert.[180] Die Dezentralisierung der Verwaltung in den Überseegebieten wurde vertieft und die Befugnisse des Gesetzgebungsrates erweitert sowie dessen Zusammensetzung zugunsten der afrikanischen Bevölkerung verändert. Die oberste Pflicht der Kolonialverwaltung war es aber nach wie vor, „über die Erhaltung der Integrität der portugiesischen Nation und über das Wohl ihrer Provinz zu wachen, sowie den moralischen und materiellen Fortschritt der Provinz zu fördern."[181]

Der Regierungsrat wurde durch einen Wirtschafts- und Sozialrat ersetzt, der den Generalgouverneur bei der Ausübung seiner Exekutivfunktionen unterstützen sollte und in bestimmten Verwaltungsangelegenheiten ein obligatorisches Anhörungsrecht besaß.[182] Auf der Ebene der Lokalverwaltung konnten wie auf der Provinzebene beratende Organe zur Unterstützung der Exekutivorgane eingeführt werden. Ansonsten änderte sich am mehrstufigen Verwaltungsaufbau und der Unterteilung der Verwaltungskreise für Eingeborene und „Zivilisierte" nichts.[183]

---

diglich 160.000 wahlberechtigt; vgl. Egerö in: Munslow, Samora Machel: An African Revolutionary, S. 114ff., 123.

177 Verordnung Nr. 44.309 vom 27. 4. 1962.

178 Arntz, Das Recht der Portugiesischen Überseegebiete, S. 187; Schaedel, Eingeborenen-Arbeit: Formen der Ausbeutung unter der portugiesischen Kolonialherrschaft in Mosambik, S. 171ff.

179 Gesetz Nr. 2.119 vom 24. 6. 1963.

180 Vgl. hierzu ausführlich Arntz, Das Recht der Portugiesischen Überseegebiete, S. 82ff.

181 Zitiert bei Arntz, Das Recht der Portugiesischen Überseegebiete, S. 88.

182 Vgl. zum Wirtschafts- und Sozialrat Art. 4 und 42ff. des Gesetzes Nr. 2.119 vom 24.6.1963.

183 Arntz, Das Recht der Portugiesischen Überseegebiete, S. 93.

Auch wenn die Reformen von 1963 demokratischere Züge als die Gesetzgebung von 1953 aufwiesen, war die verfassungs- und verwaltungsrechtliche Ordnung in den Überseegebieten noch weit von einer Einbindung und tatsächlichen Vertretung der Provinzbevölkerung entfernt. An der grundsätzlichen Weigerung Portugals, das Selbstbestimmungsrecht der Völker in den Überseegebieten anzuerkennen, änderte sich nichts.

Die politischen Veränderungen wurden begleitet von Bemühungen um einen wirtschaftlichen Aufschwung in den überseeischen Besitzungen, von dem man sich eine Beruhigung der Situation erhoffte. Mit Hilfe von zwei Sechs-Jahres-Plänen, 1953-58 und 1959-64, wurden die Investitionen in Hafenanlagen und Verkehrsnetze erhöht und die industrielle Infrastruktur gefördert. Weite Gebiete des Landes blieben aber nach wie vor in einem sehr unterentwickelten Zustand.[184] Gleichzeitig wurde der Zuzug europäischer Siedler in die Überseeprovinzen noch einmal forciert. Innerhalb von fünfzehn Jahren wuchs die portugiesische Bevölkerung nach 1951 von 48.000 auf 130.000.[185]

1968 erlitt Salazar einen Schlaganfall und wurde von dem Rechtsprofessor Dr. Marcello Caetano abgelöst, der die faschistische Politik seines Vorgängers weiterführte.[186] Noch einmal wurde 1972 mit Hilfe eines neuen *Lei Orgânica* und zweier Verwaltungsstatute für Angola und Mosambik die Autonomie der Provinzen erweitert und die Rechte des Gesetzgebungsrates als „Vertretung" der Provinzbevölkerung ausgedehnt. Mosambik durfte nun die Ehrenbezeichnung „Staat" führen, was eine den Bundesstaaten der Vereinigten Staaten von Amerika vergleichbare Eigenständigkeit zum Ausdruck bringen sollte.[187] Doch die Auswirkungen dieser Änderungen waren nicht mehr spürbar. Die eingeleiteten Veränderungen waren zu begrenzt und kamen zu spät, um den sich zuspitzenden Konflikt mit den afrikanischen Befreiungsbewegungen noch abwenden zu können.

---

184 Ki-Zerbo, Die Geschichte Schwarzafrikas, S. 617f.; Mährdel, Afrika Geschichte von den Anfängen bis zur Gegenwart, Teil 3, S. 156.

185 Vgl. Wheeler, The Portuguese and Mozambique: The Past against the Future, S. 187; Duffy, Portugal in Africa, S. 19.

186 Caetano war von 1944 bis 1949 Kolonialminister der portugiesischen Regierung gewesen und von 1959 bis 1968 Rektor der Universität Lissabon. Als seine Regierung in der Nelkenrevolution gestürzt wurde, floh er nach Rio de Janeiro ins Exil; vgl. zum Machtwechsel Maslowski, Der Skandal Portugal. Land ohne Menschenrechte, S. 61ff.

187 Stephani, Volksrepublik Mozambique, Beilage zu VRÜ, Heft 2/1976, S. V; Newitt, A History of Mozambique, S. 534; Thomashausen, People's Courts in Mozambique, S. 1; Büttner, Afrika. Geschichte von den Anfängen bis zur Gegenwart, Teil 4, S. 243.

4. *Der Befreiungskampf 1960-1975*

a) Widerstand und Nationalismus

Aufgrund der unnachgiebigen Haltung Portugals wuchsen die Spannungen in der schwarzen Bevölkerung Mosambiks. Wiederholt kam es wegen der schlechten Arbeitsbedingungen und der portugiesischen Eingeborenenpolitik zu Streiks und Demonstrationen.[188] Die Idee einer nationalen Befreiung war jedoch zunächst auf wenige Intellektuelle in den Städten und im Ausland beschränkt.[189] Sie entstand Anfang der fünfziger Jahre in einer Zeit, in der die späteren Führer der Unabhängigkeitsbewegungen in den portugiesischen Kolonien gemeinsam in Lissabon studierten. Hierzu zählten u.a. der Angolaner Agostinho Neto, Amilcar Cabral aus Guinea Bissau und der Mosambikaner Marcelino dos Santos.[190] Nur die dünne Schicht der afrikanischen Intellektuellen verfügte über Kontakte ins

---

188 1911 wurde eine Afrikanische Union (*União Africano*) in Lourenco Marques gegründet. In den zwanziger Jahren folgte die Gründung des „Afrikanischen Bundes" (*Grémio Africano*), aus dem später die „Afrikanische Vereinigung" (*Associação Africana*) hervorging. 1947 streikten etwa 7000 Plantagenarbeiterinnen gegen ihre Arbeitsbedingungen. Im gleichen Jahr kam es zu lang andauernden Protesten der Hafenarbeiter von Lourenco Marques; vgl. Isaacman/Isaacman, Mozambique: From Colonialismus to Revolution, 1900-1982, S. 61ff.; Mondlane, Kampf um Mosambik, S. 126ff.

189 1949 riefen Oberschüler die Organisation „Kern der Afrikanischen Oberschüler von Mosambik" (NESAM - *Núcleo dos Estudantes Africanos Secundários de Moçambique*) ins Leben. Wie auch das *Centro Associatio dos Negros de Moçambique* (Vereinszentrum der Afrikaner in Mosambik), dem die NESAM angeschlossen war, bezweckte die Schülervereinigung unter dem Deckmantel kultureller und sozialer Tätigkeit eine Verbreitung und Förderung des UnabhängigkeitsgedankenS. Auch der heutige Staatspräsident Joaquim Chissano war Mitglied der NESAM; vgl. Mährdel, Afrika. Geschichte von den Anfängen bis zur Gegenwart, Teil III, S. 260f.; Mondlane, Kampf um Mosambik, S. 136ff.; Hall/Young, Confronting Leviathan: Mozambique since Independence, S. 11.

190 Der Arzt und Dichter Agostinho Neto übernahm 1962 die Führung der *Movimento Popular de Libertação de Angola* (MPLA) und wurde nach Erlangung der Unabhängigkeit im Jahre 1975 Angolas erster Präsident. Amilcar Cabral gehörte zu den Führungspersönlichkeiten der 1956 gegründeten *Partido Africano da Independência da Guiné e Cabo Verde* (PAIGC), deren 1963 begonnener Befreiungskampf zehn Jahre später zur Unabhängigkeit von Guinea-Bissaus führte. Marcelino dos Santos, mit einer weißen Südafrikanerin verheiratet, gehörte nach seiner Ausbildung in Maputo, Lissabon und Paris zu den Gründungsmitgliedern der mosambikanischen Befreiungsbewegung FRELIMO und war seit der Unabhägigkeit 1975 mit hohen Regierungs- und Parteiämtern betraut. Von 1987 bis 1994 war er Vorsitzender des mosambikanischen Parlaments; vgl. zu Neto: Schümer in: Hofmeier/Schönborn, Politisches Lexikon Afrika, S. 131ff.; zu Cabral: Semin-Panzer in: Hofmeier/Schönborn, Politisches Lexikon Afrika, S. 31ff.; zu dos Santos: Azevedo, Historical Dictionary of Mozambique, S. 117.

Ausland und zur internationalen Presse und war daher zu einer kritischen Würdigung der Ereignisse in der Weltgemeinschaft in der Lage.

Es fehlte an der Entwicklung eines ausgeprägten Nationalbewußtseins. In Mosambik entstand der Nationalismus wie in vielen afrikanischen Ländern erst durch die Erfahrung mit dem europäischen Kolonialismus und beruhte nicht auf einer festen, eine sprachliche, kulturelle oder territoriale Einheit bildenden Gemeinschaft.[191] Darüber hinaus verhinderte die seit 1957 in Mosambik aktive portugiesische politische Polizei *Polícia Internationale de Defesa do Estado* (PIDE) eine öffentliche Diskussion.[192]

Dies änderte sich mit den Ereignissen am 16. Juni 1960 in der Distriktstadt Mueda in der nördlichen Provinz Cabo Delgado. Portugiesische Beamte hatten die Bevölkerung des umliegenden Gebietes aufgefordert, an einer Kundgebung teilzunehmen, um ihre Petitionen vorzutragen. Einige tausend Bewohner waren gekommen, um sich beim Provinzgouverneur über Zwangsarbeit, willkürliche Verhaftungen und die Steuerlast zu beschweren.[193] Daraufhin ließen die Portugiesen die Wortführer vor den Augen der versammelten Menschen festnehmen, um ihre Macht zu demonstrieren und die Unzufriedenen einzuschüchtern. Als dies zu Unruhe unter den Versammelten führte, eröffneten die Kolonialtruppen das Feuer auf die unbewaffneten Menschen und töteten mehrere Hundert.[194] Hintergrund dieser Ereignisse waren die Unabhängigkeitsbestrebungen der afrikanischen Baumwoll- und Kaffeebauern auf dem Mueda-Plateau. Diese hatten sich, inspiriert durch den Kontakt zur TANU (*Tanganjika African National Union*) im angrenzenden Tanganjika, 1957 in Mueda zur einer Baumwollgenossenschaft (SAAVM) zusammengeschlossen. Der wirtschaftliche Erfolg dieser Genossenschaft und die Auseinandersetzung mit den Ereignissen auf der anderen Seite des Rovuma-Flusses, wo die unter der Führung Julius Nyereres 1954 gegründete TANU bei den ersten Wahlen 1958/59 nahezu alle Sitze im Legislativrat Tanganjikas gewonnen hatte und zur wichtigsten politischen Kraft aufgestiegen war,[195] ließen die Bedeutung der SAAVM steigen und führten zum selbstbewußten Auf-

---

191 Mondlane, Kampf um Mosambik, S. 121.

192 Newitt, A History of Mozambique, S. 519ff.; Henrikson, Mozambique: A History, S. 151; Graf/Joseph, Volksrepublik Mocambique. Wachsen und Werden eines jungen Staates S. 27.

193 Meyns, Befreiung und nationaler Wiederaufbau von Mozambique, S. 5.

194 Graf/Joseph, Volksrepublik Mocambique. Wachsen und Werden eines jungen Staates, S. 36.

195 Vgl. zur Entwicklung in Tanganjika, das sich am 26. April 1964 mit der Vereinigten Republik Zanzibar zur Vereinigten Republik Tansania zusammenschloß, Schönborn in: Hofmeier/Schönborn, Politisches Lexikon Afrika, S. 385ff.

treten ihrer Anhänger vor dem Provinzgouverneur am 16. Juni 1960.[196] So wurde Mueda zum Symbol der kolonialen Unterdrückung und zum Wendepunkt des antikolonialen Widerstands.

b) Die Gründung der FRELIMO

In der Folgezeit gründeten sich im Exil drei Widerstandsgruppen: die *Uniao Democrática Nacional de Moçambique* (UDENAMO - Nationaldemokratische Union von Mosambik) im Oktober 1960 im rhodesischen Bulawayo, ein halbes Jahr später die *Mocambique African National Union* (MANU - Afrikanische Nationalunion von Mosambik) in Mombasa in Kenia und 1961 die *União Nacional Africana de Moçambique Independente* (UNAMI - Afrikanische Union des Unabhängigen Mosambik) in Blantyre/Malawi.[197] Alle drei Bewegungen setzten sich für die nationale Unabhängigkeit Mosambiks ein, repräsentierten aber jeweils nur die Provinzen Mosambiks, aus denen die Exilbevölkerung in den jeweiligen Nachbarländern stammte, und verfügten daher nur über eine begrenzte regionale und ethnische Basis.[198] Es wurde schon bald die Notwendigkeit einer einheitlichen nationalen Organisation deutlich. Kwame Nkrumah, der Staatspräsident des 1957 unabhängig gewordenen Ghana, wie auch der zukünftige Präsident Tansanias Julius Nyerere, auf dessen Einladung die drei Bewegungen ihre Hauptsitze 1961 nach Dar-es-Salaam verlegten, unterstützten die Einheitsbestrebungen. Außerdem drängte die 1961 in Casablanca gegründete *Conferência das Organisacões Nacionalistas das Colónias Portuguêsas* (CONCP - Konferenz der nationalistischen Organisationen der portugiesischen Kolonien)[199], zu deren ersten Vorsitzenden der Mosambikaner Marcelino dos Santos gewählt worden war, auf eine Vereinigung der gegen den portugiesischen Kolonialismus gerich-

---

196 Hanlon, Mosambik. Revoultion im Kreuzfeuer, S. 37f.

197 Zischg, Die Politik der Sowjetunion gegenüber Angola und Mozambique, S. 75f.; Henrikson, Mozambique: A History, S. 168f.; Isaacman/Isaacman, Mozambique: From Colonialismus to Revolution, 1900-1982, S. 79ff.; Hall/Young, Confronting Leviathan: Mozambique since Independence, S. 12f.; Wheeler, The Portuguese and Mozambique: The Past against the Future, S. 191f.

198 Vgl. Meyns, Befreiung und nationaler Wiederaufbau von Mozambique, S. 6; Zischg, Die Politik der Sowjetunion gegenüber Angola und Mozambique, S. 76; Finnegan, A Complicated War: The Harrowing of Mozambique, S. 287; Mondlane, Kampf um Mosambik, S. 144.

199 Die CONCP war als Forum der Befreiungsbewungen in den portugiesischen Kolonien gegründete worden und diente dem Informationsaustausch und der Kooperation der verschiedenen Organisationen; vgl. Azevedo, Historical Dictionary of Mozambique, S. 49.

teten Kräfte.[200] So vereinigten sich die drei Widerstandsbewegungen am 25. Juni 1962 in Dar-es-Salaam in Tansania zur *Frente de Libertação de Moçambique* (FRELIMO - Befreiungsfront von Mosambik).[201] Die Vereinigung des Widerstandes verhinderte anders als in Angola, wo sich während der Unabhängigkeitsbestrebungen drei Befreiungsbewegungen gegenüberstanden, deren Gegensätze noch heute das Schicksal des Landes beschäftigen, eine Aufsplitterung Mosambiks während des Befreiungskampfes, ohne jedoch auch Mosambik einen langanhaltenden Bürgerkrieg ersparen zu können.

Eine besondere Rolle in dieser schnell erzielten Einheit des mosambikanischen Widerstandes spielte der Professor an der Syracuse Universität im Staate New York/USA Eduardo Mondlane. Als jüngstes Kind der dritten Frau eines *regulo* im Distrikt Gaza im südlichen Mosambik 1920 geboren, hatte Mondlane nach dem Grundschulbesuch in einer schweizerischen protestantischen Mission mit Hilfe eines Stipendiums als 27jähriger in Südafrika die Sekundarschule abschließen können. Wegen seiner politischen Tätigkeit aus Südafrika verbannt, setzte er sein Soziologiestudium in den USA fort, wo er auch promovierte. 1957 begann er für die Treuhandverwaltung der Vereinten Nationen zu arbeiten, in welcher Eigenschaft er 1961 drei Monate in Mosambik verbrachte. In dieser Zeit vertiefte er seine Kontakte zu Julius Nyerere in Tansania und den drei Befreiungsbewegungen, denen beizutreten er wegen seiner Stellung bei den Vereinten Nationen bisher abgelehnt hatte. Nach seinem Aufenthalt in Mosambik beendete er seine berufliche Tätigkeit bei der Treuhandverwaltung, um in seine Heimat zurückzukehren und sich ganz der nationalen Unabhängigkeitsbewegung zu widmen.[202]

Vom 23. bis zum 28. September 1962 fand der erste Kongreß der FRELIMO statt. Mondlane wurde zum ersten Vorsitzenden gewählt, der Geistliche Simango, der Führer der UDENAMO,[203] zu seinem Stellvertreter ernannt, und es wur-

---

200 Newitt, A History of Mozambique, S. 521f.; Isaacman/Isaacman, Mozambique: From Colonialismus to Revolution, 1900-1982, S. 81; Mondlane, Kampf um Mosambik, S. 144.

201 Graf/Joseph, Volksrepublik Mocambique. Wachsen und Werden eines jungen Staates, S. 37; Ripken in Hofmeier/Schönborn, Politisches Lexikon Afrika, S. 234; Mährdel, Afrika. Geschichte von den Anfängen bis zu Gegenwart, Teil 3, S. 261.

202 Vgl. zu Mondlane Hanlon, Mosambik. Revoultion im Kreuzfeuer, S. 39; Azevedo, Historical Dictionary of Mozambique, S. 86ff; vgl. auch Herbert Shore, Resistance and Revolution in the Life of Eduardo Mondlane, in: Mondlane, The Struggle for Mozambique, S. xiii-xxxi.

203 Nach Auseinandersetzungen um die Führungsrolle in der FRELIMO löste sich Simango Anfang der 1970er von der FRELIMO und schloß sich verschiedenen Splittergruppen an; vgl. Azevedo, Historical Dictionary of Mozambique, S. 119.

de ein Zentralkomitee errichtet. Im verabschiedeten Statut der Befreiungsfront hieß es:

„Die Ziele der FRELIMO sind:
a) die totale Befreiung Mocambiques von der portugiesischen Kolonialherrschaft, von allen Spuren des Kolonialismus und Imperialismus;
b) die Erringung der sofortigen und vollständigen Unabhängigkeit Mocambiques;
c) die Verteidigung und Realisierung der Forderungen aller vom portugiesischen Regime ausgebeuteten und unterdrückten Mocambiquer."[204]

Als Hauptaufgaben der Bewegung wurde der organisatorische Aufbau der FRELIMO und die Gründung von Frauen- und Jugendorganisationen sowie die Ausbildung von Kadern für den Befreiungskampf festgelegt. Es sollte die Zusammenarbeit mit den Befreiungsbewegungen anderer portugiesischer Kolonien und den afrikanischen Organisationen ausgeweitet und durch die Eröffnung ausländischer Vertretungen die Weltöffentlichkeit für das Schicksal Mosambiks und den Befreiungskampf seiner Bevölkerung mobilisiert werden.[205]

Wenige Monate nach dem ersten Kongreß wurde in Dar-es-Salaam ein Institut zur Schulung der im Exil lebenden Mosambikaner eingerichtet[206] und das erste militärische Kader zu Ausbildungszwecken nach Algerien geschickt, das selbst erst 1962 seine Unabhängigkeit gewonnen und seine Hilfe angeboten hatte.[207]

Die Bedeutung des ersten Kongresses lag vor allem in der Vereinigung der unterschiedlichen Strömungen des Widerstandes, die die verschiedenen gesellschaftlichen und sozialen Schichten repräsentierten. Die treibende Kraft war der Nationalismus und die Vision eines unabhängigen Mosambik.[208] Im übrigen

---

204 Zitiert bei Graf/Joseph, Volksrepublik Mocambique. Wachsen und Werden eines jungen Staates, S. 37.

205 Vgl. zu den Einzelheiten Mondlane, Kampf um Mosambik, S. 148ff; Ripken in Hofmeier/Schönborn, Politisches Lexikon Afrika, S. 234f.

206 Leiterin des Instituts wurde die amerikanische Ehefrau Mondlanes Janet. Gegen sie wie auch andere weiße Lehrer richtete sich 1968 ein von schwarzen Nationalisten der FRELIMO geschürter Aufstand von Sekundarschülern, so daß das Institut geschlossen werden mußte; vgl. Hanlon, Mosambik. Revoultion im Kreuzfeuer, S. 46f.; Meyns, Befreiung und nationaler Wiederaufbau von Mozambique, S. 11; vgl. auch Couto, Mosambik und Frelimo. Darstellung einer Befreiungsbewegung, S. 30.

207 Hierzu zählte auch der erste Staatspräsident des unabhängigen Mosambik Samora Machel; vgl. Hanlon, Mosambik. Revoultion im Kreuzfeuer, S. 41; Meyns, Befreiung und nationaler Wiederaufbau von Mozambique S. 8; Mährdel, Afrika. Geschichte von den Anfängen bis zur Gegenwart, Teil III, S. 262; Mondlane, Kampf um Mosambik, S. 156.

208 Zischg, Die Politik der Sowjetunion gegenüber Angola und Mozambique, S. 76; Meyns, Befreiung und nationaler Wiederaufbau von Mozambique, S. 7.

fehlte es der neuen Befreiungsbewegung an einer einheitlichen ideologischen Basis. Sie blieb daher zunächst eine lose Gruppierung von Exilorganisationen.[209]

Schon bald nach dem ersten Kongreß kam es zu internen Auseinandersetzungen und Austritten aus der FRELIMO, die aber weniger politisch motiviert waren, sondern auf persönlichen, regionalen und ethnischen Rivalitäten beruhten. So kam es zur Gründung zahlreicher Splitterorganisationen, von denen aber nur das 1965 in Sambia gegründete *Comité Revolucionário de Moçambique* (COREMO - Revolutionäres Komitee Mosambiks) eine gewisse Bedeutung erlangte.[210]

Nachdem Bemühungen um eine Aussöhnung der verfeindeten Gruppierungen scheiterten, gelang es Mondlane im Jahre 1963, dass die FRELIMO von der sich soeben erste formierten Organisation für die afrikanischen Einheit (OAU)[211] als einzige legitime Vertreterin der mosambikanischen Bevölkerung Mosambiks anerkannt wurde.[212] Hierdurch gewann Mondlane zumindest die diplomatische und moralische Unterstützung der meisten unabhängigen Staaten Afrikas, was dazu führte, daß von den politischen Bewegungen Mosambiks nur der FRELIMO Beobachterstatus bei den Vereinten Nationen eingeräumt wurde.[213]

c) Der Beginn des bewaffneten Kampfes

Die Notwendigkeit einer bewaffneten Auseinandersetzung mit den portugiesischen Kolonialherren war innerhalb der Befreiungsbewegung nicht unumstritten, wie auch die militärische Taktik einer solchen zweifelhaft war. Der bewaffnete Kampf mit dem Kolonialregime, das nach wie vor keinerlei Anstalten machte, Mosambik in die Unabhängigkeit zu entlassen, schien jedoch unausweichlich.[214]

---

209 Hanlon, Mosambik. Revoultion im Kreuzfeuer, S. 39; Mährdel, Afrika. Geschichte von den Anfängen bis zur Gegenwart. Teil 3, S. 262.

210 Vgl. Henrikson, Mozambique: A History, S. 172ff.; Meyns, Befreiung und nationaler Wiederaufbau von Mozambique, S. 8; Hanlon, Mosambik. Revoultion im Kreuzfeuer, S. 39f.

211 Vgl. zur OAU Baumhögger in: Hofmeier/Schönborn, Politisches Lexikon Afrika, S. 491; Kunig, Das völkerrechtliche Nichteinmischungsprinzip. Zur Praxis der Organisation der afrikanischen Einheit (OAU) und des afrikanischen Staatenverkehrs, S. 142ff., 371ff.

212 Ripken in: Hofmeier/Schönborn, Politisches Lexikon Afrika, S. 235; vgl. auch Zischg, Die Politik der Sowjetunion gegenüber Angola und Mozambique, S. 77.

213 Der Beobachterstatus wurde durch die Resolution der Generalversammlung 3280 (XXIX) vom 10.12.1974 verliehen; vgl. Bartram in: Wolfrum, Handbuch der Vereinten Nationen, (8) Rn. 17.; auch Couto, Mosambik und Frelimo. Darstellung einer Befreiungsbewegung, S.12.

214 „Wenngleich wir entschlossen waren, alles in unserer Macht Stehende zu tun, um die Unabhängigkeit mit friedlichen Mitteln zu erringen, waren wir in jenem Stadium doch schon davon überzeugt, daß ein Krieg unvermeidlich war“, heißt es in den Erinnerungen

Am 25. September 1964 begann daher der bewaffnete Widerstand im Norden des Landes in den Provinzen Niassa, Tete, Cabo Delgado und Zambesia. Von Tansania aus wurden Waffen ins Land geschmuggelt und die Angriffe der zunächst nur wenigen hundert Kämpfer der FRELIMO koordiniert.

Die Portugiesen waren trotz militärischer Überlegenheit den Guerillaangriffen der FRELIMO nicht gewachsen. Die Kolonialarmee befand sich im dünn besiedelten Norden auf unbekanntem Gebiet. Die starke Belastung durch die Einbindung in die bereits begonnen Unabhängigkeitskämpfe in Angola und Guinea-Bissau wirkte sich ebenfalls zugunsten der FRELIMO aus. Außerdem konnten sich die Befreiungskämpfer jederzeit in die benachbarten Länder zurückziehen. So erzielte die FRELIMO schnell Erfolge und erhielt großen Zulauf. Die Befreiungsfront wuchs bis 1967 auf 8.000 Mitglieder an. In der selben Zeit verdoppelte die portugiesische Regierung ihre Streitkräfte in Mosambik auf 70.000 Soldaten.[215]

In den befreiten Gebieten begann die FRELIMO für die nationale Befreiung zu werben und die Bevölkerung politisch zu mobilisieren. Sie organisierte Fortbildungskurse, errichtete Schulen und Krankenhäuser. Die Frauen wurden vollständig in die Arbeit der Bewegung integriert und auch am Kampf beteiligt.[216] Das Häuptlingswesen wurde, soweit möglich, abgeschafft. Diese feudalistische Gesellschaftsstruktur wurde als schädlich für den Kampf um die Befreiung aller Mosambikaner angesehen.[217] Die Häuptlinge stellten in den Augen vieler Befreiungskämpfer Handlanger der Kolonialverwaltung dar.

Durch ihre Repräsentanten in befreundeten afrikanischen Staaten gelang es der FRELIMO, die internationale Aufmerksamkeit auf den Unabhängigkeitskampf zu lenken.[218] Der „Kalte Krieg“ zwischen Ost und West hatte zu einer starken Einflußnahme auf den weltweiten Entkolonialisierungs- und Staatenbildungsprozeß durch die beiden Supermächte geführt, die während der Kolonialepoche auf dem afrikanischen Kontinent keine Rolle gespielt hatten. Die Sow-

---

Mondlanes, Revolution im Kreuzfeuer, S. 150; vgl. auch Newitt, A History of Mozambique, S. 523; Hanlon, Mosambik. Revolution im Kreuzfeuer, S. 40.

215 Azevedo, Historical Dictionary of Mozambique, S. 66; Mondlane, Kampf um Mosambik, S. 172f.

216 Hanlon, Mosambik. Revoultion im Kreuzfeuer, S. 46.

217 Mondlane, Revolution im Kreuzfeuer, S. 204; Schilling/Unger, Angola, Guinea, Mocambique, S. 54.

218 Mondlane, Kampf um Mosambik, S. 158; vgl. auch den offenen Brief der FRELIMO an den Kanzler der BRD, Willy Brand, vom 19.3.1970, in der die Haltung Westdeutschlands und der sozialdemokratischen Regierungspartei im Kolonialkonflikt kritisiert wurde, abgedruckt in: Maslowski, Der Skandal Portugal. Land ohne Menschenrechte, S. 223.

jetunion und andere osteuropäische Staaten sowie China und Nordkorea unterstützen die FRELIMO, wie auch andere afrikanische Befreiungsbewegungen mit Waffen und militärischer Ausbildung.[219]

Dennoch stagnierte der Befreiungskampf ab 1966, da die Portugiesen ihre Gegenwehr verstärkten und mit massiven Vergeltungsmaßnahmen und Verhaftungen den Einfluß der FRELIMO zurückzudrängen versuchten.[220] Die militärischen Mißerfolge wurden begleitet von einer politischen Krise innerhalb der FRELIMO, in der die Auseinandersetzung zwischen den unterschiedlichen Gruppierungen mittlerweile offen zu Tage getreten war. Uneinigkeit bestand vor allem in der Frage, wie die befreiten Gebiete verwaltet und Mosambik nach Erlangung der Unabhängigkeit regiert werden sollte. Während eine Gruppierung unter der Führung von Mondlane, dos Santos und Chissano eine völlige Neuordnung des gesellschaftlichen Systems im befreiten Mosambik anstrebte, hatte die Gegenposition vor allem die Entkolonialisierung ohne wesentliche Änderungen der kolonialen Gesellschaftsordnung zum Ziel, die in Simango und dem Parteifunktionär Nkavandame ihre Repräsentanten fand.[221]

Auf dem zweiten Kongreß der FRELIMO im Juli 1968 konnte sich der revolutionäre Flügel unter Mondlane durchsetzen, der als Präsident bestätigt wurde.[222] In einer Reihe von Resolutionen[223] wurde der progressive und sozialrevolutionäre Kurs der Befreiungsbewegung festgeschrieben und den von Stammesgegensätzen und Tribalismus gekennzeichneten regionalen Tendenzen

---

219 Zischg, Die Politik der Sowjetunion gegenüber Angola und Mozambique, S. 79.

220 Graph/Joseph, Volksrepublik Mocambique. Wachsen und Werden eines jungen Staates, S. 31; Henrikson, Revolution and Counter-Revolution: Mozambique's War of Independence 1964-74, S. 45ff.

221 Couto, Mosambik und Frelimo. Darstellung einer Befreiungsbewegung, S. 20ff.; Zischg, Die Politik der Sowjetunion gegenüber Angola und Mozambique, S. 80f.; Meyns, Befreiung und nationaler Wiederaufbau von Mozambique, S. 11; Kahl, Pro und contra Portugal, S. 68ff.; vgl. auch das letzte Interview mit Eduardo Mondlane, das er eine Woche vor seinem Tod der kubanischen Zeitschrift „Tricontinental" gab, abgedruckt in: Schilling/Unger, Angola, Guinea, Mocambique, S. 42ff., 49f.

222 Der Kongreß fand vom 20. bis zum 25. Juli 1968 in Machedje in der befreiten Provinz Niassa unter der Anwesenheit von 170 Delegierten und Vertretern der angolanischen MPLA, des südafrikanischen ANC, der ZAPU aus Simbabwe statt; Newitt, A History of Mozambique, S. 525f. Hanlon, Mosambik. Revoultion im Kreuzfeuer, S. 8; Zischg, Die Politik der Sowjetunion gegenüber Angola und Mozambique, S. 81.

223 Es wurden Resolutionen über den bewaffneten Kampf, über die Verwaltung in den befreiten Zonen, über den nationalen Wiederaufbau, über soziale Angelegenheiten und über die Außenpolitik verabschiedet; vgl. zu den Einzelheiten Mondlane, Kampf um Mosambik, S. 233ff; Falk/Wahl, Befreiungsbewegung in Afrika, S. 423ff.; Schilling/Unger, Angola, Guinea, Mocambique, S. 133.

eine Absage erteilt. Außerdem wurde die Bedeutung des Befreiungskrieges als Kampf des gesamten Volkes betont.

Der Konflikt trat jedoch wieder offen hervor, als Eduardo Mondlane am 3. Februar 1969 überraschend bei einem Attentat mit einer Briefbombe ums Leben kam.[224] Die Versuche, sich auf der Sitzung des Zentralkomitees der FRELIMO im April 1969 auf einen Nachfolger Mondlanes zu einigen, scheiterten. Es wurden zunächst Simango, dos Santos und Machel, der Oberbefehlshaber der Befreiungsarmee, gemeinsam mit der Führung der Organisation betraut, um die Einheit der Bewegung zu wahren.[225] Jedoch erst mit der Suspendierung Simangos wenige Monate später konnte die interne Krise der FRELIMO endgültig beendet werden und sich der prosozialistisch-revolutionäre Kurs als Antwort auf die koloniale Unterdrückung durchsetzen. Im Mai 1970 ernannte das Zentralkomitee der FRELIMO Samora Machel zum neuen Präsidenten und dos Santos zu seinem Stellvertreter.[226]

Anfang der 1970er Jahre wurde der Befreiungskampf wieder intensiviert. Erstmals wurden die Kämpfe auch auf den Bereich südlich des Sambesi-Flusses ausgeweitet.[227] In der Provinz Tete versuchte die FRELIMO das Staudamm-Projekt *Cabora Bassa* zu behindern, mit dem die Portugiesen seit 1966, unterstützt durch ein Konsortium internationaler Konzerne aus Südafrika, Frankreich und der Bundesrepublik Deutschland, den Sambesi zu einem riesigen See aufzustauen plante, um sich mit Hilfe eines Kraftwerks neue Einnahmequellen zu erschließen.

Der Wendepunkt im Befreiungskampf war der Erfolg gegen die portugiesische Militäroffensive „Operation Gordischer Knoten“. In der Annahme, die FRELIMO sei durch ihre interne Führungskrise geschwächt, wurden im Mai 1970 mit über 30.000 Mann fast die Hälfte aller in Mosambik stationierten portugiesischen Soldaten auf die Provinz Cabo Delgado konzentriert, um die Befreiungsfront zu vernichten.[228] Doch mit Hilfe ihrer Guerillataktik konnten sich die Kämpfer der FRELIMO einer großen Konfrontation entziehen und gleichzeitig in anderen Provinzen die zahlenmäßige Unterlegenheit der Kolonialtruppen zu neuen Erfolgen ausnutzen. 1972 drangen die Befreiungskämpfer noch südli-

---

224 Vgl. Meyns, Befreiung und nationaler Wiederaufbau von Mozambique, S. 12; Couto, Mosambik und Frelimo. Darstellung einer Befreiungsbewegung, S. 29.

225 Zischg, Die Politik der Sowjetunion gegenüber Angola und Mozambique, S. 81.

226 Meyns, Befreiung und nationaler Wiederaufbau von Mozambique, S. 12f.

227 Meyns, Befreiung und nationaler Wiederaufbau von Mozambique, S. 18.

228 Mondlane, Kampf um Mosambik, S. 285; Couto, Mosambik und Frelimo. Darstellung einer Befreiungsbewegung, S. 48.

cher vor und eröffneten in der wirtschaftlich und strategisch wichtigen Provinz Manica e Sofala eine weitere Kampffront.[229] Auch hierdurch wurde die portugiesische Kolonialverwaltung empfindlich getroffen, da die Provinz die rhodesische Hauptstadt Salisbury mit der Hafenstadt Beira durch eine Eisenbahnstrecke verband, deren Sicherheit nun nicht mehr garantiert werden konnte. Bis 1974 hatten sich die Kämpfe schließlich auf sechs der zehn Provinzen des Landes ausgedehnt.[230]

Je länger der Krieg dauerte desto größer wurde die Verbundenheit zwischen der FRELIMO und der Bevölkerung. Immer größere Gebiete im Norden konnten der Verwaltungskontrolle der Portugiesen entzogen und deren Bevölkerung in Volksmilizen organisiert werden. Portugals Aussichten, den Krieg für sich zu entscheiden, sanken, obwohl die portugiesichen Streitkräfte der FRELIMO zahlenmäßig nach wie vor weit überlegen waren. Trotz der militärischen Aufrüstung mit Unterstützung der Nato, deren Mitgliedschaft Portugal 1949 erworben hatte, führte die Einbindung in die drei afrikanischen Kriegsherde in Angola, Guinea-Bissau und Mosambik zu einer Destabilisierung des Kolonialregimes. Auch wenn sich die Kämpfe in Mosambik nach wie vor auf den Norden des Landes beschränkten, zeigte sich, daß die Auseinandersetzung mit militärischen Mitteln nicht zu gewinnen war. In der weißen Bevölkerung wuchs der Unmut gegenüber Lissabon.[231] Der Befreiungskampf in den portugiesischen Überseegebieten war zu einer politischen Krise geworden, deren internationale Kritik zu einer Isolierung Portugals geführt hatte.

Zur Verschärfung der Kritik an der portugiesischen Afrikapolitik trugen Berichte über Massaker der Kolonialarmee bei, wie etwa im Dorf Wiriyamu.[232] Die portugiesischen Streitkräfte hatten wegen der anhaltenden Kritik an ihren Kampfmethoden zunächst versucht, ihre Strategie durch die Errichtung von sogenannten Wehrdörfern (*aldeamentos*) zu ändern, in denen die Bewohner von der FRELIMO isoliert und durch den Aufbau von Gesundheits- und Sozialeinrichtungen für die „portugiesische Sache“ gewonnen werden sollte.[233] Als sich

229 Meyns, Befreiung und nationaler Wiederaufbau von Mozambique, S. 19.

230 Couto, Mosambik und Frelimo. Darstellung einer Befreiungsbewegung, S. 49.

231 Graf/Joseph, Volksrepublik Mocambique. Wachsen und Werden eines jungen Staates, S. 60.

232 Vgl. hierzu Ansprenger u.a., Wiriyamu: Eine Dokumentation zum Krieg in Mozambique.

233 Vgl. Meyns, Befreiung und nationaler Wiederaufbau von Mozambique, S. 19f.; Henrikson, Revolution and Counter-Revolution: Mozambique's War of Independence 1964-74, S. 143; Newitt, A History of Mozambique, S. 528; Azevedo, Historical Dictionary of Mozambique, S. 33; Becker, Angola, Mosambik und Zimbabwe, S.176f.

der erhoffte Erfolg nicht einstellte, kehrte man zur brutalen Kriegsführung mit Vergeltungsmaßnahmen zurück, deren unrühmlichen Höhepunkt das Massaker an der Dorfbevölkerung von Wiriyamu am 16. Dezember 1972 bildete.[234]

d) Die Nelkenrevolution in Portugal

Am 25. April 1974 wurde die Caetano-Diktatur in der sog. Nelkenrevolution[235] vom Militär gestürzt. Der unblutig verlaufene Putsch fand große Zustimmung in der portugiesischen Bevölkerung, die der autoritären und wirtschaftlich erfolglosen Politik der Diktatur überdrüssig war. Unter der Führung von General A. S. Ribeiro de Spinola übernahm die Militärjunta die Regierungsgewalt, zu deren vordringlichsten Aufgaben die Lösung der Kolonialkonflikte gehörte.

Nach dem Umsturz begann in Mosambik eine Phase der politischen Auseinandersetzungen um die Macht im zukünftigen Staat. Es entstanden mehrere Befreiungsbewegungen, die eine Gleichstellung mit der FRELIMO begehrten, und verschiedene Bewegungen weißer Siedler. Hierzu zählte vor allem die *Grupo de Moçambique* (GUMO), die sich für eine politische Autonomie der Kolonie mit einer gemäßigten multi-rassistischen Regierung einsetze.[236] Ein Versuch, den

234 Als Vergeltung für einen Flugzeugabschuß wurde das Dorf Wiriyamu in der Provinz Tete von portugiesischen Militäreinheiten umstellt und seine ganze Bevölkerung getötet. Dieses wie auch andere Massaker führten am 20. Juli 1973 zu einer Anhörung des in Mosambik tätigen Missionars Adrian Hastings vor dem Entkolonialisierungsausschuß der Vereinten Nationen; vgl. Ansprenger u.a., Wiriyamu: Eine Dokumentation zum Krieg in Mosambik, S. 32ff.; Hastings, Wiriyamu, S. 69ff.

235 Seinen Namen verdankt der Putsch den Bildern von Soldaten, denen von der Bevölkerung rote Nelken in ihre Gewehrläufe gesteckt worden waren. Diese Bilder gingen um die Welt und wurden zum Symbol der April-Revolution. Im Februar 1974 hatte General Spinola in seinem Buch *Portugal e o Futuro* die Politik des Caetano-Regimes kritisiert und die Kolonialkriege für militärisch nicht gewinnbar erklärt. Er plädierte für die Einbindung der Kolonien in eine portugiesische Staatengemeinschaft unter Gewährung beschränkter Selbstbestimmung. Die Veröffentlichung des Buches führte wenige Wochen später zu der Entlassung Spinolas, was einen spontanen, aber fehlgeschlagenen Putschversuch junger Offiziere nach sich zog, die sich in der „Bewegung der Streitkräfte“ (*Movimento das Forças Armadas*) organisiert hatten. Schon lange herrschte in der Armee große Unzufriedenheit aufgrund der erfolglosen Kolonialkriege. Am 25. April 1974 brach der Putsch aus, als ein katholischer Sender um Mitternacht das von der Diktatur verbotenen Lied *Grándola, vila morena* spielte, das vereinbarte Signal für die Erhebung, die bereits am nächsten Tag endete, vgl. FAZ vom 24.4.1999, S. 8; Zischg, Die Politik der Sowjetunion gegenüber Angola und Mozambique, S. 85f.; Couto, Mosambik und Frelimo. Darstellung einer Befreiungsbewegung, S. 56ff.

236 Vgl. Meyns, Befreiung und nationaler Wiederaufbau von Mozambique, S. 26ff.

von den Befreiungskämpfern beherrschten Norden des Landes abzuteilen, um den Süden zu „retten“, scheiterte.

In der neuen portugiesischen Führung wurde die Auffassung vertreten, den afrikanischen Kolonien möglichst schnell die Unabhängigkeit zu gewähren, ohne sich aber über das konkrete Vorgehen einig zu sein.[237] In einer der ersten Amtshandlungen wurde ein Verfassungsgesetz erlassen, durch das die portugiesische Verfassung von 1933 insoweit geändert wurde, als sie die Aufgabe der portugiesischen Überseegebiete untersagte. Da im übrigen die politischen Initiativen seitens der Kolonialmacht ausblieben, eröffnete die FRELIMO im Mai wieder ihren Kampf, nachdem es in Folge des Staatsstreiches in Portugal zunächst zu einer Feuerpause gekommen war.

Im Juni 1974 fanden in Sambia erste Verhandlungen zwischen Mário Soares, dem portugiesischen Außenminister, und FRELIMO-Führer Samora Machel statt. Die neue portugiesische Regierung war zunächst nur an der Vereinbarung eines Waffenstillstandes interessiert, dem die Abhaltung eines Referendums in Mosambik unter der Beteiligung verschiedener politischer Parteien folgen sollte.[238] Nach Auffassung der neuen Machthaber in Portugal sollte das mosambikanische Volk entscheiden, ob eine staatliche Verbindung mit Portugal bestehen bleiben und wer im unabhängigen Staat die Regierungsgewalt übernehmen sollte.[239] Diese Vorstellung wurde von der FRELIMO vehement abgelehnt. Voraussetzung für eine endgültige Einstellung des Befreiungskampfes war nach ihrer Ansicht die Anerkennung des Rechts des mosambikanischen Volkes auf die vollständige Unabhängigkeit ihres gesamten Territoriums. Hierzu sollte eine Übertragung des Staatsgewalt auf die das mosambikanische Volk repräsentierenden Organe erfolgen, welche allein die FRELIMO als durch entsprechende UNO- und OAU-Resolutionen legitimierte Befreiungsbewegung darstellte. Zur Unterstützung ihrer Forderungen eröffnete die FRELIMO eine neue Kampffront in der Provinz Sambesi.

In Portugal änderte sich unter dem seit Juli amtierenden, prokommunistisch orientierten Ministerpräsident Dos Santos Goncalves die Haltung in der Entkolonialisierungsfrage. Am 27. Juli 1974 verkündete Staatspräsident Spinola schließlich den Beschluß seiner Regierung, den afrikanischen Überseegebieten unverzüglich die Unabhängigkeit zu gewähren.[240] In weiteren Gesprächen zwi-

237 Becker, Angola, Mosambik und Zimbabwe, S. 177; Couto, Mosambik und Frelimo. Darstellung einer Befreiungsbewegung, S. 59f.; Zischg, Die Politik der Sowjetunion gegenüber Angola und Mozambique, S. 86.

238 Meyns, Befreiung und nationaler Wiederaufbau von Mozambique, S. 31.

239 Couto, Mosambik und Frelimo. Darstellung einer Befreiungsbewegung, S. 10f.

240 Text in: EA 18/1974, S. D 423ff.

schen der FRELIMO und der portugiesischen Regierung im August einigte man sich auf eine bedingungslose Machtübergabe an die Befreiungsbewegung ohne Befragung des Volkes oder eine Beteiligung oppositioneller Parteien, deren Einzelheiten auf einer offiziellen Konferenz vom 5. bis 7. September in der sambischen Hauptstadt Lusaka ausgehandelt werden sollten.[241]

5. Das Abkommen von Lusaka 1974

Die Konferenz in Sambia endete am 7. September 1974 mit der Unterzeichnung des Lusaka-Abkommens[242] zwischen Portugal und der FRELIMO, das den Weg für die Unabhängigkeit Mosambiks freigab. Nach einem zehnjährigen, erbittert geführten Befreiungskampf erfolgte die Entkolonialisierung durch einen Vertragsabschluß zwischen Kolonialmacht und Befreiungsbewegung.[243] In der 19 Punkte umfassenden Vereinbarung einigte man sich auf die schrittweise Übertragung der Hoheitsgewalt von Portugal auf die FRELIMO, was durch eine gemeinsam zu bildenden Übergangsregierung vollzogen werden sollte. Die einleitenden Bestimmungen des Abkommens lauteten:

> „1. Der portugiesische Staat, der das Recht des Volkes von Mosambik auf Unabhängigkeit anerkennt, akzeptiert im Einvernehmen mit der Befreiungsfront von Mosambik die schrittweise Übertragung der Hoheit, die er über das Territorium ausübt, und zwar nach folgenden Bestimmungen:
> 2. Die vollständige Unabhängigkeit Mosambiks wird am 25. Juni 1975, dem Jahrestag der Gründung der Befreiungsfront von Mosambik, feierlich proklamiert werden.
> 3. Um die Übertragung der Macht zu gewährleisten, werden die folgenden Regierungsorgane geschaffen, die während der mit der Unterzeichnung des Abkommens beginnenden Übergangsperiode amtieren werden:
> - ein Hoher Kommissar, den der Präsident der portugiesischen Republik ernennen wird;
> - eine Übergangsregierung, die durch Übereinkunft zwischen der Befreiungsfront von Mosambik und dem portugiesischen Staat eingesetzt wird;
> - eine gemischte Militärkommission, die durch Übereinkunft zwischen der Befreiungsfront von Mosambik und dem portugiesischen Staat eingesetzt wird.“

---

241 Hall/Young, Confronting Leviathan: Mozambique since Independence, S. 43; Meyns, Befreiung und nationaler Wiederaufbau von Mozambique S. 32.

242 Text in: EA 18/1974, S. D 429ff.

243 Vgl. Kunig in: Wolfrum, Handbuch der Vereinten Nationen, (16) Rn. 15.

Der Hohe Kommissar hatte die Aufgabe, die Durchführung des Entkolonialisierungsprozesses zu koordinieren und die Einhaltung des Lusaka-Abkommens zu überwachen.[244] Ihm oblag das Kommando über den Einsatz der Streitkräfte bei der Störung der öffentlichen Ordnung. Für die Übergangsregierung einigte man sich auf eine Zusammensetzung von drei Vertretern Portugals und sechs der FRELIMO unter der Leitung eines von der Befreiungsfront zu bestimmenden Premierministers. Die Übergangsregierung nahm am 20. September die Regierungsgeschäfte in Lourenco Marques auf. Zum Premierminister wurde Joaquim Chissano ernannt, ein enger Vertrauter Samora Machels.[245]

Der Beginn des Waffenstillstandes wurde auf Mitternacht vom 7. auf den 8. September festgelegt, dessen Einhaltung die gemischte Militärkommission überwachen sollte. Bis zur Erlangung der vollständigen Unabhängigkeit waren beide Vertragsparteien zur Verteidigung der territorialen Integrität Mosambiks verpflichtet. Für die Zeit nach Ablauf der Übergangsphase wurde dem neuen Staat die uneingeschränkte Ausübung seiner inneren und äußeren Souveränität garantiert. Die Befreiungsfront bekannte sich zu einer diskriminierungsfreien Politik, „nach der [sich] die Staatsangehörigkeit von Mosambik nicht nach der Hautfarbe richtet, sondern nach der freiwilligen Identifizierung mit den Zielen der mosambikanischen Nation“.[246] Eine verbindliche Regelung der mosambikanischen Staatsangehörigkeit sollte jedoch entsprechenden Abkommen vorbehalten bleiben. Außer zu dieser Frage fehlte es auch an einer Regelung über die vermögensrechtliche Situation der weißen Siedler. Es wurden weder die Eigentumsfragen geklärt noch Entschädigungen für mögliche Enteignungen festgesetzt.[247]

Das Abkommen endete mit dem Bekenntnis zu einer Aussöhnung zwischen den Kriegsparteien: „ Die Befreiungsfront von Mosambik - die in der Zeit ihres Kampfes immer einen Unterschied zwischen dem portugiesischen Volk und dem jetzt gestürzten kolonialistischen Regime gemacht hat - und der portugiesische Staat werden ihre Bemühungen entfalten, eine brüderliche und harmonische Zusammenarbeit zwischen Portugal und Mosambik aufzubauen.“

---

244 Meyns, Befreiung und nationaler Wiederaufbau von Mozambique, S. 33.

245 Graf/Joseph, Volksrepublik Mocambique. Wachsen und Werden eines jungen Staates, S. 63.

246 Vgl. Ziff. 15 des Abkommens über die schrittweise Gewährung der Unabhängigkeit.

247 Vgl. hierzu Newitt, A History of Mozambique, S. 540.

6. Die Übergangsphase 1974/75

Im Mosambik kam es unmittelbar nach Unterzeichnung des Lusaka-Abkommen zu einem Putschversuch weißer Siedler mit dem Ziel einer einseitigen Unabhängigkeitserklärung nach rhodesischem Vorbild.[248] Den Rebellen gelang es zwar, mit der Unterstützung einiger, an den Unabhängigkeitsverhandlungen nicht beteiligter Befreiungsbewegungen die Rundfunkstation und den Flughafen in Lourenco Marques zu besetzen, der Aufstand wurde aber nach kurzer Zeit von der portugiesischen Armee niedergeschlagen.[249] Trotz der wiederholten Beteuerungen der FREMILO, im neuen Staat eine nichtrassistische Politik praktizieren zu wollen, kam es auch in der Folgezeit zu Rassenunruhen und Gewalteskalationen.[250] Begleitet wurden diese letzten Ausbrüche des Kolonialkonflikts von einem Exodus der Portugiesen, deren Zukunft angesichts der Versäumnisse des Lusaka-Abkommens ungewiß erscheinen mußte. Bis zur Ausrufung der Unabhängigkeit hatte die Hälfte der schätzungsweise 200.000 Europäer das Land verlassen, Ende 1976 lebten noch etwa 20.000 Weiße in Mosambik.[251]

Die FRELIMO bemühte sich nach der Übernahme der Staatsgewalt durch die Übergangsregierung um eine Ausweitung ihrer organisatorischen Struktur und die politische Mobilisierung der Bevölkerung. Da sich der Befreiungskampf auf den Norden des Landes beschränkt hatte, waren großen Teilen der Bevölkerung

---

248 Meyns, Befreiung und nationaler Wiederaufbau von Mozambique, S. 33; Becker, Angola, Mosambik und Zimbabwe, S. 178. Nach dem Zerfall der von Großbritannien 1953 aus Nordrhodesien, Südrhodesien und Nyassaland gebildeten Zentralafrikanischen Konföderation in die unabhängigen Sambia und Malawi sowie Restrhodesien hatte die radikale Rhodesian Front 1965 einseitig die Unabhängigkeit Rhodesiens erklärt. Dies geschah gegen die Weigerung Großbritanniens, das für die Gewährung der Unabhängigkeit eine Regierungsbeteiligung der schwarzen Bevölkerung forderte. Trotz internationaler Wirtschaftssanktionen aufgrund entsprechender UN-Resolutionen und internationaler Vermittlungsbemühungen konnte sich die Regierung von Premierminister Ian Smith, deren unnachgiebige Politik zu einem Guerillakrieg der von Mosambik und Sambia aus operierenden simbabwischen Befreiungsbewegungen geführt hatte, bis 1979 an der Macht halten. Nach einer kurzen Rückkehr unter die Herrschaft Großbritannien wurde Rhodesien am 18. April 1980 unter dem Namen Simbabwe in die Unabhängigkeit entlassen; vgl. Baumhögger in: Hofmeier/Schönborn, Politisches Lexikon Afrika, S. 466ff.; Brockhaus, Enzyklopädie in 24 Bänden, 20. Aufl., 1998, Bd. 20, S. 231.

249 Meyns, Befreiung und nationaler Wiederaufbau von Mozambique, S. 33; Henrikson, Mozambique: A History, S. 224; Isaacman/Isaacman, Mozambique: From Colonialismus to Revolution, 1900-1982, S. 206; Hall/Young, Confronting Leviathan: Mozambique since Independence, S. 43ff.

250 Hanlon, Mosambik. Revoultion im Kreuzfeuer, S. 62f.; Graf/Joseph, Volksrepublik Mocambique. Wachsen und Werden eines jungen Staates, S. 64.

251 Isaacman/Isaacman, Mozambique: From Colonialismus to Revolution, 1900-1982, S. 113; Hanlon, Mosambik. Revoultion im Kreuzfeuer, S. 63.

die neuen Machthaber relativ unbekannt, wie auch der FRELIMO die Kenntnis über die Verhältnisse weiter Gebiete des Landes fehlte. Mit Hilfe von sogenannten „Dynamisierungsgruppen" (*grupos dinamizadores*) als Mittlerorganisationen zwischen Bevölkerung und der FRELIMO sollten alle gesellschaftlichen Bereiche auf den Kurs der neuen Machthaber vorbereitet werden.[252] Diese Aktivistengruppen wurden im ganzen Land an Wohnorten und Arbeitsstätten gegründet, um Basisorgane der Befreiungsfront zu schaffen und die Bevölkerung in den Unabhängigkeitsprozeß mit einzubeziehen. Sie übernahmen die Funktionen des zusammenbrechenden Kolonialapparates und hielten die Ordnung in der Übergangszeit aufrecht. In den ländlichen Gebieten ersetzten sie die von den Portugiesen inthronisierten *regulos* und übten die Gerichtsbarkeit aus. Um den wirtschaftlichen Kollaps nach dem Exodus der Portugiesen zu verhindern, bemühten sich die Dynamisierungsgruppen um die Reorganisation der aufgegebenen Betriebe und die Verhinderung von Wirtschaftssabotage. Schrittweise sollten die Dynamisierungsgruppen durch Organe der FRELIMO und neu aufzubauende Verwaltungsstrukturen ersetzt werden.[253]

Im Frühjahr 1975 wurde auf einer Konferenz des Zentralkomitees der FRELIMO in Mocuba in der Provinz Zambesia die Grundorientierung für den Aufbau des neuen Staates festgelegt. Die Erfahrungen aus den befreiten Gebieten während des Entkolonialisierungskampfes sollten auf das ganze Land übertragen und durch die Schaffung der „Volksmacht", der *Poder Popular*,[254] die kolonialen Herrschaftsstrukturen aufgelöst wie auch die traditionellen afrikanischen Gesellschaftsformen abgeschafft werden.[255]

---

252 Meyns, Befreiung und nationaler Wiederaufbau von Mozambique, S. 34; Azevedo, Historical Dictionary of Mozambique, S. 71; Egerö, People's Power: The Case of Mozambique, in: Munslow, Samora Machel: An Anfrican Revolutionary, S. 114ff., 115.

253 Becker, Angola, Mosambik und Zimbabwe, S. 179; Schröer, Frelimo und Industriearbeiter in postkolonialen Konflikten: Zur Politik der mosambikanischen Befreiungsbewegung seit ihrer Machtübernahme, S. 151f.

254 Vgl. Schröer, Frelimo und Industriearbeiter in postkolonialen Konflikten: Zur Politik der mosambikanischen Befreiungsbewegung seit ihrer Machtübernahme, S. 138.

255 Graf/Joseph, Volksrepublik Mocambique. Wachsen und Werden eines jungen Staates, S. 68; Büttner, Afrika. Geschichte von den Anfängen bis zur Gegenwart, Teil 4, S. 260.

II. Mosambik seit der Unabhängigkeit

1. Die Volksrepublik Mosambik

Um Mitternacht vom 24. auf den 25. Juni 1975 wurde in Lourenco Marques vor einer begeisterten Bevölkerung und unter Anwesenheit von Vertretern aus 50 Nationen im Machava-Stadion die neue Flagge gehißt und vom Zentralkomitee der FRELIMO die Volksrepublik Mosambik proklamiert.[256] Nicht eingeladen waren die USA, Frankreich, Westdeutschland, Rhodesien und Südafrika aufgrund ihrer Unterstützung für die ehemalige Kolonialmacht Portugal während des Unabhängigkeitskampfes.[257] Wenige Monate später, am 17. September 1975 erfolgte die Aufnahme Mosambiks in die Vereinten Nationen.[258]

Erster Präsident des neuen Staates wurde der Präsident der FRELIMO Samora Machel, der unter der Leitung des neu gebildeten, 19 Mitglieder der FRELIMO umfassenden Ministerrats die Regierungsgeschäfte übernahm.[259] Die Staatsmacht war nun endgültig auf die Befreiungsbewegung transformiert.

2. Die Unabhängigkeitsverfassung von 1975

Die konstitutionelle Grundlage des neuen Staates wurde die Unabhängigkeitsverfassung von 1975.[260] Sie trat am Unabhängigkeitstage in Kraft, nachdem sie

---

256 „Mosambikanerinnen, Mosambikaner; Arbeiter, Bauern, Kämpfer; mosambikanisches Volk: In Eurem Namen erklärt heute, den 25. Juni 1975, null Uhr, das Zentralkomitee der FRELIMO feierlich die totale und vollständige Unabhängigkeit Mosambiks und seine Konstituierung als Volksrepublik Mosambik. Die Republik, die geboren wird, ist die Ausdehnung der Freiheit, die bereits während des bewaffneten Befreiungskampfes in einigen Teilen unseres Landes errungen wurde, auf das ganze Land, ist das Produkt des Opfers der nationalistischen Kämpfe des ganzen mosambikanischen Volkes, ist die Konkretisierung unseres Sieges.“, lauteten die Worte von FRELIMO-Präsident Machel, mit denen er die Unabhängigkeit proklamierte; zitiert bei Becker, Angola, Mosambik und Zimbabwe, S. 171.

257 Henrikson, Mozambique: A History, S. 225.

258 Mosambik erfüllte zu diesem Zeitpunkt das Tatbestandsmerkal des „friedliebenden Staates“ gemäß Art. 4 AbS. 1 SVN.

259 Vgl. zur Zusammensetzung des ersten Ministerrats Isaacman/Isaacman, Mozambique: From Colonialismus to Revolution, 1900-1982, S. 112.

260 *Boletim da República - Publicação Oficial da República Popular de Moçambique* (BdR) I. Série No. 1/1975 (das BdR trat mit dem Tage der Unabhängigkeit der Volksrepublik Mosambik an die Stelle des portugiesischen Amtsblattes der Kolonialzeit *Boletim Oficial de Moçambique*); Text in: Stephani, Verfassung der Volksrepublik Mozambique vom 20.6.1975, Verfassungstexte, Beilage zu VRÜ, Heft 2/1976.

von der Führung der FRELIMO vorbereitet und von ihrem Zentralkomitee per Akklamation am 20. Juni 1975 gebilligt worden war.[261]

Die Verfassung verankerte das Primat der Befreiungsbewegung über den Staat. Durch die Personalunion der höchsten Staatsorgane und Parteiämter wurde die absolute und unbeschränkte Führungsrolle der FRELIMO in Staat und Gesellschaft sanktioniert. Die Verfassung sah den Aufbau eines volksdemokratischen Staates vor, zu dessen grundsätzlichen Zielen nach Art. 4 die Überwindung der strukturellen kolonialen und traditionellen Unterdrückung und Ausbeutung und der ihnen zugrundeliegenden Geisteshaltung sowie die Fortsetzung des Kampfes gegen Kolonialismus und Imperialismus gehörten. Die Realisierung der Staatsziele sollte durch den Aufbau einer sozialistischen Gesellschafts- und Wirtschaftsordnung im Interesse des Volkes erfolgen, dem sich auch die verfassungsmäßig postulierten Grundrechte unterzuordnen hatten.[262] Art. 2 und 3 der Verfassung lauteten:

> „Art. 2:
> Die Volksrepublik Mosambik ist ein Staat der Volksdemokratie, in dem sich alle patriotischen Schichten für den Aufbau einer neuen, von der Ausbeutung des Menschen durch den Menschen freien Gesellschaft einsetzen. In der Volksdemokratie kommt die Staatsgewalt den vereinten und von der FRELIMO geführten Arbeitern und Bauern zu und wird von den Organen der Volksmacht ausgeübt.
> Art. 3:
> Die Volksrepublik Mosambik wird nach der von der FRELIMO als führende Kraft des Staates und der Gesellschaft bestimmten politischen Linie ausgerichtet. Die FRELIMO zeichnet die grundlegende politische Ausrichtung vor und leitet und beaufsichtigt die Tätigkeit der staatlichen Organe mit dem Ziel, die Übereinstimmung staatlicher Politik mit den Interessen des Volkes sicherzustellen."

Zum Zeitpunkt ihrer Verkündung hatte die Verfassung insofern noch provisorischen Charakter, als die das oberste Staatsorgan der Volksrepublik bildende Volksversammlung noch nicht existierte. Die Verfassung enthielt daher in Art. 39 den Auftrag, allgemeine Wahlen zum Parlament innerhalb eines Jahres nach Durchführung des dritten Kongresses der FRELIMO abzuhalten. Die Schluß- und Übergangsbestimmungen der Verfassung sahen ferner vor, daß bis zur Konstituierung der Volksversammlung die gesetzgebende Gewalt vom Ministerrat ausgeübt und die Zuständigkeit zur Verfassungsänderung beim Zentralkomitee der FRELIMO liegen sollte.[263]

---

261 Vgl. Art. 73 der Unabhängigkeitsverfassung, s. Fn. 260.

262 Vgl. Art. 36 der Unabhängigkeitsverfassung, s. Fn. 260.

263 Vgl. Art. 70 und 72 der Unabhängigkeitsverfassung, s. Fn. 260.

3. Die Staatskonzeption der FRELIMO

Nach der Übernahme der Staatsgewalt stellte sich für die FRELIMO die Bildung einer neuen, unabhängigen Nation als keine leichte Aufgabe dar. Anders als im Entkolonialisierungsprozeß vieler britischer oder französischer Kolonien war der Unabhängigkeit der portugiesischen Überseegebiete in Afrika kein längerer Transformationsprozeß vorausgegangen, weder in Portugal noch in deren Kolonien. Relativ überstürzt hatte nach dem Militärputsch die neue Regierung Portugals dem bedingungslosen Rückzug der Kolonialmacht zugestimmt, ohne daß eine Vorbereitung der Übergabe der Staatsgewalt oder eine Einbindung der bisherigen Hoheitsträger der Gesellschaft in eine neu zu schaffende Staatsordnung stattgefunden hätte.[264] Hieran konnte auch die neunmonatige Übergangszeit nichts ändern, die im wesentlichen der Sicherung des Waffenstillstandes und dem friedlichen Abzug der portugiesischen Streitkräfte diente.

Am Anfang der Unabhängigkeit stand daher der Zusammenbruch des Kolonialsystems und der drohenden Kollaps der wirtschaftlichen Ordnung. Mit dem Exodus der Portugiesen hatte „über Nacht“ die gesamte Intelligenz das Land verlassen. Es fehlte an gut ausgebildeten Fachkräften und Handwerkern, die in Ermangelung einer afrikanischen Elite nicht ohne weiteres ersetzt werden konnten. Die Analphabetenrate der schwarzen Bevölkerung lag aufgrund des von den Portugiesen hinterlassenen Bildungssystems bei über 90%. Die Abwanderung der Weißen führte zum Produktionsausfall zahlreicher wirtschaftlicher Betriebe und dem Verlust von Arbeitsplätzen tausender Hausangestellter. Außerdem hatte der zehnjährige Befreiungskampf die ökonomischen Verhältnisse des Landes geschwächt.

Die Antwort der FRELIMO auf diese Probleme war der Aufbau eines sozialistischen Staates und eine breit angelegte Nationalisierungspolitik. Bereits wenige Wochen nach der Unabhängigkeit begann die neue Regierung mit der Verstaatlichung von Grund und Boden, Schulen,[265] Kliniken[266] und Mietshäusern[267] und der Kollektivierung der Landwirtschaft.[268] Auf seinem ersten Treffen am 26. Juli 1975 beschloß der Ministerrat außerdem die sofortige Abschaffung des tra-

---

264 Egerö, Peoples's Power: The Case of Mozambique, in: Munslow, Samora Machel: An African Revolutionary, S. 114ff, 118.

265 Gesetz Nr. 12/75, BdR I. Série Nr. 32 vom 6.9.1975.

266 Gesetzesverordnung Nr. 5/75, BdR I. Série Nr. 24 vom 19.8.1975.

267 Gesetzesverordnung Nr. 5/76, BdR I. Série Nr. 14 (Suplemento) vom 5.2.1976.

268 Vgl. Büttner, Afrika. Geschichte von den Anfängen bis zur Gegenwart, Teil 4, S. 260f.; Egerö, Mozambique: A Dream Undone: The Political Economy of Democracy 1975-84, S. 76; Zischg, Die Politik der Sowjetunion gegenüber Angola und Mozambique, S. 223.

ditionellen Häuptlingswesens, was nach Art. 72 der neuen Verfassung die Bindungswirkung eines Parlamentsgesetzes hatte.[269] Die Autorität und Macht der Häuptlinge und *regedorias* sollte von den Dynamisierungsgruppen übernommen werden. Die Tätigkeit privater Rechtsanwälte wurde untersagt und in ein staatlich kontrolliertes Rechtssystem eingebunden.[270]

Auch die katholische Kirche wurde von den staatlichen Zwangsmaßnahmen nicht verschont. Wegen der Jahrhunderte langen Allianz zwischen der Kirche und dem portugiesischen Staat wurde sie von den neuen Machthabern mit großer Skepsis betrachtet und als Symbol der kolonialen Unterdrückung angesehen.[271] Kirchen wurden konfisziert und die Besitztümer beschlagnahmt, trotz der in der neuen Verfassung eingeräumten Religionsfreiheit.[272]

Außerdem bemühte man sich, alle Erinnerungen an die portugiesischen Vergangenheit zu beseitigen. So wurden viele portugiesische Namen durch afrikanische ersetzt, wie z.B. Maputo für Lourenco Marques, Xai Xai für Joao Belo und Pemba für Porto Amelia.[273]

Nicht alle dieser Maßnahmen waren jedoch ideologisch geprägt, sondern entsprachen häufig praktischen Notwendigkeiten. Zahlreiche Betriebe und Produktionsstätten lagen nach dem Exodus ihrer portugiesischen Eigentümer und Betreiber, der vielerorts von Sabotageakten begleitet war,[274] brach. Der wirtschaftliche Kollaps des jungen Staates konnte daher nur dadurch verhindert werden, daß weite Teile der Wirtschaft durch ihre Verstaatlichung funktionsfähig erhalten wurden. Die wirtschaftliche Situation des Landes war ohnehin prekär, nachdem sich die Regierung zu einer Teilnahme an den von den Vereinten Nationen gegen Südrhodesien verhängten Sanktionen entschlossen und am 3. März 1976 seine Grenzen zu dem Nachbarstaat geschlossen hatte.[275] Dies bewirkte den Verlust wichtiger Einnahmequellen aus den Handelsgeschäften mit dem benachbar-

269 Thomashausen, The Influence of Constitutional Change on Local Government: Lessons Learned in Mozambique, S. 91.

270 Gesetzesverordnung Nr. 4/75, BdR I. Série No. 23 vom 16.8.1975.

271 Azevedo, Historical Dictionary of Mozambique, S. 45.

272 Art. 33 AbS. 2 lautete: „In der Volksrepublik Mocambique garantiert der Staat den Bürgern die Freiheit, eine Religion auszuüben oder nicht auszuüben." Nach Art. 26 besaßen alle Bürger der Volksrepublik Mozambique „gleiche Rechte und gleiche Pflichten, unabhängig von Hautfarbe, Rasse, Geschlecht, ethnischer Herkunft, Geburtsort, Religion, Bildungsgrad, gesellschaftlicher Stellung oder Beruf".

273 Henrikson, Mozambique: A History, S. 231.

274 Vgl. hierzu etwa Hanlon, Mosambik. Revoultion im Kreuzfeuer, S. 66ff., 93ff.

275 Zischg, Die Politik der Sowjetunion gegenüber Angola und Mozambique, S. 230f.; Hanlon, Mosambik. Revoultion im Kreuzfeuer, S. 70.

ten Binnenland und dessen Nutzung der mosambikanischen Häfen sowie zum Arbeitsplatzverlust tausender mosambikanischer Wanderarbeiter.[276] Südrhodesien beantwortete die Sanktionen mit Angriffen auf das mosambikanische Territorium, was eine Konzentration der wirtschaftlichen und personellen Mittel für die Verteidigung der staatlichen Souveränität Mosambiks zur Folge hatte. Diese Mittel fehlten für den Aufbau des jungen Staates.

a) Zur Genesis der Staatskonzeption der FRELIMO

Der Konzeption der FRELIMO zur Gestaltung der neuen Staatlichkeit im Sinne eines sozialistischen Staates ging ein längerer Prozeß voraus. Bei der Gründung der FRELIMO 1962 in Dar-es-Salaam präsentierte sich die Befreiungsfront als ein loses Bündnis verschiedener Exilgruppierungen. Der Unabhängigkeitsbewegung fehlte eine einheitliche Vorstellung über einen selbständig zu regierenden Staat. Ziel war es vor allem, die unterschiedlichen Kräfte im Kampf gegen die Kolonialmacht zu vereinen und die Unabhängigkeit Mosambiks zu erlangen. Eduardo Mondlane schrieb 1968:

> „Da der Krieg zum Ziel hat, ein neues Mocambique aufzubauen, nicht bloß die Kolonialherrschaft zu zerstören, müssen wir alle Vorstellungen darüber haben, wie die zukünftige Nation organisiert sein soll. Aber diese Frage liegt zu weit in der Zukunft, als daß wir fähig wären, sie im heutigen Stadium offiziell zu diskutieren.“[277]

Gleichwohl war es für den durch seine Tätigkeit in den USA und für die Vereinten Nationen geprägten Mondlane bereits damals entscheidend, daß der Unabhängigkeitskampf nicht lediglich zu einer Entkolonialisierung Mosambiks durch Auflösung der rechtlichen Abhängigkeit von Portugal führen konnte, sondern als Ausdruck des Selbstbestimmungsrechtes des mosambikanischen Volkes verstanden werden mußte, d.h. die Bildung eines neuen Staates ohne die Beibehaltung der Verwaltungsstruktur des Kolonialstaates zum Ziel haben mußte.[278]

---

276 Trotz dieser absehbaren Folgen hatte sich die neue Staatsführung für eine Schließung der Grenzen entschieden, weil man auf eine Unterstützung der anderen Frontlinienstaaten und die Wirtschaftshilfe der internationalen Staatengemeinschaft vertraute. Die Teilnahme an den Sanktionen entsprach dem Selbstverständnis des antikolonialen, sozialistischen Staates; vgl. Zischg, Die Politik der Sowjetunion gegenüber Angola und Mozambique, S. 230f.; Hanlon, Mosambik. Revoultion im Kreuzfeuer, S. 70; Meyns, Befreiung und nationaler Wiederaufbau von Mozambique, S. 111.

277 Vgl. Mondlane, The Struggle for Mozambique, S. 220f.

278 Mondlane, The Struggle for Mozambique, S. 221.

Doch auch Mondlane fehlte eine eindeutige Orientierung für eine bestimmte Staats- und Gesellschaftsform.

Der II. Kongreß der FRELIMO 1968 bestätigte die progressive Politik Mondlanes gegenüber den auf ihre Stammesautoritäten und Privilegien bedachten Kreisen in der Befreiungsfront und führte zur Verabschiedung zahlreicher Resolutionen über den Wiederaufbau des Landes. Doch auch hier stand die Wahrung der Einheit der Unabhängigkeitsbewegung im Vordergrund.

Erst nach der Ermordung Mondlanes und den inneren Führungskämpfen in der FRELIMO, bei denen sich die kommunistischen Hardliner unter Samora Machel, einem ehemaligen Krankenpfleger und späteren Staatspräsidenten, und dem erklärten Marxisten Marcelino dos Santos behaupten konnten, setzte eine Ideologisierung der FRELIMO hinsichtlich ihrer Staatskonzeption eines unabhängigen Mosambiks ein. Dies äußerte sich vor allem in der Art und Weise des Wiederaufbaus in den befreiten Gebieten, wo die Bevölkerung für die Ziele der FRELIMO mobilisiert wurde. Der eingeschlagene Weg wurde durch die Kontakte zu befreundeten afrikanischen Befreiungsbewegungen und den Ostblockstaaten unterstützt. In den Publikationen des Zentralkomitees der FRELIMO mehrten sich nun Äußerungen über die Errichtung einer sozialistischen Gesellschaftsordnung frei von „Imperialismus, Karrierismus und Tribalismus“ und ohne die „Ausbeutung des Menschen durch den Menschen“.[279] Weder im Lusaka-Abkommen noch in der Übergangszeit fand jedoch eine Präzisierung dieser Terminologien und eine Klärung der Staatskonzeption statt.

Erst die Unabhängigkeitsverfassung vom 25. Juni 1975 zeichnete die weitere Entwicklung der Staatswerdung Mosambiks vor. Sie enthielt die eindeutige Ablehnung eines parlamentarisch-demokratischen Staatskonzeptes und postulierte den Aufbau einer sozialistischen Gesellschaft, wenn auch die ausdrückliche Verwendung des Begriffes „Sozialismus“ fehlte. Der radikale Wortlaut des Verfassungstextes wurde durch die bereits geschilderten ersten Amtshandlungen der neuen Staatsmacht bestätigt.

Der entscheidende Schritt zur Bildung eines sozialistischen Staates wurde schließlich auf dem III. Kongreß der FRELIMO vollzogen. Nicht die Verfassung sondern dieser Kongreß entschied die Frage nach der weiteren gesellschaftlichen Orientierung Mosambiks. Nach dem Selbstverständnis der sich nun formierenden sozialistischen Staatspartei war nicht ein Verfassungsdokument für die Grundordnung des Staates maßgeblich, sondern der Wille der Partei, wie Art. 3 der Unabhängigkeitsverfassung unmißverständlich zum Ausdruck brachte.[280]

---

279 Schröer, FRELIMO und Industriearbeiter in postkolonialen Konflikten: Zur Politik der mosambikanischen Befreiungsbewegung seit ihrer Machtübernahme, S. 122; Hall/Young, Confronting Leviathan: Mozambique since Independence, S. 61; vgl. auch Hoile, Mozambique 1962-1993: a political chronology, S. 15ff.

280 Vgl. Zitat auf S. 77.

b) Die Beschlüsse des III. FRELIMO-Kongresses

Der III. Kongreß der FRELIMO fand vom 3. bis 7. Februar 1977 in Maputo unter der Anwesenheit von 379 Delegierten statt.[281] Der Kongreß beschloß die Transformation der Befreiungsfront, die nur „Kämpfer" aber keine Mitglieder gekannt hatte, in eine marxistisch-leninistische Avantgarde-Partei unter Beibehaltung des Namens. Einstimmig und unter Beifall der anwesenden Vertreter befreundeter Staaten wurden die vom Zentralkomitee der FRELIMO ausgearbeiteten Vorschläge angenommen.[282] Im Programm der neuen FRELIMO-Partei hieß es:

> „Die harten Klassenschlachten erfordern, daß sich die Arbeiterklasse im engen Bündnis mit der Bauernschaft und mit den anderen fortschrittlichen Kräften in einer Avantgarde-Partei organisiert, die sich von der wissenschaftlichen Ideologie des Proletariats, dem Marxismus-Leninismus, leiten läßt. Diese neue Avantgarde-Partei ist die FRELIMO."[283]

Die FRELIMO sollte die „Vorhutpartei der sozialistischen Revolution" werden und die Grundlage für den Übergang der Gesellschaft zum Sozialismus bilden, der sich in mehreren Etappen vollziehen würde.[284] Das Parteiprogramm bestätigte das in der Verfassung verankerte Primat der Partei über den Staat und legte den Marxismus-Leninismus als Staatsdoktrin und Grundlage für die neue Gesellschaftsstruktur fest: „Der Staat ist das Hauptinstrument, mit dessen Hilfe die Partei ihre revolutionäre Politik verwirklicht. Deshalb steht die Partei an der Spitze aller Aktivitäten des Staates", „Die Volksrepublik Mocambique ist ein Staat der revolutionär-demokratischen Diktatur der Arbeiter und Bauern."[285]

Die Führung der FRELIMO erhob für sich den Anspruch, anders als die verschiedenen Ausformungen des afrikanischen Sozialismus dem wissenschaftlichen Sozialismus zu folgen und Afrikas erster wahrhaft marxistischer Staat zu

---

281 Meyns, Befreiung und nationaler Wiederaufbau von Mozambique, S. 38; Egerö, Mozambique: A Dream Undone: The Political Economy of Democracy 1975-84, S. 73ff.; Hall/Young, Confronting Leviathan: Mozambique since Independence, S. 61ff.

282 Meyns, Befreiung und nationaler Wiederaufbau von Mozambique, S. 38; Der Generalsekretär des Zentralkomitees der SED, Erich Honecker, telegrafierte nach Abschluß des Kongresses an Samora Machel folgende Grußadresse: „Die Beschlüsse des III. Kongresses, die sich von der wissenschaftlichen Lehre des Marxismus-Leninismus leiten lassen, sind für Ihr Volk von historischer Tragweite", Neues Deutschland vom 9. 2. 1977, S. 1.

283 Text in: Falk/Wahl, Befreiungsbewegungen in Afrika, S. 429ff., 433; issa, Dokumente des 3. Kongresses der FRELIMO, S. 193ff., 196.

284 Vgl. Graf, Zur Staatsfrage in den Beschlüssem des III. FRELIMO-Kongresses, S. 607f.

285 Falk/Wahl, Befreiungsbewegungen in Afrika, S. 429ff., 445f.

werden.[286] Gleichwohl unterschied sich die FRELIMO nicht wesentlich von anderen national-revolutionären Parteien, die aus afrikanischen Befreiungsbewegungen hervorgegangen waren und sich als Vertreter der breiten Volksmassen verstanden. Die Berufung auf den wissenschaftlichen Sozialismus entsprach vor allem dem Bedürfnis, sich von den Ausformungen eines afrikanischen Sozialismus abzugrenzen, die zu bloßen Herrschaftsideologien geworden waren. Die marxistisch-leninistische Staatsphilosophie war insofern erkennbar, als die politische Führung der FRELIMO davon überzeugt war, daß für den Aufbau einer neuen Gesellschaft die revolutionäre Beseitigung des alten Staates, d.h. dessen völlige Zerschlagung, erforderlich war, und sie eine evolutionäre Strategie mit einer schrittweisen Umwandlung der bestehenden Verhältnisse ablehnte.[287] „Die zentrale Aufgabe der Partei auf dem Gebiet des Staates ist es, den kolonialen Staatsapparat zu beseitigen und einen Staatsapparat neuen Typs zu schaffen", hieß es diesbezüglich im neuen Programm der Partei,[288] was den in Art. 4 der Unabhängigkeitsverfassung festgelegten Staatszielen entsprach.

Nach den Vorstellungen der FRELIMO-Ideologen war der sozialistische Staat kennzeichnend für die neue Weltordnung, der man zu Kolonialzeiten als Teil der alten, kapitalistischen Welt fernbleiben mußte. Die Übernahme des Marxismus-Leninismus, die nicht ohne den Einfluß der Ostblockstaaten erfolgte, offenbarte die Ansicht der Parteiführung, Erzieher des Volkes zu sein und alle Bereiche des Lebens unter das Diktat der Partei zu ordnen.[289] Auf dieser Grundlage sollte nach Jahrhunderten der Fremdherrschaft und der Versäumnisse sowohl der Kolonialregierung als auch der traditionellen afrikanischen Herrschaftsstrukturen eine nichtrassistische und gerechte Gesellschaft aufgebaut werden.

---

286 Vgl. Sachs/Welch, Liberating the Law, S. 1f.; Zischg, Die Politik der Sowjetunion gegenüber Angola und Mozambique, S. 224; Stephani, Volksrepublik Mozambique, Beilage zu VRÜ, Heft 2/1976, S. IX; Hall/Young, Confronting Leviathan: Mozambique since Independence, S. 62f.; Kößler, Zwischen Rationalität und „Anarchie": Beobachtung zu Plan und Markt im sowjetischen Modell und in der Erfahrung Mosambiks, S. 36ff.

287 Vgl. Beck, Sachwörterbuch der Politik, S. 869; Holtmann/Brinkmann/Pehle, Politiklexikon, S. 599.

288 Vgl. Punkt G des Programms von 1977 „Auf dem Gebiet des Staates" in: Falk/Wahl, Befreiungsbewegungen in Afrika, S. 429ff., 445.

289 Hall/Young, Confronting Leviathan: Mozambique since Independence, S. 62, 64f.; Schröer, FRELIMO und Industriearbeiter in postkolonialen Konflikten: Zur Politik der mosambikanischen Befreiungsbewegung seit ihrer Machtübernahme, S. 137f.

c) Die Staatspartei

Der III. Kongreß legte in einem Parteistatut die Organisation der neuen FRELIMO-Partei fest und wählte die Vertreter ihrer höchsten Gremien.[290] Im Anschluß an den Kongreß wurde konsequent der Aufbau der Partei betrieben. Die Führung der FRELIMO erklärte das Jahr 1978 zum „Jahr des Parteiaufbaus" (*Ano de Estruturacão de Partido*) und führte eine nationale Kampagne für die Aufnahme neuer Mitglieder durch.[291] War die Befreiungsbewegung offen gewesen für alle Klassen und Schichten, die sich am Unabhängigkeitskampf beteiligen wollten, wurde nun die Mitgliedschaft in der Partei von einer Reihe von Kriterien abhängig gemacht.[292] Hierzu zählten die vollständige Verpflichtung gegenüber „der Sache der Partei, des Vaterlandes, des Volkes und des Sozialismus" sowie eine Lebensführung „ausschließlich von den Früchten der eignen Arbeit".[293] Die Bevölkerung wurde dazu aufgerufen, sich am Parteiaufbau zu beteiligen und Kandidaten vorzuschlagen, deren Eignung von ihren Arbeitskollegen, Nachbarn und Familienangehörigen auf Massenveranstaltungen unter der Leitung der Parteifunktionäre öffentlich diskutiert wurden. Ablehnungsgründe waren vor allem Kollaboration mit der Kolonialmacht, Korruption, Trunkenheit und Polygamie.[294] Die überwiegend politisch ungebildeten, neuen Parteimitglieder und Führungskräfte wurden an der 1975 in Maputo gebildeten Parteischule und der Marxismus-Leninismus-Fakultät der Eduardo-Mondlane-Universität unterrichtet, wofür die DDR und die Sowjetunion Ausbilder und Berater schickten.[295]

Begleitet wurden die Bemühungen um den Aufbau der Partei von einer Säuberungswelle innerhalb der FRELIMO. Kritische Parteimitglieder wurden aus der Partei ausgeschlossen und zahlreiche Konzentrations- und Umerziehungsla-

---

290 Meyns, Befreiung und nationaler Wiederaufbau von Mozambique, S. 39; Graf, Staat und Recht, 26 (1977) 6, S. 608.

291 Graf/Joseph, Volksrepublik Mocambique. Wachsen und Werden eines jungen Staates, S. 99; Meyns, Befreiung und nationaler Wiederaufbau von Mozambique, S. 42.

292 Vgl. zu den einzelnen Voraussetzungen Art. 7 des Statuts der FRELIMO-Partei in: issa, Dokumente des 3. Kongresses der FRELIMO, S. 217.

293 Nur die der FRELIMO vor dem 7. September 1974, dem Tag der Unterzeichnung des Lusaka-Abkommens, beigetretenen Befreiungskämpfer konnten automatisch Mitglieder der Partei werden; vgl. Art. 37 des Parteistatuts, s. Fn. 292.

294 Hanlon, Mosambik. Revoultion im Kreuzfeuer, S. 170; Becker, Angola, Mosambik und Zimbabwe, S. 181.

295 Vgl. Saul in: Fagen/Deere/Coraggio, Transition and Development, S. 212ff.; Graf, Staat und Recht, 26 (1977) 6, S. 613.

ger gegründet.[296] Hierbei spielte der wenige Monate nach der Unabhängigkeit unter Beteiligung der DDR-Staatssicherheit gegründete Staatssicherheitsdienst *Servicio Nacional de Segurance Popular* (SNAP) eine wichtige Rolle.[297] Bereits zwei Wochen nach seiner Gründung, am 30. Oktober 1975, wurden über 3.000 Gegner des Regimes in Maputo, Beira, Nampula, Xai-Xai und Chimoio verhaftet.[298]

An der Spitze der Partei stand der Präsident. Das höchste Beschlußorgan war der Partei-Kongreß, der das 67-köpfige Zentralkomitee der Partei wählte und die programmatische Linie festlegte. Zwischen den nur alle paar Jahre stattfindenden Kongressen traf das Zentralkomitee die politischen Entscheidungen und legte den Kurs fest. Das mächtigste Organ der Partei war das aus zehn Mitgliedern bestehende Ständige Politische Komitee, das zwischen den Plenumsitzungen des Zentralkomitees die Führung der Partei und des Staates innehatte. Weitere Parteiorgane waren das sechsköpfige Sekretariat und das Kontrollkomitee. Das Sekretariat, vom Ständigen Politischen Komitee aus den Mitgliedern des Zentralkomitees ernannt, war mit der Organisation der Partei betraut, während das aus zwei Personen bestehende Kontrollkomitee vor allem die innerparteiliche Disziplin überwachte.[299]

Weitere Organisationsstrukturen der Partei existierten in den Provinzen, Distrikten, Ortschaften und Wohngebieten, die je nach ihrer Größe entsprechend der nationalen Ebene über Konferenzen, Komitees und Sekretariate verfügten. Die kleinste Einheit der Partei war die Zelle, die an allen Wohnorten und Arbeitsplätzen, Schulen und Institutionen gebildet wurde.[300]

---

296 Hodges in: Carter/O'Meara, Southern Africa: The Continuing Crisis, S. 57ff, 70; Keehan, The Legal System of Mozambique, in: Redden, Modern Legal Systems Cyclopedia, Vol. 6, Africa, S. 6.370.21 § 1.4(D) (2); Thomashausen, The Influence of Constitutional Change on Local Government: Lessons Learned in Mozambique, S. 90 (in Fußnote 11 ist eine Auflistung der bis 1986 existierenden Lager enthalten); vgl. auch Hoile, Mozambique, a nation in crisis, S. 36, der seine Ausführungen mit „The Mozambican Gulag" überschreibt.

297 Vgl. zur Beteiligung der DDR: „Nur ungern spricht die SED über ihre 'Afrika-Korps'", Die Welt vom 19.5.1978; „Flüchtlinge: DDR bildet Folterknechte in Mocambique aus", Die Welt vom 12.9.1978.

298 Hodges in: Carter/O'Meara, Southern Africa: The Continuing Crisis, S. 57ff., 70.

299 Vgl. Art 15ff. Statut der FRELIMO in: issa, Dokumente des 3. Kongresses der FRELIMO, S. 220; Meyns, Befreiung und nationaler Wiederaufbau von Mozambique, S. 40ff.; Ripken in: Hofmeier/Schönborn, Politisches Lexikon Afrika, S. 237f.

300 Graf/Joseph, Volksrepublik Mocambique. Wachsen und Werden eines jungen Staates, S. 92; Meyns, Befreiung und nationaler Wiederaufbau von Mozambique, S. 42; Mondlane, Kampf um Mosambik, S. 208ff.

Der Aufbau der Parteiorgane wurde ergänzt durch die Gründung von Massenorganisationen und Berufsverbänden, die als Mittler zwischen Volk und Partei dienen sollten und der direkten Kontrolle der FRELIMO unterstanden.[301] Nachdem bereits 1973 die Frauenorganisation OMM (*Organização da Mulher Moçambicana*) gegründet worden war, folgte 1977 die Bildung der Jugendorganisation OJM (*Organização da Juventude Moçambicana*).[302] 1978 wurde die nationale Organisation der Journalisten ONJ (*Organização Nacional de Journalist)* ins Leben gerufen. Anfang der 1980er entstanden die nationale Organisation der Lehrer ONP (*Organização Nacional dos Professores*) und der Schriftstellerverband der Volksrepublik Mosambik AEMO (*Associção dos Escritos Moçambicanos*).[303] Im November 1983 fand die Gründungskonferenz der nationalen Gewerkschaftsorganisation OTM (*Organização dos Trabahadores de Moçambique*) statt,[304] zwei Jahre später wurde eine Pionierorganisation für Kinder gebildet.[305]

Dieser politischen Organisation der gesamten Gesellschaft diente auch die Fortsetzung der Nationalisierung der Wirtschaft. Die drei großen privaten Versicherungsunternehmen wurden im Januar 1977 zur staatlichen Versicherung *Emose* zusammengeschlossen.[306] Ein Jahr später folgte der Verstaatlichung der privaten Banken zur Bank von Mosambik und zur Entwicklungsbank des Volkes. Lediglich die *Banco Standard Totta de Moçambique*, die sich im gemeinsamen Besitz eines britischen und eines portugiesischen Kreditinstituts befand, konnte ihre Geschäfte weiterführen, wobei das gesamte Devisengeschäft über

301 Newitt, A History of Mozambique, S. 542; Egerö, People's Power: The Case of Mozambique in: Munslow, Samora Machel: An African Revolutionary, S. 130ff.; Ripken in: Hofmeier/Schönborn, Politisches Lexikon Afrika, S. 239; vgl. auch das Programm des III. Kongresses, lit. J. „Die Partei und das mocambiquanische Volk", in: Falk/Wahl, Befreiungsbewegungen in Afrika S. 429ff., 449f.

302 Graf/Joseph, Volksrepublik Mocambique. Wachsen und Werden eines jungen Staates, S. 104; vgl. hierzu Newitt, A History of Mozambique, S. 548; Isaacman/Isaacman, Mozambique: From Colonialismus to Revolution, 1900-1982, S. 126ff.; Meyns, Befreiung und nationaler Wiederaufbau von Mozambique, S. 46.

303 Egerö, Mozambique: A Dream Undone: The Political Economy of Democracy 1975-84, S. 111; Graf/Joseph, Volksrepublik Mocambique, Wachsen und Werden eines jungen Staates, S. 104.

304 Becker, Angola, Mosambik und Zimbabwe, S. 185; Graf/Joseph, Volksrepublik Mocambique. Wachsen und Werden eines jungen Staates, S. 104; Hanlon, Mosambik. Revoultion im Kreuzfeuer, S. 173.

305 Ripken in: Hofmeier/Schönborn, Politisches Lexikon Afrika, S. 239.

306 Hodges in: Carter/O'Meara, Southern Africa: The Continuing Crisis, S. 57ff, 65; Zischg, Die Politik der Sowjetunion gegenüber Angola und Mozambique, S. 224.

die Bank von Mosambik zu erfolgen hatte.[307] Die Ölraffinerie *Sonarep* bei Matola in der Nähe Maputos, eine der wichtigsten Industrieanlagen des Landes, wurde von den französischen und portugiesischen Eigentümern übernommen und in den Staatsbetrieb *Petromoc* umgewandelt. Das gleiche Schicksal ereilte im Jahre 1978 die Kohlengruben. Zwei Jahre später folgten die Brauereien und die größte Mühle des Landes.[308] Die gesetzliche Grundlage für diese Enteignungen bildeten das noch in der Übergangszeit erlassene Gesetz Nr. 16/75 vom 13. Februar 1975[309] und das Gesetz Nr. 18/77 vom 22. April 1978[310]. Ersteres ermöglichte staatliche Interventionen im wirtschaftlichen Sektor und die Einsetzung von Verwaltungskommissionen in Unternehmen, um die ökonomische Entwicklung während des Entkolonialisierungsprozesses aufrecht zu erhalten. Das Gesetz Nr. 18/77 legte die Voraussetzungen für die entschädigungslose Enteignung der von den Verwaltungskommissionen geführten Betriebe und ihre Umwandlung in Staatsunternehmen fest.[311]

Zur Versorgung der Bevölkerung nach dem fast vollständigen Zusammenbruch des Einzelhandels errichtete der Staat Volksläden, ohne aber eine Verbesserung der Situation zu erzielen.[312] In den ländlichen Gebieten wurden Gemeinschaftsdörfer (*aldeias comunais*) aufgebaut, um die kollektive Arbeit auf den Staatsfarmen zu organisieren und dem zersiedelten Land eine Infrastruktur mit medizinischen und sozialen Einrichtungen zu geben.[313]

---

307 Hanlon, Mosambik. Revoultion im Kreuzfeuer, S. 97; Hodges in: Carter/O'Meara, Southern Africa: The Continuing Crisis, S. 57ff, 70.

308 Hanlon, Mosambik. Revoultion im Kreuzfeuer, S. 96f.; Büttner, Afrika. Geschichte von Anfängen bis zur Gegenwart. Teil IV, S. 384; Zischg, Die Politik der Sowjetunion gegenüber Angola und Mozambique, S. 224.

309 Gesetzesverordnung No. 16/75 de 13 *Fevereiro sobre a Adopção das várias providencias tendentes a garantir a paz social e o progresso económico de Moçambique*, *Boletim Oficial de Moçambique* I. Série Nr. 19, 13.2.1975.

310 BdR I. Série Nr 48, 22.4.1978; vgl. zu beiden Gesetzen auch Joseph, Zur Rechtsentwicklung in der Volksrepublik Mocambique, S. 443f.

311 Art. 1 AbS. 3 Gesetz Nr. 18/77, s. Fn. 310.

312 Isaacman/Isaacman, Mozambique: From Colonialism to Revolution, 1900-1982, S. 152ff.; Zischg, Die Politik der Sowjetunion gegenüber Angola und Mozambique, S. 223; Becker, Angola, Mosambik und Zimbabwe, S. 216.

313 Vgl. Meyns, Befreiung und nationaler Wiederaufbau von Mozambique, S. 119; Isaacman/Isaacman, Mozambique: From Colonialism to Revolution, 1900-1982, S. 152ff.; Hanlon, Mosambik. Revoultion im Kreuzfeuer, S. 150ff.

d) Der IV. Kongreß der FRELIMO

Auf dem IV. Kongreß der FRELIMO vom 26. bis 30. April 1983 wurde festgestellt, daß Mosambik ein sozialistischer Staat sei und die auf dem III. Kongreß formulierten Ziele der volksdemokratischen Revolution praktisch verwirklicht worden seien.[314] Nach Bekanntgabe des Zentralkomitees bestand die Partei mittlerweile aus 110.323 Mitgliedern, die in 4244 Zellen organisiert waren.[315]

Dennoch mußte bereits zu diesem Zeitpunkt die Bildung eines sozialistischen Staates als gescheitert angesehen werden. Weder der Aufbau der FRELIMO als Volkspartei noch die Transformation der Wirtschaft in eine staatlich gelenkte hatten zu den erhofften Erfolgen geführt. Außerdem verhinderte der seit Ende der 1970er Jahre sich ausbreitende Bürgerkrieg eine Stabilisierung des jungen Staates.[316] Die ideologisch begründeten Fehlentscheidungen in der Wirtschaftspolitik hatten den seit dem Exodus der portugiesischen Bevölkerung voranschreitenden Verfall der wirtschaftlichen Produktivität nicht aufhalten können, sondern zu einer weiteren Verschlechterung der ökonomischen Verhältnisse geführt.[317] Dabei erwies sich vor allem die Bildung großer landwirtschaftlicher Staatsbetriebe nach sowjetischem und osteuropäischem Vorbild als ineffektiv, weil sie die Grundlage der traditionellen Gesellschaftsstruktur, die kleinbäuerlichen Betriebe, zerstörte.[318] Die Auslandsverschuldung wuchs von 250 Mio. US$ im Jahre 1978 auf 1,3 Mrd. US$ im Jahre 1983,[319] und

---

314 Vgl. das auf dem IV. Kongreß angenommene Parteiprogramm, in Graf/Joseph, Volksrepublik Mocambique. Wachsen und Werden eines jungen Staates, S. 208ff., 211: „Sechs Jahre nach der Durchführung des III. Kongresses stellen wir fest, daß die für die Etappe der volksdemokratischen Revolution definierten Ziele realisiert werden bzw. im wesentlichen schon realisiert wurden.

315 Hanlon, Mosambik. Revolution im Kreuzfeuer, S. 334.

316 Vgl. Adam, Afrika Spectrum 21 (1986), S. 337; Botha, Mozambique: the Democratic People's Revolution fails, Africa Insight, Vol. No.2 S. 130, 133; Ottaway, Journal of African Studies, 26, 2 (1988), S. 213ff.; Ripken in: Hofmeier/Schönborn, Politisches Lexikon Afrika, S. 242; Egerö, Mozambique: A Dream Undone: The Political Economy of Democracy 1975-84, S.120.

317 Vgl. Becker, Angola, Mosambik und Zimbabwe, S. 102; Egerö, Mozambique: A Dream Undone: The Political Economy of Democracy 1975-84, S. 86ff.; Hanlon, Revolution im Kreuzfeuer, S. 109f.; Hutschenreuter, Grundriß des Wirtschafts- und Außenwirtschaftsrechts der Volksrepublik Mocambique, S. 17f.

318 Zischg, Die Politik der Sowjetunion gegenüber Angola und Mozambique, S. 242; Becker, Angola, Mosambik und Zimbabwe, S. 198, 209.

im Jahre 1978 auf 1,3 Mrd. US$ im Jahre 1983,[319] und die am 16. Juni 1980 eingeführte staatliche Währung Metical verlor kontinuierlich an Wert.[320]

Der Aufbau der Partei- und Staatsorgane wurde durch Korruption, Inkompetenz und ein Übermaß an Bürokratie behindert, was das Vertrauen der Bevölkerung in die marxistisch-leninistische Staatsführung schwächte.[321] Auch wenn die Führung der FRELIMO ein hohes Maß an persönlicher Kontinuität aufwies und ihre politische Linie geschlossen verfolgte,[322] fehlte es den unteren Parteiebenen in den vielen Teilen des Landes an kompetenten und treuen Genossen.[323]

Als Reaktion auf die vorhandenen Mißstände beschloß der IV. Kongreß eine Einschränkung der staatlichen Wirtschaftsaktivitäten zugunsten einer Förderung der Familien- und Privatlandwirtschaft und sprach sich für eine wirtschaftlich Öffnung gegenüber den westlichen Industriestaaten aus. Der Parteiapparat wurde umstrukturiert und das Zentralkomitee erheblich vergrößert, Dezentralisierungsmaßnahmen und eine Stärkung der demokratischen Organe auf lokaler Ebene wurden empfohlen.[324] Im übrigen war der Kongreß von den Diskussionen über

---

319 Egerö, Mozambique: A Dream Undone: The Political Economy of Democracy 1975-84, S. 89, 92.

320 Hanlon, Mosambik. Revolution im Kreuzfeuer, S. 9, 338. Bis zur Einführung des Metical galt der portugiesische Escudo als Währung.

321 Becker, Angola, Mosambik und Zimbabwe, S. 190ff.; Schröer, Frelimo und Industriearbeiter in postkolonialen Konflikten: Zur Politik der mosambikanischen Befreiungsbewegung seit ihrer Machtübernahme, S. 140; Zischg, Die Politik der Sowjetunion gegenüber Angola und Mozambique, S. 240.

322 13 der 19 Mitglieder der ersten Regierung vom Juni 1975 waren sieben Jahre später nach wie vor im Kabinett; vgl. die Kabinettslisten in: Isaacman/Isaacman, Mozambique. From Colonialism to Revolution, 1900-1982, S. 112 und 143.

323 Machel selbst hatte im Rahmen einer Kampagne zahlreiche Verwaltungen und Fabriken ohne Vorankündigung inspiziert, was eine Reihe von Entlassungen und Verhaftungen nach sich zog. Die Bevölkerung rief er zur Teilnahme an der Kontrolle der Staatsfunktionäre auf: „Das Volk soll die Infiltrierten denunzieren, die Undisziplinierten herausdeuten, die Imkompetenten entlarven, die Arroganten angreifen, die Übeltäter vertreiben. Wir werden Bedingungen schaffen für die Teilnahme des Volkes an dieser Aufgabe. In jedem Ministerium wird ein Büro für Kontrolle und Disziplin geschaffen, das persönlich vom Minister geleitet wird....“; zitiert bei Schröer, Frelimo und Industriearbeiter in postkolonialen Konflikten: Zur Politik der mosambikanischen Befreiungsbewegung seit ihrer Machtübernahme, S. 143; Becker, Angola, Mosambik und Zimbabwe, S. 191f.; Hanlon, Mosambik. Revolution im Kreuzfeuer, S. 172; Zischg, Die Politik der Sowjetunion gegenüber Angola und Mozambique, S. 241.

324 Becker, Angola, Mosambik und Zimbabwe, S. 191f.; Zischg, Die Politik der Sowjetunion gegenüber Angola und Mozambique, S. 243; Hanlon, Mosambik. Revolution im Kreuzfeuer, S. 172.

den Bürgerkrieg überschattet, der den fragilen Konsolidierungskurs mehr und mehr in Mitleidenschaft zog.

4. Der Staatsaufbau

a) Die Organisation der Staatsgewalt

Die Grundentscheidung für den Staatsaufbau der Volksrepublik Mosambik wurde in den Art. 2 und 37ff. der Unabhängigkeitsverfassung getroffen. Ihre endgültige Gestalt nahm die Organisation der Staatsgewalt durch die Verfassungsänderung vom 15. August 1978[325] nach Abhaltung der ersten allgemeinen Wahlen und die sich anschließenden staatsrechtlichen Kodifizierungen an.

Nach der verfassungsmäßigen Ordnung war die Volksrepublik Mosambik ein Einheitsstaat des „demokratischen Zentralismus". Als territoriale Verwaltungseinheiten existierten Provinzen (*províncias*), Kreise (*distritos*), Städte (*cidades*) und Ortschaften (*localidades*), die aber nicht über eigenständige Verfassungen und Gesetzgebungskompetenzen verfügten.[326] Diese weisungsabhängigen Gebietskörperschaften waren unselbständige Glieder des einheitlichen Staatswesens und hatten die Aufgabe, die von den Staatsorganen getroffenen Entscheidungen in ihrem Territorium auszuführen und umzusetzen.

Gemäß Art. 2 der Verfassung war das Volk Träger der Staatsgewalt, die durch auf allen staatlichen Ebenen zu wählende Volksvertretungen ausgeübt werden sollte. Als Staatsorgane existierten die Oberste Volksversammlung, die Ständige Kommission der Volksversammlung, der Präsident der Republik und der Ministerrat. Auf den unteren Verwaltungsebenen bestanden neben den Volksvertretungen in den Provinzen Provinzregierungen, an deren Spitze Provinzgouverneure standen, und in den Kreisen, Städten und Ortschaften Exekutivräte.[327]

Der Präsident der Volksrepublik war Staats- und Regierungschef und mit umfassenden Befugnissen ausgestattet (Art. 53ff. der Verf.). Er führte den Vorsitz

---

325 BdR I. Série No. 97 vom 15.8.1978; vgl. Graf/Joseph, Mocambique. Wachsen und Werden eines jungen Staates, S. 229. Die in diesem Abschnitt zitierten Artikel „der Verf." (Teil 1, 4.) beziehen sich auf die Unabhängigkeitsverfassung vom 25.6.1975 in der Form der Verfassungsänderung vom 15.8.1978. Artikelangaben unter Hinweis auf die „Unabhängigkeitsverfassung" betreffen dagegen die Verfassung von 1975 vor der Verfassungsänderung vom 15.8.1978.

326 Während in Art. 58 der Unabhängigkeitsverfassung von 1975 noch der Begriff „Gesetzgebungsbefugnis verwendet wurde, ermöglichte Art. 64 lit. b der 1978 geänderten Fassung nur eine „Beschlußfassung" in eigenen Angelegenheiten.

327 Vgl. hierzu Graf/Joseph, Volkrepublik Mocambique. Wachsen und Werden eines jungen Staates, S. 125ff.

im Ministerrat, der sich aus Ministern, ihren Stellvertretern und dem Minister-Gouverneur der Bank von Mosambik zusammensetzte (Art 58ff. der Verf.).[328]

Das höchste Staatsorgan war nach dem Willen der Verfassungsgeber die Oberste Volksversammlung, deren Hauptfunktion gemäß Art. 44 der Verfassung in der Gesetzgebung bestand. Ihre Tätigkeit beschränkte sich aber auf die Ratifikation der von der Ständigen Kommission der Volksversammlung vorbereiteten Gesetzgebungsakte, da die in Art. 47 der Verfassung vorgesehenen zwei Sitzungsperioden in der Regel nur wenige Tage dauerten.[329] Das eigentliche Legislativorgan war daher die Ständige Kommission, die zwischen den Sitzungsperioden die Aufgaben der Volksversammlung wahrnahm und sich aus dem Präsidenten und von der FRELIMO bestimmten Mitgliedern zusammensetzte (Art. 50 der Verf.).[330]

Auf allen staatlichen Ebenen korrespondierten die höchsten Regierungs- und Verwaltungsämter mit denen der Partei.[331] Der Präsident der Volksrepublik wurde nicht gewählt, sondern war nach Art. 53 der Verfassung der Präsident der FRELIMO. Alle Mitglieder des Ministerrates hatten Funktionen im Zentralkomitee und im Ständigen Politischen Komitee des Zentralkomitees inne. Die Ständige Kommission der Volksvertretung bestand ausschließlich aus Funktionären der FRELIMO, die auch dem Ministerrat angehörten.[332]Auf den unteren staatlichen Ebenen wurden ebenfalls in Personalunion die Verwaltungs- und Parteiämter besetzt. Die Provinzgouverneure waren gleichzeitig die Provinzsekretäre der Partei, die Provinzregierungen und die Exekutivkomitees setzten sich aus den Funktionsträgern der örtlichen Parteiorgane zusammen.[333]

Die Oberste Volksversammlung bestand nach Art. 37 der Unabhängigkeitsverfassung bis zur Durchführung der ersten Wahlen, deren Abhalten die Verfassung innerhalb eines Jahres nach dem III. Kongreß der FRELIMO vorsah (Art. 39 der Unabhängigkeitsverfassung), aus den Mitgliedern des Zentralkomitees und des Exekutivkomitees der FRELIMO, den Angehörigen der Regierung, den

---

328 Zu den einzelnen Ressorts vgl. Isaacman/Isaacman, Mozambique: From Colonialism to Revolution, 1900-1982, S. 143; Hanlon, Mozambique. Revolution im Kreuzfeuer, S. 332.

329 Tartter, Government and Politics in: Nelson, Mozambique. a country study, S. 192.

330 Meyns, Befreiung und nationaler Wiederaufbau von Mozambique, S. 48.

331 Vgl. die Übersichten bei Graf/Joseph, Volksrepublik Mocambique. Wachsen und Werden eines jungen Staates, S. 92; Meyns, Befreiung und nationaler Wiederaufbau von Mozambique, S. 48 Hanlon, Mozambique. Revolution im Kreuzfeuer, S. 330f.

332 Meyns, Befreiung und nationaler Wiederaufbau von Mozambique, S. 48.

333 Graf/Joseph, Volksrepublik Mocambique. Wachsen und Werden eines jungen Staates, S. 92.

Provinzgouverneuren sowie weiteren von der FRELIMO bestimmten Abgeordneten.

b) *Die ersten allgemeinen Wahlen*

Zwischen dem 25. September und dem 4. Dezember 1977 fanden die ersten allgemeinen Wahlen in Mosambik statt, in denen entsprechend des in der Verfassung verankerten Einparteienprinzips nur von der FRELIMO vorgeschlagene Kandidaten zur Wahl standen.[334]

Die Durchführung der Wahl wurde durch das Wahlgesetz vom 1. September 1977 festgelegt.[335] Danach erfolgte in einem gestaffelten System nacheinander die Wahl der Versammlungen der Ortschaften, Städte, Kreise, Provinzen und der nationalen Volksversammlung, wobei lediglich in den Ortschaften und Städten die Abgeordneten in direkter Wahl gewählt wurden.[336] Die Wahlperiode der Obersten Volksversammlung und der Provinzparlamente betrug fünf Jahre, die der unteren Versammlungen zweieinhalb Jahre.[337] Das aktive und passive Wahlrecht besaßen gemäß Art. 28 der Verfassung alle Mosambikaner, die das 18. Lebensjahr vollendet hatten. Nach Art. 14 des Wahlgesetzes waren jedoch die Personen von der Wahl ausgeschlossen, „die sich mit dem Kolonialismus und den Manövern und Verschwörungen des Imperialismus und der Reaktion identifizieren, Marionetten- oder Kolonialorganisationen angehörten oder freiwillig an Aktionen zur Unterdrückung des mocambiquischen Volkes teilnahmen".[338]

Die Kandidatenliste für die unterste Verwaltungsebene wurde von der FRELIMO oder den Dynamisierungsgruppen aufgestellt. Die Kandidaten mußten sich in öffentlichen Wahlversammlungen den Fragen der Wähler und ihrem Votum stellen.[339] Die auf diese Weise zustande gekommenen Versammlungen der

---

334 Graf/Joseph, Volksrepublik Mocambique. Wachsen und Werden eines jungen Staates, S. 113.

335 *Lei Eleitoral*, Gesetz Nr. 1/77; BdR I. Série No. 101 (Suplemento) vom 1.9.1977, S. 470; Text in: Graf/Joseph, Volksrepublik Mocambique. Wachsen und Werden eines jungen Staates, S. 246ff.

336 Art. 21ff. des Wahlgesetzes, s. Fn. 335.

337 Art. 3 des Wahlgesetzes, s. Fn. 335.

338 Diese Bestimmung wurde erst 1982 wieder aufgehoben; vgl. Graf/Joseph, Volksrepublik Mocambique, Wachsen und Werden eines jungen Staates, S. 116.

339 Dieser „Überprüfung" fielen bei der ersten Wahl etwa 10%, d.h. über 2.000 Kandidaten für die lokalen Versammlungen zum Opfer; vgl. Egerö, Mozambique: A Dream Undone: The Political Economy of Democracy 1975-84, S. 125; vgl. auch den Augenzeugenbericht einer Wahl in: Graf/Joseph, Volksrepublik Mocambique, Wachsen und Werden eines jungen Staates, S. 117.

Ortschaften wählten auf Vorschlag der örtlichen Parteikomitees Wahlkonferenzen, deren Mitglieder die Volksversammlungen der Kreise wählten, die ihrerseits nach dem gleichen Modus die Delegierten der Provinzwahlkonferenzen bestimmten. Am 3. Dezember 1977 erfolgte die Wahl der Provinzversammlungen durch die Wahlkonferenzen der Provinzen, einen Tag später stimmten die Provinzversammlungen über die Mitglieder der Obersten Volksversammlung ab, deren erste Sitzung am 23. Dezember desselben Jahres stattfand.[340] Nach Art. 24 des Wahlgesetzes sollten die Volksversammlungen der Provinzen die Abgeordneten der Obersten Volksversammlung „in geheimer Abstimmung wählen". Tatsächlich handelte es sich aber um die Zustimmung zu einer von der FRELIMO erstellten Liste, die nur im ganzen abgelehnt oder bestätigt werden konnte.[341]

Die Durchführung der ersten Wahlen führte zu folgenden Ergebnissen: Auf der Ebene der Ortschaften wurden 894 Versammlungen mit 22.230 Abgeordneten gewählt. Die Versammlungen der zehn Provinzhauptstädte umfaßten 460 Delegierte, die der zehn Provinzen 734. In 112 Kreisversammlungen saßen 3.390 Mitglieder, und das nationale Parlament bestand aus 226 Abgeordneten.[342]

Während auf kommunaler Ebene entsprechend der im Wahlgesetz vorgesehenen Wahlperiode 1980 noch einmal gewählt wurde,[343] fanden nationale Wahlen in der Volksrepublik Mosambik nur ein zweites Mal statt, wobei die verfassungsrechtlich vorgesehene Wahlperiode von fünf Jahren auf neun Jahre ausgedehnt wurde.[344] Allerdings standen die vom 15. August bis zum 15. Dezember 1986 durchgeführten Wahlen unter dem Einfluß des im Lande herrschenden

---

340 Graf/Joseph, Volksrepublik Mocambique. Wachsen und Werden eines jungen Staates, S. 118; Tartter in: Nelson, Mozambique. a country study, S. 192.

341 Thomashausen, The Influence of Constitutional Change on Local Government, S. 88; Zischg, Die Politik der Sowjetunion gegenüber Angola und Mozambique, S. 225.

342 Graf/Joseph, Volksrepublik Mocambique. Wachsen und Werden eines jungen Staates, S. 119; Egerö, Mozambique: A Dream Undone: The Political Economy of Democracy 1975-84, S. 124; Isaacman/Isaacman, Mozambique: From Colonialism to Revolution, 1900-1982, S. 131.

343 Vgl. hierzu das geänderte Wahlgesetz vom 5.4.1980, BdR I. Série No. 14 (2. Suplemento) vom 5.4.1980; Text in: Graf/Joseph, Volksrepublik Mocambique. Wachsen und Werden eines jungen Staates, S. 246ff.; zu den Wahlergebnissen: Egerö, Mozambique: A Dream Undone: The Political Economy of Democracy 1975-84, S. 124f. Während sich die Anzahl der Kreise geringfügig verkleinerte, wuchsen die Ortschaften erheblich an.

344 Vgl. hierzu das Wahlgesetz in der am 25.7.1986 geänderten Fassung: Gesetz Nr. 5/86, BdR I. Série No. 30 (2. Suplemento) vom 26.7.1986, S. 82. Art. 27 des geänderten Gesetzes ermöglichte es dem Präsident der Republik, zusätzlich zu den gewählten Abgeordneten bis zu 15 weitere Abgeordnete in die Oberste Volksversammlung zu berufen, wovon er jedoch keinen Gebrauch machte; Joseph, Asien, Afrika, Lateinamerika (DDR), 17 (1989) 4, S. 681 Fn. 36.

Bürgerkrieges, so daß die Wahlbeteiligung unter 50% sank und in 64 Gemeinden und 20 Kreisen, in denen die FRELIMO die Staatsgewalt faktisch verloren hatte, die Wahl der Volksversammlungen nicht stattfinden konnte.[345] Nach dieser Wahl existierten in 889 Gemeinden und 22 Städten Volksversammlungen sowie in 109 Kreisen und in 11 Provinzen. Die Anzahl der Abgeordneten der Obersten Volksversammlung, die diesmal von der Provinzversammlungen tatsächlich gewählt wurden,[346] erhöhte sich auf 249.[347]

c) Die Kodifizierung des Staatsrechts

Im Anschluß an die ersten Wahlen wurden die gesetzlichen Grundlagen für den weiteren Aufbau und die Organisation der Staatsgewalt geschaffen. Innerhalb kurzer Zeit wurde das Gesetz Nr. 3/77 über „Die 7 Prinzipien und 9 Aufgaben der Lokalitätsversammlungen“,[348] das Gesetz Nr. 5/78 über die Funktion, Aufgaben und Zusammensetzung der Provinzregierungen,[349] das Gesetz Nr. 6/78 über die Bildung der Exekutivräte bei den Volksvertretungen der Kreise und Städte[350] und das Gesetz Nr. 14/78 über die Zusammensetzung, Kompetenz und die Arbeitsweise des Ministerrates[351] verabschiedet. Diese wurden durch die Ge-

345 Die zunächst auf drei Monate festgesetzte Wahlzeit wurde nach dem überraschenden Tod des Staatspräsidenten Samora Machel um einen weiteren Monat bis zum 15. Dezember 1986 ausgedehnt; Joseph, Asien, Afrika, Lateinamerika (DDR), 17 (1989) 4, S. 675.

346 Hall/Young, JAL, 35.1991, N.1-2, S. 105f.; Thomashausen, The Influence of Constitutional Change on Local Government, S. 88.

347 Vgl. zu den offiziellen Ergebnissen und dem Report der Nationalen Wahlkommission BdR I. Série vom 14.1.1987; auch Thomashausen, People's Court in Mozambique, S. 8.

348 Gesetz Nr. 3/77, *Aprova a Lei sobre os Sete Princípios e Novo Tarefas das Assembleias de Localidade*, BdR I. Série No. 147 vom 17.12.1977; Text in: Graf/Joseph, Mocambique. Wachsen und Werden eines jungen Staates, S. 261ff.

349 Gesetz Nr. 5/78, *Regulamenta as funcões, tarefas, composição e funcionamento dos Governos Províncias*, BdR I. Série No. 48 (2. Suplemento) vom 22.4.1978, S. 188-(1).

350 Gesetz Nr. 6/78, *Cria os Conselhos Executivos das Assembleias de Localidad, BdR I. Série* No. 48 (2. Suplemento) vom 22.4.1978, S. 188-(9).

351 Gesetz Nr. 14/78; BdR I. Série No. 155 vom 28.12.1978, S. 517; Text in: Graf/Joseph, Volksrepublik Mocambique. Wachsen und Werden eines jungen Staates, S. 255ff. Dieses Gesetz ergänzte die Verordnung des Ministerrates Nr. 1/75 vom 27. Juli 1975 über die Aufgabenverteilung der einzelnen Ministerien, BdR I. Série No. 15/75 vom 27.7.1975, S. 51.

schäftsordnung der örtlichen Volksversammlungen vom 15. August 1978[352] vervollständigt

Das Gesetz Nr. 14/78 legte die Verteilung der Ressorts der Regierung und ihre Zuständigkeiten fest und bestimmte die Voraussetzungen, unter denen der Ministerrat Rechtsvorschriften in Form von Verordnungen (*Decreto*) und Beschlüssen (*Resolução*) erlassen konnte.[353] Durch die Gesetze 5/78 und 6/78 wurde die Aufgabenverteilung der verschiedenen Organe der unteren Verwaltungsebenen und ihr Verhältnis zur Staatspartei geregelt und das in Art. 38 der Verfassung normierte Prinzip näher konkretisiert, wonach die Exekutivorgane der unteren Ebenen denen der übergeordneten Ebenen unterstanden und deren Weisungen zu erfüllen hatten.

Das Gesetz Nr. 3/77 bezweckte, den unerfahrenen Abgeordneten der lokalen Versammlungen, von denen nur wenige richtig Lesen und Schreiben konnten, eine Orientierung für ihre Arbeit und die Entwicklung des Staates auf dem Lande zu geben, was sich in der einfachen Ausdrucksweise und klaren Aufgabenstellung des Gesetzes widerspiegelte. Zu den sieben Prinzipien zählten vor allem die Festigung und der Ausbau der „Volksmacht", das Bemühen um die Steigerung der Produktivität und die Förderung der Verbesserung der Lebensbedingungen. Die neun Aufgaben der Lokalitätsversammlungen waren[354]:

1. Mobilisierung der Massen für die Pflege der Cashewnußbäume, die Cashewnußernte sowie die Unterstützung bei der Lagerung und dem Abtransport;
2. Mobilisierung der Bevölkerung für die Vergrößerung der Anbaufläche für die Schaffung von kollektiven Feldern. Bessere Organisation der Märkte und des Wirtschaftslebens der Dörfer und der Zirkel. Verbreitung von Kenntnissen über Brandrodung, vor allem um Brände, die dem Boden schaden, zu vermeiden;
3. Förderung von Gemüsegärten zur besseren Selbstversorgung und für den Verkauf;
4. Förderung des Anbaus und der Ernte von Baumwolle als Rohstoff für die Bekleidungsindustrie, um so die Lebensbedingungen der Bevölkerung zu verbessern;
5. Maßnahmen zur Verbesserung der Hygienebedingungen durch Wasserversorgung, Latrinen, bessere Hauskonstruktionen;
6. Organisation der Hilfe und Fürsorge für die Alten und die Kranken;
7. Unterstützung der Jugend durch eine bessere Organisation des Erziehungswesens sowie durch die Zuweisung von Aufgaben und Verantwort-

---

352 BdR I. Série, Nr. 48 (2. Suplemento) vom 15.8.1978, S. 188.

353 Vgl. Art. 11 des Gesetzes Nr. 14/78, s. Fn. 351.

354 S. Fn. 348.

lichkeiten;
8. Unterstützung der Verteidigung des Landes und der Sicherheit und Ordnung;
9. Ständige Verbesserung der Arbeitsweise der staatlichen Strukturen auf Lokalitätsebene und Unterstützung für die Bevölkerung im Umgang mit den staatlichen Stellen.

Für die Tätigkeit der neu zu bildenden Staatskader beschloß der Ministerrat am 21. Oktober 1978 die Verordnung Nr. 16/78 über die Normen der Arbeit und Disziplin im Staatsapparat[355], die die Rechte und Pflichten der Staatsdiener definierte.[356] In dem Bestreben Staatsfunktionäre auszubilden, die sich von den Beamten der alten Kolonialverwaltung unterscheiden sollten, verlangte das Gesetz vor allem korrektes Verhalten im dienstlichen und persönlichen Bereich, die Wahrung strenger Disziplin und Sparsamkeit und die Abschaffung aller Privilegien für die Beamten. Es bestand die Pflicht, alle Reste der Kolonialstruktur und der traditionellen afrikanischen Herrschaftsformen, wozu nach dem Gesetz Rassismus, Tribalismus, Regionalismus, Obskurantismus, autoritäres Denken und Servilität, Diskriminierung aufgrund des Geschlechts und Bürokratismus zählten, zu bekämpfen und sich für die Einheit der Nation einzusetzen.

Der gesetzlichen Gestaltung der Verwaltungsorganisation folgte die Neustrukturierung des Justizwesens. Am 2. Dezember 1978 wurde das Gesetz Nr.12/78 über die Organisation der Justiz[357] verabschiedet, das den Aufbau einer „volksdemokratischen" Justiz vorsah. Mit dem Gesetz Nr. 3/79 über die Bildung eines Revolutionären Militärgerichts[358] wurde ein Sicherheitsgericht zur Ergänzung der ordentlichen Gerichtsbarkeit geschaffen. Wenige Monate später folgte die Verabschiedung des Gesetzes Nr. 5/79 über die Schaffung der Volkspolizei (*Polícia Popular de Moçambique* - P.P.M.)[359] und der Beschluß der Verordnung des Ministerrates Nr. 6/79 über die innere Organisation der Polizei[360], wodurch das

---

355 BdR I. Série, Nr. 126, vom 21.10.1978, S. 423.

356 Zur fachlichen und politisch-ideologischen Ausbildung der neuen Staatsdiener war im Mai 1977 in Catembe bei Maputo das Zentrum „1. Mai" gegründet worden; Graf/Joseph, Volksrepublik Mocambique. Wachsen und Werden eines jungen Staates, S. 155.

357 BdR I. Série Nr. 144 vom 2.12.1978, S. 469; vgl. hierzu ausführlich Erster Teil B. II. 5. c) „Das Rechtsschutzsystem".

358 BdR I. Série Nr. 25 vom 1.3.1979.

359 BdR I. Série Nr. 60, vom 26.5.1979, S. 181.

360 BdR I. Série Nr. 60, vom 26.5.1979, S. 182.

von der Übergangsregierung eingesetzte Polizeikorps (C.P.M.) aufgelöst wurde.[361]

5. Das Rechtssystem

a) Die Ursprünge des Rechts

Bis zur Unabhängigkeit galt in Mosambik grundsätzlich das Rechtssystem des portugiesischen Kolonialstaates. Art 136 Abs. 4 der portugiesischen Verfassung von 1933 und Ziff. XIV (4), (5) und LXXVI (3) des Grundgesetzes für die Überseeprovinzen von 1972 bestimmten, daß vorbehaltlich entgegenstehender besonderer Gesetzgebung die in Portugal geltenden Gesetze auch in den Überseegebieten anwendbar sein sollten.[362] Diese Übernahme wurde nur insofern eingeschränkt, als nach der Eingeborenenpolitik der Portugiesen in den Überseegebieten für das Verhältnis der Eingeborenen untereinander im Bereich des Zivil- und Strafrechts das sich aus den Sitten und Gebräuchen der einzelnen Stämmen gebildete Gewohnheitsrecht fortbestand. Das mosambikanische Rechtssystem findet seinen Ursprung daher in der römisch-französischen Rechtstradition, der das portugiesische Recht angehört.

Die Unabhängigkeitsverfassung von 1975 bestimmte in Art. 71, daß die der Verfassung entgegenstehende Gesetzgebung automatisch außer Kraft gesetzt wurde und im übrigen die existierenden Gesetze bis zu ihrer Änderung oder Aufhebung gültig blieben. Diese Bestimmung wurde weder in der Verfassungsänderung von 1978 noch in der zweiten großen Verfassungsreform aus dem Jahre 1986 geändert. Dies führte dazu, daß auch im unabhängigen Mosambik die Gesetze der Kolonialzeit, d.h. portugiesisches Recht und afrikanisches Gewohnheitsrecht, rechtswirksam waren, nunmehr als Bestandteil des Rechtssystems der Volksrepublik Mosambik.

Wegen des Unvermögens des jungen Staates, umfassende gesetzgeberische Reformen durchzuführen - die Reformbemühungen konnten aufgrund der geschilderten Probleme des Landes nicht über Ansätze hinaus gehen - ,[363] blieben bis auf wenige Ausnahmen die grundlegenden Normen vor allem des portugiesi-

361 Graf/Joseph, Volksrepublik Mocambique. Wachsen und Werden eines jungen Staates, S. 165f.

362 Thomashausen, People's Courts in Mozambique, S. 1.

363 Sachs/Welch, Liberating the Law, S. 22ff.

schen Zivil- und Strafrechts unverändert gültig.[364] Das Gewohnheitsrecht spielte im Bereich des Familien- und Erbrechts eine große Rolle. Die unterschiedlichen Kulturen, Sprachen, Religionen und Stammeszugehörigkeiten der einzelnen Regionen des Staates, dessen langgestreckte territoriale Ausdehnung sehr verschiedene ethnische Gruppen in ein Staatsgebiet zusammenfaßte, machten besonders für diese Rechtsmaterien eine Vereinheitlichung wegen des fehlenden gesamtgesellschaftlichen Konsenses unmöglich.[365]

b) Die Entstehung neuen Rechts

Die neue Gesetzgebung diente dazu, die führende Rolle der FRELIMO in der neuen Staats- und Gesellschaftsordnung entsprechend der marxistisch-leninistischen Staatsdoktrin zu sichern und die bestehenden Strukturen der Kolonialverwaltung zu beseitigen.[366] Wie auch andere sozialistische Staatsparteien verstand die FRELIMO das Recht vor allem als Machtmittel zum Aufbau des Sozialismus. „Die Gesetze des Staates sind damit die praktische Anwendung der Direktiven der Partei“, hieß es im Parteiprogramm von 1977.[367]

Die Gesetzgebungskompetenz für das neue Recht wurde ausschließlich von der 15köpfigen Ständigen Kommission der Obersten Volksversammlung bestehend aus Mitgliedern des Politbüros der FRELIMO und des Ministerrates wahrgenommen.[368] Sie beschloß und verkündete die Gesetze, wozu sie Art. 45 der Unabhängigkeitsverfassung ausdrücklich ermächtigte. Auch wenn in der 1978 geänderten Fassung diese Kompetenz weniger klar formuliert war, änderte dies nichts daran, daß die Ständige Kommission und die ihr angehörigen höchsten Funktionäre der FRELIMO *de facto* und *de iure* die legislative Kraft des Staates

---

364 Vgl. Hutschenreuter, Grundriß des Wirtschafts- und Außenwirtschaftsrechts der Volksrepublik Mocambique, S. 29; Joseph, Staat und Recht (DDR), 30 (1981) 5, S. 442; Sachs/Welch, Liberating the Law, S. 130.

365 Vgl. Graf/Joseph, Volksrepublik Mocambique. Werden und Wachsen eines jungen Staates, S. 192ff.; Sachs/Welch, Liberating the Law, S. 64, 86ff.

366 Graf/Joseph, Volksrepublik Mocambique. Werden und Wachsen eines jungen Staates, S. 181ff.; Joseph, Staat und Recht (DDR), 30 (1981) 5, S. 445.

367 Lit. H b) des Programms, in: issa, Dokumente des 3. Kongresses der FRELIMO, S. 208; vgl. auch die bei Graf/Joseph, Volksrepublik Mocambique. Werden und Wachsen eines jungen Staates, auf S. 176 zitierten Worte Samora Machels aus dem Jahre 1975: „Der Staat, die Macht, die Gesetze sind keine neutralen Techniken oder Instrumente, die gleichermaßen vom Feind und von uns benutzt werden können.“

368 Hanlon, Mosambik. Revoultion im Kreuzfeuer, S. 175.

waren.[369] Die Aufgabe der Obersten Volksversammlung, nach der Verfassung das „höchste Organ der Staatsmacht", beschränkte sich darauf, die beschlossenen und bereits wirksamen Gesetzgebungsakte zu genehmigen, sofern sie überhaupt zusammentrat.[370]

Die weitestgehenden Neuerungen wurden im Bereich des Staats- und Verwaltungsrechts getroffen. Mit den bereits zitierten Kodifikationen wurde der in der Verfassung vorgezeichnete Staatsaufbau der Volksrepublik näher ausgestaltet, die Aufgaben und Arbeitsweisen der Staatsorgane und Verwaltungseinheiten festgelegt und die Wahl der Volksvertretungen geregelt.

Hinsichtlich des Strafrechts enthielt die Unabhängigkeitsverfassung grundsätzliche Bestimmungen in den Art. 26 und 36. Danach standen alle Handlungen, „die auf die Störung der sozialen Harmonie sowie auf Spaltertum oder Privilegien auf Grund der Hautfarbe, der Rasse, des Geschlechts, der ethnischen Herkunft, des Geburtsortes, der Religion, des Bildungsniveaus, der sozialen Stellung oder des Berufes gerichtet sind", sowie Verrat, Sabotage, Subversion und andere Akte gegen die Ziele der FRELIMO und die „revolutionäre Ordnung des Volkes" unter Strafe. An diesen Grundsätzen hatte sich die Übernahme der Normen des portugiesischen Strafgesetzbuches und des afrikanischen Gewohnheitsrechts zu orientieren. Am 1. März 1979 wurde das Gesetz Nr. 2/79 über Verbrechen gegen die Sicherheit des Volkes und des Volksstaates erlassen.[371] Dieses Gesetz war eine Reaktion auf den sich ausbreitenden Bürgerkrieg und die anhaltenden Aggressionen durch Südrhodesien.[372] Es bezweckte den Schutz der Unabhängigkeit, Integrität und Souveränität des Staates, der Organisation der FRELIMO und der politischen, ökonomischen und sozialen Stabilität der Nation. Über den eigentlichen Bereich der Staatssicherheit hinaus wurden mehr als 30

---

369 Während Art. 45 von „Gesetzgebungsakten" der Ständigen Kommission sprach, lautete Art. 51 der 1978 geänderten Verfassung: „Der Ständigen Kommission der Obersten Volksversammlung obliegt es, zwischen den Tagungen der Obersten Volksversammlungen deren Funktion wahrzunehmen." Zu diesen Funktionen zählte nach Art. 44 der Erlaß von Gesetzen „zu Grundfragen der Innen- und Außenpolitik".

370 Vgl. zur Bedeutungslosigkeit des Parlaments die Schilderung Hanlons, wonach die Gesetze zur Wiedereinführung der Prügelstrafe und zur Ausdehnung der Todesstrafe auf Wirtschaftsverbrechen von der Ständigen Kommission im Jahre 1983 eine Woche nach bzw. vor der Sitzungsperiode der Obersten Volksversammlung beschlossen wurden, um befürchtete Kontroversen und Debatten zu umgehen; Hanlon, Mosambik. Revolution im Kreuzfeuer, S. 175; vgl. auch Zischg, Die Politik der Sowjetunion gegenüber Angola und Mozambique, S. 225.

371 BdR I. Série, Nr. 25 vom 1.3.1979, S. 83.

372 Vgl. für eine ausführliche Erörterung Feix, Staat und Recht (DDR), 10 (1979), S. 913ff.

Tatbestände definiert[373] und allgemeine Strafbarkeitsmerkmale wie Beteiligungsformen, Versuchsstrafbarkeit und Verjährung normiert. Außerdem führte das Gesetz die Todesstrafe wieder ein, die im portugiesischen Strafgesetzbuch nicht vorgesehen war.[374] Drei Jahre später wurde das Gesetz Nr. 5/82 über den Schutz der Wirtschaft beschlossen, um Korruption und Mißwirtschaft zu bekämpfen.[375] Zu den weiteren Neuerungen im Bereich des Strafrechts gehörte im Jahre 1983 die Ausdehnung der Todesstrafe auf Wirtschaftsverbrechen und die Wiedereinführung öffentlicher Auspeitschungen, einer zu Kolonialzeiten weit verbreiteten Bestrafungsmethode.[376] Beides waren die hilflosen Reaktionen auf die zunehmende Destabilisierung des Staates, zu deren Bekämpfung sich die FRELIMO keiner anderen Mittel mehr zu bedienen wußte.[377]

Im zivilrechtlichen Bereich betraf die neue Gesetzgebung die bereits erwähnte Verstaatlichung von Grund und Boden und vieler Berufszweige, um die in der Verfassung proklamierte Gesellschafts- und Wirtschaftsordnung durchzusetzen.[378] Art. 8 der Unabhängigkeitsverfassung bestimmte, daß der Boden und die Bodenschätze unter und über der Erde Eigentum des Staates waren.

c) Das Rechtsschutzsystem

Wie auch der Aufbau der sonstigen Staatsorganisation stellte sich die Bildung eines neuen Rechtsschutzsystems als eine schwierige Aufgabe dar. Die Flucht der portugiesischen Funktionsträger nach der Unabhängigkeit und die Zerschlagung der alten Kolonialstrukturen hatten eine Lücke entstehen lassen, die nicht

---

373 Hierzu zählten etwa die Tatbestände Söldnertum, Tribalismus, Falschgeldherstellung, Gerüchtemacherei, Beleidigung von Funktionsträgern und illegales Verlassen des Staates.

374 Vgl. Art. 6 Gesetz Nr. 2/79, s. Fn. 371.

375 BdR I. Série vom 11.6.1982; vgl. hierzu Joseph, Staat und Recht (DDR) 32 (1983) 2, S. 40ff.

376 Hoile, Mozambique, a nation in crisis, S. 34.

377 „Hohe Funktionäre der FRELIMO mußten immer wieder versichern, daß das Auspeitschen durch die FRELIMO und die Prügelstrafe der Kolonialzeit zwei verschiedene Dinge seien", berichtet Hanlon in: Mosambik. Revolution im Kreuzfeuer, S. 290.

378 Vgl. Graf/Joseph, Volksrepublik Mocambique. Werden und Wachsen eines jungen Staates, S. 186; zum Bodenrecht: Sachs/Welch, Liberating the Law, S. 27ff.; zum Wirtschaftsrecht: Hutschenreuter, Grundriß des Wirtschafts- und Außenwirtschaftsrechts der Volksrepublik Mocambique, S. 34ff.

durch eigene ausgebildete Kräfte kompensiert werden konnten.[379] Zum Zeitpunkt der Unabhängigkeit gab es nicht einen einzigen praktizierenden Richter oder Staatsanwalt mosambikanischer Herkunft, nur etwa 25 portugiesische Juristen verblieben nach der Unabhängigkeit im Land.[380]

Art. 35 der Unabhängigkeitsverfassung enthielt das einzige Justizgrundrecht. Es sah den Schutz des Einzelnen vor Verhaftung oder gerichtlicher Verfolgung ohne gesetzliche Grundlage vor und garantierte das Recht auf Verteidigung. Die Struktur des Gerichtswesens wurde in den Art. 62 bis 66 der Verfassung von 1975 geregelt. Danach sollte die Rechtsprechung durch das Oberste Volksgericht und weitere, durch Gesetz zu errichtende Gerichte ausgeübt werden. Die Verfassungsänderung von 1978 ergänzte diese Bestimmungen und stellte die Gerichte unter die Aufsicht der Volksversammlung. Die Festlegung der Zusammensetzung und Zuständigkeiten der übrigen Gerichte erfolgte durch das bereits zitierte Gesetz Nr. 12/78 über die Organisation der Justiz vom 2. Dezember 1978.[381] Zur Vorbereitung dieses Gesetzes wurden in einem mehrmonatigen Projekt im ganzen Land Volksgerichte (*Tribunais Populares*) gebildet, deren Erfahrungen in das neue Gesetz eingebracht werden und zur Schaffung einer möglichst funktionsfähigen Gerichtsorganisation führen sollten. Zu diesem Zweck wurden die etwa zwei Dutzend Studenten der Juristischen Fakultät der Eduardo Mondlane Universität in Maputo in die Provinzen des Landes geschickt. Jeweils zwei Studenten pro Provinz mußten als Richter und Staatsanwalt agieren und eine Reihe von Volksgerichten auf lokaler und Distriktebene bilden. Ihre Erfahrungen hatten sie regelmäßig dem Justizministerium zu berichten, das die Erkenntnisse auf einer 1. Nationalen Justizkonferenz diskutierte, was schließlich zur Verabschiedung des Gesetzes Nr. 12/78 durch die Ständige Kommission der Obersten Volksversammlung führte.[382]

Das Gesetz sah entsprechend der administrativen Gliederung des Landes die Bildung von Provinz- (*Tribunais Populares Províncias*), Kreis- (*Tribunais Populares Distritos*) und Volksgerichten der Ortschaften (*Tribunais Populares de Localidade*) vor.[383] Das höchste Gericht in der Volksrepublik war das Oberste Volksgericht (*Tribunal Popular Supremo*), das als Gericht erster und zweiter

379 Tartter in: Nelson, Mozambique. A country study, S. 199; Klug, The South African Judicial Order and the Future, S. 218.

380 Keehan, The Legal System of Mozambique, in: Redden, Modern Legal Systems Cyclopedia, Vol.6, S. 6.370.18 §1.4(B) (1).

381 Vgl. Fn. 357; Text in Auszügen in: Graf/Joseph, Volksrepublik Mocambique. Wachsen und Werden eines jungen Staates, S. 264ff.

382 Vgl. Sachs/Welch, Liberating the Law, S. 4ff; Joseph, Der Aufbau des neuen Justizsystems in der Volksrepublik Mocambique, S. 438.

383 Vgl. Art. 9ff. Gesetz Nr. 12/78, s. Fn. 381.

Instanz fungierte und, wie auch die Provinzgerichte, über eine Richtlinienkompetenz gegenüber den nachgeordneten Gerichten verfügte (Art. 7). Das Oberste Gericht (Art. 14 Abs. 1) und die Gerichte der Provinzen (Art. 21 Abs. 2) und Kreise (Art. 30) bestanden aus ernannten und gewählten Richtern, wobei jene vom Minister der Justiz berufen wurden. Nur die ernannten Richter des Obersten Volksgerichts mußten eine abgeschlossene juristische Universitätsausbildung haben. Für die ernannten Richter der Provinz- und Kreisgerichte war eine höhere Schulausbildung und die Teilnahme an einem mehrmonatigen Rechtskurs ausreichend.[384] Die Richter der Volksgerichte der Ortschaften wurden ausschließlich gewählt (Art. 36). Die Wahl der Laienrichter erfolgte durch die Volksversammlungen der entsprechenden Verwaltungsebene auf Vorschlag der Parteigremien für die Dauer der Legislaturperiode (Art. 52). Die Richter waren nach der Verfassung[385] und Art 5 des Gesetze Nr.12/78 unabhängig und nur dem Gesetz verpflichtet. Gemäß Art. 1 des Gesetzes Nr. 12/78 unterstanden sie jedoch der Obersten Volksversammlung und sollten bei der Ausübung ihrer Tätigkeit mit den politischen, gesellschaftlichen und staatlichen Organen zusammenarbeiten (Art. 6).[386] Die Volksgerichte der Ortschaften waren zuständig für ein breites Spektrum von Streitigkeiten und kleineren Vergehen, zu denen vor allem Ehe- und Nachbarstreitigkeiten sowie Trunkenheitsdelikte, Schwarzhandel, Polygamie und Körperverletzungen zählten.[387] Die Entscheidung hatte gemäß Art. 38 „nach gesundem Menschenverstand und Gerechtigkeit und unter Berücksichtigung der Grundsätze, welche dem Aufbau der sozialistischen Gesellschaft zugrunde liegen" zu erfolgen. Die Zuständigkeit der Provinz- und Kreisgerichte umfaßte Zivil- und Strafsachen, aufgeteilt nach Bedeutung und Schwere der Tat.[388] Dem

384 Keehan, The Legal System of Mozambique, in: Redden, Modern Legal Systems Cyclopedia, Vol.6, S. 6.370.20 §1.4(C) (1).; Isaacman/Isaacman, Mozambique: From Colonialism to Revolution, 1900-1982, S. 135.

385 Vgl. Art 73 der Unabhängigkeitsverfassung in der 1978 geänderten Fassung.

386 Die Präambel des Gesetzes Nr. 12/78 bezeichnete die Volksgerichte als „eine ständig auf den Klassenfeind, auf die Reaktionäre und Verräter, auf Wirtschaftssaboteure und skrupellose Ausbeuter, auf Verbrecher, Banditen und Asoziale im ganzen Land gerichtete Waffe".

387 Vgl. zu den Einzelheiten Art. 35 ff. Gesetz Nr. 12/78, s. Fn. 381; Klug, The South African Judicial Order, S. 223f.; Keehan, The Legal System of Mozambique, in: Redden, Modern Legal Systems Cyclopedia, Vol.6, S. 6.370.19 § 1.4(B) (5). Eine Auflistung exemplarischer Fälle ist enthalten in: Sachs, Changing the Terms of the Debate: A Visit to a Popular Tribunal in Mozambique, S. 107f.

388 Vgl. zu den Einzelheiten Art. 21 bis 34 Gesetz Nr. 12/78; Keehan, The Legal System of Mozambique, in: Redden, Modern Legal Systems Cyclopedia, Vol.6, S. 6.370.19 §1.4(B) (3),(4); Thomashausen, People's Courts in Mozambique, S. 6ff., 11.

Obersten Volksgericht oblag die Rechtsprechung für alle Bereiche auf dem gesamten nationalen Territorium (Art. 11).

Die Umsetzung des Gesetzes zur Organisation der Justiz mußte sich den tatsächlich Gegebenheiten unterordnen. Wegen des Mangels an ausgebildeten Juristen konnte Staatspräsident Chissano erst im November 1988 die ersten Richter für das Oberste Volksgericht ernennen, und das Gericht erst im Jahre 1989 seine Arbeit aufnehmen, nur ein Jahr vor Verabschiedung der ersten demokratischen Verfassung des Landes und bereits nach der Abkehr von der marxistischen-leninistischen Staatsdoktrin.[389] Auch viele Kreisgerichte konnten erst 1986 errichtet werden.[390] Im Jahre 1981 existierten zehn Provinzgerichte, 21 Kreisgerichte und 257 Volksgerichte auf lokaler Ebene.[391] Zwei Jahre später hatte sich die Zahl der Kreisgerichte auf 34 und die der Ortschaften auf 535 erhöht.[392] In den Kreisen und Ortschaften ohne Volksgerichte wurde die Gerichtsbarkeit von den Verwaltungsorganen oder den Dynamisierungsgruppen ausgeübt.[393] Eine Verwaltungsgerichtsbarkeit fehlte völlig.

Nahezu alle Laienrichter waren Analphabeten oder verfügten nur über eine geringe Schulbildung. Eine richtige Anwendung der Gesetze mußte also bereits daran scheitern, sie überhaupt lesen zu können, abgesehen von der Frage der Zugänglichkeit der Rechtstexte.[394] Außerdem bestanden Unsicherheiten über die Anwendung des richtigen Gesetzes und ihrer Auslegung. Dies bewirkte, daß die aus der Kolonialzeit bekannten Gesetze entgegen Art. 71 der Unabhängigkeitsverfassung, wonach verfassungswidrige Gesetze als automatisch aufgehoben galten, weiter angewandt wurden, da die Verfassungswidrigkeit der Normen nicht selbständig erkannt werden konnte.[395] Auch wurden die neuen Rechtsvor-

---

389 Joseph, Asien, Afrika, Lateinamerika (DDR) 12 (1989) 4, S. 676; Sachs/Welch, Liberating the Law, S. 4. Ersatzweise war 1979 durch Gesetz Nr. 11/79 vom 12. Dezember 1979 (BdR I. Série No. 109/79 vom 12.12.1979, S. 329) ein Oberstes Berufungsgericht (*Tribunal Superior de Recurso*) geschaffen worden, das bestimmte Aufgaben des Obersten Volksgerichtes wahrnehmen sollte; Graf/Joseph, Volksrepublik Mocambique. Wachsen und Werden eines jungen Staates, S. 172.

390 Thomashausen, People's Courts in Mozambique, S. 5.

391 Isaacman/Isaacman, Mozambique: From Colonialism to Revolution, 1900-1982, S. 136.

392 Tartter in: Nelson, Mozambique. A country study, S. 199; Graf/Joseph, Volksrepublik Mocambique. Wachsen und Werden eines jungen Staates, S. 170. Es konnten also nur etwa in einem Drittel der Kreise und Ortschaften Volksgerichte errichtet werden.

393 Hutschenreuter, Grundriß des Wirtschafts- und Außenwirtschaftsrechts der Volksrepublik Mocambique, S. 27.

394 Vgl. Sachs/Welch, Liberating the Law: creating Popular Justice in Mozambique, S. 12.

395 Hutschenreuter, Grundriß des Wirtschafts- und Außenwirtschaftsrechts der Volksrepublik Mocambique, S. 29f.

schriften oftmals ohne Hinweis auf die entgegenstehenden, alten Normen erlassen.[396] Den Parteien und Zeugen fehlten häufig die erforderlichen Kenntnisse der offiziellen Amtssprache Portugiesisch, um ihre Sache richtig vorbringen zu können.[397] Die Aufgaben der Volksgerichte der Ortschaften bestanden wegen dieser Schwierigkeiten daher weniger in der Anwendung der bestehenden Gesetze als darin, eine Versöhnung der beteiligten Seiten zu erreichen.[398] Die in der Regel wöchentlich stattfindenden Sitzungen entwickelten sich zu einem Instrument der öffentlichen Erziehung der anwesenden Bevölkerung und waren Diskussionsforen für die widerstreitenden neuen sozialistischen Gesellschaftskonzeptionen der Staatspartei und die überlieferten Lebensformen.[399] Das unterschiedliche Bildungsniveau zwischen den ernannten und gewählten Richtern führte außerdem zu einem Autoritätszuwachs der erstgenannten, was der Idee der „Volksgerichtsbarkeit" zuwider lief.[400]

Die Unzufriedenheit der Parteiführung über die Entwicklung des neuen Gerichtswesens brachte der Justizminister auf der 2. Nationalen Justizkonferenz im September 1980 zum Ausdruck, als er den Vorwurf erhob, daß sich die Richter davor scheuten, „die engen Grenzen der geltenden Gesetzbücher zu überschreiten und, bei Notwendigkeit, das Gesetzbuch der Revolution auch dann anzuwenden, wenn dieses noch nicht gesetzgeberisch fixiert ist".[401] Im März 1983 verkündete Staatspräsident Machel die vorübergehende Schließung der juristischen Fakultät der Eduardo Mondlane Universität, weil nach Auffassung der FRELIMO sich die neu ausgebildeten Richter und Juristen nicht wesentlich von ihren Vorgängern der Kolonialzeit unterschieden.[402] Erst 1988 wurde die Juristische Fakultät wieder geöffnet und die Ausbildung fortgesetzt.[403]

---

396 Joseph, Joseph, Asien, Afrika, Lateinamerika (DDR) 17 (1989) 4, S. 681 Fn. 47; Sachs/Welch, Liberating the Law: creating Popular Justice in Mozambique, S. 12.; zum Verhältnis von Gewohnheitsrecht und Volksgerichtsbarkeit de Sousa Santos, From Customary Law to Popular Justice, S. 93ff.

397 Isaacman/Isaacman, Mozambique: From Colonialism to Revolution, 1900-1982, S. 137; Tartter in: Nelson, Mozambique. A country study, S. 200.

398 Vgl. Art. 38 AbS. 1 Gesetz Nr. 12/78, s. Fn. 381.

399 Sachs, JAL Vol. 28 (1984), S. 106.

400 Isaacman/Isaacman, Mozambique: From Colonialism to Revolution, 1900-1982, S. 137.

401 Notícias vom 17.9.1980; zitiert bei Joseph, Zum Gesetz über den Schutz der Wirtschaft in der Volksrepublik Mocambique, S. 42.

402 Tartter in: Nelson, Mozambique. A country study, S. 200; Sachs/Welch, Liberating the Law: creating Popular Justice in Mozambique, S. 111f.

403 Maier, SAPEM February, 1991, S. 12.

Zur Ergänzung der ordentlichen Gerichtsbarkeit wurde 1979 ein Militärgericht (*Tribunal Militar Revolucionário*) geschaffen, das in geheimen Sitzungen auf der Grundlage des Gesetzes Nr. 2/79 über die Verbrechen gegen die Sicherheit des Volkes und des Volksstaates judizierte.[404] Die Mitglieder des Gerichtes waren Angehörige des Militärs.

Die Staatsanwaltschaft (*Ministério público*) bildeten nach Art. 74 und 75 der 1978 geänderten Verfassung einen Bestandteil der Justizorganisation. Sie sollte hierarchisch aufgebaut sein und einem Generalstaatsanwalt unterstehen. Ihre Aufgabe bestand in dem „Schutz der Gesetzlichkeit" und der „Überwachung der Einhaltung der Gesetze",[405] was vor allem der Durchsetzung der Politik der Staatspartei zu dienen bestimmt war.[406]

Eine private Anwaltschaft existierte nicht. Bereits wenige Wochen nach der Unabhängigkeit wurde durch die Gesetzes-Verordnung Nr. 4/75 vom 16. August 1975[407] die Tätigkeit privater Rechtsanwälte verboten, um den „Handel mit der Justiz" zu verhindern. Ohne eine entsprechende gesetzliche Regelung konnte nun von jedem, der über gewisse Rechtskenntnisse verfügte, unentgeltlich juristischer Beistand geleistet werden.[408] Erst im April 1986 folgte die Gründung des Nationalen Instituts des Juristischen Beistands (*Instituto Nacional de Assistência Jurídica*), wodurch die Rechtsberatung institutionalisiert wurde.[409] Die öffentlichen Verteidiger, deren Aufgaben von Rechtsanwälten und juristischen Laien wahrgenommen werden konnten, waren jedoch ebensowenig wie die Staatsanwaltschaft ein selbständiges Organ der Rechtspflege, sondern unterstanden den Weisungen des Ministeriums der Justiz.[410]

Trotz aller Bemühungen ein Rechtsschutzsystem zu schaffen, das gerechter war als das aus der Kolonialzeit geerbte, verhinderten auch hier Ideologie und fehlende Kapazitäten sowie der Bürgerkrieg eine Verwirklichung der politischen

---

404 Gesetz Nr. 3/79, BdR I. Série No. 37/79 vom 29.5.1979, S. 125; vgl. hierzu Feix, Staat und Recht (DDR), 10 (1979), S. 913ff., 918f.

405 Vgl. Art. 41 und 42 des Gesetzes Nr. 12/78, s. Fn. 381.

406 Keehan, The Legal System of Mozambique, in: Redden, Modern Legal Systems Cyclopedia, Vol.6, S. 6.370.22 §1.6(B).

407 BdR I. Série No. 23/75 vom 16.8.1975, S. 104.

408 Joseph, Asien, Afrika, Lateinamerika (DDR) 17 (1989) 4, S. 677.

409 Gesetz Nr. 3/86, BdR I. Série No. 16, 3. Suplemento vom 16.4.1986, S. 48-(8).

410 Vgl. Statut des Ministeriums der Justiz, Diploma Ministerial No. 42/85 vom 18.9.1985, Art. 2 Ziff. 2: „Das Ministerium der Justiz organisiert und beaufsichtigt den juristischen Bereich, die Staatsanwaltschaft der Republik und den Dienst des Juristischen Beistandes und der Unterstützung der Bürger."; zitiert bei Joseph, Asien, Afrika, Lateinamerika (DDR) 17 (1989) 4, S. 682 Fn. 52.

Ziele. Ohne einen stabilen Rechtsfrieden und die Gewährung fundamentaler Rechte mußte eine dauerhafte Befriedung des Landes scheitern, dessen Menschenrechtslage zu den schlechtesten in Afrika zählte.[411]

6. Die Internationalen Beziehungen

Die Außenpolitik Mosambiks bezweckte einerseits die Wahrung der inneren und äußeren Souveränität des jungen Staates. Andererseits war der außenpolitische Kurs von der zum Verfassungsauftrag erklärten Fortsetzung des Kampfes gegen Kolonialismus und Imperialismus bestimmt.[412] Art. 22 der Verfassung definierte die sozialistischen Länder als „natürliche Verbündete" und legte den Aufbau freundschaftlicher Beziehungen „zu allen demokratischen und fortschrittlichen Kräften der Welt" fest. Die Außenpolitik Mosambiks wurde jedoch weniger von ideologischen Zielsetzungen geleitet als von den wirtschaftlichen Notwendigkeiten und den militärischen Auseinandersetzungen mit den südlichen Nachbarn.

a) Die Beziehung zu den beiden deutschen Staaten

Zu der Sowjetunion, der DDR und anderen sozialistischen Staaten wurden nach Erlangung der Unabhängigkeit intensive Beziehungen aufgebaut.[413] Die

---

411 Amnesty International, Torture in the Eighties, S. 121f.; Amnesty International Report 1982 S. 61f.; Amnesty International Report 1983, S. 61f.; Amnesty International Jahresbericht 1986, S.85; Isaacman/Isaacman, Creating a New Legal System, S. 22.

412 Vgl. Weimar, De mozambiquanische Außenpolitik 1975-82, S. 17ff.; Isaacman/-Isaacman, Mozambique: From Colonialism to Revolution, S. 171ff.; Hanlon, Mozambik, Revolution im Kreuzfeuer, S. 278ff.; Kühne, Südafrika und seine Nachbarn: Durchbruch zum Frieden?, S. 29ff.; Gehrke, 24 Cornell International Law Journal, 135 (1991), S. 135.

413 Mit der Sowjetunion wurde 1977 ein Freundschaftsvertrag mit einer Laufzeit von 20 Jahren abgeschlossen. Das sich zunächst anbahnende enge Verhältnis zu China führte zu einem schnellen Ende aufgrund der unterschiedlichen Haltung im angolanischen Bürgerkrieg, in dem sich China auf seiten der UNITA und FNLA engagierte, während Mosambik (wie auch Kuba und die Sowjetunion) die regierende MPLA unterstützte. China brachte seine ablehnende Haltung zur Transformation der FRELIMO in eine marxistisch-leninistische Partei nach sowjetischen Vorbild durch das Fernbleiben seines Botschafters auf dem III. Kongreß der FRELIMO zum Ausdruck. Erst Ende der 1970er Jahre vertieften sich die Beziehugen wieder; vgl. Zischg, Die Politik der Sowjetunion gegenüber Angola und Mozambique, S. 234, 238; Ciment, Angola and Mozambique, S. 150f. Hodges S. 75ff.; Weimar, Die mozambiquanische Außenpolitik 1975-82,

Kontakte der FRELIMO zur Staats- und Parteiführung der DDR gingen auf die Zeit Anfang der 1960er Jahre in Dar-es-Saalam zurück. In der Hauptstadt Tanganjikas, das zu den ersten unabhängigen Staaten im südlichen Afrika gehörte und sich 1964 mit Sansibar zur Vereinigten Republik Tansania zusammenschloß, hatten sich viele afrikanische Befreiungsbewegungen im Exil versammelt. Die drei mosambikanischen Widerstandsgruppen vereinigten sich hier 1962 zur FRELIMO. Die DDR unterstützte die Exilbewegungen in Dar-es-Saalam politisch und stellte materielle und finanzielle Mittel zur Verfügung.[414] Es wurde versucht, auf die politischen und gesellschaftlichen Einstellungen der Befreiungsbewegungen als Interessenvertreter der zukünftigen unabhängigen Staaten Einfluß zu nehmen und sie als sozialistische Verbündete zu gewinnen.[415] Dadurch sollte die Anerkennung der DDR durch die neuen afrikanischen Staaten erreicht und die internationale Isolierung der DDR, die das Ergebnis der westdeutschen Hallsteindoktrin war,[416] beseitigt werden.

Mosambik nahm bereits am Unabhängigkeitstag, am 25. Juni 1975, diplomatische Beziehungen mit der DDR auf.[417] Die DDR unterstützte den Aufbau der Staatsverwaltung in Mosambik und entsandte juristische und politische Berater in Ministerien und Parteigremien.[418] Da bereits viele Portugiesen vor der Machtübernahme durch die FRELIMO Mosambik verlassen hatten, war die neue Regierung nicht in der Lage, Verwaltung und Wirtschaft qualifiziert zu besetzen. Es fehlte vor allem an Lehrern und Ärzten. Daher wurden tausende junger Men-

---

S. 13f., 28, 98ff.; Meyns, Befreiung und nationaler Wiederaufbau von Mozambique, S. 57ff.

414 Matthes, Politische Aspekte der Behandlung der Ex-DDR-Forderungen gegenüber Mosambik, in: Südwind/KKM, Schulden statt Solidarität? Ex-DDR-Forderungen an hochverschuldete arme Länder - eine besondere Herausforderung der Bundesrepublik, S. 26; Schleicher, Die DDR im südlichen Afrika, Mosambik-Rundbrief Nr. 34, 2/1994, S. 18.

415 Matthes, Politische Aspekte der Behandlung der Ex-DDR-Forderungen gegenüber Mosambik, in: Südwind/KKM, Schulden statt Solidarität? Ex-DDR-Forderungen an hochverschuldete arme Länder - eine besondere Herausforderung der Bundesrepublik, S. 26.

416 Die Hallsteindoktrin war ein nach dem Staatssekretär im Außwärtigen Amt Walter Hallstein benannter Grundsatz der westdeutschen Außenpolitik seit 1955. Danach sollte die BRD aufgrund des von ihr vertretenen demokratisch legitimierten Alleinvertretungsanspruchs für das gesamte deutsche Volk mit keinem Staat diplomatische Beziehungen unterhalten, der die DDR anerkannte. Die Hallstein verlor durch die Ostpolitik der sozialliberalen Regierung seit 1967 an Bedeutung und wurde durch den Grundlagenvertrag mit der DDR im Jahre 1972 aufgegeben.

417 Büttner, Afrika. Geschichte von den Anfängen bis zur Gegenwart. Teil 4, S. 260.

418 Vgl. Matthes, Kommentar aus der politischen Praxis, in: Engel/Schleicher, Thesen zur Afrikapolitk der beiden deutschen Staaten, S. 28, 31f.

schen zu Ausbildungszwecken in die DDR geschickt.[419] Auch Militäreinheiten wurden in der Sowjetunion und der DDR geschult. Wegen der Finanzkrise der DDR im Jahre 1977 und des Mangels an Absatzmärkten für DDR-Produkte änderte sich Ende der 1970er Jahre die Entwicklungspolitik der DDR. Die Politik der DDR gegenüber Mosambik und anderen afrikanischen Staaten wurde nun von wirtschaftlichen Interessen bestimmt und der „Kommerziellen Koordinierung“ unter der Leitung von Staatssekretär Alexander Schalck-Golodkowski unterstellt.[420] Die „sozialistische Bruderhilfe“ diente der Beschaffung von Devisen, was mit Hilfe von „Ware gegen Ware“-Geschäften erfolgen sollte.[421] Die staatliche Entwicklungspolitik der DDR ist deshalb auch als „Fortsetzung des Kolonialismus“ bezeichnet worden.[422] Die rechtlichen Grundlagen für den Austausch mit Mosambik waren der Vertrag über Freundschaft und Zusammenarbeit zwischen der DDR und Mosambik, der 1979 anläßlich eines Besuches einer Partei- und Staatsdelegation der DDR unter der Leitung Erich Honeckers geschlossen wurde,[423] und das Abkommen über die zeitweilige Beschäftigung mosambikanischer Werktätiger in sozialistischen Betrieben der DDR.[424] Aufgrund der bilateralen Vereinbarungen wurden insgesamt 22.000 mosambikanische Vertragsarbeiter in die DDR entsandt, die als billige Arbeitskräfte für die defizitäre Planwirtschaft

419 Das Parlament, Aus Politik und Zeitgeschichte, „Südliches Afrika“, 47. Jahrgang, Nr. 9, 21.2.1997, S.11.; Weimar, Die mozambiquanische Außenpolitik 1975-82, S. 116ff.; Mosambik-Rundbrief Nr 34, S. 16ff. Am 22. Mai 1982 flog die erste Gruppe mosambikanischer Schüler von Maputo nach Berlin, wo sie an der „Schule der Solidarität“ eine Schul- und Berufsausbildung erhielt; Jahrbuch Asien, Afrika, Lateinamerika (DDR), 1992, S. 240.

420 Vgl. Döring, „Es geht um unsere Existenz“. Die Politik der DDR gegenüber der Dritten Welt am Beispiel von Mosambik und Äthiopien, S. 11, 87ff.

421 GKKE, Globalisierung der Solidarität, Erklärung der GKKE zum Weltwirtschaftsgipfel 1999 in Köln, S. 26.

422 So Hans-Joachim Döring bei der Vorstellung seines Buches „Es geht um unsere Existenz“. Die Politik der DDR gegenüber der Dritten Welt am Beispiel von Mosambik und Äthiopien, am 10. November 1999 in Berlin.

423 Vgl. Weimar, Die mozambiquanische Außenpolitik 1975-1982, S. 118; Text des Vertrages in: Neues Deutschland vom 26.2.1979 S. 3; auch Hutschenreuter, Grundriß des Wirtschafts und Außenwirtschaftsrechts der Volksrepublik Mocambique, S. 19; Döring, „Es geht um unsere Existenz“. Die Politik der DDR gegenüber der Dritten Welt am Beispiel von Mosambik und Äthiopien, S. 158ff.

424 Dieses Abkommen wurde 1985 und 1989 geändert und durch Protokolle ergänzt. Im Mai 1989 arbeiteten noch 16.100 mosambikanische Werktätige in 205 Betrieben der DDR. Nach der Wiedervereinigung in Deutschland veranlaßte die BRD eine schnelle Repatriierung der Mosambikaner aus Ostdeutschland in ihre vom Krieg zerrüttete Heimat; vgl. Bowen, Journal of Modern African Studies, 30, 2, (1992), S. 267; EMW, Mosambik, S. 115ff., 164ff.; Mosambik-Rundbrief Nr. 34, S. 28f.

der DDR dienten. Die Vertragsarbeiter erhielten nur 40% des Lohnes, während der Rest an die FRELIMO-Regierung transferiert wurde, der den Arbeitern nach ihrer Rückkehr in der Landeswährung ausgezahlt werden sollte. Die DDR erhielt Rohstoffe aus Mosambik und lieferte dafür technische Produktionsmittel und ihre Experten als Berater.[425] Diese Entwicklungspolitik der DDR ruinierte die Volkswirtschaften Mosambiks und anderer afrikanischer Staaten und hat Schulden dieser Staaten gegenüber der DDR in Höhe von 6,2 Mrd. DM hinterlassen.[426]

Die Führung Mosambiks suchte über den Kontakt zur DDR hinaus Anfang der 1980er Jahre die Aufnahme in den Rat für gegenseitige Wirtschaftshilfe (RGW), der trotz der marxistisch-leninistischen Staatsideologie abgelehnt wurde.[427] Eine wirtschaftliche Verbindung mit dem RGW kam erst 1985 durch den Abschluß eines Rahmenabkommens über wirtschaftliche Zusammenarbeit zustande.

Die Beziehung zur BRD war bis zum Ende der DDR schlecht und ihre diplomatische Vertretung in Maputo nur geduldet. Der Grund für die stagnierenden bilateralen Beziehungen war die Weigerung Mosambiks, die sog. „Berlin-Klausel" anzuerkennen. Die Anerkennung der „Berlin-Klausel" sanktionierte die Ausdehnung des Geltungsbereiches internationaler Abkommen der BRD auf Westberlin und wurde von der Bundesregierung als *conditio sine qua non* für bilaterale Kooperationen und multilaterale Hilfe im Rahmen der Entwicklungspolitik betrachtet.[428] Erst 1982 erfolgte der Abschluß eines Handelsabkommens,

---

425 Matthes, Politische Aspekte der Behandlung der Ex-DDR-Forderungen gegenüber Mosambik, in: Südwind/KKM, Schulden statt Solidarität? Ex-DDR-Forderungen an hochverschuldete arme Länder - eine besondere Herausforderung der Bundesrepublik, S. 26f.

426 Vgl. Ziese, Die Position der Bundesregierung: Zur Verschuldung der Entwicklungsländern, in: Südwind/KKM, Schulden statt Solidarität? Ex-DDR-Forderungen an hochverschuldete arme Länder - eine besondere Herausforderung der Bundesrepublik, S. 23; GKKE, Globalisierung der Solidarität, Erklärung der GKKE zum Weltwirtschaftsgipfel 1999 in Köln, S. 27.

427 Der RGW wurde am 25. Januar 1949 als internationale Wirtschaftsorganisation kommunistischer Staaten gegründet. Mitglieder waren die UdSSR, Polen, die Tschechoslowakei, Ungarn, Rumänien, Bulgarien, Albanien, die DDR (bis 1990), die Mongolische Volksrepublik, Kuba und Vietnam. Mit einigen anderen Staaten bestanden Assoziations- und Kooperationsabkommen. Nach den Ereignissen in Mittel- und Osteuropa Anfang der 90er wurde der RGW am 28. Juni 1991 offiziell aufgelöst; vgl. zur Ablehnung Mosambiks Hanlon, Mosambik. Revolution im Kreuzfeuer, S. 279; Becker, Angola, Mosambik und Zimbabwe, S. 219. Weimar, Die mozambiquanische Außenpolitik 1975-1982, S. 1178f.

428 Weimar, Die mozambiquanische Außenpolitik 1975-1982, S. 165ff.; Zischg, Die Politik der Sowjetunion gegenüber Angola und Mozambique, S. 248; vgl. zur Afrika-Politik der

in dem Mosambik die „Berlin-Klausel“ anerkannte, was eine allmähliche wirtschaftliche und politische Annäherung Mosambiks sowohl an die BRD als auch an die EG nach sich zog.[429]

b) Die Beziehung zu Portugal

Zu anderen westlichen Ländern wurden vor allem wirtschaftliche Beziehungen aufgebaut.[430] Dabei kam der einstigen Kolonialmacht Portugal eine besondere Bedeutung zu. Bereits wenige Jahre nach der Befreiung aus der portugiesischen Abhängigkeit setzte Anfang der 1980er Jahre eine Phase der Entspannung und Annäherung ein, die zum Abschluß mehrerer Abkommen über wirtschaftliche Hilfe und kulturelle Zusammenarbeit führte.[431] Im April 1982 schlossen beide Länder ein Abkommen über militärischen Zusammenarbeit, in dem das NATO-Mitglied Portugal die Lieferung von Rüstungsgütern und die Ausbildung der mosambikanischen Armee durch Militärexperten zusicherte.[432] Acht Jahre nach der Beendigung des zehnjährigen Bürgerkrieges folgte die militärische Kooperation der einstigen Kriegsgegner, die ein Gegengewicht zur Unterstützung Mosambiks durch den Ostblock darstellte.

c) Die Beziehung zu den afrikanischen Nachbarn

Auf dem afrikanischen Kontinent war die Außenpolitik Mosambiks durch die Mitgliedschaft in der OAU und der *Southern African Development Coordination Conference* (SADCC), zu deren Gründungsländer Mosambik 1980 gehörte, be-

---

beiden deutschen Staaten Engel/Schleicher, Die beiden deutschen Staaten in Afrika. Zwischen Konkurrenz und Koexistenz 1949-1990.

429 Weimar, Die mozambiquanische Außenpolitik 1975-1982, S. 179; Zischg, Die Politik der Sowjetunion gegenüber Angola und Mozambique, S. 251.

430 Vgl. Hodges, Mozambique: The Politics of Liberation, S. 75; Weimar, Die mozambiquanische Außenpolitik 1975-1982, S. 87; Isaacman/Isaacman, Mozambique: From Colonialism to Revolution, 1900-1982, S. 184ff.

431 Grund für diese Annäherung war eine Klärung der im Lusaka-Abkommen offengelassenen ökonomischen und technischen Aspekte, wozu vor allem die Schulden Portugals für den Bau des Cabora-Bassa-Staudamms zählten. Im November 1981 stattete der portugiesische Staatspräsident Eanes Mosambik einen Staatsbesuch ab, auf dem er Präsident Machel, dem ehemaligen Befreiungskämpfer, mit dem höchsten portugiesischen Orden auszeichnete; vgl. Weimar, Die mozambiquanische Außenpolitik 1975-1982, S. 80ff.

432 Zischg, Die Politik der Sowjetunion gegenüber Angola und Mozambique, S. 248.

stimmt.[433] Mit seinem nördlichen Nachbar Tansania verband Mosambik seit der Zusammenarbeit im Befreiungskampf freundschaftliche Beziehungen. Anders stellte sich das Verhältnis zu den südlichen Nachbarstaaten Südrhodesien und Südafrika dar. Der Sieg der „schwarzen" Befreiungsbewegungen in Mosambik und Angola und der prosozialistische Kurs der neuen Staaten wurde von den letzten „weißen" Regierungen im südlichen Afrika als Bedrohung empfunden. Außerdem unterstützte Maputo die Befreiungsbewegungen in Rhodesien und Südafrika und gewährte ihnen Stützpunkte im Grenzgebiet.[434] Die Beteiligung an Wirtschaftssanktionen gegen das Smith-Regime in Salisbury hatte bereits zu militärischen Aggressionen gegen das mosambikanische Territorium von rhodesischer Seite geführt. Auch das Verhältnis zu Südafrika verschlechterte sich zunehmend trotz der intensiven Wirtschaftsbeziehungen zu den südafrikanischen Provinzen Transvaal und Gauteng, wozu die Ablösung der Vorster-Regierung in Pretoria durch P.W. Botha beitrug. Diese Konflikte waren es auch, die die Entstehung des 16 Jahre währenden Bürgerkrieges ermöglichten und die Hoffnungen auf einen erfolgreichen mosambikanischen Weg nach der Unabhängigkeit scheitern ließen.

III. Der Bürgerkrieg

1. Die Gründung der RENAMO

Der rasche Aufbau sozialistischer Strukturen nach Erlangung der Unabhängigkeit verschaffte der neuen Regierung schnell Feinde im In- und Ausland. Der marxistisch-leninistische Kurswechsel auf dem III. Kongreß der FRELIMO und die Bekämpfung der traditionellen afrikanischen Gesellschaftsordnung führten zu zahlreichen Austritten aus der Staatspartei und förderten das Wiederaufleben von Splittergruppen, die sich während des Befreiungskampfes gegründet hatten, aber von der FRELIMO von den Unabhängigkeitsverhandlungen mit der Kolonialmacht ausgeschlossen worden waren. So entstand 1976 aus ehemaligen Befreiungskämpfern der FRELIMO, traditionellen Stammesführern und im Land

---

433 Die Konferenz zur Koordinierung der Entwicklung im Südlichen Afrika (SADCC) wurde im April 1980 von Angola, Botswana, Lesotho, Mosambik, Malawi, Sambia, Simbabwe, Swaziland und Tansania gegründet; vgl. Kaltenborn, ZaöRV 59/1, 1999, S. 231; Meyns, VRÜ 31 (1998), S. 173.

434 Kappeler, EA 8/1979; S. 247; Newitt, A History of Mozambique, S. 558.

verbliebenen Portugiesen[435] eine neue Befreiungsbewegung, die *Resistência Nacional Moçambicana* (RENAMO).[436]

Maßgeblich beteiligt an der Entstehung der Bewegung war der rhodesische Geheimdienst CIO (*Central Intelligence Organisation*).[437] Das weiße Regime in Salisbury lieferte logistische und militärische Unterstützung, wovon es sich eine Bekämpfung der von Mosambik aus operierenden simbabwischen Befreiungsbewegung ZANU (*Zimbabwe African National Union*) unter der Führung Robert Mugabes[438] versprach. Nahe der mosambikanischen Grenze, in Bindura und in Umtali wurden zwei Ausbildungslager für die Widerstandskämpfer gegründet.[439] Von Gwelo aus konnte die RENAMO mit einem eigenen Radiosender, *Voz da Africa Livre* („Stimme des freien Afrika"), in Mosambik für ihre Sache werben.[440] Führer der neuen Bewegung wurde André Matsangaissa, der auf Seiten der FRELIMO gegen die portugiesische Kolonialmacht gekämpft hatte und während der Übergangsregierung 1974/75 in einem Umerziehungslager der FRE-

---

435 Hierzu zählten Orlando Cristina, ein ehemaliger Agent der portugiesischen Geheimpolizei in Mosambik, und Jorge Jardim, Millionär und Mitglied der Kolonialverwaltung unter Salazar; Azevedo, Historical Dictionary of Mozambique, S. 109.

436 Teilweise wird auch die Bezeichnung Movimento de Resistência Moçambicana (MNRN) oder Mozambican National Resistance (MNR) verwendet. Die genauen Umstände, die zur Gründung der RENAMO geführt haben, sind nicht bekannt. Vgl. zur Entstehung der Bewegung und ihrer sehr unterschiedlichen Bewertung Vines, Renamo: terrorism in Mozambique, S. 11ff.; Hanlon, Mosambik: Revolution im Kreuzfeuer, S. 259ff.; Thomashausen, The National Resistance of Mozambique, S. 125ff.; Newitt, A History of Mozambique, S. 575ff.; Weimar, FRELIMO und RENAMO, ONUMOZ und UNOHAC, Vereinte Nationen 6/1993, S. 193; Harneit-Sievers, Afrika Spectrum 30 (1995) 1: 85f.; Boetius, Wie stehen wir heute zur Frelimo, zur Renamo, Mosambik-Rundbrief Nr. 50/51, S. 28ff.; Nilsson, Die Mosambikanische Contra, S. 32ff.

437 Becker, Angola, Mosambik und Zimbabwe, S. 231; Zischg, Die Politik der Sowjetunion gegenüber Angola und Mozambique, S. 227; vgl. auch das bei Isaacman/Isaacman, Mozambique: From Colonialism to Revolution, auf S. 177 verwendete Zitat Afonso Dhlakamas, dem späteren Präsidenten der RENAMO, in dem er eine Abhängigkeit der Bewegung von Rhodesien in den Jahren nach ihrer Gründung bestätigt.

438 Nach dem Verbot der von ihm gegründeten ZANU ging Mugabe, ein Jesuitenschüler und ausgebildeter Lehrer, im Jahre 1975 ins Exil und leitete den Buschkampf gegen die weiße Minderheit, der 1980 zur Unabhängigkeit Simbabwes führte. Mugabe wurde zunächst Premierminister und führt seit 1987 als Präsident die Geschicke des Landes.

439 Zischg, Die Politik der Sowjetunion gegenüber Angola und Mozambique, S. 227.

440 Der Sender nahm am 5. Juli 1976 seine Tätigkeit auf und ging täglich fünf Minuten auf Sendung. Nach der Unabhängigkeit Simbabwes setzte „die Stimme des freien Afrika" seine Sendungen ab April 1980 von Phalaborwa im südafrikanischen Transvaal aus fort; Thomashausen, The National Resistance of Mozambique, S. 126; Azevedo, Historical Dictionary of Mozambique, S. 110.

LIMO verschwand, aus dem er nach Rhodesien fliehen konnte.[441] Die RENAMO stellte bei ihrer Gründung weniger eine politische als eine militärische Bewegung dar. Es war ein Sammelbecken verschiedener Kräfte, deren gemeinsames Ziel die Destabilisierung der FRELIMO-Regierung war. Ihre Tätigkeit beschränkte sich auf Guerillaaktionen in den zentralen Provinzen des Landes.

Die Entwicklung in Rhodesien und der erfolgreiche Abschluß der Lancaster-House-Gespräche im Dezember 1979, die zur Unabhängigkeit Simbabwes führten, stürzten die RENAMO schon bald nach ihrer Entstehung in eine Krise, die ihre weitere Existenz fraglich erscheinen ließ. Im Oktober 1979 konnten die nationalen Streitkräfte der FRELIMO das Hauptquartier der RENAMO in Gorongosa in der Provinz Sofala erobern, wobei Matsangaissa ums Leben kam.[442] Die Führung der FRELIMO, deren marxistisch-leninistisches Staatsverständnis und alleiniger Vertretungsanspruch der Bevölkerung eine wie auch immer gestaltete Opposition nicht dulden konnte, hielt das Problem für gelöst.[443]

2. Die Ausweitung des Konflikts

Unter dem neuen Präsidenten der RENAMO Afonso Dhlakama, der wie Matsangaissa FRELIMO-Mitglied gewesen und nach den ersten Säuberungswellen in einem Umerziehungslager gelandet war,[444] konnte die Bewegung ihre Aktivitäten wieder erweitern.[445] Nach dem Untergang des Smith-Regime in Rhodesien wurde nun Apartheid-Südafrika der militärische und finanzielle Förderer und übernahm die Ausbildung und Aufrüstung der RENAMO.[446] Im Verhältnis zur

---

441 Azevedo, Historical Dictionary of Mozambique, S. 85.

442 Hall/Young, Confronting Leviathan. Mozambique Since Independence, S. 120; Azevedo, Historical Dictionary of Mozambique, S. 110; Newitt, A History of Mozambique, S. 564.

443 Newitt, A History of Mozambique, S. 565.

444 Azevedo, Historical Dictionary of Mozambique, S. 53; Goncalves, SAPEM July, 1992, S. 8.

445 Die Hoffnung, Mosambik werde angesichts fehlender oppositionierender Befreiungsbewegungen eine andere Entwicklung nehmen als Angola, erwies sich als Fehleinschätzung. So kam etwa Kappeler in seinem Ausblick über die Entwicklung Mosambiks zu dem Fazit, es bestehe „kein besonderer Grund zu der Vermutung, daß in näherer Zukunft größere innenpolitische Konflikte zu erwarten wären. Abgesehen von dem gespannten Verhältnis zu Rhodesien kann sich das Land somit ungestört dem Wiederaufbau und der Weiterentwicklung seiner Wirtschaft widmen,...“, in: Kappeler, EA 8/1979, S. 250.

446 Außer dem Radiosender wurden auch die militärischen Ausbildungslager nach Transvaal verlegt; Zischg, Die Politik der Sowjetunion gegenüber Angola und Mozambique, S. 242f.; Hanlon, Mosambik. Revolution im Kreuzfeuer, S. 262.

Volksrepublik Mosambik hatten seit der Unabhängigkeit trotz aller politischen Gegensätze zunächst die traditionell guten Wirtschaftsbeziehungen im Vordergrund gestanden.[447] Mit der Unabhängigkeit Simbabwes am 18. April 1980 und der Entstehung eines neuen Frontlinien-Staates wuchs jedoch die Sorge Pretorias um die Machtverhältnisse und eine Ausdehnung des Sozialismus im südlichen Afrika. Außerdem unterstützte die FRELIMO den Befreiungskampf des African National Congress (ANC) in Südafrika.[448]

Die RENAMO erhielt großen Zulauf und wuchs auf über 15.000 Kämpfer an.[449] Unter der ländlichen Bevölkerung, wo der Unmut über die Politik der FRELIMO am stärksten war, besaß die Bewegung die größten Sympathien.[450] Viele der Kämpfer, vor allem Kinder und Waisen, wurden allerdings mit grausamen Methoden zur Mitgliedschaft gezwungen.[451] Gleichzeitig bemühte sich die Bewegung um den Aufbau politischer Strukturen. Zusätzlich zu ihrer militärischen Kommandostruktur erhielt die RENAMO einen zwölfköpfigen Nationalen Rat, der unter der Führung des Präsidenten und eines Generalsekretärs für die politischen Belange zuständig war. Die Bedeutung der politischen Organe der RENAMO war bis Ende der 1980er Jahre jedoch gering.[452] Im August 1981

---

447 Nach wie vor bestand ein reger Export mosambikanischer Wanderarbeiter in die Witwatersrand-Region, während Südafrika das mosambikanische Verkehrsnetz und den Hafen von Maputo nutzte; vgl. Zischg, Die Politik der Sowjetunion gegenüber Angola und Mozambique, S. 228f.; Meyns, Das südliche Afrika nach Nkomati, S. 39ff.

448 Am 30. Januar 1981 überfielen südafrikanische Armeeinheiten ANC-Einrichtungen in Matola, dem Hafenvorort von Maputo, und töteten einige Mitglieder. Während einer Protestkundgebung zwei Wochen später auf dem Unabhängigkeitsplatz in Maputo verkündete Staatspräsident Machel dem anwesenden ANC-Präsidenten Oliver Tambo die volle Unterstützung für den Kampf des ANC gegen die Apartheid; Becker, Angola, Mosambik und Zimbabwe, S. 235; Hanlon, Mosambik. Revolution im Kreuzfeuer, S. 307; Zischg, Die Politik der Sowjetunion gegenüber Angola und Mozambique, S. 244; Meyns, Das südliche Afrika nach Nkomati, S. 55; zum Verhältnis FRELIMO - ANC auch Hume, Ending Mozambique's War, S. 14.

449 Die vorhandenen Angaben über die Stärke der RENAMO differieren; vgl. Newitt, A History of Mozambique, S. 564; Becker, Angola, Mosambik und Zimbabwe, S. 237; Azevedo, Historical Dictionary of Mozambique, S. 110.

450 Hanlon, Mosambik. Revolution im Kreuzfeuer, S. 271ff., 273.

451 Vgl. zu den „Kindersoldaten" und den Zwangsrekrutierungsmaßnahmen Semin-Panzer, Mosambik: Zerstörung durch südafrikanische Destabilisierung und Terror des Guerillakrieges, S. 102, 117; Müller-Blattau, Julieta und die Stille des Todes, S. 33ff., 53; Hanlon, Mosambik. Revolution im Kreuzfeuer, S. 272f.; Thompson, Kinder im Krieg, Mosambik-Rundbrief Nr. 52, Februar 1999, S. 9ff.

452 Das zweite und dritte Treffen des Nationalen Rates fand im Oktober 1992 und im März 1983 in der Bundesrepublik Deutschland statt; vgl. Hoile, Mozambique, A Nation In

gab sich die Bewegung ein politisches Programm bestehend aus sieben Teilen zu den Themen Politik, Wirtschaft, Justiz, Gesundheit und Bildung, staatliche Fürsorge, Internationale Beziehungen und Verfassungsangelegenheiten.[453] Die wesentlichen Grundsätze des Programms waren: die Abschaffung der kommunistischen Diktatur, die Abhaltung freier Wahlen, die Bildung einer Regierung der nationalen Einheit, die Anerkennung der Traditionen und Gewohnheiten der unterschiedlichen Bevölkerungsgruppen, die Einführung demokratischer und privatwirtschaftlicher Strukturen, die Wiederherstellung der früheren Eigentumsverhältnisse und die Verabschiedung einer neuen Verfassung durch ein Referendum. Zur Unterstützung ihrer politischen Tätigkeit richtete die RENAMO im Ausland Vertretungen ein. In der Bundesrepublik Deutschland unterhielt sie seit 1983 eine offizielle Vertretung in Heidelberg.[454]

Das ganze Land wurde mit ständigen Guerillaangriffen überzogen.[455] Vor allem die ländlichen Gegenden, die Gemeinschaftsdörfer und die von der FRELIMO aufgebauten Infrastrukturen, waren das Ziel der Aggressionen. Die RENAMO zerstörte die verstaatlichten Industrieanlagen, um die Macht und wirtschaftliche Basis der Regierung zu schädigen.[456] Überlandstraßen wurden vermint und der Beira-Korridor, der die Hafenstadt Beira mit dem Binnenland Simbabwe verbindet und eine der wichtigsten Einnahmequellen des Staates ist, wurde durch ständige Überfälle unpassierbar. Selbst in Maputo konnten die Rebellen die Stromversorgung zeitweise lahm legen. Teile des Landes wurden faktisch der Staatsgewalt der FRELIMO entzogen. In den „befreiten“ Gebieten setzte die

---

Crisis, S. 85; Vines, Renamo: terrorism in Mozambique, S. 80; Hall/Young, Confronting Leviathan: Mozambique since Independence, S. 131ff., 134.

453 Text des Programms in: Hoile, Mozambique, A Nation In Crisis, S. 137ff. Das Programm soll das Ergebnis einer geheimen Konferenz der RENAMO-Führung in der Bundesrepublik Deutschland im Juli 1981 gewesen sein; vgl. Thomashausen, The National Resistance of Mozambique, S. 127, s. Fn. 14.

454 Es bestanden Vertretungen in Lissabon, Heidelberg, Nairobi und Washington sowie in Kanada und in einigen afrikanischen Staaten. Wichtigstes Sprachrohr der RENAMO in Europa war bis zu seiner Ermordung im Jahre 1988 Evo Fernandes, der die Bewegung in Portugal repräsentierte und von 1983-1986 ihr Generalsekretär war. Zum ersten offiziellen Vertreter in der Bundesrepublik wurde im November 1983 João Rajabo da Costa bestimmt, bis er 1987 von Horacio Leven ersetzt wurde. Daneben spielte Artur da Fonseca, ein enger Vertrauter Fernandes', eine wichtige Rolle; vgl. Vines, Renamo: terrorism in Mozambique, S. 40f., 152f.; Hall/Young, Confronting Leviathan: Mozambique since Independence, S. 133ff.; Becker, Angola, Mosambik und Zimbabwe, S. 251f.

455 Vgl. für eine ausführliche Schilderung des Bürgerkrieges Hall/Young, Confronting Leviathan: Mozambique since Independence, S. 120ff; Hanlon, Mosambik. Revolution im Kreuzfeuer, S. 272f.; Vines, RENAMO: terrorism in Mozambique, S. 17ff.; Thomashausen, The National Resistance of Mozambique, S. 126ff.

456 Azevedo, Historical Dictionary of Mozambique, S. 110.

RENAMO die von der FRELIMO entmachteten Häuptlinge wieder ein und bemühte sich um die Verwirklichung ihrer politischen Ziele.[457] Der Bürgerkrieg nahm im Laufe der Zeit furchtbare Ausmaße an. Vor allem von Seiten der RENAMO wurden die Kämpfe mit äußerster Brutalität geführt.[458] Das Land versank in Angst und Schrecken.

Die FRELIMO, die das Ausmaß des Konfliktes bisher unterschätzt hatte, reagierte mit der Erhöhung der militärischen Anstrengungen und der Aufstellung von Volksmilizen.[459] Die Bemühungen, die weitere Destabilisierung des Staates zu verhindern, waren jedoch erfolglos. Aufgrund der verheerenden Auswirkungen des Krieges und einer großen Dürre von 1981-1983 mußte sich Mosambik am 30. Januar 1984 für zahlungsunfähig erklären.[460] Die Auslandsschulden betrugen mittlerweile 3,6 Milliarden DM.[461] Der Rückhalt der Bevölkerung und das Vertrauen in die FRELIMO drohte weiter zu sinken.

3. Das Abkommen von Nkomati 1984

Diese Entwicklung zwang die Regierung zum Abschluß des „Abkommens über Gewaltverzicht und gutnachbarliche Beziehungen zwischen der Volksrepublik Mosambik und der Republik Südafrika“, unterzeichnet am Grenzfluß Nkomati am 16. März 1984 (Nkomati-Abkommen).[462] Darin verpflichteten sich bei-

---

457 Vgl. Hall/Young, Confronting Leviathan: Mozambique since Independence, S. 175; Hoile, Mozambique. resistance and freedom, S. 125ff.; Vines, Renamo: terrorism in Mozambique, S. 75.

458 Vgl. Müller-Blattau, Julieta und die Stille des Todes, S. 10ff.; Vines, RENAMO: terrorism in Mozambique, S. 87ff.; Becker, Angola, Mosambik, Zimbabwe, S. 236. Ein im April 1988 veröffentlichter Bericht des US-State Departments (Gersony-Report) bezeichnete den Krieg in Mosambik als einen der brutalsten Völkermorde seit dem 2. Weltkrieg, wofür vor allem die RENAMO verantwortlich gemacht wurde; vgl. UN, The United Nations and Mozambique 1992-1995, S. 74; Alden, Journal of Modern African Studies, 31, 1 (1993), S. 114; Diederichsen in: Afrika Jahrbuch 1988, S. 304; de Waal/Vines, SAPEM July, 1992, S. 9ff.

459 Meyns, Das südliche Afrika nach Nkomati, S. 57; Becker, Angola, Mosambik, Zimbabwe, S. 240; Hall/Young, Confronting Leviathan. Mozambique since Independence, S. 123; Hanlon, Mosambik. Revolution im Kreuzfeuer, S. 276; Gunn, Learning from Adversity: The Mozambican Experience, in: Bloomfield, Regional Concflict and U.S. Policy: Angola and Mozambique, S. 159.

460 Müller in: EMW, Mosambik, S. 132.

461 Hanlon, Mosambik. Revolution im Kreuzfeuer, S. 301

462 Text in: EA 16 (1984) D 469. Über den Abschluß des Abkommens schreibt Hanlon in: Mosambik. Revolution im Kreuzfeuer, S. 304: „Am 16. Januar trafen sich vier Arbeits-

de Vertragsparteien, die Souveränität und Unabhängigkeit des anderen zu respektieren und die gegenseitige Einmischung in die inneren Angelegenheiten zu unterlassen (Art. 1). Mosambik sicherte zu, die Unterstützung für den Befreiungskampf des ANC in Südafrika zu beenden, während Südafrika jegliche Hilfe für die RENAMO einzustellen versprach (Art. 3). Es wurde eine gemeinsame Sicherheitskommission eingesetzt, die die Einhaltung des Abkommens überwachen sollte (Art. 9).

Die Hoffnung Mosambiks auf Frieden wurde jedoch enttäuscht. Obwohl sich im Herbst 1984 eine Annäherung zwischen der FRELIMO und der RENAMO abzeichnete, die zur *Pretoria Declaration* vom 3. Oktober 1984 führte,[463] nahmen die Kämpfe noch einmal an Heftigkeit zu. Südafrika hielt sich nicht an seine Verpflichtungen aus dem Nkomati-Abkommen und versorgte die Rebellenbewegung weiterhin mit militärischer Ausrüstung. Den Nachweis hierfür lieferten entsprechende Unterlagen, die die FRELIMO bei der Einnahme des Hauptquartiers der RENAMO Casa Banana bei Gorongosa im August 1985 erbeute-

---

gruppen in Pretoria und Maputo: Sicherheit, Tourismus, Cabora Bassa und wirtschaftliche Verbindungen. Weitere Treffen folgten am 20. Februar in Maputo und am 2. März in Kapstadt. Machel und Botha trafen einander am 16. März an der Grenze, am Ufer des Flusses Incomati, um das Nkomati-Abkommen zu unterzeichnen, ein 'Abkommen über Nichtangriff und gutnachbarliche Beziehungen'. Beide konferierten über eine Stunde in einem weißen Eisenbahnwaggon und unterzeichneten dann das Abkommen in einer Zirkusatmosphäre. Mehr als 1.500 Gäste, einschließlich Geschäftsleuten, Journalisten und den meisten Botschaftern aus beiden Hauptstädten, tranken Wein und Bier und aßen Krabben unter riesigen Zelten, die im Busch am Ufer des Flusses aufgestellt worden waren." Vgl. zu einer Bewertung des Abkommens Ofosu-Amaah, The accord of Nkomati, S. 117ff.; Meyns, Das südliche Afrika nach Nkomati, S. 54ff.; Kühne, Südafrika und seine Nachbarn, S. 34ff; Schoeller, Nach Nkomati, S. 19; Gunn, Learning from Adversity: The Mozambican Experience, in: Bloomfield, Regional Concflict and U.S. Policy: Angola and Mozambique, S. 162.

463 Nachdem ein inoffizielles Treffen zwischen einem Vertreter der mosambikanischen Regierung und dem Generalsekretär der RENAMO Fernandes im Mai 1984 in einem Frankfurter Hotel zu keinen Ergebnissen geführt hatte, schaltete sich Südafrika in die Friedensbemühungen ein. Daraufhin begannen im September 1984 dreiseitige Gespräche zwischen Pretoria und den Konfliktparteien. Die Gespräche führten am 3. Oktober 1984 zur *Pretoria Declaration*, in der die RENAMO Samora Machel als legitimes Staatsoberhaupt anzuerkennen versprach und ein Waffenstillstand vereinbart wurde, der von einer gemeinsamen Kommission aus Vertretern der FRELIMO, der RENAMO und der südafrikanischen Regierung überwacht werden sollte. Doch schon kurze Zeit später scheiterten die Friedensbemühungen an der Weigerung Maputos, auf die politischen Forderungen der RENAMO einzugehen, die diese an den Waffenstillstand knüpfte; vgl. Becker, Angola, Mosambik und Zimbabwe, S. 244ff.; Meyns, Das südliche Afrika nach Nkomati, S. 70ff., wo der Text der *Pretoria Declaration* zitiert wird.

ten.[464] Außerdem erhielt die RENAMO Unterstützung von Malawi, das den Befreiungskämpfern Unterschlupf gewährte, und auch Kenia.[465] Auf Seiten der FRELIMO griffen Simbabwe und Tansania in die Kämpfe ein,[466] worauf Dhlakama mit einer Kriegserklärung an Simbabwe und einer Ausdehnung der Kämpfe auf simbabwisches und später auch sambisches Territorium reagierte.[467]

Die FRELIMO versuchte zunehmend, die Auseinandersetzung zu internationalisieren und die RENAMO in der Weltöffentlichkeit zu diskreditieren. Sie stellte die RENAMO als reine Mörderbande ohne politische Ziele dar und zog einen Vergleich zu dem Terrorregime der Roten Khmer in Kambodscha.[468] Der RENAMO fehlten eine Lobby im Ausland und die Mittel, um für ihre Ziele zu werben. Berichte über Greueltaten an der Zivilbevölkerung trugen zur schlechten Reputation der Widerstandsbewegung bei.

Am Ende des Bürgerkrieges waren sämtliche Verbindungsstraßen des riesigen Landes unpassierbar, der Verkehr zwischen den Städten war nur noch auf dem Luftwege möglich. Mehrere Millionen Menschen wurden vertrieben und flohen in die benachbarten Staaten, Hunderttausende starben.[469]

---

464 Becker, Angola, Mosambik und Zimbabwe, S. 246; Zischg, Die Politik der Sowjetunion gegenüber Angola und Mozambique, S. 260.

465 Newitt, A History of Mozambique, S. 568, 570; Becker, Angola, Mosambik und Zimbabwe, S. 244.

466 Mosambik hatte im Jahre 1981 mit Simbabwe ein Sicherheitsabkommen geschlossen, aufgrund dessen mehrere tausend simbabwische Soldaten in Mosambik auf Seiten der FRELIMO kämpften. Tansania hatte zunächst nur mosambikanische Truppen ausgebildet, sich seit 1987 aber selber an den Kämpfen beteiligt; Meyns, Das Südliche Afrika nach Nkomati, S. 75; Becker, Angola, Mosambik und Zimbabwe, S. 240, 245f.

467 Zischg, Die Politik der Sowjetunion gegenüber Angola und Mozambique, S. 262; Newitt, A History of Mozambique, S. 570; Diederichsen in: Afrika-Jahrbuch 1988, S. 305.

468 Das Parlament, Aus Politik und Zeitgeschichte, „Südliches Afrika", 47. Jahrgang, Nr. 9, 21.2.1997, S. 11; Hoile, Mozambique, A Nation in Crisis, S. 97; Vieira, SAPEM February 1991, p. 19.

469 Wenzel, Afrika Spectrum 30 (1995) 2: S. 213f.; UN, The United Nations and Mozambique 1992-1995, S. 12; Newitt, A History of Mozambique, S. 571; Glickmann, Reconstructionist Strategies in Mozambique, S. 191.

IV. Der Friedensprozeß

1. Der Kollaps

Am 19. Oktober 1986 kam Staatspräsident Samora Machel bei einem Flugzeugabsturz ums Leben. Er befand sich auf dem Rückweg von einem Treffen der Frontstaaten in Sambia, als sein Flugzeug vor dem Anflug auf Maputo vom Kurs abkam und im Grenzgebiet von Mosambik, Südafrika und Swasiland auf südafrikanischem Territorium abstürzte.[470] Unter dem neuen Präsidenten Joaquim Chissano, einem engen Vertrauten Machels und bis zu seiner Ernennung mosambikanischer Außenminister,[471] begann eine langsame Annäherung Mosambiks an den Westen.

Die Regierung mußte erkennen, daß der Kampf gegen die RENAMO mit militärischen Mitteln nicht zu gewinnen war, auch wenn sich Ende der 1980er das Blatt zugunsten der FRELIMO zeitweise wendete und die RENAMO in eine Krise stürzte.[472] Das Land befand sich in einem desolaten Zustand. Die Hoffnungen der Gründer des unabhängigen Mosambik, einen eigenen, besseren Weg zu gehen als viele der afrikanischen Nachbarn, waren gescheitert. 1977 hatte Óscar Monteiro, hoher Parteifunktionär und Mitglied des Ministerrats und der Ständigen Kommission der Volksvertretung, hervorgehoben: „Hier in Afrika scheiterten viele fortschrittliche Regimes, weil die neuen Kader sich um die Eroberung von Plätzen, Privilegien und materielle Vergünstigungen sorgten, den Dienst am

---

470 Die genauen Umstände des Flugzeugabsturzes konnten nicht geklärt werden. Eine Untersuchungskommission Südafrikas unter Beteiligung von Experten aus den USA und Großbritanniens kam zu dem Ergebnis, daß menschliches Versagen die Ursache für den Absturz war. Dennoch hielten sich die Gerüchte über eine südafrikanische Urheberschaft; vgl. Becker, Angola, Mosambik, Zimbabwe, S. 247f.; Meyns, Das Südliche Afrika nach Nkomati, S. 83f. Eine neue Untersuchung ist von Graca Machel, der Witwe Samora Machels und jetzigen Ehefrau des ehemaligen südafrikanischen Präsidenten Nelson Mandela, angeregt worden; vgl. von Lucius, Samora Machel doch ermordet? FAZ vom 22.6.1998, S. 6.

471 Chissano studierte in Portugal Rechtswissenschaft, emigrierte aber vor Abschluß seines Studiums für einige Zeit in die Sowjetunion, wo er sich zum bekennenden Marxisten-Leninisten entwickelte. Im Jahre 1962 wurde er FRELIMO-Mitglied und bekleidet seit dieser Zeit höchste Partei- und Regierungsämter; vgl. Azevedo, Historical Dictionary of Moazmabique, S. 42.

472 Die RENAMO verlor einige ihrer Führungspersonen durch Überläufe und Attentate. Außerdem zeigte das von der FRELIMO im Dezember 1987 verabschiedete Amnestiegesetz Wirkung, Gesetz Nr. 14/87, BdR I. Série No. 50, 3. Suplemento, S. 418 - (11) vom 19.12.1987; vgl. Zischg, Die Politik der Sowjetunion gegenüber Angola und Mozambique, S. 262; Joseph, Asien, Afrika, Lateinamerika (DDR), 17 (1989) 4, S. 678 Fn. 9.

Volk vergaßen, was unvermeidlich zur Korruption und zum Machtmißbrauch führte."[473] Genau dieses Versagen mußte sich die Führung der FRELIMO nun eingestehen. Der Staatsapparat und die Partei wurden politisch und ethnisch dominiert von den Bevölkerungsgruppen der südlichen Provinzen.[474] Innerhalb der FRELIMO hatte der konservative, afrikanisch-nationalistische Flügel der alten Befreiungskämpfer an Einfluß gewonnen.[475] Die überzentralisierte Staatsverwaltung war gekennzeichnet von Bürokratismus, Inkompetenz und Korruption. Die antitraditionalistische und religionsfeindliche Politik der Regierung hatte die kulturelle Identität zahlreicher Bevölkerungsgruppen mißachtet. Der Optimismus nach der Unabhängigkeit, der mit der sozialistischen Idee verbunden war, und der Glaube an eine schnelle Industrialisierung des Landes waren verflogen.

Nach einer erneuten Dürrekatastrophe wurde 1987 in neun der zehn Provinzen der Notstand ausgerufen. Dies veranlaßte Mosambik zur Durchführung des Programms zum wirtschaftlichen Wiederaufbau PRE (*Programa de Reabilitação Econónica*) nach den Auflagen des Internationalen Währungsfonds (IWF) und der Weltbank, deren Mitgliedschaft Mosambik im August 1984 erworben hatte.[476] Bereits im April 1983 hatte die FRELIMO auf ihrem IV. Kongreß wegen der anhaltend schlechten Wirtschaftsentwicklung einen Kurswechsel der zentralistischen Wirtschaftspolitik eingeleitet und eine Annäherung an die Weltbank und den IWF gesucht.[477] Die Ziele des PRE waren die Aufhaltung des Produktionsrückgangs und die Sicherung eines minimalen Konsum- und Einkommensniveaus sowie die Reduzierung des Haushaltsdefizits durch Kürzung der

---

473 Zitiert bei Graf/Joseph, Volksrepublik Mocambique. Wachsen und Werden eines jungen Staates, S. 155.

474 Die Mitglieder der FRELIMO waren überwiegend Angehörige der Shangaan und Tsonga aus dem Süden Mosambiks; Wenzel, Afrika Spectrum, 30 (1995) 2: 221.

475 Vgl. Adam, Reform in Mosambik - eine Rückkehr zu den „wahren" Zielen der Befreiung? S. 91f.; Hall/Young, Confronting Leviathan. Mozambique since Independence, S. 199; Diederichsen in: Afrika-Jahrbuch 1990, S. 380.

476 Adam, Reform in Mosambik - eine Rückkehr zu den „wahren" Zielen der Befreiung?, S. 84f.

477 Vgl. zum PRE und den wirtschaftlichen Konsolidierungsbemühungen Simpson, Foreign and Domestic Factors in the Transformation of Frelimo, The Journal of Modern African Studies, 31, 2 (1993), S. 328f.; Bowen, Beyond Reform, Adjustment and Political Power in Contemporary Mozambique, The Journal of Modern African Studies, 30, 2 (1992), S. 256ff., 263f.; Becker, Angola, Mosambik und Zimbabwe, S. 229; Jung, Aktuelle sozialökonomische Programme und staatsrechtliche Konzeptionen in der Volksrepublik Angola und der Volksrepublik Mocambique, S. 104; Müller, Mosambik in der Schuldenfalle, in: EMW, Mosambik, S. 132f.; Mhone, Mozambique: Structural Adjustment in a War Economy, SAPEM July, 1992, S. 14-17.

Staatsausgaben und die Einschränkung der staatlichen Intervention in die Wirtschaft. Außerdem sollten Handelserleichterungen für Private und günstige Bedingungen für ausländische Investitionen geschaffen werden.

2. Die Abwendung von der marxistisch-leninistischen Staatsdoktrin

Mit dem wirtschaftlichen Kurswechsel ging auch ein politisches Umdenken einher. In den späten 1980ern wurde für die FRELIMO-Ideologen deutlich, daß der Kommunismus keine Zukunft hatte. Die Perestroika-Politik Michael Gorbatschows und die Entwicklungen in Osteuropa, die zum Fall des „Eisernen Vorhangs" führten, ließen die finanzielle und moralische Unterstützung dieser Länder für den afrikanischen Staat sinken.[478] Das Festhalten an der sozialistischen Staatsdoktrin hatte außerdem bislang die Hilfe und Förderungsbereitschaft des Westens gemindert. Bereits 1983 hatte Staatspräsident Machel in einer 19tägigen Rundreise durch sechs westeuropäische Staaten die Annäherung an den Westen gesucht.[479] Bei Besuchen in Washington von Machel und Chissano hatte die Reagan-Administration ihre Wirtschaftshilfe von der Öffnung der FRELIMO zu Demokratie und Marktwirtschaft abhängig gemacht.[480]

So begann die FRELIMO, auch taktisch motiviert im Hinblick auf das Ansehen in der Weltöffentlichkeit und auf eine günstige Ausgangslage für die Verhandlungen mit der RENAMO, sich von ihrer kommunistischen Ideologie abzuwenden. Auf ihrem V. Parteikongreß vom 24. bis zum 31. Juli 1989 in Maputo löste sich die Staatspartei offiziell vom Marxismus-Leninismus als Staatsdoktrin, ohne jedoch ihren alleinigen Führungsanspruch im sozialistischen Staat aufzugeben. Alle Hinweise auf den wissenschaftlichen Sozialismus, den Klassenkampf, die Diktatur der Arbeiter und Bauern und die Verbindung zu den Ostblockstaaten wurden beseitigt und der marxistische Jargon durch eine moderatere Terminologie ersetzt. Die Mitgliedschaft in der FRELIMO sollte nunmehr auch privaten Geschäftsleuten, Grundbesitzern und führenden Persönlichkeiten der christlichen und moslemischen Glaubensgemeinschaft offen stehen.[481] Die 700 Delegierten des Parteikongresses bestätigten einstimmig Chissano als Präsi-

---

478 Simpson, The Journal of Modern African Studies, 31, 2 (1993), S. 332.

479 Zischg, Die Politik der Sowjetunion gegenüber Angola und Mozambique, S. 249; Hanlon, Mosambik, Revolution im Kreuzfeuer, S. 302.

480 Ciment, Angola and Mozambique, S. 151ff.; Bowen, The Journal of Modern African Studies, 30, 2 (1992) S. 272.

481 Hall/Young, Confronting Leviathan: Mozambique since Independence, S. 202f.; Zischg, Die Politik der Sowjetunion gegenüber Angola und Mozambique, S. 257f.; Diederichsen in: Afrika-Jahrbuch 1989, S. 318.

dent von Partei und Staat und den Reformkurs seiner Regierung. Die Partei signalisierte außerdem die Bereitschaft zu Friedensverhandlungen mit der RENAMO und zu einer Revision der Verfassung.

3. Vermittlung und gute Dienste

Die Transformation der FRELIMO und ihrer Politik wurde begleitet von den Bemühungen um Friedensverhandlungen und eine Aussöhnung zwischen den Bürgerkriegsparteien. Hierbei kam dem Christenrat von Mosambik, der Vereinigung der protestantischen Kirchen in Mosambik (*Consehlo Christão de Moçambique* - CCM)[482] und der katholischen Kirchen, deren Verhältnis zur FRELIMO sich wieder besserte,[483] eine entscheidende Rolle zu.[484] Bereits 1983 hatte Staatspräsident Machel der katholischen Kirche die konfiszierten Besitztümer zurückgegeben und die Wiedereinrichtung eigener Schulen zugelassen, um die Unterstützung des Vatikans zu gewinnen.[485] Auch ein Besuch des Papstes im September 1988 trug zur Entspannung bei.[486]

Die Kirchen hatten schon frühzeitig den Dialog der Regierung mit der Widerstandsbewegung gefordert und wiederholt ihre Vermittlung angeboten. Der CCM setzte 1984 einen eignen Ausschuß für Frieden und Versöhnung ein. Die FRELIMO weigerte sich, auf die politischen Forderungen der RENAMO einzugehen und sie als Bürgerkriegspartei anzuerkennen, was einen direkten Kontakt mit dem militärischen Gegner impliziert hätte. Ende 1987 beauftragte Chissano deshalb die Kirchen, den Kontakt zur RENAMO zu suchen. Zu einem ersten inoffiziellen Treffen zwischen Vertretern des CCM, der katholischen Kirche und der RENAMO kam es Anfang 1988 in den USA. Einige Monate später reiste der

---

482 Vgl. Engel in: EMW, Mosambik, S. 75ff.

483 Hall/Young, Confronting Leviathan: Mozambique since Independence, S. 206f.; Azevedo, Historical Dictionary of Mozambique, S. 45; vgl. auch Morier-Genoud, The Politics of Church and Religion in the First Multiparty Elections of Mozambique, Internet Journal of African Studies, Vol. 1, April 1996, Internet: http//:www.-brad.ac.uk/research/ijas/finnbp2.htm (Stand: 1.12.1999).

484 Vgl. Vines, Renamo: terrorism in Mozambique, S. 120ff., und den in Auszügen abgedruckten Erfahrungsbericht *Vitória sem vencidos* (Sieg ohne Besiegte) des anglikanischen Bischofs von Limbobos, Dinis Salomao Sengulane, in: EMW, Mosambik, S. 17ff.

485 Newitt, A History of Mozambique, S. 568.

486 Azevedo, Historical Dictionary of Mozambique, S. xxiii; Hume, Ending Mozambique's War, S. 21; Hoile, Mozambique 1962-1993, a political chronology, S. 119; Hall/Young, Confronting Leviathan: Mozambique since Independence, S. 207.

Erzbischof von Beira, Jaime Goncalves, in das Hauptquartier der RENAMO nach Gorongosa, um mit RENAMO-Führer Dhlakama zu verhandeln.[487]

Außer den Kirchen boten auch die Nachbarländer ihre guten Dienste an. Nach einem Treffen in der BRD im Sommer 1988 zwischen Dhlakama und Vertretern Kenias, erörterte Kenias Präsident Arab Moi mit Chissano und Staatspräsident Robert Mugabe von Simbabwe die Möglichkeit einer Kontaktaufnahme zwischen den Konfliktparteien.[488] Die neue Regierung in Pretoria unter F.W. de Klerk, die sich von der Apartheidpolitik zu lösen begann und im Februar 1990 das Verbot des ANC aufhob, bemühte sich ebenfalls um eine Entspannung des Konflikts.[489]

Nach mehreren erfolglosen Versuchen kam es im August 1989 zum lange vorbereiteten Treffen zwischen Dhlakama und Vertretern des CCM und der katholischen Kirche in der kenianischen Hauptstadt Nairobi, wo Präsident Daniel Arab Moi die RENAMO protegierte, während Simbabwes Präsident Robert Mugabe sich auf seiten der FRELIMO engagierte.[490] Auf dem Treffen übergaben die Kirchenvertreter, an deren Spitze der Bischof von Maputo Alexandre dos Santos, der Bischof von Beira Jaime Goncalves und der anglikanische Bischof Dinis Sengulane standen, der RENAMO ein „12-Punkte"-Papier der mosambikanischen Regierung, das Präsident Chissano bereits am 17. Juli 1989 öffentlich angekündigt hatte.[491] Die RENAMO antwortete mit Übergabe einer „16-Punkte"-Deklaration an die Kirchenführer.[492] Beide Erklärungen enthielten die jeweiligen Voraussetzungen für einen Waffenstillstand und direkte Friedensverhandlungen mit dem Gegner. Gemeinsam war ihnen die Bekundung des Friedenswillens. Während das FRELIMO-Papier keine bestimmten Angaben über eine zukünftige politische Ordnung enthielt und die Dialogbereitschaft von ei-

---

487 UN, The United Nations and Mozambique 1992-1995, S. 15, 74.

488 Hume, Ending Mozambique's War, S. 26.

489 F. W. de Klerk besuchte im Juli als Parteivorsitzender der National Party und im Dezember 1989 als südafrikanischer Staatspräsident Mosambik; vgl. Diederichsen in: Afrika-Jahrbuch 1989, S. 321; Hall/Young, Confronting Leviathan: Mozambique since Independence, S. 205; zu der Entwicklung in Südafrika: Ansprenger, Südafrika nach der Freilassung Nelson Mandelas und der Legalisierung von ANC und PAC, Afrika-Jahrbuch 1990, S. 46ff.; Mandaza, Southern Africa in the 1990s, SAPEM May, 1991, S. 4.

490 Wenige Wochen vorher hatte der 1. Kongreß der RENAMO stattgefunden, auf dem verschiedene Resolutionen verabschiedet wurden, um das politische Profil der Bewegung zu stärken; vgl. Diederichsen in: Afrika-Jahrbuch 1990, S. 320; Vines, Renamo: terrorism in Mozambique, S. 79.

491 Hume, Ending Mozambique's War, S. 27f.; Diederichsen in: Afrika-Jahrbuch 1990, S. 319.

492 Text beider Erklärungen in: Vines, Renamo: terrorism in Mozambique, Appendix 2 und 3, S. 157ff.

nem staats- und verfassungstreuen Verhalten der RENAMO abhängig machte, beinhalteten die 16 Prinzipien der Gegenseite eine Kritik an der Präsenz ausländischer Truppen in Mosambik und die Forderung nach einer nationalen Aussöhnung ohne Sieger und Besiegte. Die RENAMO verlangte die gemeinsame Schaffung eines neuen Mosambik basierend auf der Gewährung demokratischer Grundfreiheiten, der Abhaltung von Wahlen und einer Änderung der Verfassung. Vor allem forderte sie ihre Anerkennung als legitime politische Opposition. Gerade diese Forderung war jedoch für die FRELIMO nach wie vor inakzeptabel. In mehreren Äußerungen hoher Regierungsvertreter wurden die Bedingungen der RENAMO als bedeutungslos zurückgewiesen und der militärische Charakter der Bewegung hervorgehoben. Das Zentralkomitee der FRELIMO lehnte im Dezember 1989 die Konstituierung einer Mehrparteiendemokratie ausdrücklich ab.[493] So blieben auch diese Initiativen ergebnislos, der Krieg ging unvermindert weiter.

4. Die Verfassung von 1990

Am 9. Januar 1990 legte Präsident Chissano den Entwurf zu einer Verfassungsänderung vor. Dieser Entwurf sollte die grundlegenden Reformen in der Wirtschaft und Gesellschaft reflektieren und den regionalen und internationalen Entwicklungen Rechnung tragen. Er beinhaltete die Trennung von Partei und Staat, die Direktwahl des Präsidenten, ein verbessertes Rechtsschutzsystem und die Liberalisierung der Wirtschaft. Die Einführung eines Mehrparteiensystems war jedoch nicht vorgesehen. Der Entwurf wurde monatelang in Partei- und Staatsorganen debattiert und zumindest in den Städten in öffentlichen Veranstaltungen diskutiert. Im Sommer - die direkten Friedensverhandlungen mit der RENAMO in Rom hatten bereits begonnen - erklärten das Politbüro und die Zentralkommission der FRELIMO sich endlich mit der Errichtung eines pluralistischen Systems einverstanden.[494] Diese Ergebnisse wurden in einem zweiten Entwurf berücksichtigt, der der Obersten Volksversammlung zur Beratung vorlag. Die überarbeitete Verfassung wurde am 2. November von der Obersten Volksversammlung beschlossen und trat am 30. November in Kraft.[495]

---

493 Hume, Ending Mozambique's War, S. 30.

494 Hall/Young, (1991) JAL Vol. 35, No. 1/2, S. 106; Hall/Young, Confronting Leviathan: Mozambique since Independence, S. 210; Diederichsen in: Afrika-Jahrbuch 1990, S. 377.

495 BdR I. Série, No. 44, Suplemento vom 2.11.1990; Text in deutscher Übersetzung in: DASP - Jahrbuch 1991, Bd. 1, S. 17ff., und Baumann/Ebert, Die Verfassungen der frankophonen und lusophonen Staaten des subsaharischen Afrikas, Bd. 2, S. 587ff; auch

Mosambik wird nun eine Präsidialrepublik mit Mehrparteiensystem. Die FRELIMO verliert ihren Charakter als Einheitspartei und die Verfassungsgarantie ihres Führungsanspruchs. Es sollten allgemeine Wahlen und ein unabhängiges Gerichtswesen eingeführt werden, Pressefreiheit und Streikrecht werden garantiert sowie die Todesstrafe abgeschafft, marktwirtschaftliche Strukturen sollen das bisherige prosozialistische Modell ablösen. Bis zur Abhaltung der ersten allgemeinen Wahlen blieb nach Art. 204 der Verfassung der Präsident der FRELIMO der Staatspräsident. Aus der „Volksrepublik Mosambik" wird nun die „Republik Mosambik". In Art. 1 und 2 heißt es:

> „Art. 1.
> Die Republik Mosambik ist ein unabhängiger, souveräner, einheitlicher, demokratischer Staat der sozialen Gerechtigkeit.
> Art. 2.
> 1. Die Souveränität liegt beim Volk.
> 2. Das mosambikanische Volk übt die Souveränität in den durch die Verfassung festgelegten Formen aus."

Doch auch diese Öffnung der FRELIMO zum Westen erfolgte nicht ohne taktisches Kalkül. Die ehemalige Staatspartei wollte sich als reform- und demokratiewillig präsentieren und die Forderungen der RENAMO in den Friedensverhandlungen entkräften.[496] Die sozialistische Handschrift der Verfassungsgeber war nach wie vor erkennbar, wie das Festhalten an der Ablehnung privaten Grundbesitzes verdeutlicht.[497] Die RENAMO lehnte die neue Verfassung ab und kritisierte ihre unterbliebene Beteiligung an der Ausarbeitung und die fehlende demokratische Legitimation der Verfassung.[498]

Zwei Monate nach Inkrafttreten der Verfassung, am 23. Januar 1991 erließ die Versammlung der Republik - so die neue Bezeichnung der in ihrer Zusammensetzung identisch gebliebenen Obersten Volksversammlung - ein Parteiengesetz.[499] Es gehörte zu den ersten Gesetzen, die nach der neuen Verfassung erlas-

---

Blaustein/Flanz, Constitutions of the Countries of the World, Mozambique, S. 10ff, Constitution of Mozambique, Maputo 1991.

496 Maier, SAPEM, February 1991, S. 11; Alden/Simpson, The Journal of Modern African Studies, 31, 1 (1993), S. 122.

497 Art. 46 AbS. 1 der Verfassung lautet: „Grund und Boden sind Eigentum des Staates."

498 Die RENAMO legte im Sommer 1991 einen eigenen Verfassungsentwurf vor, der aber keine Berücksichtigung fand; vgl. Blaustein/Flanz, Constitutions of the Countries of the World, Mozambique, S. 7, 87ff.; Hoile, Mozambique 1962-1993. A political history, S. 142f.; Maier, SAPEM, February 1991, S. 12.

499 Gesetz Nr. 7/92, BdR I. Série, No. 42 vom 23.1.1991; Text in deutscher Übersetzung in: DASP-Jahrbuch 1991 (Bd. 2), S. 123ff.

sen wurden, und diente der Verwirklichung der in Art. 31ff. der Verfassung garantierten Parteienvielfalt. Das Gesetz definiert in Art. 1 die Parteien als Vereinigungen von Bürgern zur demokratischen Teilnahme am politischen Leben des Staates und am Willensbildungsprozeß des Volkes. Es verpflichtet die Parteien zur Achtung der nationalen Einheit des Landes und zur Wahrung der verfassungsmäßigen Ordnung. Die Parteien müssen ihren Sitz in der Hauptstadt haben und werden als juristische Personen mit eigenem Vermögen angesehen. Sie bedürfen zu ihrer Anerkennung durch das Justizministerium einer Mindestmitgliederzahl von 100 Personen je Provinz und der Veröffentlichung ihrer Satzung und der Inhaber der höchsten Parteiämter im Amtsblatt der Republik Mosambik.[500] Nach dem Willen der regierenden FRELIMO, die einer Registrierung nach den Voraussetzungen des neuen Gesetzes nicht bedurfte, sollte das Sitzerfordernis in der Hauptstadt und eine Mindestmitgliederzahl je Provinz die Aufspaltung des Landes verhindern, vor allem aber die Entstehung starker Regionalparteien, wie etwa der RENAMO, erschweren. Das Parteiengesetz wurde durch das Allgemeine Friedensabkommen für Mosambik vom 4. Oktober 1992 teilweise geändert und für die Registrierung und Teilnahme an Wahlen die Mindestmitgliederzahl der Parteien auf 2000 Personen landesweit festgelegt.[501]

Die Verfassungsänderung und die Verabschiedung des Parteiengesetzes führten zu der Entstehung der ersten Oppositionsparteien.[502] Die Regierung kündigte für 1991 die Durchführung allgemeiner Wahlen an und bot der RENAMO-Führung die Teilnahme als Individuen ohne Parteizugehörigkeit an, was diese unter den gegebenen Voraussetzungen ablehnte.[503] Ziel der RENAMO war es, als Mitglied einer Übergangsregierung Wahlen zu einer verfassungsgebenden Versammlung durchzuführen, denen unter einer neuen Verfassung die Abhaltung allgemeiner Wahlen folgen sollten. In der Zwischenzeit gingen sowohl die Friedensverhandlungen als auch der Bürgerkrieg weiter.

---

500 Vgl. für eine Erläuterung Camurca in: DASP (Hrsg.), DASP-Jahrbuch 1991 (Bd. 1), S. 73ff.

501 Vgl. Protokoll II Ziff. 5. (b) des Friedensabkommens vom 4. Oktober 1992, UN. Doc. S/24635, 8. Okotber 1992, Text in: UN, The United Nations and Mozambique 1992-1995, Document 12, S. 108.

502 Vgl. Bowen, The Journal of Modern African Studies, 30, 2 (1992) S. 272; Diederichsen in: Afrika-Jahrbuch 1991, S. 334; Engel/Welmer in: Afrika-Jahrbuch 1992, S. 341.

503 Vines, Renamo: terrorism in Mozambique, S. 126f.; Azevedo, Historical Dictionary of Mozambique, S. 69, 115.

5. Der Friedensvertrag von Rom 1992

a) Der Weg nach Rom

Die neue Verfassung bot die Basis für weitere Friedensbemühungen und das am 4. Oktober 1992 zwischen dem Präsidenten der Republik Mosambik und dem Präsidenten der RENAMO geschlossene Allgemeine Friedensabkommen für Mosambik, trotz der zunächst geäußerten Einwände der RENAMO gegen die Verfassung. Hatten sich bisher die Verhandlungsbemühungen auf den afrikanischen Kontinent konzentriert, so wechselte nun der Schauplatz nach Italien. Die FRELIMO favorisierte als Verhandlungsort für direkte Gespräche die afrikanischen Nachbarländer, während die RENAMO einen „dritten" Ort, vorzugsweise Lissabon, anstrebte.[504] Eine Lösung dieses Konfliktes ergab sich durch das Angebot der *Communità San Egidio*, einer katholischen Laienbruderschaft,[505] die Gespräche unter ihrer Vermittlung in Rom stattfinden zu lassen. Der Kontakt der Bruderschaft zu Mosambik beruhte auf der Freundschaft zwischen Mitgliedern von St. Egidio und Bischof Goncalves aus Beira seit der gemeinsamen Studienzeit in Rom. Aufgrund dieser Verbindung engagierte sich die St. Egidio Gemeinde während des Bürgerkrieges in Mosambik für die notleidende Bevölkerung.[506]

Seit 1989 bestanden regelmäßige Kontakte der Bürgerkriegsparteien zu St. Egidio, dem Vatikan und der italienischen Regierung. Professor Andrea Riccardi, Leiter der Laienbruderschaft, richtete auf dem V. Parteikongreß der FRELIMO eine Grußbotschaft an die Delegierten und bot die Hilfe für den Friedensprozeß an. Im März 1990 traf sich Dhlakama in Rom mit Vertretern von St. Egidio und der italienischen Regierung, während Chissano zu George Bush nach Washington reiste.[507] Unter Vermittlung der St. Egidio Gemeinde in enger Zusammenarbeit mit der italienischen Regierung und dem Vatikan kam es dann im Juli 1990 in Rom zu den ersten direkten Verhandlungen zwischen den verfeindeten Parteien.[508] Vom 8. bis zum 10. Juli trafen sich im Konvent von St. Egidio

---

504 Hume, Ending Mozambique's War, S. 30; Vines, Renamo: terrorism in Mozambique, S. 128.

505 Die *Communità San Egidio* wurde 1968 in Rom gegründet und hat weltweit über 10.000 Mitglieder, die sich in Europa und der Dritten Welt für die Aufgaben ihrer Glaubensgemeinschaft engagieren; vgl. Hume, Ending Mozambique's War, S. 15ff.

506 Hume, Ending Mozambique's War, S. 18.

507 UN, The United Nations and Mozambique 1992-1995, S. 74.

508 Hoile, Mozambique 1962-1993, A Political Chronolgy, S. 141; Vines, Renamo: terrorism in Mozambique, S. 128; Alden/Simpson, The Journal of Modern African Studies, 31, 1 (1993), S. 118.

die Delegationen der FRELIMO und der RENAMO und als Beobachter Bischof Goncalves aus Mosambik, Andrea Riccardi und Matteo Zuppi für die Gemeinde von St. Egidio und Mario Raffaelli als Repräsentant der italienischen Regierung und Vertrauter des italienischen Ministerpräsidenten Andreotti.[509] Am Ende des Treffens wurden in einem Gemeinsamen Communiqué die Zufriedenheit über den Verlauf der Gespräche zum Ausdruck gebracht und die Fortsetzung der Verhandlungen vereinbart.[510] Diese Fortsetzung begann am 11. August 1990 und führte nach über zweijähriger Dauer und zähen Verhandlungen zur Unterzeichnung des Friedensvertrages für Mosambik zwischen Präsident Chissano und RENAMO-Führer Dhlakama am 4. Oktober 1992 in Rom.[511]

b) Das Allgemeine Friedensabkommen für Mosambik

Das Allgemeine Friedensabkommen für Mosambik[512] besteht aus dem am 4. Oktober 1992 unterzeichneten Friedensvertrag, sieben Protokollen[513] sowie dem

---

509 Vgl. die ausführliche Darstellung der zweijährigen Friedensverhandlungen bei Hume, Ending Mozambique's War, S. 32ff.

510 UN, The United Nations and Mozambique 1992-1995, Document 12, S. 123.

511 Am 1. Dezember einigte man sich in einer dritten Gesprächsrunde auf einen partiellen Waffenstillstand für den Beira- und Limpopo-Korridor, den Transportverbindungen Mosambiks mit Simbabwe und dem Binnenland, und auf den Rückzug der simbabwischen Truppen in diese auf sechs Kilometer Breite festgelegten Korridore. Der Waffenstillstand sollte von einer gemeinsamen Verifikations-Kommission der mosambikanischen Regierung, der RENAMO, Simbabwes und acht weiteren Staaten (Kenia, Kongo, Sambia, Frankreich, Portugal, UdSSR, Großbritannien und USA) überwacht werden. Wegen der anhaltenden Verstöße gegen die Waffenstillstandsvereinbarungen konnte erst Ende Mai 1991 eine Agenda für die weiteren Friedensverhandlungen erstellt werden, die die wichtigsten Punkte für eine notwendige Einigung der Bürgerkriegsparteien enthielt: das Wahlsystem, das Recht der politischen Parteien, Grundfreiheiten und politische Garantien, der Waffenstillstand, militärische Angelegenheiten und eine Konferenz der Geberländer für den Wiederaufbau des LandeS. Diese Themen waren Gegenstand der folgenden Beratungen und wurden in einzelnen Protokollen abgehandelt. Die Unterzeichnung des ersten Protokolls erfolgte am 18. Oktober 1991, die der letzten vier Protokolle zusammen mit dem Allgemeinen Friedensabkommen am 4. Oktober 1992; vgl. Boutros-Ghali in: UN The United Nations and Mozambique 1992-1995, S. 16f.; Hoile, Mozambique 1962-1993, A Political Chronology, S. 141ff.; Diederichsen in: Afrika-Jahrbuch 1990, S. 379; ders. in: Afrika-Jahrbuch 1991, 331ff.; Hall/Young, Confronting Leviathan: Mozambique since Independence, S. 213ff.; Zacarias, SAPEM February, 1991, S. 8; Mazula, The Mozambican Elections: A Path of Peace and Democracy in: Mazula, Mozambique: Elections, Democracy and Development, S. 27ff.

512 S/24635, 8.10.1992; UN, The United Nations and Mozambique 1992-1995, Document 12, S. 105.

Gemeinsamen Communiqué vom 10. Juli 1990,[514] der Vereinbarung eines partiellen Waffenstillstandes vom 1. Dezember 1990,[515] der Deklaration über Prinzipien für Humanitäre Hilfe vom 16. Juli 1992[516] und der Gemeinsamen Deklaration vom 7. August 1992[517]. Die Signatarparteien aller Teile des Friedensabkommens sind die Regierung der Republik Mosambik, die RENAMO und die bereits bei dem ersten Treffen am 8. Juli 1990 anwesenden vier Vertreter der St. Egidio Gemeinde, der Kirchen Mosambiks und der italienischen Regierung, die seit November 1990 den Status von offiziellen Vermittlern[518] innehatten. Der Unterzeichnung des Friedensabkommens am 4. Oktober wohnten Vertreter Simbabwes, Botswanas, Kenias, Südafrikas, Malawis und der OAU sowie als Beobachter ein Stellvertreter des Generalsekretärs der Vereinten Nationen und Repräsentanten der USA, Frankreichs, Portugals und Großbritanniens bei.

Das Abkommen trat mit seiner Unterzeichnung am 4. Oktober in Kraft. Der Waffenstillstand sollte nach Ziff. I. 5. (a) des VI. Protokolls an dem Tag beginnen, an dem das Friedensabkommen von der Volksversammlung Mosambiks ratifiziert und in mosambikanisches Recht transformiert wurde, d.h. der Veröffentlichung des entsprechenden innerstaatlichen Rechtsanwendungsbefehls im Amtsblatt der Republik, dem sog. „Tag E".

---

513 UN, The United Nations and Mozambique 1992-1995, Document 12, S. 106ff.

514 UN, The United Nations and Mozambique 1992-1995, Document 1, S. 125.

515 UN, The United Nations and Mozambique 1992-1995, Document 1, S. 93.

516 In dieser Erklärung verpflichteten sich die Verhandlungspartner dazu, den freien und ungehinderten Zugang eines unter UNO-Leitung operierenden Komitees für Humanitäre Hilfe in die vom Bürgerkrieg betroffenen Gebiete zu gewähren; Text in: UN, The United Nations and Mozambique 1992-1995, Document 12, S. 124.

517 Die Gemeinsame Erklärung war das Ergebnis des ersten Zusammentreffens zwischen Chissano und Dhlakama vom 4. bis 7. August 1992. Darin verpflichteten sich beide Seiten zur Aushandlung eines Waffenstillstandes bis zum 1. Oktober 1992 und zur Schaffung eines friedlichen politischen KlimaS. Außerdem wurde die tragende Rolle der UNO bei der Umsetzung und Überwachung des Friedensabkommens anerkannt. Die mosambikanische Regierung sicherte die Eingliederung des Friedensabkommens in das geltende mosambikanische Recht durch einen entsprechenden Parlamentsakt zu, um der Forderung der RENAMO, die dem Friedensabkommen entgegenstehenden Teilen der Verfassung zu suspendieren, zu begegnen; Text in: UN, The United Nations and Mozambique 1992-1995, Document 12, S. 125.

518 Die Vermittlung ist ein Instrument der friedlichen Streibeilegung. Sie kann nur auf Verlangen der Streitparteien erfolgen und geht über die Guten Dienste, d.h. die technische Unterstützung von Friedensverhandlungen, hinauS. Die Vermittlung ist dadurch gekennzeichnet, daß der am Streit unbeteiligte Vermittler einen eignen Lösungsvorschlage zur Beendigung des Konflikts unterbreitet und aktiv an den Verhandlungen teilnimmt; vgl. Kimminich, Einführung in das Völkerrecht, S. 305.

Die wesentlichen Inhalte des Abkommens waren:

1. der Waffenstillstand zwischen den Kriegsparteien (Protokoll VI)
2. die Demobilisierung des mosambikanischen Militärs und der Streitkräfte der RENAMO und die Aufstellung gemeinsamer Verteidigungsstreitkräfte mit einer Stärke von 30.000 Mann (Protokoll IV, VI)
3. die Anerkennung der Regierung und der bestehenden Staatsordnung durch die RENAMO und die Beachtung der geltenden Gesetze bei der Verfolgung ihrer politischen Ziele (Protokoll I)
4. die Verpflichtung der Regierung, keine dem Friedensabkommen entgegenstehende Gesetze zu erlassen (Protokoll I)
5. die Integration der RENAMO als politische Partei (Protokoll II)
6. Kriterien über die Bildung und Anerkennung politischer Parteien (Protokoll II)
7. die Gewährung allgemeiner Grundrechte wie Pressefreiheit, Meinungsäußerungsfreiheit und Freizügigkeit (Protokoll III)
8. die Abhaltung von Präsidentschafts- und Parlamentswahlen innerhalb eines Jahres nach Abschluß des Friedensabkommens (Protokoll III, V)
9. die Neuorganisation der Polizei und des Sicherheitsdienstes (Protokoll IV)
10. die Abhaltung einer Geberkonferenz in Italien für die Durchführung des Abkommens und den Wiederaufbau des Landes spätestens 30 Tage nach dem „Tag E“ (Protokoll VII)

Die Verantwortung für die Überwachung und Umsetzung des Friedensabkommens wurde den Vereinten Nationen, die selbst nicht Vertragspartei des Abkommens waren, übertragen.[519] Die Sicherung des friedlichen Transformationsprozesses sollte von einer Überwachungs- und Kontrollkommission (CSC) wahrgenommen werden, bestehend aus Vertretern der UNO, der OAU, den Konfliktparteien und den offiziellen Beobachtern Frankreich, Großbritannien, Italien, Portugal und USA.[520] Der CSC waren unterstellt eine Kommission für die Bildung der neuen mosambikanischen Streitkräfte (CCFADM), eine Waffenstillstandskommission (CCF) und eine Kommission für die Reintegration demobilisierter Militärpersonen in das zivile Leben (CORE).[521] Zusätzlich sollten Kommissionen für die Kontrolle der Tätigkeit der Polizei (COMPOL) und des Geheimdienstes (COMINFO) gebildet werden.[522]

---

519 Vgl. Protokoll V Ziff. III. 1., s. Fn. 513; Weimar, Vereinte Nationen 6/1993, S. 195; dazu unten Erster Teil B. V. 5.

520 Deutschland wurde im Februar 1993 zusätzliches Mitglied; Weimar, Vereinte Nationen 6/1993, S. 195.

521 Vgl. Protokoll V Ziff. II., s. Fn. 513.

522 Vgl. Protokoll IV Ziff. IV. 7. und Ziff. V. 7., s. Fn. 513.

Die Ausübung der Staatsgewalt während der Übergangsperiode sollte bis zum Amtsantritt einer neu gewählten Regierung durch die zuständigen innerstaatlichen Organe nach den geltenden Gesetzen erfolgen. Die von der RENAMO kontrollierten Verwaltungseinheiten wurden den staatlichen gleichgestellt, was zu einer *de facto*-Zweiteilung des Landes führte. Der öffentlichen Verwaltung in den Gebieten der RENAMO sollten nur dort ansässige Staatsbürger angehören. Für die Harmonisierung der staatlichen und der Verwaltung der RENAMO-Gebiete wurde die Errichtung einer Nationalen Kommissionen (CNA) bestehend aus Vertretern der Konfliktparteien vereinbart.[523] Die Regierung von Mosambik verpflichtete sich außerdem, die existierenden traditionellen Strukturen und Autoritäten zu achten und ihre Nachfolge nur anhand der lokalen Gewohnheiten zuzulassen.[524]

V. Die Friedensmission der Vereinten Nationen 1992-1995

1. Die völkerrechtliche Ausgangslage

Die Hauptaufgabe der Vereinten Nationen besteht nach Art. 1 Ziff. 1 SVN in der Wahrung des Weltfriedens. Diese Aufgabe wird verwirklicht durch das Gewaltverbot gemäß Art. 2 Ziff. 4 SVN, die in Art. 2 Ziff. 3 SVN verankerte Pflicht zur friedlichen Streitbeilegung und die Kompetenzen der Organe der Vereinten Nationen zur Friedenssicherung nach dem VI. und VII. Kapitel SVN.[525] Teil dieser Friedenssicherung ist die Entsendung militärischer Einheiten zur Konfliktlösung.

Das VII. Kapitel SVN bildet die Rechtsgrundlage für friedensschaffende Einsätze (Kampfeinsätze) zur militärischen Durchsetzung von Zwangsmaßnahmen der Vereinten Nationen gegen einen Mitgliedstaat.[526]

Hiervon zu unterscheiden sind die friedenssichernden Einsätze, die sog. *observer missions* und *peace-keeping forces*. Die Einsätze der Friedenstruppen, auch als „Blauhelme" bezeichnet, dienen der Überwachung von Waffenstillstandsvereinbarungen, der Bildung von Pufferzonen zwischen Konfliktparteien und der Herstellung von Ruhe und Ordnung.[527] *Conditio sine qua non* eines Ein-

523 Vgl. Protokoll V Ziff. III. 9. (d)., s. Fn. 513.

524 Vgl. Protokoll V Ziff. III. 9. (e)., s. Fn. 513.

525 Vgl. Blumenwitz in: Wolfrum, Handbuch der Vereinten Nationen, (24) Rn. 1.

526 Vgl. Bothe in: Simma, Charta der Vereinten Nationen, nach Art. 38, S. 538, Rn. 2f.

527 Rudolph in: Wolfrum, Handbuch der Vereinten Nationen, (25) Rn. 1; Bothe in: Simma, Charta der Vereinten Nationen, nach Art. 38, S. 545, Rn. 31ff.

satzes ist die Einwilligung des Aufnahmestaates der Friedenstruppen bzw. aller am Konflikt beteiligter Parteien.[528] Die Bewaffnung der Blauhelme und der Einsatz militärischer Mittel darf nur zum Zweck der Selbstverteidigung erfolgen. Die Entsendung von Friedenstruppen findet in der Charta der Vereinten Nationen keine ausdrückliche Erwähnung, die Rechtsgrundlage der Blauhelm-Einsätze ist umstritten.[529] Mittlerweile haben die Friedenstruppen aufgrund der Häufigkeit ihrer Entsendung jedenfalls eine auf die Praxis der Vereinten Nationen und den Konsens ihrer Mitglieder gestützte Legitimität erreicht.[530] Erforderlich ist die Mandatierung durch eine Resolution des Sicherheitsrats, auch die Generalversammlung der Vereinten Nationen kann nach der vom IGH bestätigten *Uniting for Peace* - Resolution die Entsendung beschließen.[531]

Die Praxis der UN-Einsätze hat allerdings eine Unterscheidung zwischen friedensschaffenden und friedenserhaltenden Missionen obsolet werden lassen, da sich die Einsätze vermehrt der Schlichtung innerstaatlicher Konflikte, der humanitären Hilfe und dem Schutz von Flüchtlingen widmen, die häufig den Einsatz von Waffengewalt verlangen.[532] Dies verdeutlicht etwa die Friedensmission UNOSOM II in Somalia, die als *robustes peace-keeping* bezeichnet worden ist. Seine Berücksichtigung hat diese Entwicklung in dem Bericht *Agenda for Peace*[533] des Generalsekretärs Boutros-Ghali vom 17. Juni 1992 gefunden, in dem er ein modifiziertes Instrumentarium zur Konfliktbewältigung vorgeschlagen hat.[534]

---

528 Kimminich, Einführung in das Völkerrecht, S. 193; Blumenwitz in: Wolfrum, Handbuch der Vereinten Nationen, (24) Rn. 15; Schroeder, JuS 1995, S. 399.

529 Bothe in: Simma, Charta der Vereinten Nationen, nach Art. 38, S. 545ff.; Kimminich, Einführung in das Völkerrecht, S. 193.

530 Seit 1945 hat es 49 Friedensmissionen gegeben, von denen 36 nach 1988 durchgeführt worden sind; vgl. FAZ vom 16.2.1999, S. 9; Rudolph in: Wolfrum, Handbuch der Vereinten Nationen, (25) Rn. 3f.; zu den Missionen in Afrika Matthies, Zwischen Erfolg und Fehlschlag. Die Vereinten Nationen in Afrika, Vereinte Nationen 3/1995, S. 105ff.

531 GA Res. 377 A (V) vom 3.11.1950; diese Resolution hat ihren Ursprung in den Zeiten des Kalten Krieges, als die ständigen Vertreter im Sicherheitsrat dessen Arbeit durch ihr Veto blockierten. Der Generalversammlung wurde deshalb die Befugnis übertragen, die dem Sicherheitsrat in Art 12 Ziff. 1 SVN vorrangig eingeräumte Kompetenz zur Friedenssicherung auszuüben, falls der Sicherheitsrat seine Aufgaben nicht mehr wahrnehmen kann; vgl. Nolte in: Wolfrum, Handbuch der Vereinten Nationen, (130) Rn. 1ff.

532 Doehring, Völkerrecht, S. 202, Rn. 467; Schroeder, JuS 1995, S. 400.

533 UNDS A/47/277, S/24111. In dem Bericht wird zwischen *preventive diplomacy* (Konfliktprävention), *peacemaking* (Friedensstiftung sowohl durch friedenserhaltende- als auch friedensschaffende Maßnahmen), *peace-keeping* (Friedenserhaltung) und *post-conflict peace-building* (Friedensgestaltung) unterschieden.

534 Vgl. zur Frage der Beteiligung deutscher Streitkräfte an Friedensmissionen der Vereinten Nationen BVerfGE 90, S. 286ff, 355f; Blumenwitz, Die Entsendung deutscher

2. Das ONUMOZ-Mandat

Die Friedensmission der Vereinten Nationen in Mosambik erfolgte aufgrund einer förmlichen Einladung der Konfliktparteien. In seinem Brief vom 4. Oktober 1992 an den Generalsekretär der Vereinten Nationen bat der Staatspräsident der Republik Mosambik um die Entsendung von *peace-keeping forces* und der Mitwirkung an der Überwachung und Durchführung des Friedensabkommens .[535] Erst im Juni 1992 hatten sich FRELIMO und RENAMO auf die Beteiligung der Vereinten Nationen geeinigt und sie durch einen Beobachter an den weiteren Verhandlungen teilhaben lassen.[536] Nach dem Willen der Konfliktparteien sollten die Vereinten Nationen den Vorsitz in den drei Kommissionen CSC, CCF und CORE stellen und politische, militärische und humanitäre Aufgaben bei der Durchführung des Friedensvertrages übernehmen. Dies umfaßte die Überwachung und Verifikation des Waffenstillstandes, die Einrichtung von 49 Sammellagern zur Demobilisierung von geschätzten 110.000 Soldaten, die militärische Sicherung von Verkehrs- und Transportwegen sowie Hafenanlagen, die Überwachung des Rückzugs aller ausländischer Truppen, ferner die Durchführung und Überwachung des gesamten Wahlprozesses, die Repatriierung der Flüchtlinge, die Wiederherstellung der Grundversorgung der Bevölkerung, finanzielle Hilfe und die Überwachung der Polizei.

Fünf Tage nach der Unterzeichnung des Friedensvertrages berichtete Boutros-Ghali dem Sicherheitsrat der Vereinten Nationen über den Abschluß des Friedensabkommens und die Einladung an die Vereinten Nationen. Er legte einen Entwurf über eine Friedensmission vor, der u.a. die sofortige Entsendung eines UNO-Sonderbeauftragten für Mosambik enthielt.[537] Der Sicherheitsrat begrüßte in seiner Resolution 782 vom 13. Oktober 1992 die Unterzeichnung des Allgemeinen Friedensabkommens für Mosambik und die Vorschläge des Generalsekretärs.[538] Am gleichen Tag ernannte Boutros-Ghali den Italiener Aldo Ajello,

---

Streitkräfte nach der Entscheidung des BVerfG. vom 12. Juli 1994, BayVBl. 1994, 641ff., 678ff.; Schweitzer, Staatsrecht III, S. 214ff.

535 S/24635 vom 8.10.1992, in: UN, The United Nations and Mozambique 1992-1995, Document 12, S. 105.

536 Vgl. den Briefwechsel zwischen Generalsekretär Boutros-Ghali und Staatspräsident Chissano beginnend am 28. Mai 1992, in: UN, The United Nations and Mozambique 1992-1995, Document 2-10, S. 94ff. bzw. Document 12, S. 125.

537 S/4642 vom 9.10.1992, UN, The United Nations and Mozambique 1992-1995, Document 13, S. 126.

538 S/RES/782 (1992) vom 13.10.1992, in: Resolutionen und Beschlüsse des Sicherheitsrates 1992, Offizielles Protokoll, 47. Jahrgang, Vereinte Nationen, New York 1994, S. 120; auch Vereinte Nationen 3/1993, S. 118.

Mitglied des Entwicklungsprogramms der Vereinten Nationen (UNDP), zu seinem Sonderbeauftragten für Mosambik, dem die Gesamtleitung der Aktivitäten der Vereinten Nationen in Mosambik obliegen sollte. Zwei Tage später, am 15. Oktober 1992 landete Aldo Ajello mit einer Gruppe von 21 Militärbeobachtern in Maputo, dem Tag, an dem mit der Veröffentlichung des Friedensabkommens im Amtsblatt der Republik Mosambik die Waffenstillstandsvereinbarung in Kraft trat.

Wegen der anhaltenden Verletzungen des Waffenstillstandes berichtete Generalsekretär Boutros-Ghali wiederholt an den Sicherheitsrat über die Notwendigkeit einer baldigen UNO-Friedensmission und legte Anfang Dezember einen detaillierten Vorschlag für den Einsatz von Blauhelmen vor.[539] Am 16. Dezember 1992 bestätigt der Sicherheitsrat den Vorschlag Boutros-Ghalis und beschloß die Resolution 797 (1992) zur Durchführung der „Operation der Vereinten Nationen in Mosambik" - ONUMOZ (*Opération des Nations Unies en Mozambique*).[540] Das Mandat wurde bis zum 31. Oktober 1993 erteilt und bildete die Grundlage für die Entsendung von insgesamt fast 8.000 militärischen und zivilen Helfern. Auf ihrem Höhepunkt war ONUMOZ die drittgrößte Friedensmission der UNO mit Kosten von etwa 20 Mio. Dollar pro Monat und umfaßte Blauhelm-Soldaten aus Argentinien, Bangladesch, Botswana, Indien, Italien, Japan, Kap Verde, Kongo, den Niederlanden, Portugal, Sambia, Schweden und Uruguay.[541]

Die Friedensmission erwies sich zunächst als schwieriges Unterfangen.[542] Das Mißtrauen zwischen den Konfliktparteien war zu groß, als das eine konsequente Umsetzung des Friedensabkommens erfolgen konnte. Weder die FRELIMO noch die RENAMO machten Anstalten, die vereinbarten Schritte zu realisieren. Die erste Sitzung der Überwachungs- und Kontrollkommissionen CSC unter Vorsitz des Sonderbeauftragten Ajello fand erst am 4. November 1992 statt, auf der man sich auf die Besetzung der Kommissionen CCF, CORE und CCFADM

---

539 Vgl. S/24892, vom 3.12.1992, und S/24892/Add.1, 9.12.1992, in: UN, The United Nations and Mozambique 1992-1995, Document 26, S. 149.

540 S/RES/797 (1992) vom 16.12.1992, in: Resolutionen und Beschlüsse des Sicherheitsrates 1992, Offizielles Protokoll, 47. Jahrgang, Vereinte Nationen, New York 1994, S. 121.

541 Weimar, Vereinte Nationen 6/1993, S. 195.

542 Vgl. die Berichte des Generalsekretärs an den UN-Sicherheitsrat S/25518 vom 2.4.1993 und S/26034 vom 30.6.1993 in: UN, The United Nations and Mozambique 1992-1995, Document 33, S. 173 bzw. Document 37, S. 184 sowie die Resolutionen des Sicherheitsrates S/RES/818 (1993) vom 14.4.1993 und S/RES/850 (1993) vom 9.7.1993, in: Resolutionen und Beschlüsse des Sicherheitsrates 1993, Offizielles Protokoll, 48. Jahrgang, Vereinte Nationen, New York 1995, S. 49ff.; auch Alden, The Journal of Modern African Studies, 33, 1 (1995), S. 104.

einigen konnte.[543] Bis Ende des Jahres tagten weder CORE, CCFADM, COMPOL, COMINFO noch die Nationale Verwaltungskommission. Ab März 1993 boykottierte die RENAMO die drei Überwachungskommissionen CSC, CCF und CORE für drei Monate und brachte dadurch den Friedensprozeß zum Stillstand. Die RENAMO monierte die mangelnde Unterstützung der Regierung bei dem Aufbau ihrer Parteiorganisation und verlangte für den Beginn der Demobilisierung die Stationierung von mindestens 65% der Blauhelm-Soldaten,[544] deren vollständige Aufstellung erst im August 1993 abgeschlossen werden konnte.[545]

Es zeigte sich, daß der im Friedensabkommen vereinbarte Zeitplan völlig unrealistisch war. Danach sollte die Demobilisierung bereits 30 Tage nach Anfang des Waffenstillstandes beginnen und nach sechs Monaten abgeschlossen sein.[546] Zeitgleich sollte der Aufbau der neuen gemeinsamen Streitkräfte FADM (*Forças Armadas de Defensa de Moçambique*) erfolgen. Für die Abhaltung der Wahlen hatte man sich auf spätestens Oktober 1993 geeinigt, wobei die Ausarbeitung und Verabschiedung eines geeigneten Wahlgesetzes bereits drei Monate nach Waffenstillstandsbeginn erfolgen sollte.[547]

Als ein weiteres Problem erwies sich die durch die Präsenz der ONUMOZ bedingte Einschränkung der staatlichen Souveränität Mosambiks sowie die entschlossene Wahrnehmung seiner Aufgaben durch den Sonderbeauftragten des UN-Generalsekretärs Ajello.[548] Die Regierung Mosambiks verlangte für alle Bewegungen der ONUMOZ-Truppen und Flugzeuge eine Genehmigungspflicht durch die mosambikanischen Behörden und die Erhebung von Einfuhrzöllen auf die Importe der ONUMOZ-Truppen. Eine Beilegung des Problems erfolgte am

543 Die UNO führte in allen Kommissionen bis auf die CCFADM den Vorsitz. Die Kommissionen bestanden aus Vertretern der FRELIMO und der RENAMO und verschiedenen Dritten. Dies waren für die CSC: Frankreich, Großbritannien, Italien, Portugal, USA, OAU und später auch Deutschland, für die CCF: Ägypten, Botswana, Frankreich, Großbritannien, Italien, Nigeria, Portugal, USA und später auch Kenia und Simbabwe, für CORE: Dänemark, Deutschland, Frankreich, Großbritannien, Italien, Niederlande, Norwegen, Portugal, Schweden, Schweiz, Spanien, Südafrika, USA und die EU sowie für die CCFADM: Frankreich, Großbritannien, Portugal; vgl. S/24892, vom 3.12.1992, Ziff. I. 10., in: UN, The United Nations and Mozambique 1992-1995, Document 26, S. 150.

544 Vgl. den Brief von RENAMO-Präsident Dhlakama an den Generalsekretär der Vereinten Nationen vom 7.1.1993, in: UN, The United Nations and Mozambique 1992-1995, Document 29, S. 170; Küppers, in: Afrika-Jahrbuch 1993, S. 354.

545 Boutros-Ghali in: UN, The United Nations and Mozambique 1992-1995, S. 31.

546 Protokoll VI Ziff. II., s. Fn. 513.

547 Protokoll V Ziff. I. 1.1, 2. (c), s. Fn. 513; Alden, The Journal of Modern African Studies, 33, 1 (1995), S. 116.

548 Weimar, Vereinte Nationen 6/1993, S. 196.

14. Mai 1993 durch die Unterzeichnung eines Abkommens über den Status der Blauhelme, in dem die mosambikanische Regierung ihre für die Vereinten Nationen inakzeptablen Forderungen aufgab. Die Angehörigen der ONUMOZ wurden entsprechend des Übereinkommens über die Vorrechte und Immunitäten der Vereinten Nationen vom 13. Februar 1946[549] der mosambikanischen Gerichtsbarkeit entzogen und es wurde die vollständige Bewegungs- und Abgabenfreiheit garantiert.

Einzig die Geberkonferenz fand plangemäß statt. Im Dezember 1992 einigte sich die internationale Staatengemeinschaft in Rom unter dem Vorsitz Italiens auf Hilfeleistungen in Höhe von 400 Mio. US$.[550] Auf der *follow up*-Konferenz im Juni 1993 in Maputo wurde die Hilfe auf 520 Mio. US$ erhöht.[551] Die humanitäre Hilfe wurde koordiniert und organisiert durch die in Maputo ansässige *United Nations Office for the Coordination of Humanitarian Assistance* (UNOHAC), die nach den Vorschlägen des UN-Generalsekretärs einen integrierenden Bestandteil der Friedensmission bildete und durch das ONUMOZ-Mandat Resolution 797 (1992) des Sicherheitsrates errichtet wurde.[552]

Die anhaltenden Schwierigkeiten im Friedensprozeß veranlaßten Generalsekretär Boutros-Ghali zu einem Besuch in Mosambik im Oktober 1993, auf dem er den Konfliktparteien den Rückzug der Vereinten Nationen im Falle ihrer fortgesetzten mangelnden Kooperation- und Friedensbereitschaft androhte. Erst dieses Auftreten des Generalsekretärs bewirkte den Durchbruch bei den Friedensverhandlungen und eine Revision des vereinbarten Zeitplans.[553] Der neue Zeitplan wurde am 22. Oktober 1993 durch die gemeinsame Überwachungs- und Kontrollkommission festlegt und sah bis November 1993 die Verabschiedung eines Wahlgesetzes für die im Oktober 1994 abzuhaltenden Wahlen vor. Die Demobilisierung sollte im Dezember 1993 beginnen und acht Monate später abgeschlossen sein.[554]

549 UNTS Bd. 1, S. 15.

550 UN, The United Nations and Mozambique 1992-1995, Document 28, S. 159.

551 UN, The United Nations and Mozambique 1992-1995, S. 78.

552 Vgl. S/24892 vom 3.12.1992, Ziff. VII. 44., in: UN, The United Nations and Mozambique 1992-1995, Document 26, S. 155; Alden, The Journal of Modern African Studies, 33, 1 (1995) S. 110.

553 UN Press Release SG/SM/5133 vom 20.10.1993, in: UN, The United Nations and Mozambique 1992-1995, Document 46, S. 203; vgl. auch den Bericht des Generalsekretärs S/26666 vom 1.11.1993, in: ebd., Document 48, S. 205.

554 Weimar, Vereinte Nationen 3/1996, S. 198.

3. Demobilisierung und Demilitarisierung

Anders als die Einhaltung des Waffenstillstandes gelang die Demobilisierung der Kriegsparteien zunächst nur schleppend,[555] was den Friedensprozeß scheitern zu lassen drohte. Aus den Erfahrungen in Angola wußte man, daß nur bei einer völligen Demobilisierung Wahlen durchführbar waren und eine Wiederaufnahme des Krieges durch die unterlegene Partei im Mehrheitsvotum verhindert werden konnte.[556]

Am 5. November 1993 verlängerte der Sicherheitsrat das ONUMOZ-Mandat bis April 1994, nachdem es bereits am 29. Oktober 1993 für eine Interimsperiode bis zum 5. November 1993 ausgeweitet worden war.[557] Ende November 1993 konnten die ersten 20 Stützpunkte für die Entwaffnung errichtet werden, jeweils besetzt mit drei militärischen und einem zivilen Helfer der ONUMOZ-Truppen. Drei Monate später waren alle 49 Sammellager funktionsfähig, 29 für die Regierungstruppen und 20 für die RENAMO-Kämpfer.[558] Im April 1994 korrigierte die Regierung gegenüber der Waffenstillstandskommission CCF die Angaben über ihre Truppenstärke um mehr als 10.000 Soldaten nach unten, was zu einer Auseinandersetzung mit der RENAMO führte.[559] Zu diesem Zeitpunkt waren über 49.000 Soldaten in den Sammellagern zusammen gezogen worden und 13.000 von ihnen demobilisiert. Am 5. Mai verlängerte der UN-Sicherheitsrat das ONUMOZ-Mandat noch einmal bis zum 15. November 1994.[560] Bis Juli erhöhte sich die Zahl der Soldaten in den Sammellagern auf über 60.000. Im August 1994 wurden Chissano und Dhlakama demobilisiert und die Regierungs-

---

555 Ciment, Angola and Mozambique, S. 221.

556 In Angola ermöglichte die inkonsequente Demobilisierung eine Rückkehr zum bewaffneten Konflikt durch die in den nationalen Wahlen im September 1992 unterlegene UNITA und damit zu einem Scheitern der UN-Friedensmission UNAVEM (*United Nations Angola Verification Mission*); vgl. Venancio, The United Nations, Peace and Transition: Lessons from Angola, S. 55ff.; Sinjela, Unted Nations Peacekeeping Role: the Angolan Experience, African Yearbook of International Law, Vol. 2, 1994, pp. 47-70; Vines, Angola and Mozambique: The Aftermath of Conflict, S. 1ff., 8f.

557 S/RES/879 (1993) vom 29.10.1993 und S/RES/882 (1993) vom 5.11.1993, in: Resolutionen und Beschlüsse des Sicherheitsrates 1993, Offizielles Protokoll, 48. Jahrgang, Vereinte Nationen, New York 1995, S. 53, 54.

558 Alden, The Journal of Modern African Studies, 33, 1 (1995) S. 117; Boutros-Ghali in: UN, The United Nations and Mozambique 1992-1995, S. 39.

559 Vgl. den Bericht des Generalsekretäs S/1994/803 vom 7.7.1993, Ziff. II. B. 5., in: UN, The United Nations and Mozambique 1992-1995, Document 65, S. 242.

560 S/RES/916 (1994) vom 5.5.1994, in: Resolutionen und Beschlüsse des Sicherheitsrates 1994, Offizielles Protokoll, 49. Jahrgang, Vereinte Nationen, New York 1997, S. 123.

streitkräfte sowie der militärische Flügel der RENAMO aufgelöst.[561] Wenige Tage nach der vereinbarten Frist vom 15. August waren insgesamt 91.691 Soldaten registriert, von denen bis Ende November etwa 78.000 demobilisiert und ein weiterer Teil in die FADM integriert wurden.[562]

Der Aufbau der neuen gemeinsamen Streitkräfte verlief ähnlich schwerfällig wie die Demobilisierung. Es bedurfte der im Friedensabkommen nicht vorgesehenen Übernahme des Vorsitzes in der Streitkräftekommission CCFADM durch die UN im Juli 1993, um die ehemaligen militärischen Gegner zu einem gemeinsamen Vorgehen zu bewegen.[563] Wenige Wochen später wurden die ersten Truppenteile von britischen Militärs in Simbabwe ausgebildet und im April 1994 die Kommandeure der neue Streitkräfte, je ein General der Regierungstruppen und der RENAMO, vereidigt.[564] Zum Zeitpunkt der Wahlen bestand die FADM aus weniger als 10.000 Soldaten statt der zunächst geplanten 30.000. Beim Abschluß von ONUMOZ Ende 1994 zählten die neuen Streitkräfte 12.000 Soldaten.

4. Die ersten freien Wahlen

a) Die Vorbereitung der Wahlen

Die Vorbereitung der Wahlen waren von dem Bemühen geprägt, die RENAMO in eine politische Partei zu transformieren und Chancengleichheit zwischen den Opponenten herzustellen. Anfang des Jahres 1993 schlug die italienische Regierung die Einrichtung eines UN-Fonds für die Finanzierung der Transformation der RENAMO vor.[565] Dies sollte nicht der einseitigen Rehabilitierung der

---

561 Küppers in: Afrika-Jahrbuch 1994, S. 335.

562 Vgl. den Abschlußbericht über ONUMOZ des Generalsekretärs S/1994/1449 vom 23.12.1994, Ziff. II. C. 10., in: UN, The United Nations and Mozambique 1992-1995, Document 90, S. 294; auch Alden, The Journal of Modern African Studies 33, 1 (1995) S. 119. Zur Reintegration der demobilisierten Soldaten wurden von UNDP, UNOHAC und der Internationalen Organisation für Migration (IOM) verschiedene Programme ins Leben gerufen, die u.a. die Zahlung von Pensionen an die Veteranen und Berufsbildungskurse vorsahen; vgl. Mutschler, Afrika Spectrum 30 (1995) 2: 194-205.

563 S/RES/850 (1993) vom 9.7.1993, Ziff. 9., in: Resolutionen und Beschlüsse des Sicherheitsrates 1993, Offizielles Protokoll, 48. Jahrgang, Vereinte Nationen, New York 1995, S. 51.

564 Küppers in: Afrika-Jahrbuch 1993, 356; UN, The United Nations and Mozambique 1992-1995, S. 78, 80.

565 UN, The United Nations and Mozambique 1992-1995, Document 31, 32, S. 72.

ehemaligen Guerillakämpfer dienen, sondern folgte der Erkenntnis, daß der Friedensprozeß bei fehlender Konkurrenzfähigkeit der RENAMO gefährdet sein würde. Die übrigen, nichtmilitanten Parteien, von denen seit der Verfassungsänderung zahlreiche entstanden und teilweise auch wieder verschwunden waren, spielten nur eine untergeordnete Rolle.[566] Der Fonds wurde im Mai 1993 eingerichtet und mit mehr als 15 Millionen US$ ausgestattet.

Parteichef Dhlakama wurde in der folgenden Zeit von verschiedenen europäischen Ländern und in den USA auf Regierungsebene empfangen. Er besuchte Außenminister Kinkel in Bonn und traf sich mit Vertretern der deutschen Industrie. Von der deutschen Regierung erhielt er im Rahmen der Demokratisierungshilfe einen Radiosender geschenkt, um der Opposition im Maputo als Gegengewicht zum Regierungsfunk eine Stimme zu geben.[567] Die Installation des Senders wurde jedoch von der regierenden FRELIMO hinausgezögert und gelang daher nur eine Woche vor der späteren Wahl. Mit Auflösung des militärischen Flügels des RENAMO im August 1994 war ihre politische Transformation offiziell abgeschlossen.

Ein weiterer Aspekt der Wahlvorbereitungen war die Aufklärung der Bevölkerung, die mit Hilfe einer Vielzahl von Programmen, deren Gesamtheit die Bezeichnung *Educação Civicia* führte, auf die Wahlen vorbereitet wurde.[568] Unter der Beteiligung der CNE, UNDP, AWEPA (*Association of Western European Parliamentarians for Southern Africa*), religiöser Gemeinschaften und NGOs, wie etwa der Friedrich-Ebert-Stiftung (FES),[569] wurde über die Bedeutung und die Prinzipien demokratischer Wahlen und ihrer praktischen Aspekte aufgeklärt.

---

566 Boutros-Ghali in: UN, The United Nations and Mozambique 1992-1995, S. 58; Meyns, Afrika Spectrum 30 (1995) 1: 40; Küppers in: Afrika-Jahrbuch 1993, 355f.; Alden, Angola and Mozambique, S. 125.

567 Das Parlament, Aus Politik und Zeitgeschichte, „Südliches Afrika“, 47. Jahrgang, Nr. 9, 21.2.1997, S. 11; Mosambik-Rundbrief Nr. 34, S. 13f.

568 Jacobsen, Gender and Democratisation: The Mozambican Election of 1994, Internet Journal of African Studies, No. 1, April 1996, Internet: http://www.brad.ac.uk/-research/ijas/rjijasel.htm (Stand: 1.12.1999).

569 Die FES, deren Kontakte zu Mosambik auf die Kolonialzeit zurückgehen, eröffnete 1984 ein Büro in Maputo, was sich nicht nur wegen des Mißtrauens der FRELIMO sondern auch aufgrund der gezielten Störversuche durch die Repräsentanten der DDR als schwierige Aufgabe darstellte; vgl. FES, Beiträge zur Versöhnung, Demokratie und Entwicklung: 10 Jahre Arbeit der Friedrich-Ebert-Stiftung in Mosambik, S. 3ff.; Adam, Afrika Spectrum, 21 (1986), S. 337ff.

b) Die Wahlgesetzgebung

Die gesetzliche Grundlage für die Durchführung der Wahlen bildeten die Verfassung von 1990, die in Art. 30 die demokratische Teilnahme des mosambikanischen Volkes am politischen Leben des Staates durch Wahlen und Volksentscheide vorsieht, und die Protokolle III und V des Allgemeinen Friedensabkommens. Danach sollte die Regierung in enger Zusammenarbeit mit der RENAMO und den übrigen politischen Parteien spätestens zwei Monate nach „Tag E“ den Entwurf eines Wahlgesetzes vorlegen und eine Nationale Wahlkommission ernennen.[570]

Erste Verhandlungen über das Wahlgesetz auf einer Konferenz aller Parteien im April 1993 scheiterten.[571] Die Differenzen betrafen vor allem die Besetzung der nationalen Wahlkommission und die Ausbildung des Wahlpersonals. Erst nach dem Besuch Boutros-Ghalis und den intensiven Vermittlungsbemühungen Ajellos konnte am 26. November 1993 eine Einigung erzielt werden, in der man auch die Errichtung eines internationalen Wahltribunals als Überprüfungsinstanz für Entscheidungen der Wahlkommission vereinbarte. Im Dezember verabschiedete die Nationalversammlung von Mosambik das neue Wahlgesetz zur Vorbereitung der ersten freien Wahlen, was am 12. Januar 1994 in Kraft trat.[572] Das Gesetz legte für die Wahl des Präsidenten die absolute Mehrheit der abgegebenen Stimmen fest und sah für einen möglichen zweiten Durchgang eine Stichwahl zwischen den beiden besten Kandidaten vor. Für die Wahl der Abgeordneten der Volksvertretung wurde das Verhältniswahlsystem eingeführt, wobei die Verteilung der 250 Sitze in der Volksvertretung auf die elf Provinzen proportional zu der Zahl der registrierten Wähler jeder Provinz erfolgte. Der Einzug einer Partei in das Parlament erforderte mehr als 5-Prozent der abgegebenen Stimmen.

Anfang 1994 nahm die Nationale Wahlkommission CNE (*Comissão Nacional de Eleicões*) bestehend aus zehn Vertretern der FRELIMO, sieben der RENAMO und drei der übrigen Parteien ihre Arbeit auf. Zu ihrem Vorsitzenden wurde der parteilose Mosambikaner Brazão Mazula ernannt.[573] Die CNE und ihre Unterkommissionen auf Provinz- und Distriktebene trugen die Verantwortung für

---

570 Protokoll III, Ziff. V. 1., 3; Protokoll V, Ziff. I. 2., s. Fn. 513.

571 Vgl. Alden, The Journal of Modern African Studies, 33, 1 (1995), S. 124; Küppers in: Afrika-Jahrbuch 1993, S. 355.

572 Boutros-Ghali in: UN, The United Nations and Mozambique 1992-1995, S. 55; vgl. zur Wahlgesetzgebung Carrihlo, The electoral legislation in Mozambique and the political and social achievment, in: Mazula, Mozambique: Elections, Democracy and Development, S. 125.

573 Vgl. zur Arbeit der Wahlkommission und den persönlichen Erfahrungen ihres Vorsitzenden Mazula, The Mozambican Elections: A Path of Peace and Democracy, in: Mazula, Mozambique: Elections, Democracy and Development, S. 25-74.

die gesamte Vorbereitung und Durchführung der Wahl. Dabei erhielten sie finanzielle und technische Unterstützung durch die UNDP, die die Ausbildung von mehreren zehntausend Wahlhelfern koordinierte.

Die institutionelle Vorbereitung der Wahlen endete Anfang Juni 1994 mit der Vereidigung der Mitglieder des Wahltribunals, das sich aus Vertretern Frankreichs, Nicaraguas, Portugals, Brasiliens, Chiles, und Mosambiks zusammensetzte.[574]

c) Durchführung und Ergebnisse

Am 1. Juni 1994 begann die Wählerregistrierung, bei der sich ein großes Interesse der mosambikanischen Bevölkerung an den ersten freien Wahlmöglichkeiten abzeichnete. Bis Anfang September waren 6,4 Mio. Wähler registriert, ca. 81% der Wahlberechtigten.[575] Es folgte ein kurzer und aggressiv geführter Wahlkampf, in dem Dhlakama einerseits ankündigte, er könne das Land jederzeit innerhalb von 24 Stunden zum Stillstand bringen und wolle bei einem Wahlsieg Chissano und das Volk der Shangaan, dem Chissano angehörte, in ihre südafrikanische Heimat vertreiben, und andererseits eine Wahlniederlage anzuerkennen versprach.[576] Auch wenn allen Parteien formal die gleichen Rechte eingeräumt wurden, wie etwa die gleiche Sendezeit für Werbespots, dominierte die FRELIMO den Wahlkampf wegen ihrer Kontrolle der staatlichen Medien und der bestehenden faktischen Ungleichheiten.[577]

Am 27. Oktober 1994 kam es zu den mit Spannung erwarteten, ersten freien Wahlen von Parlament und Präsident, an denen 12 Präsidentschaftskandidaten und 14 Parteien teilnahmen.[578] Am Vorabend der Wahlen erklärte Dhlakama überraschend den Rückzug der RENAMO von der Wahl wegen angeblicher Wahlmanipulationen durch die FRELIMO, was rechtlich einen Verstoß gegen das Wahlgesetz darstellte.[579] Boutros-Ghali verlangte dennoch den Beginn der

574 S/1994/514 vom 28.4.1994 und Bericht des Generalseketärs S/1994/803 vom 7.7.1994 Ziff. III. 19., in: UN, The United Nations and Mozambique 1992-1995, Document 62, S. 232 bzw. Document 65, S. 245.

575 Boutros-Ghali in: UN, The United Nations and Mozambique 1992-1995, S. 58.

576 Küppers, Afrika-Jahrbuch 1994, S. 356; Weimar, Afrika Spectrum 30 (1995) 1: 6; Alden, Angola and Mozambique, S. 126.

577 Meyns, Afrika Spectrum 30 (1995) 1: 40; Weimar, Afrika Spectrum 30 (1995) 1: 6.

578 Boutros-Ghali in: UN, The United Nations and Mozambique 1992-1995, S. 61.

579 Das Wahlgesetz gestattete einen Rücktritt von den Wahlen nur bis zu 72 Stunden vor Wahlbeginn; Vgl. Boutros-Ghali in: UN, The United Nations and Mozambique 1992-

Wahlen. Dhlakama wurde vom Sicherheitsrat und den am Friedensprozeß beteiligten Staaten gedrängt, seine Entscheidung zu revidieren.[580] Es bestand die Sorge, daß die Wahlen ohne die Teilnahme der ehemaligen Guerillabewegung und größten Oppositionspartei an Aussagekraft verlieren und den Friedensprozeß gefährden könnte. So begann die Wahl zunächst ohne die RENAMO, während gleichzeitig die Bemühungen, Dhlakama zu einer Beteiligung an den Wahlen zu bewegen, fortgesetzt wurden.[581] Am 28. Oktober, am letzten Tag der Wahl, verkündete die RENAMO, nun doch teilzunehmen, worauf die Wahlkommission die Wahl um einen Tag verlängerte, was das Wahlgesetz gestattete.[582] Unter der Anwesenheit von insgesamt 2.300 Wahlbeobachtern der UNO, der EU, der OAU, von AWEPA und einiger NGOs nahm die Wahl im übrigen einen friedlichen Verlauf.[583]

Am 19. November 1994 verkündete CNE-Präsident Mazula die offiziellen Ergebnisse der Wahl:[584] FRELIMO-Präsident Chissano wurde mit 53% der Stimmen zum Staatspräsidenten gewählt, auf RENAMO-Führer Dhlakama entfielen 34%. Bei den Parlamentswahlen erhielt die FRELIMO 129 (44%) und die RENAMO 112 Sitze (38%), wodurch die Regierungspartei nur überraschend knapp die absolute Mehrheit errang. Die übrigen 9 Sitze (5%) entfielen auf eine Koalition von drei kleineren Parteien UD (*União Democrática*).[585] Die Wahlbe-

---

1995, S. 62; Alden, Angola and Mozambique, S. 126; Weimar, Afrika Spectrum 30 (1995) 1: 6;

580 UN Press Release SG/SM/5456 und SC/5922 vom 27.10.1994, in: UN, The United Nations and Mozambique 1992-1995, Document 77 und 78, S. 285.

581 Vgl. Isaacs, Africa Report, January-February 1995, S. 19f.

582 Vgl. Boutros-Ghali in: UN, The United Nations and Mozambique 1992-1995, S. 63; Küppers in: Afrika-Jahrbuch 1994, S. 357.

583 Ciment, Angola and Mozambique, S. 223; Weimar, Afrika Spectrum 30 (1995) 1: 8; Boutros-Ghali in: UN, The United Nations and Mozambique 1992-1995, S. 60.

584 Vgl. zu den Wahlergebnissen Internet: http://www.mozambique.mz/parlamen/-results.htm (Stand: 24.02.1999) und für eine Analyse der Wahlen Weimar, Mosambik hat gewählt, Afrika Spectrum 30 (1995) 1: 5-33; Meyns, Parlaments- und Präsidentschaftswahlen in Mocambique, in: Engel u.a., Deutsche Wahlbeobachtung in Afrika, S. 132ff.; Mazula, Elections, Democracy and Development; Jacobsen, Gender and Democratisation: The Mozambican Election of 1994, Table 1, 6, 8, Internet Journal of African Studies, No. 1 April 1996, Internet: http://www.ac.uk/research/ijas/rjijasel.htm (Stand: 1.12.1999).

585 Die Koalition hatte sich im August 1994 aus der *Partido Liberal e Democrático de Moçambique* (PALMO), der *Partido Nacional Democrático* (PANADE) und der *Partido Nacional de Moçambique/Centro de Reflexão Democrática* (PANAMO/CRD) gebildet. Die Koalition soll ihr Ergebnis der Tatsache zu verdanken haben, daß die Listenverbin-

teiligung lag bei 88% mit einem Anteil von 10% ungültigen Stimmen bzw. nicht ausgefüllten Stimmzetteln.

Die FRELIMO konnte in sechs Provinzen, die RENAMO in den übrigen fünf die absolute Mehrheit gewinnen. Dies waren für die RENAMO die bevölkerungsreichen und wirtschaftlich bedeutsamen Provinzen in der Mitte des Landes (Zambesia, Tete, Sofala, Manica, Nampula), während die FRELIMO in den Südprovinzen (Inhambane, Gaza, Maputo Land und Stadt) und den beiden Nordprovinzen (Niassa, Cabo Delgado), in denen sie seit der Zeit des von Tansania aus geführten Unabhängigkeitskampfes gegen die Portugiesen viele Anhänger hatte, obsiegte. Diese Aufteilung entsprach in etwa den von der RENAMO und der Regierung kontrollierten Gebieten.[586]

Beide großen Parteien gingen als Sieger aus den Wahlen hervor: die FRELIMO bei den Präsidentschaftswahlen, die RENAMO - trotz der Niederlage - bei den Wahlen zum Parlament wegen des überraschend hohen Stimmengewinns und einem Stimmenanteil der FRELIMO von weniger als 50%.[587] So verkündete Dhlakama, er akzeptiere das Ergebnis, obwohl er die Regierung der massiven Wahlfälschung beschuldigte. Vor allem die Vereinten Nationen und Südafrikas Präsident Mandela schlugen angesichts der gewaltigen Probleme des Landes und der fehlenden Tradition einer parlamentarischen, verfassungstreuen Opposition eine Regierung der nationalen Einheit aus FRELIMO und RENAMO nach dem Beispiel Südafrikas vor.[588] Bereits während der Wahlvorbereitung war diese Forderung wiederholt erhoben worden, um durch die Regierungsbeteiligung der RENAMO deren Rückkehr zur bewaffneten Auseinandersetzung nach der erwarteten Wahlniederlage zu verhindern. Nunmehr wurde von Chissano als Entgegenkommen auf Dhlakamas Haltung eine Geste der Versöhnung erwartet. Doch diese Hoffnung wurde von Chissano nicht erfüllt. Die gewendete marxistische Staatspartei wollte die Macht mit niemandem teilen und war nicht zu einem Schritt auf die zum politischen Widersacher gewordene ehemalige Guerillabewegung bereit. Nun erwies sich Dhlakama zum Wohle der ganzen Nation als

---

dung auf dem Wahlzettel für die Parlamentswahlen den letzten Platz hatte, ebenso wie Chissano an letzter Stelle auf dem Wahlzettel für die Präsidentschaftswahlen aufgeführt wurde. Viele FRELIMO-Anhänger sollen nach Ankreuzen des Feldes von Chissano auch bei der Stimmangabe für die Parlamentswahlen das letzte Kästchen, nämlich das der UD angekreuzt haben. Auch für das sonstige Ergebnis soll wegen der hohen Analphabetenrate das Aussehen der Kandidaten und ihr Listenplatz mitursächlich gewesen sein; vgl. Weimar, Afrika Spectrum 30 (1995) 1: 14.; Ciment, Angola and Mozambique, S. 224. Boutros-Ghali in: UN, The United Nations and Mozambique 1992-1995, S. 60f.

586 Wenzel, Afrika Spectrum 30 (1995) 2: 221.

587 Weimar, Afrika Spectrum 30 (1995) 1: 9ff., 15.

588 Alden, Angola and Mozambique, S. 125; Mosambik-Rundbrief Nr. 34, S. 9; Küppers in: Afrika-Jahrbuch 1994, S. 355; Weimar, Afrika Spectrum 30 (1995) 1: 17.

fairer Verlierer. Er schloß die Wiederaufnahme des bewaffneten Kampfes für alle Zeiten aus und verkündete, sich auf seine Rolle als Führer der stärksten Oppositionspartei im Parlament konzentrieren zu wollen. Am 8. Dezember 1994 fand die erste Sitzung des neuen Parlaments statt, einen Tag später wurde Chissano als Präsident vereidigt.

5. Der Erfolg der Friedensmission: die internationale Gemeinschaft als Geburtshelfer

Am 15. November 1994 verlängerte der Sicherheitsrat das ONUMOZ-Mandat ein letztes Mal bis zum 15. Dezember 1994.[589] Der UN-Sonderbeauftragte Ajello erklärte bei der Verkündung der Ergebnisse die Wahl für frei und fair und bewertete ONUMOZ als eine der erfolgreichsten UN-Friedensmissionen.[590] Im November begann der Abzug der Blauhelme, der bis zum Februar 1995 abgeschlossen wurde. Am 13. Dezember 1994 verließ Ajello Mosambik. Der Sicherheitsrat äußerte seine Zufriedenheit über den Verlauf der Friedensmission.[591]

Zu den Erfolgen von ONUMOZ zählen die Aufrechterhaltung des Waffenstillstandes und die Demobilisierung der verfeindeten Parteien, die Durchführung von demokratischen Wahlen, die unter den gegebenen Umständen als frei und fair bezeichnet werden konnten und zu einem hoffnungsfrohen Ergebnis führten, sowie die Koordination eines umfangreichen Hilfeprogramms, das die Repatriierung und Rückführung von über 4 Millionen Flüchtlingen umfaßte.[592]

Als Ursache für den Erfolg ist zunächst der politische Wille der kriegsmüden Konfliktparteien zu nennen, deren Einladung die Friedensmission der Vereinten Nationen ermöglichte hat. Zweitens erhielten die ONUMOZ-Truppen durch das Allgemeine Friedensabkommen, das Mandat des Sicherheitsrates und das Stationierungsabkommen der Blauhelm-Soldaten eine eindeutige und präzise Rechtsgrundlage für ihren Einsatz. Dies erlaubte die Beteiligung an allen politischen, militärischen und humanitären Aufgaben des Transformationsprozesses und die Durchführung strukturbildender Maßnahmen. Die Blauhelm-Truppen

---

589 S/RES/957 (1994) vom 15.11.1994, in: Resolutionen und Beschlüsse des Sicherheitsrates 1994, Offizielles Protokoll, 49. Jahrgang, Vereinte Nationen, New York 1997, S. 128.

590 UN Press Release SG/SM/5488 vom 19.11.1994, in: UN, The United Nations and Mozambique 1992-1995, Document 82, S. 289.

591 S/PRST/1994/80 vom 14.12.1994, in: UN, The United Nations and Mozambique 1992-1995, Document 88, S. 292.

592 Vgl. zur Flüchtlingsintegration Wenzel, Afrika Spectrum, 30 (1995) 2: 206-223.

erhielten durch ihren Vorsitz in allen Kommissionen, die zur Durchführung des Friedensabkommens eingerichtet wurden, die Gesamtverantwortung für den Friedensprozeß und konnten diesen maßgeblich gestalten. Die angemessene Größe der *peace-keeping forces* und die konsequente und entschlossene Tätigkeit des Sonderbeauftragten Ajello haben das Vertrauen gegenüber den Friedenstruppen fördern, aber auch die notwendige Autorität auf die Konfliktparteien ausstrahlen können, ohne daß ONUMOZ als souveränitätsverletzende Intervention empfunden wurde. Schließlich hat auch die Kontinuität der Bemühungen der am Friedensprozeß Beteiligten, unter denen Italien eine besondere Rolle einnahm, und der Friedenswunsch der Bevölkerung Mosambiks zum Erfolg der Blauhelm-Mission beigetragen, die zu Recht als *sensibles peace-keeping* bezeichnet worden ist.[593]

V. Die Republik Mosambik

1. Stabilität und Frieden

Seit den Wahlen befindet sich Mosambik in der Phase der Konsolidierung. Der Frieden erweist sich als stabil und die innenpolitische Transformation wird fortgeführt, wenn auch der Demokratisierungsprozeß nicht ungebrochen erfolgt. Die Fortsetzung des Transformationskurs wird begleitet von UNDP und einer Vielzahl aus- und inländischer NGOs.[594]

Die FRELIMO setzt auf machtpolitische Kontinuität und nutzt die Mehrheitsverhältnisse im Parlament geschickt aus, um die politische Opposition zu marginalisieren. Bei der Wahl des Parlamentspräsidenten in der ersten Sitzung der Volksvertretung bestand die FRELIMO auf einer offenen Abstimmung über ihren Kandidaten, den ehemaligen Generalstaatsanwalt Mulembwe, was zu einem Wahlboykott der RENAMO und der UD führte.[595] Die neue Regierung wurde ausschließlich aus FRELIMO-Mitglieder gebildet, die überwiegend der alten Regierung und den Provinzverwaltungen angehörten.[596] Weder die RENAMO noch die im Parlament nicht vertretenen Parteien, die auch an den Friedensverhandlungen nicht beteiligt waren, werden in die Regierungsarbeit eingebunden.

---

593 Weimar, Vereinte Nationen 6/1993, S. 199; Matthies, Vereinte Nationen 3/1995, S. 107.

594 Vgl. BMZ, Länderbericht Mosambik, Stand: Mai 1998, S. 5ff.; FES, Beiträge zur Versöhnung, Demokratie und Entwicklung: 10 Jahre Arbeit der Friedrich-Ebert-Stiftung in Mosambik, S. 10ff.; Bowen, The Journal of Modern African Studies, 30, 2 (1992), S. 269.

595 Weimar, Afrika Spectrum 30 (1995) 1: 31; Küppers in: Afrika-Jahrbuch 1994, S. 357.

596 Küppers in: Afrika-Jahrbuch 1994, S. 357.

Chissano berief ferner alle elf Provinzgouverneure aus den Reihen der FRELIMO, auch in den Provinzen, in denen die RENAMO die absolute Mehrheit bei den Wahlen erringen konnte.[597] Die RENAMO erweist sich als schwache Opposition, den ehemaligen Buschkämpfern fehlt es vor allem an ausgebildeten und erfahrenen Parlamentariern.[598]

Der neue Staat steht vor immensen Aufgaben: die Aussöhnung der Bevölkerung und die Wahrung ihrer ethnisch-kulturellen Vielfalt, der ökonomische und soziale Wiederaufbau des Landes und die Tilgung der Schulden der sozialistischen Vergangenheit, die Reintegration demobilisierter Soldaten und rückkehrender Flüchtlinge und, vor allem, die Bildung eines Verfassungsstaates getragen von einer demokratischen Zivilgesellschaft.

Für Herbst 1996 werden Kommunalwahlen angesetzt als Teil einer breit angelegten Dezentralisierungspolitik, mit dessen Hilfe die Demokratie gestärkt und eine bessere Entwicklung der ländlichen Provinzen ermöglicht werden soll.[599] Nach der wiederholten Verschiebung - die FRELIMO hat Angst, die Macht zu teilen und die RENAMO Angst, sie zu übernehmen - können die Wahlen erst am 30. Juni 1998 stattfinden. Die RENAMO verweigert abermals die Teilnahme, aber diesmal ohne zu widerrufen. Auch der Hinweis vieler internationaler Beobachter auf die großen Gewinnchancen der RENAMO in den zumeist ländlichen Wahlbezirken bleibt erfolglos.

Die Wahl wird in nur 33 Wahlbezirken durchgeführt, etwa ein Drittel aller Wahlbezirke. Die FRELIMO gewinnt in allen Bezirken die absolute Mehrheit, in vielen Wahlbezirken fehlt es überhaupt an einem Gegenkandidaten. Die Wahlbeteiligung beträgt weniger als 15%, in der Hauptstadt Maputo 13%.[600] Die RENAMO bezweifelt die Legitimität und Aussagekraft der Wahl, die FRELIMO kritisiert die Nationale Wahlkommission für eine völlig chaotische Durchführung der Wahl. In vielen Orten öffnen die Wahllokale viel zu spät und es fehlen Wahlunterlagen, die Wahlhelfer streiken wegen schlechter Bezahlung und Hunger.[601] Auf sich allein gestellt, zeigen sich die Schwächen der jungen Demokratie.

---

597 Das Parlament, Aus Politik und Zeitgeschichte, „Südliches Afrika", 47. Jahrgang, Nr. 9, 21.2.1997, S. 11.

598 Ciment, Angola and Mozambique, S. 226; Weimar, Afrika Spectrum 30 (1995) 1: 24.

599 Weimar/Fandrych, Afrika Spectrum 32 (1997) 2: 125; Vgl. auch Mozambique Peace Process Bulletin Issue 18 - June 1997; Weimar, Regional Development Dialogue, Vol. 17, No. 2, Autum 1996, S. 50.

600 Mozambique News Agency, AIM Report No. 139, 20th July 1998, „Elections results published after lengthy delay"; Becker in Mosambik-Rundbrief Nr. 50/51, S. 8; Castiano in Mosambik-Rundbrief Nr. 52, S. 16ff.; Mozambique Peace Process Bulletin Issue 21.

601 Mozambique News Agency, AIM Report No. 138, 13. July 1998, „Local election hit by apathy and disorganisation"; FES, Mocambique, Halbjahresbericht 1998 (1.HJ) S. 4f.;

Seit Mitte 1998 haben die Vorbereitungen für die nächsten Wahlen von Staatspräsident und Parlament begonnen, die am 3. und 4. Dezember 1999 stattfinden. Von den Wahlen wird eine Bestätigung der erfolgreichen Transformation von kolonialer Abhängigkeit zu einem modernen demokratischen Staat erwartet. Die Ergebnissen, die am 19. Dezember offiziell verkündet werden, bestätigen diese Erwartungen: Präsident Chissano wird mit 52,3 Prozent gegenüber 47,7 Prozent für Herausforderer Dhlakama wiedergewählt. Die FRELIMO erhält 133, die RENAMO und ihr Wahlbündnis mit zehn kleineren Parteien 117 Parlamentssitze.[602] Am 14. Januar 2000 findet die erste Sitzung des neugewählten Parlaments statt; einen Tag später wird Joaqium Chissano für weitere fünf Jahre als Präsident vereidigt.[603]

2. Die Einbindung in die Staatengemeinschaft

Die junge Republik bemüht sich um eine Einbindung in die Staatengemeinschaft. 1994 tritt Mosambik als 52. Mitglied der Konferenz islamischer Staaten bei und wird 1995 als einziges nichtenglischsprachige Land Commonwealth-Mitglied. Beide Beitritte erfolgen im wesentlichen aus wirtschaftlichen Gründen, denn Mosambik war weder britische Kolonie noch ist es bei einem muslimischen Bevölkerungsanteil von 17% besonders islamisch geprägt. Das Interesse am Commonwealth beruht darauf, daß 12 der 14 Mitgliedstaaten der *Southern African Development Community* (SADC) dem Commonwealth angehören. Die SADC wurde 1992 als Nachfolgeorganisation der SADCC, zu deren Gründungsmitgliedern Mosambik 1980 gehörte, in Windhoek gegründet.[604] Zu den Zielen der Gemeinschaft zählen nach Art. 5 des SADC-Vertrages[605] die Vertiefung der wirtschaftlichen Integration, die Verbesserung der Lebensstandards, die Entwicklung gemeinsamer politischer Werte, Systeme und Institutionen und die Sicherung des Friedens zwischen den Mitgliedern. Das Transitland Mosambik hat ein besonderes Interesse an einer regionalen Zusammenarbeit im Rahmen

---

Panafrican News Agency, 20 Juli 1998, S.1, Internet: http://www.africanews.org/-south/mozambique/stories/19980720_feat1.html (Stand: 1.9.1998).

602 von Lucius, Renamo zweifelt Wahlergebnisse an, FAZ vom 8.1.2000, S. 7; Mozambique News Agency, AIM Report No. 173, 5th January 2000, „Supreme Court ratifies election results".

603 Mozambique News Agency, AIM Report No. 175, 8th February 2000, „First Sitting of the new Assembly of the Republic", „President Chissano sworn into office"; Internationales Afrikaforum 2000, S. 45.

604 Vgl. Kaltenborn, ZaöRV 59/1, 1999, S. 231ff.; Meyns, VRÜ 31 (1998), S. 172ff.

605 Treaty of the Southern African Development Community, ILM 32 (1993), S. 116ff.

der Wirtschaftsgemeinschaft. Maputo ist Sitz der SATTC, der Transportkommission der SADC. Auf dem Gipfeltreffen in Lesotho im August 1996 wird der mosambikanische Präsident Chissano für drei Jahre zum Vize-Präsidenten der SADC gewählt.

Mit Südafrika werden 1993 diplomatische Beziehungen aufgenommen und nach der Regierungsübernahme durch den ANC die wirtschaftlichen und politischen Beziehungen wieder intensiviert.

Mosambik ist Partei des am 15 Dezember 1989 unterzeichneten Lomé-IV-Abkommens zwischen der EG und mittlerweile 71 AKP-Staaten. Der deutsche Außenminister Kinkel besucht als erster Außenminister der Europäischen Union im Juli 1996 Mosambik.

Am 17. Juli 1996 wird in Lissabon unter Beteiligung Mosambiks die Gemeinschaft lusophoner Länder CPLP (*Comunidade dos Países da Língua Portuguêsa*) gegründet, wodurch die Beziehungen zu Portugal intensiviert werden.[606]

Maputo wird nach langen Jahren der Isolierung durch den Bürgerkrieg nun Sitz internationaler Konferenzen. Im September 1997 wird eine UNESCO-Konferenz über Friedenskultur und *Good Governance* abgehalten, Anfang März 1998 findet das SADC-Gipfeltreffen in Maputo statt. Im Mai 1999 ist die mosambikanische Hauptstadt der Verhandlungsort der ersten Folgekonferenz des im März in Kraft getretenen Abkommens zur Ächtung von Antipersonenminen.[607]

---

606 Vgl. Fandrych in: Afrika-Jahrbuch 1996, S. 367.

607 Vgl. Busse, Eine Bedrohung für die Zivilbevölkerung, FAZ vom 3.5.1999.

Zweiter Teil:

Die Verfassungsentwicklung seit der Unabhängigkeit

A. Die Verfassung der Volksrepublik Mosambik vom 25. Juni 1975

I. Entstehungsgeschichte

Am 25. Juni 1975 um null Uhr, am Unabhängigkeitstag trat die erste Verfassung Mosambiks in Kraft.[608] Sie sollte nach dem Willen ihrer Schöpfer die konstitutionelle Grundlage für den Aufbau des ersten unabhängigen Staates auf mosambikanischem Boden im Sinne eines marxistisch-leninistischen Staatswesens bilden.

Über die Entstehungsgeschichte der Unabhängigkeitsverfassung ist nichts bekannt. Weder der Ort ihrer Entstehung noch der Urheber oder eine mögliche Beteiligung ausländischer Rechtsexperten ist nachgewiesen. Dem Schlußsatz der Verfassung zufolge wurde sie „vom Zentralkomitee der Befreiungsfront von Mozambique am 20. Juni 1975 durch Akklamation gebilligt".[609] Die verfassungsgebende Gewalt, der *pouvoir constituant,* wurde also vom mehrköpfigen Führungsorgan der FRELIMO ausgeübt, die sich als alleinvertretungsberechtigte Unabhängigkeitsbewegung des mosambikanischen Volkes verstand. Der Schöpfungsakt erfolgte in der für einen modernen Verfassungsstaat als undemokratisch abzulehnenden Form der Akklamation.[610] Die Entstehung geht auf die Zeit der Übergangsregierung nach Abschluß des Lusaka-Abkommens am 7. September 1974 zurück und erfolgte auf der

608 Art. 73 der Unabhängigkeitsverfassung, s. Fn. 3.

609 Vgl. den letzten Schlußsatz des Verfassungstextes nach Art. 73 der Unabhängigkeitsverfassung, s. Fn. 3.

610 Die Akklamation ist die ursprüngliche Form der Abstimmung bzw. Wahl und meint den beistimmenden Zuruf oder sonstige mündliche Zustimmungsbekundungen einer zur Entscheidung bestimmter Fragen berufenen Personenmehrheit. Eine Einzelabstimmung mit Stimmenzählung findet nicht statt. Die Akklamation wird im modernen Verfassungsstaat als undemokratisch abgelehnt, weil sie der Gefahr der Massensuggestion und -manipulation ausgesetzt ist und sachliche Argumente leicht durch Emotionen verdrängt werden; vgl. Horst Tilch, Deutsches Rechts-Lexikon, Band 1, S. 96, 2. Aufl., München: Beck, 1992.

1974 zurück und erfolgte auf der Grundlage der Beschlüsse der Befreiungsfront.[611]

Der materielle Gehalt der Unabhängigkeitsverfassung läßt Rückschlüsse auf eine mögliche Miturheberschaft sozialistischer Rechtsexperten zu. Aus der inhaltlichen und auch sprachlichen Nähe zur angolanischen Unabhängigkeitsverfassung, die nur einige Monate später am 10. November 1975 in Kraft trat, ist eine starke Einflußnahme der Sowjetunion auf die Verfassungsgebung gefolgert worden, die angesichts der marxistisch-leninistischen Staatskonzeption zweifellos festzustellen ist.[612] Die Staats- und Parteiführung der DDR pflegte zur FRELIMO seit ihrer Gründung 1962 in Dar-es-Salaam intensive Kontakte und beeinflußte die politisch-ideologische Entwicklung der Befreiungsbewegung maßgeblich.[613] Auch eine Mitwirkung der DDR an der Ausarbeitung der Unabhängigkeitsverfassung Mosambiks ist daher anzunehmen.[614] Dies bestätigt das große Interesse der Staats- und Rechtswissenschaft der DDR an der verfassungsrechtlichen Entwicklung in Mosambik.[615]

Die Unabhängigkeitsverfassung war bis zu der in Art. 39 vorgesehenen Konstituierung der Volksversammlung insofern provisorisch und räumte dem Ministerrat die Gesetzgebungszuständigkeit und dem Zentralkomitee der FRELIMO die Verfassungsänderungskompetenz der noch nicht existierenden Volksvertre-

---

611 Stephani, Volksrepublik Mocambique, Beilage zu VRÜ 2/1976, S. II.; Sachs/Welch, Liberating the Law. Creating Popular Justice in Mocambique, S. 7.

612 Vgl. Révész, Die Verfassungen von Angola und Mosambik. Beispiele für Gesetzes- Imperialismus der UdSSR, S. 7.

613 Vgl. Matthes in: Engel/Schleicher: Thesen zur Afrikapolitik der beiden deutschen Staaten, S. 28; Matthes, Politische Aspekte der Behandlung der Ex-DDR-Forderungen gegenüber Mosambik, in: Südwind/KKM, Schulden statt Solidarität? - Ex-DDR-Forderungen an hochverschuldete arme Länder - eine besondere Herausforderung der Bundesrepublik, S. 25f.

614 Vgl. hierzu die Ausführungen Machels „Der Sinn unseres Kampfes in Mocambique“ in Asien, Afrika, Lateinamerika (DDR), 1974, S. 115: „Zu den festen Stützen, die zu unserer Bewegung zählt, gehören die sozialistischen Länder. Ihre politische und materielle Hilfe ist das Entscheidende.“

615 Vgl. zu einer Analyse der Verfassung aus Sicht der Staats- und Rechtslehre der DDR: Mardek, Die Verfassung der Volksrepublik Mocambique - ein programmatisch antiimperialistisches Rechtsdokument, in: Staat und Recht (DDR), 24.1975, N.11/12, S. 1552; ders., Die Volksrepublik Mocambique - ein neuer antiimperialistischer Rechtsstaat. Bemerkung zur Verfassung, in: Asien, Afrika, Lateinamerika (DDR), 5 (1975) 3, S. 971; Graf, Zur Entstehung und Entwicklung der revolutionären Staatsmacht in der Volksrepublik Mocambique, in: Asien, Afrika, Lateinamerika (DDR), 9 (1981) 1, S. 77.

tung ein.[616] Ihre endgültige Form nahm die Unabhängigkeitsverfassung erst nach Abhaltung der ersten allgemeinen Wahlen durch ein verfassungsänderndes Gesetz vom 15. August 1978 an.[617] Durch diese Verfassungsänderung wurde die Zahl der Artikel von 73 auf 80 erhöht und dem Verfassungstext eine Präambel vorangestellt, die aus der Unabhängigkeitserklärung des Präsidenten der FRELIMO Samora Machel vom 25. Juni 1975 stammte.[618] Außer der Streichung der „provisorischen" Normen wurde der dritte Titel der Unabhängigkeitsverfassung „Organe des Staates" geändert und teilweise erweitert, um den Aufbau der Staats- und Verwaltungsstruktur in den ersten Unabhängigkeitsjahren und die Ergebnisse des III. Kongresses der FRELIMO zu berücksichtigen.[619] Alle inhaltlichen Bestimmungen der Unabhängigkeitsverfassung, d.h. die die Grundordnung der Gesellschaft und das Verhältnis ihrer Bürger zur Staatsgewalt gestaltenden Normen, blieben unverändert. Diese Grundordnung war ein Abbild der in den Verfassungen Osteuropas festgelegten marxistisch-leninistischen Staatskonzeption, wobei sie in ihrer Programmatik und Zielsetzung die sozialistischen Vorbilder noch übertraf.[620]

Die Unabhängigkeitsverfassung ließ das Bemühen erkennen, eine völlig neue Gesellschaftsordnung aufzubauen, die mit allen bisherigen Strukturen, d.h. den kolonialen Gesellschaftsformen und den gewohnheitsrechtlichen anerkannten afrikanischen Herrschaftsstrukturen, brechen sollte. Nur das sozialistische Gesellschaftsmodell und das ihr zugrundeliegende Gerechtigkeitsideal wurde von den Schöpfern der Unabhängigkeitsverfassung für geeignet gehalten, einen souveränen und unabhängigen Staat in Mosambik zu schaffen.

---

616 Vgl. Art. 39, 70 und 72 der Unabhängigkeitsverfassung, s. Fn. 3; Brehme in: Baumann/Ebert, Die Verfassungen der frankophonen und lusophonen Staaten des subsaharischen Afrikas, „Mosambik", S. 582.

617 BdR I. Série No. 97 vom 15.8.1978; vgl. Hall/Young, [1991] J.A.L. Vol.35, Nos.1 and 2, S. 104; Thomashausen, People's Courts in Mozambique, S. 2.

618 Graf/Joseph, Volksrepublik Mocambique. Wachsen und Werden eines jungen Staates, S. 231.

619 Vgl. Meyns, Befreiung und nationaler Wiederaufbau von Mozambique, S. 47 Fn. 186, S. 228.

620 Vgl. Révész, Die Verfassungen von Angola und Mosambik. Beispiele für Gesetzes- Imperialismus der UdSSR, S. 5ff.; vgl. auch die Unabhängigkeitsproklamation Machels, in der er auf die Notwendigkeit der Nutzung der Erfahrungen sozialistischer Staaten hinwies, „da sie Gemeingut der Menschheit auf politischem, ideologischem, organisatorischem, wirtschaftlichem und kulturellem Gebiet sind", Machel, Wir stehen vor einem harten Kampf (aus der Rede von Samora Machel am Unabhängigkeitstag von Mocambique), horizont, 1975, Nr. 32, S. 25.

1. Verfassungsprinzipien

Die Unabhängigkeitsverfassung charakterisierte Mosambik als einen volksrepublikanischen und volksdemokratischen Staat, „in dem sich alle patriotischen Schichten dem Aufbau einer neuen, von der Ausbeutung des Menschen durch den Menschen befreiten Gesellschaft widmen" (Art. 2 der Unabhängigkeitsverfassung[621]). Wie auch seine sozialistischen Vorbilder entsprach der mosambikanische Staat jedoch nicht diesen tautologischen Bezeichnungen „volksrepublikanisch" und „volksdemokratisch".[622] Es wurde nicht nur *de facto* sondern auch *de iure* weder dem Volk das Gemeinwesen überantwortet, wie für eine Republik in Abgrenzung zur Monarchie kennzeichnend,[623] noch das Staatsvolk an der Herrschaft im Staat in einer demokratischen Weise beteiligt. Die Staatspartei FRELIMO „als führende Kraft von Staat und Gesellschaft" besaß die Herrschaftsgewalt und leitete und überwachte die Tätigkeit aller staatlichen und gesellschaftlichen Organe, wie Art. 2 S. 2 und Art. 3 ausdrücklich festlegten.[624] Es herrschte nicht das Volk im Sinne der Gesamtheit seiner Staatsbürger, sondern nur der Teil des Volkes, dessen Mitglieder der staatsgestaltenden Einheitspartei angehörten.[625] Das Parlament wurde zwar in der Unabhängigkeitsverfassung als „das

---

621 In diesem Abschnitt (Zweiter Teil, A.) beziehen sich Artikel ohne Gesetzesangaben auf die Unabhängigkeitsverfassung vom 25.6.1975 in der Form der Verfassungsänderung vom 7.9.1978, s. Fn. 4.

622 Vgl. Doehring, Allgemeine Staatslehre, Rn. 325 bzw. Rn. 384.

623 Vgl. zur Lehre von der Republik Henke in: Isensee/Kirchhoff, Handbuch des Staatsrechts, Bd. I, § 21 Rn. 7f., 10ff.

624 Diese verfassungsrechtliche Verankerung der Parteienherrschaft unterschied sich in ihrer Ausdrücklichkeit von den Verfassungen anderer sozialistischer Staaten, deren Politik diese Parteienherrschaft gleichwohl praktizierten; vgl. die Sowjetverfassung vom 7.10.1977, Art. 2 AbS. 1: „Alle Macht in der UdSSR liegt beim Volke." und Art. 6 Abs.1: „Die führende und lenkende Kraft der sowjetischen Gesellschaft, der Kern ihres politischen Systems, der staatlichen und gesellschaftlichen Organisation ist die Kommunistische Partei der Sowjetunion." Text in: Handbuch der Sowjetverfassung, redigiert von Martin Fincke, Berlin 1983; und die Verfassung der DDR vom 6.4.1968 i.d.F. vom 7.10.1974 (GBl. 1974, 1, S. 245), Art. 1 S. 2: „ Sie [die Deutsche Demokratische Republik, *Anmerkung des Verfassers*] ist die politische Organisation der Werktätigen in Stadt und Land unter Führung der Arbeiterklasse und ihrer marxistisch-leninistischen Partei." und Art. 2 AbS. 1: „Alle politische Macht in der Deutschen Demokratischen Republik wird von den Werktätigen in Stadt und Land ausgeübt."; vgl. auch Mardek, Staat und Recht (DDR), 24.1975, N.11/12, S. 1555.

625 Vgl. in diesem Zusammenhang auch Art. 43 der Unabhängigkeitsverfassung: „...Die Oberste Volksversammlung bringt den Willen des mocambiquischen Volkes zum Aus-

höchste Organ der Staatsmacht in der Volksrepublik Mocambique" (Art. 43 S. 1) bezeichnet, der Volksvertretung gehörten aber nur die von der FRELIMO ausgewählten Abgeordneten an. Die Abgeordneten besaßen kein freies Mandat, da sie keine auftragsfreien Repräsentanten des Volkes waren bzw. von den Wählern beauftragt wurden, sondern waren an das imperative Mandat der Partei gebunden.[626] Nach Art. 9 Ziff. 2 des Wahlgesetzes vom 1. September 1977[627] widmeten die Abgeordneten „ihr Handeln den Interessen des Bündnisses der Arbeiter und Bauern Mocambiques und verwirklichen die Linie der FRELIMO. Sie dienen weder den speziellen Interessen eines Dorfes, einer Ortschaft, eines Kreises, einer Provinz, eines Gebietes, einer Rasse, eines Stammes, einer Religion, noch repräsentieren sie diese." Die Oberste Volksversammlung war nicht mehr als eine Akklamationsinstanz für Gesetze, die bereits von der Ständigen Kommission der Obersten Volksversammlung in Abstimmung mit dem Zentralkomitee der FRELIMO beschlossen worden waren.[628]

In der Verfassung fehlten entsprechend der marxistisch-leninistischen Rechtsauffassung ihrer Schöpfer eindeutige rechtsstaatliche Garantien. In der modernen Verfassungsgeschichte wurde das Rechtsstaatsprinzip als Antwort auf den absolutistischen Polizeistaat entwickelt. Die Ausübung der Staatsgewalt sollte der Kontrolle durch allgemeine Gesetze unterworfen werden, um staatliche Willkür zu verhindern und die persönliche und politische Freiheit des Einzelnen zu schützen (*government of law and not of men*).[629] Staatliches Handeln sollte durch Formprinzipien voraussehbar und verläßlich sein und dadurch Rechtssicherheit garantieren. Über diesen Bereich der Rechtsstaatlichkeit im Sinne eines formellen Gesetzesstaat hinaus ist das Rechtsstaatsprinzip in materieller Hinsicht im Sinne eines wertgebundenen Gerechtigkeitsstaates weiterentwickelt wor-

---

druck, fördert die Verwirklichung der von der FRELIMO formulierten Ziele...", s. Fn. 3, und Art. 15 Ziff. 1 des Wahlgesetzes vom 1.9.1977 (BdR I. No.101, Suplemento vom 1.9.1977): „Die Kandidatenvorschläge für die Volksversammlung von der Ortschaft bis zur Nation müssen den Grundsätzen der Verfassung der Volksrepublik Mocambique entsprechen, demzufolge die Macht den von der FRELIMO geeinten und geführten Arbeitern und Bauern gehört."

626 Vgl. Zippelius, Allgemeine Staatslehre, S. 449; Akademie für Staats- und Rechtswissenschaften der DDR, u.a. (Hrsg.), Staatsrecht junger Nationalstaaten, S. 216.

627 Gesetz Nr. 1/77 vom 1.9.1977, BdR. I. Série No. 101, Suplemento vom 1.9.1977.

628 Vgl. zum Gesetzgebungsverfahren Erster Teil II. 4. a) „Die Organisation der Staatsgewalt" und 5. b) „Die Schaffung neuen Rechts".

629 Zippelius, Allgemeine Staatslehre, S. 295ff. m.w.N.; Stern, Das Staatsrecht der Bundesrepublik Deutschland, Bd. I, S. 764ff.

den.[630] Diese Rechtsstaatlichkeit mußte von der marxistisch-leninistischen Rechtsauffassung als politisches Gestaltungsprinzip abgelehnt werden.[631] Im kommunistischen System konnte es ein Spannungsverhältnis zwischen Individuum und Staat nicht geben, weil das Gemeinschaftsinteresse des Kollektivs gegenüber dem Individualinteresse des Einzelnen stets vorrangig war. Ein Grundrecht gegen die sozialistische Gerechtigkeit, d.h. ein Schutzbedürfnis des Individuums gegen die Staatsgewalt, war nicht existent. Das Recht diente nicht als Schranke der Staatsgewalt, sondern war ihr Mittel. Es sollte das Hauptinstrument des Staates, also der Partei, zur Errichtung einer sozialistischen Gesellschaft sein.[632]

Dieser marxistisch-leninistischen Rechtsauffassung folgend fehlten in der Unabhängigkeitsverfassung von Mosambik eine Bindung der Staatsgewalt an Recht und Gesetz, die Grundsätze vom Vorrang und Vorbehalt des Gesetzes, eindeutige Grundrechtsgarantien gegenüber staatlichen Eingriffen und die Möglichkeit, staatliches Handeln einer gerichtlichen Kontrolle zu unterwerfen. Lediglich Art. 66 der Unabhängigkeitsverfassung deutete für die Exekutivorgane der unteren Verwaltungseinheiten, denen im zentralisierten Staatsaufbau keine eigenständige Bedeutung zukam, bei ihrer Durchführung der staatlichen Politik eine Bindung an die Verfassung und die Beschlüsse der Volksversammlungen und des Ministerrates an.[633] Dies diente jedoch allein dazu, regionale Eigenstän-

---

630 Benda in: Benda, Handbuch des Verfassungsrechts der Bundesrepublik Deutschland, § 17 Rn. 1ff.; Doehring, Allgemeine Staatslehre, Rn. 424ff.

631 Doehring, Allgemeine Staatslehre, Rn. 465; vgl. auch Zippelius, Allgemeine Staatslehre, S. 449ff., 457. Der Begriff „Rechtsstaat" bzw. „Rechtsstaatsprinzip" wurde in der sozialistischen Staats- und Rechtswissenschaft nicht verwendet. Einzelne Grundsätze des Rechtsstaatsprinzips wurden, sofern sie mit der marxistisch-leninistischen Rechtsauffassung in Einklang zu bringen waren (wie etwa der Vorrang des Gesetzes) unter dem Begriff der „sozialistischen Gesetzlichkeit" zusammengefaßt; vgl. Bley in: Institut für Theorie des Staates und des Rechts der Akademie der Wissenschaften der DDR (Hrsg.), Marxistisch-leninistische Staats- und Rechtstheorie, S. 422; Staatsverlag der DDR (Hrsg.), Rechtslexikon, S. 326 „sozialistische Gesetzlichkeit"; Handbuch der Sowjetverfassungen, redigiert von M. Fincke, Art. 4 Rn. 6; vgl. zur ablehnenden Haltung der sozialistischen Rechtswissenschaft gegenüber dem Rechtsstaatsprinzip auch Meister in: Menzel/Lieberam/Meister, Staatsrecht bürgerlicher Staaten, S. 97, der die Gewaltenteilung als „bügerlich-demokratische Konzeption" bezeichnete, die „angesichts der Herausbildung und Entwicklung des staatsmonopolistischen Kapitalismus zur Farce" geworden sei.

632 Joseph in: Heuer, Die Rechtsordnung der DDR, S. 599ff.; Staatsverlag der DDR (Hrsg.), Rechtslexikon, S. 280 „Recht".

633 Daneben wurde auch in Art. 35 der Verfassung, der die Verhaftung und Verurteilung ohne gesetzliche Grundlage untersagte, eine Bindung der Staatsgewalt an das Gesetz zum Ausdruck gebracht, s. Fn. 4.

digkeiten, Selbstbestimmungsbestrebungen von Minderheiten und separatistische Tendenzen zu verhindern.

Der Vorrang der Verfassung in der Normenhierarchie wurde nicht ausdrücklich geregelt, sondern kam lediglich in Art. 79 zum Ausdruck, der das Verhältnis der Kolonialgesetzgebung zur Verfassung festlegte. Eine unmittelbare Bindung der Staatsgewalt an die Grundrechte[634] und eine Verfassungsgerichtsbarkeit als „Hüterin der Verfassung“ fehlten. Der Präsident der Volksrepublik, nach Art. 53 zugleich Präsident der FRELIMO, hatte die Aufgabe, „die Achtung der Verfassung zu sichern“ (Art. 54 lit. a)). Das Recht zur legalen Verfassungsänderung besaß nach Art. 44 lit. b) die Oberste Volksversammlung, wobei gemäß Art. 48 eine Zweidrittelmehrheit der Mitglieder erforderlich war. Die Oberste Volksversammlung hatte außerdem das Recht, die Aufhebung der Verfassungsgarantien im Falle eines Ausnahmezustands oder Notstands „zu bestätigen“ (Art. 44 lit. k)). Diese rudimentären Regelungen zum Primat der Verfassung und zum Staatsnotstand hatten ihre Ursache in der marxistisch-leninistischen Rechtsauffassung der Verfassungsgeber.[635] Einer ausdrücklichen Notstandsregelung bedurfte es nicht, da bereits in notstandsfreien Zeiten die Staatsgewalt ohne die Beteiligung des Parlaments ausgeübt werden konnte. Die Oberste Volksversammlung trat nur wenige Tage im Jahr zusammen und wurde im übrigen von den Angehörigen der Exekutive vertreten. Auch die Absicherung der Verfassungsstaatlichkeit durch eine unabhängige, vierte Gewalt, was die Anerkennung eines modernen Gewaltenteilungsbegriffs und die Existenz einer von der Politik unabhängigen Judikative vorausgesetzt hätte,[636] konnte daher unterbleiben.

Bestimmungen über den räumlichen Geltungsbereich der Unabhängigkeitsverfassung und die Staatsangehörigkeit fehlten.

2. Staatsziele

Die in Art. 4 aufgezählten Staatsziele verdeutlichten den programmatischen Charakter der Unabhängigkeitsverfassung. Zu den grundlegenden Zielen gehörten die Beseitigung der Strukturen kolonialer und traditioneller Unterdrückung

---

634 Lediglich Art. 29 der Verfassung legte fest, daß der Gleichbehandlungsgrundsatz von Mann und Frau jegliche gesetzgebende und exekutive Tätigkeit des Staates bestimmen sollte, s. Fn. 4.

635 Vgl. Doehring, Allgemeine Staatslehre, Rn. 514, 533.

636 Vgl. Doehring, Allgemeine Staatslehre, Rn. 476ff., 514; Hesse, Grundzüge des Verfassungsrechts der Bundesrepublik Deutschland, Rn. 559ff.; hierzu auch Henker/Winkler in: Institut für Theorie des Staates und des Rechts der Akademie der Wissenschaften der DDR (Hrsg.), Marxistisch-leninistische Staats- und Rechtstheorie, S. 151.

und „der ihr zugrundeliegenden Geisteshaltung“ - die marxistisch-leninistische Idee des Kampfes gegen die Unterdrückung wirkte sich in Mosambik nicht antikapitalistisch sondern antikolonialistisch aus -, die Stärkung der „volksdemokratischen“ Macht und der Aufbau einer sozialistischen Gesellschaft. Als weitere Staatsziele wurden die Verteidigung und die Festigung der Unabhängigkeit und der nationalen Einheit durch die von der FRELIMO geführten Volksbefreiungskräfte bestimmt. Die Mitwirkung in den Volksbefreiungskräften stellte nach Art. 5 „eine Ehre und heilige Pflicht für alle Bürger beiderlei Geschlechts“ dar. Außerdem wurde die Herstellung freundschaftlicher Beziehungen mit anderen Völkern und Staaten zum Staatsziel erklärt, wobei der Zusammenarbeit mit den sozialistischen Ländern als den „natürlichen Verbündeten“ eine besondere Bedeutung zukam (Art. 22).

Zu den Aufgaben des Staates zählten die Bekämpfung des Analphabetismus und Obskurantismus und die Förderung der Entstehung einer nationalen Kultur und Eigenart (Art. 15), der Aufbau eines nationalen Gesundheitssystems (Art. 16) und die Emanzipation der Frau (Art. 17). Die Bedeutung der Jugend für den Befreiungskampf und für den Aufbau einer neuen Gesellschaft wurde hervorgehoben (Art. 18). Der mosambikanische Staat sollte ein weltlicher Staat sein, in dem die Aktivitäten der religiösen Einrichtungen im Einklang mit den Gesetzen des Staates zu erfolgen hatten (Art. 19).

Die Volksrepublik Mosambik bekannte sich zu den Grundsätzen der Vereinten Nationen und der Organisation der afrikanischen Einheit (Art. 23) und setzte sich für die universelle Abrüstung aller Staaten und die Umwandlung des Indischen Ozeans in eine atomwaffenfreie Zone des Friedens ein (Art. 24).

3. Die Wirtschaftsordnung

Die grundlegenden verfassungsrechtlichen Aussagen zur Wirtschaftsordnung waren in den Art. 6 bis 14 der Unabhängigkeitsverfassung enthalten. Die Volkswirtschaft war eine staatliche Planwirtschaft (Art. 9), deren Grundlage die Landwirtschaft und deren treibende Kraft die Industrie sein sollte (Art. 6). Kollektive Produktionsformen wurden vom Staat bevorzugt behandelt (Art. 11), und ausländisches Kapital konnte nur mit Genehmigung und im Rahmen der staatlichen Wirtschaftspolitik an wirtschaftlichen Tätigkeiten teilnehmen.

Die Eigentumsordnung folgte der sozialistischen Unterscheidung zwischen dem Eigentum an Produktionsmitteln und dem Eigentum an Konsumgütern.[637]

---

637 Vgl. Art. 10-14 DDR-Verfassung vom 6.4.1968 i.d.F. vom 7.10.1974; Art. 10-13 Sowjetverfassung vom 7.10.1977 (Text in: Handbuch der Sowjetverfassung, redigiert von Martin Fincke); auch Roggemann, Die DDR-Verfassungen. Einführung in das Verfassungsrecht der DDR, 4. Aufl., S. 257ff.; Brunner, Einführung in das Recht der DDR, S. 98.

Der Staat besaß das Eigentumsmonopol an den Produktionsmitteln (Art. 8), und Staatseigentum genoß besonderen Schutz (Art. 10). Daneben existierte nach der Verfassung persönliches und privates Eigentum. Das persönliche Eigentum, d.h. das aus dem Arbeitseinkommen geschaffene Eigentum an Konsumgütern, wurde uneingeschränkt garantiert (Art. 12), das Privateigentum dagegen durfte nur im Rahmen der in der Verfassung verankerten Interessen genutzt werden (Art. 13), also insbesondere nicht zur „Ausbeutung des Menschen durch den Menschen“ (Art. 6).[638] Die Enteignung privaten Eigentums und ihre Entschädigung wurden nicht verfassungsrechtlich geregelt.

III. Grundrechte und Pflichten der Bürger

Der Titel II der Unabhängigkeitsverfassung enthielt einen elf Artikel umfassenden Katalog von grundlegenden Rechten und Pflichten der Bürger. Am Beginn des Titels stand der allgemeine Gleichbehandlungsgrundsatz, wonach alle Bürger „unabhängig von ihrer Hautfarbe, Rasse, ihrem Geschlecht, ihrer ethnischen Herkunft, ihrem Geburtsort, ihrer Religion, ihrem Bildungsniveau, ihrer sozialen Stellung oder ihrem Beruf“ gleiche Rechte und Pflichten hatten. Durch diese zentrale Stellung und die inhaltliche Ausgestaltung des Art. 26 kam die Vorstellung der nach Unabhängigkeit strebenden Befreiungsbewegung Mosambiks zum Ausdruck, eine gerechte Gesellschaftsordnung frei jeglicher Unterdrückung durch traditionelle und koloniale Herrschaftsformen zu schaffen. Zu den Freiheitsrechten zählten die Meinungs-, Versammlungs- und Vereinigungsfreiheit (Art. 27), die Unverletzlichkeit der Wohnung und das Postgeheimnis sowie die Religionsfreiheit (Art. 33), der Schutz der Hilfsbedürftigen, Alten und Invaliden des Befreiungskampfes (Art. 32 und 34). Daneben existierte das Wahlrecht (Art. 28), das Recht auf Teilnahme an der Errichtung und Festigung der Demokratie (Art. 27) sowie an der Landesverteidigung und Revolution (Art. 30). Als Justizgrundrechte wurden nur das Recht auf Verteidigung und der Schutz vor Verhaftungen und Verurteilungen ohne gesetzliche Grundlage garantiert (Art. 35).[639] Den wegen ihres Kampfes für Frieden, Demokratie, nationale und soziale Befreiung verfolgten Ausländern sollte gemäß Art. 25 der Unabhängigkeitsverfassung Asyl gewährt werden. Es fehlten, wie in sozialistischen Verfassungen

638 Révész, Die Verfassungen von Angola und Mosambik. Beispiele für Gesetzes-Imperialismus der UdSSR, S. 15; Roggemann, Die DDR-Verfassungen, 3. Aufl., S. 82.

639 Vgl. Sachs/Welch, Liberating the Law. Creating Popular Justice in Mozambique, S. 15, 46ff., 111ff.

üblich, Freizügigkeitsrechte, Presse- und Informationsfreiheiten und Rechtsschutzmöglichkeiten gegen die öffentliche Gewalt.[640]

Die Grundrechte waren in der Regel an Grundpflichten gebunden, wie etwa das Recht und die Pflicht der Arbeit und Bildung (Art. 31). Die Existenz dieser Grundpflichten, die über die auch in westlich-liberalen Demokratien bekannten besonderen, im einzelnen normierten Grundpflichten, wie etwa die Wehr- oder die Wahlpflicht, hinausgingen, entsprach der marxistisch-leninistischen Grundrechtsdogmatik, wonach eine untrennbare Einheit zwischen Rechten und Pflichten besteht und die Abwehrfunktion der Grundrechte gegenüber staatlichen Eingriffen hinter das Ziel der Integration des Einzelnen in die Gesellschaft zurückzutreten hat.[641] Die sozialistischen Grundrechte sind keine Rechte des Bürgers gegen den Staat, sondern Mitwirkungs- und Mitgestaltungsrechte des Einzelnen im Rahmen des Aufbaus der sozialistischen Gesellschaft.[642] Dies verdeutlicht auch die niedrige Schwelle der allgemeinen Schranken der verfassungsrechtlich garantierten Grundrechte. Die Ausübung sämtlicher Grundrechte stand unter dem Vorbehalt des Kollektivinteresses, wie Art. 36 der Unabhängigkeitsverfassung in aller Deutlichkeit festlegte: „Der Staat verbietet den Mißbrauch der individuellen Rechte und Freiheiten zum Nachteil der Interessen des Volkes. Verrat, Subversion und Sabotage sowie alle Handlungen gegen die Ziele der FRELIMO und gegen die revolutionäre Ordnung des Volkes werden vom Staat streng bestraft."[643]

---

640 Révész, Die Verfassungen von Angola und Mosambik. Beispiele für Gesetzes-Imperialismus der UdSSR, S. 15.

641 Vgl. Révész, Die Verfassungen von Angola und Mosambik. Beispiele für Gesetzes-Imperialismus der UdSSR, S. 11ff.; Klenner in: Institut für Theorie des Staates und des Rechts der Akademie der Wissenschaften der DDR (Hrsg.), Marxistisch-leninistische Staats- und Rechtstheorie, S. 413ff.; Brunner, Einführung in das Recht der DDR, S. 87; Roggemann, Die DDR-Verfassungen, 3. Aufl., S. 83; Doehring, Allgemeine Staatslehre, Rn.557f., 574.

642 Staatsverlag der DDR (Hrsg.), Rechtslexikon, S. 327 „sozialistische Grundrechte und -pflichten".

643 Neben diesem allgemeinen Vorbehalt wurde auch in einzelnen Grundrechtsnormen im Wege einer verfassungsunmittelbaren Schranke (Art. 26, 27 der Verfassung) oder eines Gesetzesvorbehalts (Art. 26, 28 der Verfassung) eine Begrenzung der Grundrechtsgewährleistung ausdrücklich festgelegt.

Die verfassungsrechtliche Organisation des Staates im unabhängigen Mosambik ist im ersten Teil der Arbeit beschrieben worden.[644] An dieser Stelle soll daher nur noch in Grundzügen auf die verfassungsrechtliche Ausformung der Staatsgewalt eingegangen werden.

Als Regierungsform wurde in der Unabhängigkeitsverfassung ein Präsidialsystem mit einer starken Zentralisierung der Machtbefugnisse ohne Gewaltenteilung und mit einem zentralisierten Verwaltungsaufbau verankert. Die führende Rolle der FRELIMO im Staat und die völlige Verschmelzung von Partei- und Staatsstrukturen wurde durch Art. 39 der Unabhängigkeitsverfassung zum Verfassungsprinzip erhoben.[645] Die Organisation der Staatsgewalt kannte zwar eine Funktionsverteilung zwischen verschiedenen Organen, alle Staatsorgane waren jedoch untereinander und von der Einheitspartei abhängig, sowohl in ihrer Entstehung als auch in der Wahrnehmung ihrer Befugnisse.[646] Der Grundgedanke der Gewaltenteilung, d.h. die Verhinderung der unkontrollierten Machtkonzentration bei nur einem Staatsorgan durch Verteilung, Begrenzung und gegenseitige Kontrolle der Staatsgewalt (*checks and balance*) als tragendes Organisations- und Strukturprinzip des neuzeitlichen Verfassungsstaates[647] sollte nach dem marxistisch-leninistischen Staatsverständnis vermieden werden. Die Konzentration der Macht erfolgte in der Person des Staatspräsidenten, der nicht durch allgemeine Wahlen, wie grundsätzlich auch in Einparteiensystemen üblich,[648] bestimmt wurde, sondern nach Art. 53 der Unabhängigkeitsverfassung identisch mit dem Präsidenten der FRELIMO war. Dieser wurde vom Zentralkomitee der Partei ernannt, das auch die Geschäfte des Staatspräsidenten im Fall der dauerhaften Unfähigkeit der Amtsausübung zu übernehmen und einen neuen Staatspräsidenten zu bestimmen hatte (Art. 57), und bildete zusammen mit dem Ministerrat die Regierung der Volksrepublik (Art. 54, 58). Der Staatspräsident führte den Vorsitz in der Obersten Volksversammlung (Art. 47), in der Ständigen Kommission der Obersten Volksversammlung (Art. 50), dem Ministerrat, was das organisatorische und personelle Kabinettsbildungsrecht umfaßte (Art. 54 lit.

644 Vgl. Erster Teil II. 3. „ Die Staatskonzeption der FRELIMO“ und 4. „Der Staatsaufbau“.

645 Vgl. auch Art. 43, 45, 47, 50, 54, 57 und 67 der Verfassung, s. Fn. 4.

646 Vgl. Révész, Die Verfassungen von Angola und Mosambik. Beispiele für Gesetzes-Imperialismus der UdSSR, S. 8ff.; Doehring, Allgemeine Staatslehre, Rn. 420.

647 Vgl. zum Gewaltenteilungsprinzip Zippelius, Allgemeine Staatslehre, § 31; Badura, Staatsrecht, D 47ff.; Doehring, Allgemeine Staatslehre, Rn. 388ff.

648 Rogge, Die Verfassung des afrikanischen Einparteienstaates, S. 8; Brehme in: Baumann/Ebert, Die Verfassungen der frankophonen und lusophonen Staaten des subsaharischen Afrikas, „Mosambik“, S. 581.

b), c), 59), und er war Oberbefehlshaber der Streitkräfte und der Polizei- und Sicherheitsdienste (Art. 5). Ihm oblag ferner die Entscheidung über die Berufung und die Funktionen der Minister und Vizeminister, der Staatssekretäre, der Provinzgouverneure, des Gouverneurs der Staatsbank, des Präsidenten des Obersten Volksgerichtes und des Generalstaatsanwalts, der Rektoren der Universität und der Botschafter und diplomatischen Gesandten (Art. 54 lit. d)) sowie der Führungskader des Militärs und der Polizei- und Sicherheitskräfte (Art. 5). Angesicht dieser Machtfülle muß es überraschen, daß dem Staatspräsidenten nicht auch das Recht zum Erlaß von Legislativakten oder zumindest zur Gesetzesinitiative eingeräumt wurde,[649] wie es in anderen Unabhängigkeitsverfassungen afrikanischer Staaten der Fall war.[650]

Das Recht zur Gesetzesinitiative besaßen nach Art. 45 der Unabhängigkeitsverfassung das Zentralkomitee der FRELIMO, die Ständige Kommission der Obersten Volksversammlung, die Kommission der Obersten Volksversammlung und der Ministerrat.

Die Oberste Volksversammlung war *de iure* das höchste Organ der Staatsmacht (Art. 43), *de facto* aber das unbedeutendste. Ihr stand gemäß Art. 44 der Unabhängigkeitsverfassung das Recht zur Verfassungsänderung und zur Gesetzgebung zu; sie hatte den Staatshaushalt und den Wirtschaftsplan zu beschließen und übte die Aufsicht über die weisungsabhängigen Verwaltungseinheiten der Provinzen, Distrikte, Städte und Ortschaften (Art. 37 i.V.m. 38, 44 lit. i)) und über alle Gerichte (Art. 69)[651] aus. Tatsächlich trat die Oberste Volksversammlung, wenn überhaupt, nur wenige Tage im Jahr zusammen und wurde ansonsten bei der Wahrnehmung aller ihrer Aufgaben von der Ständigen Kommission der Obersten Volksversammlung vertreten (Art. 51).

Die Rechtsprechung sollte durch ein oberstes Volksgericht und weitere durch Gesetz zu schaffende Gerichte ausgeübt werden (Art. 69), deren Aufgabe die Erziehung der Bürger zur freiwilligen und bewußten Gesetzesbefolgung und die Schaffung eines gerechten Zusammenlebens waren (Art. 71). Die Richter sollten nach Art. 73 der Unabhängigkeitsverfassung bei der Wahrnehmung ihrer Funktionen unabhängig sein, waren aber aufgrund der Möglichkeit ihrer Absetzung

649 Bis zu ihrer Änderung der Verfassung durch das Verfassungsänderungsgesetz vom 15.8.1978 enthielt die Unabhängigkeitsverfassung auch ein Gesetzesinitiativrecht des Staatspräsidenten und des Exekutivkomitees der FRELIMO; vgl. Art. 41 der Unabhängigkeitsverfassung vom 25.6.1975, s. Fn. 3.

650 Vgl. Rogge, Die Verfassung des afrikanischen Einparteienstaates, S. 12.

651 Vgl. hierzu Joseph, Staat und Recht (DDR), 1979 S. 437, wonach „die Verantwortlichkeit und Rechenschaftspflicht der Justizorgane gegenüber den Volksvertretungen dazu beitrug, Illusionen hinsichtlich einer aus der „Dreiteilung der Gewalten" fließenden Unabhängigkeit der Gerichte zu beseitigen und den Platz der Justiz im Mechanismus der Machtausübung eindeutig zu bestimmen".

durch die Volksversammlungen in vollem Umfang abhängig von den politischen Machthabern.[652]

Im Kapitel über die „örtlichen Staatsorgane“ wurde die Funktionsverteilung der territorialen Verwaltungseinheiten und die Einheit und der Zentralismus der Staatsgewalt als Prinzipien der Lokalverwaltung festgelegt (Art. 63ff.). Die Volksversammlungen der einzelnen Ebenen hatten nur in grundsätzlichen Angelegenheiten ihres Territoriums eine eigenständige Beschlußmöglichkeit (Art. 64 lit. b)). Die Provinzgouverneure waren für ihre Tätigkeit gegenüber „der FRELIMO, dem Präsidenten der Republik und dem Ministerrat verantwortlich“ (Art. 67).

V. Symbole der Volksrepublik Mosambik

Eine besondere Erwähnung verdient der Titel IV der Unabhängigkeitsverfassung, in dem in drei Artikeln die Symbole der Volksrepublik Mosambik, ihre Bildmotive und Farbzusammensetzung sehr ausführlich beschrieben wurden. Offensichtlich erschöpfte sich die Detailvielfalt der Symbole nicht nur in der äußeren Selbstdarstellung des Staates, sondern sollte die Ziele und Grundlagen des neu geschaffenen Staates für die überwiegend leseunkundige Bevölkerung gegenständlich machen. Mit Hilfe der Appellationswirkung der Farben und Bilder sollten die Staatssymbole über ihre Funktion als Kenn- und Erkennungszeichen hinaus das Gemeinschafts- und Staatsgefühl des Volkes im Sinne der neuen Staatskonzeption stärken.

Die Nationalflagge zeigte verschiedene Gegenstände auf einem fünffarbigen Hintergrund (Art. 77). Die Farben Grün, Rot und Gelb des panafrikanischen Farbdreiklangs[653] wurden ergänzt durch die Farben Schwarz als Symbol für den afrikanischen Kontinent und Weiß als Ausdruck der Rechtmäßigkeit des Befreiungskampfes des mosambikanischen Volkes und des Friedens. Die Farben Grün, Rot und Gelb symbolisierten die Reichtümer der mosambikanischen Erde, den Widerstand gegen den Kolonialismus, den nationalen Befreiungskampf, die Revolution und die Bodenschätze. Die Gegenstände zeigten ein Zahnrad als Sinnbild der Arbeiterklasse und landwirtschaftlichen Produktion, ein Buch für die Volksbildung, eine Waffe und eine Hacke, die die Wachsamkeit und Verteidigungsbereitschaft des Volkes und die Bauernschaft darstellen sollten, sowie ei-

---

652 Vgl. hierzu Doehring, Allgemeine Staatslehre, Rn. 420.

653 Der panafrikanische Farbdreiklang geht auf die Flagge des ältesten unabhängigen afrikanischen Staates, Äthiopien, zurück und wurde als „Freiheitsbanner“ von zahlreichen afrikanischen Staaten nach der Erlangung ihrer Unabhängigkeit zu ihren Nationalfarben gewählt. Dies waren Benin, Burkina Faso, Ghana, Guinea, Guinea-Bissau, Kamerun, Kongo, Mali, Ruanda, Senegal, Simbabwe und die Zentralafrikanische Republik.

nen roten Stern als Ausdruck des internationalistischen Geistes des mosambikanischen Volkes. Die Fahne wurde in der Präambel der Unabhängigkeitsverfassung als Symbol des Sieges bezeichnet.

Das Emblem der Volksrepublik enthielt die gleichen Gegenstände wie die Nationalflagge, die über der Karte von Mosambik und dem Ozean angeordnet waren. Das Emblem wurde ergänzt durch die aufgehende Sonne als Symbol der Revolution und des im Aufbau befindlichen Lebens und eine Mais- und Zuckerrohrpflanze für die landwirtschaftliche Vielfalt des Landes (Art. 78).

VI. Übergangs- und Schlußbestimmungen

Der aus nur zwei Artikeln bestehende Titel V der Unabhängigkeitsverfassung regelte die Fortgeltung der vorkonstitutionellen Gesetzgebung, sofern sie nicht gegen die Verfassung verstieß (Art. 79), und den zeitlichen Geltungsbereich der Verfassung (Art. 80).

VII. Verfassungspolitische Bewertung

Das Schicksal der Volksrepublik und ihrer programmatischen Verfassung ist bekannt. Der Krieg war die offizielle Entschuldigung für das Scheitern des sozialistischen Systems, doch auch ohne den Bürgerkrieg wäre der Volksrepublik Mosambik ihr Niedergang vermutlich nicht erspart geblieben, wie das Scheitern des Sozialismus in Osteuropa und die Entwicklung im südlichen Afrika verdeutlichen.[654]

Läßt sich die Verfassungsgebung einer staatlichen Gemeinschaft zwar nicht an ihrer Legalität messen, da eine Verfassung als souveräne Rechtsquelle stets ein nichtlegaler Akt ist,[655] muß aber ihre Legitimität, d.h. die Rechtfertigung der verfassungsrechtlichen Ordnung, und ihre Effektivität, d.h. die Wirksamkeit der verfassungsrechtlichen Ordnung, der Maßstab einer verfassungspolitischen Bewertung sein.[656]

---

654 Vgl. Adam, Reform in Mosambik - eine Rückkehr zu den „wahren" Zielen der Befreiung?, S. 76f., 79f.; Meyns, Einleitung: Ein neuer Anfang für das portugiesischsprachige Afrika?, S. 4f.

655 Vgl. Badura, Staatsrecht, A 8; Vgl. Zippelius, Allgemeine Staatslehre, § 9 III 2; Kirchhof in: Isensee/Kirchhof, Handbuch des Staatsrechts, Bd. I, § 19 Rn. 10f.

656 Vgl. hierzu grundlegend Maunz/Zippelius, Deutsches Staatsrecht, § 6 I. 1.; Schmitt, Verfassungslehre, § 9 S. 87ff.

Die erste Verfassung Mosambiks war nicht das Ergebnis einer ausführlichen, legitimitätsstiftenden Verfassungsdebatte eines gewählten oder ernannten staatlichen Organs über die neue Ordnung des unabhängigen Mosambiks, sondern ein Produkt der FRELIMO. Die verfassungsgebende Gewalt wurde durch die Befreiungsfront ausgeübt, weil sie die politische Macht und den politischen Willen besaß, die rechtliche Grundentscheidung über die staatliche Ordnung als positivrechtlichen Abschluß der historischen Entwicklung zur Staatlichkeit zu treffen.[657] Dies war das Ergebnis des revolutionären Prozesses in Mosambik, der zu der vertraglichen Übertragung der Hoheitsgewalt der portugiesischen Kolonialmacht auf die FRELIMO durch das Lusaka-Abkommen vom 7. September 1974 und zu der Entstehung des Völkerrechtssubjektes Mosambik führte. Die Legitimität der Ausübung des *pouvoir constituant* wurde also von der Befreiungsfront originär und stellvertretend für das Staatsvolk wahrgenommen. Für eine nicht nur vorübergehende Legitimität des Subjektes der Verfassungsgebung und ihres Gesetzgebungsobjektes hätte es aber einer dauerhaften Bestätigung durch den Gemeinwillen des Volkes, des Subjektes der verfassungsgebenden Gewalt, bedurft, da die Geltung einer Verfassung sich nicht aus sich heraus gewährleistet, sondern von ihrer dauerhaften Anerkennung aufgrund des Grundkonsenses über ihren Inhalt abhängt. Es entscheidet also nicht die Herkunft, sondern die Zukunft der Verfassung über ihre Legitimität.[658] Diese Bestätigung nach der Verfassungsgebung ist bei der ersten Verfassung Mosambiks unterblieben. Sie konnte auch nicht durch das verfassungsändernde Gesetz der Obersten Volksversammlung vom 15. August 1978 im Wege einer konkludenten Bestätigung der Legitimität der Verfassungsgebung erfolgen, da zu diesem Zeitpunkt ein freier Willensbildungsprozeß innerhalb Mosambiks nicht mehr möglich war und in dem Votum der Abgeordneten die Bewußtseinsgesamtheit des Volkes nicht zum Ausdruck kam. Wie vom marxistisch-leninistischen Standpunkt aus zum Volk nicht die „Ausbeuter“, sondern nur die bisher ausgebeuteten Proletarier gehören, so zählten im Sinne der mosambikanischen Befreiungsbewegungen alle diejenigen nicht zum mosambikanischen Volk, die sich in den Dienst der Kolonialmächte gestellt hatten. Ohne die dauerhafte, legitimierende Anerkennung der Verfassungsgebung durch das gesamte Volk mußte der Verfassungsordnung jedoch auch ihre Effektivität verwehrt bleiben, wie der Ausbruch des 16jährigen Bürgerkrieges bereits wenige Jahre nach dem Inkrafttreten der Unabhängig-

---

657 Vgl. Kirchhof in: Isensee/Kirchhof, Handbuch des Staatsrechts, Bd. I, § 19 Rn. 15f.; Maunz/Zippelius, Deutsches Staatsrecht, § 6 I. 1.; Schmitt, Verfassungslehre, § 8 S. 75ff.

658 Vgl. Badura, Staatsrecht, A 9; Kirchhof in: Isensee/Kirchhof, Handbuch des Staatsrechts, Bd. I, § 19 Rn. 15f.; Maunz/Zippelius, Deutsches Staatsrecht, § 6 I. 1.; Hesse in: Benda/Maihofer/Vogel, Handbuch des Verfassungsrechts, § 1 Rn. 4ff.

keitsverfassung und der wirtschaftliche Zusammenbruch des Staates verdeutlichten.

Die Unabhängigkeitsverfassung war nicht die vom gemeinsamen Schicksal geprägte und das Zusammenleben prägende Ordnung der mosambikanischen Gesellschaft und konnte daher keinen Bestand haben. Auch wenn Kwame Nkrumah, einer der großen politischen Ideengeber der afrikanischen Entkolonialisierungsbestrebungen,[659] den Kapitalismus als „Verrat des afrikanischen Wesens und des afrikanischen Gewissens" bezeichnete und nur den Einparteienstaat für das geeignete politische System der afrikanischen Sozialordnung hielt,[660] konnte das mosambikanische Einparteienmodell keine geeignete Lösung für die nach einer Gesellschaftsordnung suchenden, von den Kolonialzeiten gezeichneten Völker Afrikas und ihrer vielschichtigen Gemeinschaftsstrukturen bieten. Die Unabhängigkeitsverfassung war nur eine Kopie der osteuropäischen Staatskonzeption ohne jeden eigenständigen Lösungsansatz der spezifisch afrikanischen und mosambikanischen Probleme. Der marxistisch-leninistischen Staatstheorie und des ihr zugrundeliegenden Gerechtigkeitsideal folgend wurde aus den „historischen Erfahrungen und Zwangsläufigkeit" eine Sollensordnung abgeleitet, die eine systematische Unterscheidung zwischen „Sein" und „Sollen" als Voraussetzung für die Dauerhaftigkeit einer Rechtsordnung ablehnte.[661] Die Idee, den ersten „wahrhaft marxistischen Staat Afrikas" zu bilden, führte daher wie auch in anderen sozialistischen Staaten Afrikas und Osteuropas zu Verarmung, Freiheitsverlust des Einzelnen und einer Klassengesellschaft der Funktionäre.

Ihrer Ordnungsfunktion und normativen Kraft beraubt war die Unabhängigkeitsverfassung daher nicht mehr als ein politisches Programmpapier und Herrschaftsinstrument der FRELIMO und nicht „die Verwirklichung der Hoffnung aller Mocambiquaner", wie es in der Präambel der Unabhängigkeitsverfassung hieß.

---

659 Nkrumah kehrte nach dem Studium in der USA und einem zweijährigen Aufenthalt in London 1947 in seine Heimat, die britische Kolonie Goldküste, zurück, die er 1957 unter dem Namen Ghana in die Unabhängigkeit führte. Als Staatspräsident führte er das Einparteiensystem ein und ließ sich zum Präsidenten auf Lebenszeit ernennen. Er setzte sich für die Errichtung einer afrikanischen Union ein und förderte die antiwestliche Casablanca-Gruppe radikal antikolonialistischer Staaten, die sich 1963 mit der prowestlichen Monrovia-Gruppe in der Organisation für Afrikanische Einheit zusammenschloß.

660 Vgl. Tibi, Politische Ideen in der „Dritten Welt" während der Dekolonisation in: Fetscher/Münkler, Pipers Handbuch der Politischen Ideen, Bd. 5, S. 380ff.

661 Vgl. Doehring, Allgemeine Staatslehre, Rn. 21ff.

B. Die Verfassung der Republik Mosambik vom 30. November 1990

I. Entstehungsgeschichte

1. Einleitung

Nach der ersten Verfassungsänderung vom 15. August 1978, die der verfassungsrechtlichen Umsetzung der Beschlüsse des III. Parteitages der FRELIMO diente, erfolgte am 25. Juli 1986 die zweite große Änderung der Unabhängigkeitsverfassung.[662] Hierdurch wurde das selbständige Amt eines Parlamentspräsidenten und eines Premierministers eingeführt, ohne jedoch die Macht des Staatspräsidenten maßgeblich zu dekonzentrieren. Die Maßnahmen verfolgten vielmehr das Ziel, Präsident Machel vom Vorsitz im Ministerrat und der Obersten Volksversammlung zu entbinden, um sich dem eskalierenden Bürgerkrieg widmen zu können.[663] Zum Präsidenten der Volksversammlung wurde Marcelino dos Santos, der zweite Mann in der Partei, ernannt und für das Amt des Ministerpräsidenten Mario Machungo, Mitglied des Politbüro der FRELIMO, bestimmt.[664] Im übrigen enthielt die Verfassungsänderung keine nennenswerten Neuerungen in Bezug auf die staatsrechtliche Gestaltung der Hoheitsgewalt in der Volksrepublik Mosambik.[665]

2. Der Verfassungsentwurf der FRELIMO

Zeitgleich mit der Verabschiedung des verfassungsändernden Gesetzes Nr. 4/86 wurde durch die Resolution Nr. 5/86 der Obersten Volksversammlung eine Kommission aus Abgeordneten und Juristen eingesetzt, um eine weitergehende Verfassungsreform vorzubereiten.[666] Das Reformvorhaben sollte in einer öffent-

---

662 Gesetz Nr. 4/86 vom 25.7.1986 *Introduz algumas alteracões à Constituição da República Popular de Moçambique*, BdR I. Serie No. 30 (2. Supplement) vom 26.7.1986.

663 Hall/Young, [1991] J.A.L. Vol.35, Nos.1 and 2, S. 104.

664 Hall/Young, Confronting Leviathan. Mozambique since Independence, S. 199; vgl. auch Hanlon, Mosambik: Revolution im Kreuzfeuer, S. 330, 332.

665 Hinsichtlich der Kommunalverwaltung wurde Art. 42 geändert und die Rechtsgrundlage für eine zukünftige gesetzgeberische Festlegung der Verwaltungseinheiten des Landes in Provinzen, Distrikte, Städte und Ortschaften eingefügt; vgl. Thomashausen, The Influence of Constitutional Change on Local Government: Lessons Learned in Mozambique, S. 93.

666 Resolution Nr. 5/86 vom 25.7.1986, BdR I. Série No. 30 (2. Supplement).

lichen Debatte in Zusammenhang mit den zweiten nationalen, für den 15. August bis 15. November 1986 angesetzten Wahlen der Bevölkerung vorgestellt werden.[667] Die Wahlen erwiesen sich aber angesichts der Verhältnisse im Land als kaum durchführbar und wurden überschattet vom plötzlichen Tod des Staats- und Parteivorsitzenden Samora Machel.[668] Die neugewählte Oberste Volksversammlung verabschiedete daher ohne eine öffentlich geführte Verfassungsdebatte auf ihrer zweiten Sitzung im September 1987 den neuen Verfassungsentwurf, nachdem bereits das Zentralkomitee der FRELIMO einen Monat zuvor den Vorschlag der Verfassungskommission gebilligt hatte.[669] Nach der revidierten Verfassung sollte der Staatspräsident nicht mehr identisch mit dem Präsidenten der FRELIMO sein, sondern auf Vorschlag des Zentralkomitees der Partei von den Provinzversammlungen gewählt werden. Das Mandat des Präsidenten sollte fünf Jahre betragen und seine Wahl zeitgleich mit der der Volksversammlungen erfolgen. Von der Wahl durch die elf Provinzversammlungen des Landes versprach man sich vor allem eine Festigung der nationalen Einheit des Landes und die Wiedererlangung der politischen Legitimität der Staatsführung, ohne die direkte Beteiligung der Bevölkerung zulassen zu müssen, was die FRELIMO nach wie vor ablehnte.[670] Die Verfassungsreform sah ferner eine Stärkung der Stellung des Staatspräsidenten, die Konkretisierung und Erweiterung der Aufgaben der Obersten Volksversammlung gegenüber der Ständigen Kommission und dem Parlamentspräsidenten, die Einführung einer Rechenschaftspflicht der Provinzgouverneure gegenüber den Provinzvolksversammlungen und eine institutionelle Trennung von Gerichten und Staatsanwaltschaft vor. Schließlich sollte der wirtschaftspolitischen Öffnung zu mehr Marktwirtschaft und den mit dem IWF und der Weltbank vereinbarten wirtschaftlichen Wiederaufbauprogrammen Rechnung getragen werden.[671]

Alle vorgeschlagenen Änderungen ließen jedoch die grundsätzlichen Aussagen der Unabhängigkeitsverfassung über die politische Orientierung des Staates

---

667 Hall/Young, [1991] J.A.L. Vol.35, Nos.1 and 2, S. 105.

668 Vgl. hierzu Erster Teil II. 4. b) „Die ersten allgemeinen Wahlen“.

669 Jung, Aktuelle sozialökonomische Programme und staatsrechtliche Konzeptionen in der Volksrepublik Angola und in der Volksrepublik Mocambique, S. 111; Hall/Young, Confronting Leviathan. Mozambique since Independence, S. 203; Brehme in: Baumann/Ebert, Die Verfassungen der frankophonen und lusophonen Staaten des subsaharischen Afrikas, „Mosambik“, S. 583.

670 Hall/Young, [1991] J.A.L. Vol.35, Nos.1 and 2, S. 106; Jung, Aktuelle sozialökonomische Programme und staatsrechtliche Konzeptionen in der Volksrepublik Angola und in der Volksrepublik Mocambique, S. 114.

671 Zu den Einzelheiten des Änderungsvorschlages: Jung, Aktuelle sozialökonomische Programme und staatsrechtliche Konzeptionen in der Volksrepublik Angola und in der Volksrepublik Mocambique, S. 111ff.

und die uneingeschränkte Führungsrolle der FRELIMO unberührt. Der neue Staatspräsident Chissano, unter dessen Führung eine Rückbesinnung auf die eigentlichen Ziele der Befreiungsbewegung unter Mondlane und eine langsame Abkehr von dem marxistisch-leninistischen Kurs seines Vorgängers Machel einsetzte,[672] lehnte daher die von der Volksversammlung angenommene Verfassungsrevision ab und beauftragte die Verfassungskommission mit einer erneuten Überarbeitung.[673]

Die zunächst für 1988 vorgesehene Verfassungsänderung wurde während der Vorbereitungen für den V. Parteikongreß der FRELIMO Ende Juli 1989 wieder verschoben.[674] Erst dieser Kongreß, auf dem sich die FRELIMO von ihrer marxistisch-leninistischen Ideologie löste, um zu einer am Sozialismus orientierten Partei des ganzen Volkes zu werden, und der Aufbau einer sozialistischen Gesellschaft als demokratischer Prozeß unter mosambikanischen Bedingungen zur Erreichung von Fortschritt, Gerechtigkeit, Freiheit und Gleichheit definiert wurde, ebneten den Weg für wirkliche Reformen der politischen und staatlichen Ordnung Mosambiks.[675] Im September 1989 begannen erneut die Beratungen über die geplante Verfassungsreform. Die Friedrich-Ebert-Stiftung in Maputo organisierte zu diesem Zweck ein verfassungsrechtliches Seminar mit Rechtsexperten aus zehn Ländern, dem die mosambikanische Juristenvereinigung jedoch mit großem Mißtrauen begegnet. Zu sehr war man auf die nationale Eigenständigkeit bedacht und glaubte, die Unabhängigkeit nur durch die Verhinderung der (erneuten) „Einmischung“ ausländischer Verfassungsideen sichern zu können.[676]

---

672 Adam, Reform in Mosambik - eine Rückkehr zu den „wahren“ Zielen der Befreiung?, S. 84ff., 91.

673 Lindholt, Questioning the Universality of Human RightS. The African Charter on Human and Peoples' Rights in Botswana, Malawi and Mozambique, S. 69; Hall/Young, Confronting Leviathan. Mozambique since Independence, S. 203.

674 Diederichsen in: Afrika-Jahrbuch 1988, S. 302.

675 Vgl. Adam, Reform in Mosambik - eine Rückkehr zu den „wahren“ Zielen der Befreiung?, S. 88f. Die Abkehr von der marxistisch-leninistischen Partei-Ideologie führte Anfang 1990 dazu, daß Mosambik von der Liste der marxistischen Staaten des US State Department's gestrichen und die begehrten Kontakte mit der USA intensiviert werden konnten; vgl. Hall/Young, Confronting Leviathan. Mozambique since Independence, S. 209.

676 Erst nach einem Empfang der Konferenzteilnehmer und den anerkennenden Worten von Staatspräsident Chissano konnte der Dialog mit den mosambikanischen Experten beginnen; Schattenfroh, Interview mit dem Verfasser am 10.10.1999 in Berlin; Grill in: Friedrich-Ebert-Stiftung, Beiträge zu Versöhnung, Demokratie und Entwicklung. 10 Jahre Arbeit der Friedrich-Ebert-Stiftung in Mosambik, S.7.

Am 9. Januar 1989 stellte Präsident Chissano den grundlegend überarbeiteten Verfassungsentwurf der Öffentlichkeit vor.[677] Dieser ergänzte den Entwurf von 1987 um die Direktwahlen von Staatspräsident und Parlament durch das Volk ohne aber zunächst das Einparteiensystem aufzugeben. Die Aufgaben der Staatsorgane wurden klarer voneinander abgegrenzt und die bislang unbeschränkten Befugnisse der Ständigen Kommission reduziert. Die Oberste Volksversammlung sollte zukünftig ausschließlich zuständig sein für Verfassungsänderungen, Entscheidungen über das Wahlgesetz und den Staats- und Haushaltsplan und die Prüfung der Verfassungsmäßigkeit von Gesetzen und anderen Rechtsakten. Der Grundrechtskatalog wurde erweitert und durch ein verbessertes Rechtsschutzsystem abgesichert und die Todesstrafe abgeschafft. Die staatlich gelenkte Planwirtschaft sollte in ein gemischtes Wirtschaftssystem mit privaten, genossenschaftlichen und staatlichen Elementen umgewandelt und für ausländisches Kapital geöffnet werden. Der überarbeitete Entwurf sah die Garantie des Privateigentums vor und führt das Streikrecht und das Recht auf Erbschaft ein. Hinsichtlich der Außenpolitik wurde die Nichtpaktgebundenheit Mosambiks hervorgehoben.[678]

3. Die öffentliche Debatte

Dieser revidierte Verfassungsentwurf wurde in den folgenden Monaten in den Partei- und Staatsgremien und Massenorganisationen debattiert und der Öffentlichkeit zur Diskussion vorgestellt, was von einem Ausschuß aus Vertretern der Justiz, der Medien, der Kirchen und der Massenorganisationen unter Führung des Politbüros der FRELIMO organisiert wurde.[679] Präsident Chissano forderte auf einem Besuch in Lissabon im April 1990 die Exilmosambikaner zur Rückkehr und zur Teilnahme an den Reformbemühungen auf und gestand gegenüber Oppositionellen die Fehler der Vergangenheit ein.[680] Auch die Bürgerkriegsflüchtlinge in den benachbarten Ländern wurden in die öffentliche Diskussion mit einbezogen.[681] Die Öffentlichkeit der Auseinandersetzung im Sinne einer

---

677 African Recorder, January 29-February 11, 1990, S. 8020; Maier, SAPEM February 1991, S. 11; Hall/Young, [1991] J.A.L. Vol.35, Nos.1 and 2, S. 107.

678 Vgl. zum Verfassungsentwurf Joseph, Asien, Afrika, Lateinamerika (DDR) 17 (1989) 4, S. 672ff.; Blaustein/Flanz, Constitutions of the Countries of the World, Mozambique, S. 6.

679 Diederichsen in: Afrika-Jahrbuch 1990, S. 377.

680 Hall/Young, [1991] J.A.L. Vol.35, Nos.1 and 2, S. 108; Diederichsen in: Afrika-Jahrbuch 1990, S. 380.

681 Hall/Young, [1991] J.A.L. Vol.35, Nos.1 and 2, S. 108.

kritischen Beteiligung aller gesellschaftlichen Gruppen der Bevölkerung an der Gestaltung der zukünftigen Ordnung hatte angesichts des Bürgerkrieges, der weite Teil des Landes unzugänglich machte, und einer von der FRELIMO politisch völlig entmündigten Gesellschaft jedoch nur eine geringe Bedeutung.

Die parteiinterne Auseinandersetzung der FRELIMO über die Verfassungsreform wurde vor allem von zwei Fragen bestimmt: die Regelung der Staatsangehörigkeit und die zukünftige Eigentumsordnung in Mosambik. Die Debatte über die Staatsangehörigkeit war von den wachsenden rassistischen Tendenzen des afrikanisch-nationalistischen Flügels der politischen Führung und dem Mißtrauen der schwarzen Bevölkerung gegenüber weißen und indischen Einwanderern bestimmt, deren Stellung im unabhängigen Mosambik zunehmend in Frage gestellt wurde.[682] Vor allem von Kriegsveteranen der Befreiungsfront, die um ihre Privilegien in einer neuen Gesellschaft fürchteten, wurde die Forderung erhoben, eine ausschließlich „schwarze“ Regierung unter Beteiligung der nationalistisch gesinnten Kreise der RENAMO zu bilden. Der Einfluß der weißen und indischstämmigen Bevölkerungsgruppen in Politik und Wirtschaft sollte reduziert und die Nationalität allein nach rassischen Merkmalen bestimmt werden.[683] Die vorgeschlagenen Regelungen im Verfassungsentwurf, die sich auf einen Artikel beschränkten und die Staatsbürgerschaft an die Geburt im Staatsgebiet, die Abstammung von einem mosambikanischen Elternteil und die Einbürgerung knüpften, wurden nach langen Diskussionen auf 19 Artikel erweitert. Hinsichtlich der Ausübung bestimmter staatsbürgerlicher Rechte wurde eine Differenzierung zwischen ursprünglicher und erworbener Nationalität eingeführt.[684] Die Auseinandersetzung über die Eigentumsverhältnisse an Grund und Boden war eng mit der Frage der Staatsangehörigkeit verbunden.[685] Die Kleinbauern befürchteten bei der Veräußerung der verstaatlichten Grundstücke an Einzelpersonen, wie es der Verfassungsentwurf vorsah, eine Benachteiligung gegenüber Funktionären und ehemaligen portugiesischen Grundeigentümern und den Verlust ihres Besitzes. Die geplante Einführung privaten Landbesitzes wurde daher wieder zurückgenommen.[686]

---

682 Vgl. Schattenfroh in: DASP (Hrsg.), Die Verfassung der Republik Mocambique vom 30.11.1990, S. 9f.; Adam, Reform in Mosambik - eine Rückkehr zu den „wahren“ Zielen der Befreiung?, S. 91.

683 Vgl. Hall/Young, [1991] J.A.L. Vol.35, Nos.1 and 2, S. 109; Adam, Reform in Mosambik - eine Rückkehr zu den „wahren“ Zielen der Befreiung?, S. 92.

684 Vgl. Diederichsen in: Afrika-Jahrbuch 1990, S. 377; Brehme in: Baumann/Ebert, Die Verfassungen der frankophonen und lusophonen Staaten des subsaharischen Afrikas, „Mosambik“, S. 585.

685 Vgl. Hall/Young, [1991] J.A.L. Vol.35, Nos.1 and 2, S. 109.

686 Vgl. Schattenfroh in: DASP (Hrsg.), Die Verfassung der Republik Mocambique vom 30.11.1990, S. 9.

Die Errichtung eines Mehrparteiensystems spielte in der internen, vom Bürgerkrieg unabhängigen Diskussion zunächst keine besondere Rolle. Die FRELIMO lehnte diesen Schritt nach wie vor ab, weil sie neben der Sorge um die Machterhaltung die Entstehung von regional und ethnisch orientierten Parteien fürchtete und dadurch die national Einheit und Unabhängigkeit gefährdet sah.[687] Auch in der überwiegend ländlich geprägten Bevölkerung stand diese Frage nicht im Vordergrund. Die Erfahrungen mit einer Partei waren so schlecht, daß man von mehreren Parteien keine Verbesserung erwartete, zumindest aber mit politischem Pluralismus nicht den Wettstreit und die Durchsetzung der besten Ideen zur Lösung der gesellschaftlichen Probleme verband.[688] Die Einführung des Mehrparteiensystems und die Akzeptanz politischer Meinungsvielfalt war jedoch eine der zentralen Forderungen der RENAMO als Voraussetzungen für die Einstellung der Kampfhandlungen und den Beginn direkter Friedensgespräche, deren Realisierung die FRELIMO wiederholt unter Hinweis auf die südafrikanische Unterstützung des Bürgerkriegsgegners abgelehnt hatte.[689] Auch in den anderen vier portugiesischen Kolonien auf dem afrikanischen Kontinent hatte jedoch ein Demokratisierungsprozeß eingesetzt, der von der politischen Führung Mosambiks verfolgt wurde.[690] Unter dem Druck der internationalen Friedensbemühungen, dem drohenden wirtschaftlichen Zusammenbruch des Landes und der allgemeinen Kriegsmüdigkeit erklärte sich das Politbüro der FRELIMO schließlich am 31. Juli 1990 mit der Errichtung eines pluralistischen Systems einverstanden, was vom Zentralkomitee der Partei am 10. August, einen Tag vor dem Beginn der zweiten Gesprächsrunde zwischen FRELIMO und RENAMO in Rom, bestätigt wurde.[691] Die Entscheidung für die verfassungsrechtliche Einführung eines Mehrparteiensystems entsprach weniger den politischen Überzeugungen der herrschenden FRELIMO, sondern war vielmehr ein Zugeständnis an den Bürgerkriegsgegner.

---

687 Hall/Young, [1991] J.A.L. Vol.35, Nos.1 and 2, S. 108.

688 Vgl. Schattenfroh, Interview mit dem Verfasser am 10.10.1999 in Berlin; Hall/Young, Confronting Leviathan. Mozambique since Independence, S. 210.

689 Vgl. Vines, Renamo: terrorism in Mozambique, S. 124ff., 157; Meyns, Einleitung: Ein neuer Anfang für das portugiesischsprachige Afrika? in: Meyns, Demokratie und Strukturreformen im portugiesischsprachigen Afrika, S. 7.

690 S. Tomé und Príncipe beschloß 1989 die Einführung des MehrparteiensystemS. Anfang der 1990er Jahre erfolgten in Kap Verde, Angola und Guinea-Bissau erste politische Reformen; vgl. Meyns, Einleitung: Ein neuer Anfang für das portugiesischsprachige Afrika? in: Meyns, Demokratie und Strukturrefrom im portugiesischsprachigen Afrika, S. 15ff.

691 Vgl. Hall/Young, [1991] J.A.L. Vol.35, Nos.1 and 2, S. 108; Brehme in: Baumann/Ebert, Die Verfassungen der frankophonen und lusophonen Staaten des subsaharischen Afrikas, „Mosambik“, S. 583.

4. Die Implementierung der Verfassung

Der überarbeitete Verfassungsentwurf lag der Obersten Volksversammlung im Oktober 1990 erneut zur Beratung vor und wurde nach weiteren Änderungen am 2. November beschlossen. Die neue Verfassung trat am 30. November 1990 in Kraft.

Bis zur Durchführung der ersten allgemeinen Wahlen unter der neuen Verfassung sollte weiterhin der Präsident der FRELIMO Staatspräsident und das Mandat der Abgeordneten aller Volksversammlungen gültig bleiben (Art. 204 und 205 der geänderten Verfassung[692]).

5. Der Verfassungsentwurf der RENAMO

Die neue Verfassung hatte die meisten Forderungen der RENAMO erfüllt und deren Verzögerungsstrategie bei den Friedensverhandlungen damit die Argumente entzogen.[693] Gleichwohl lehnte die Bürgerkriegspartei die Verfassung unter Hinweis auf unterbliebene Beteiligung der RENAMO an der Ausarbeitung der Verfassung und auf die mangelnde demokratische Legitimität der allein aus Abgeordneten der FRELIMO bestehenden verfassungsändernde Gewalt ab.[694] Die RENAMO verlangte die Beteiligung an einer Übergangsregierung und die Abhaltung von Wahlen zu einem verfassungsgebenden Konvent, der allein für die Ausarbeitung einer neue Verfassung zuständig sein sollte.[695] Zur Unterstreichung ihrer Forderungen präsentierte sie einen eigenen Verfassungsentwurf.[696] Dieser betonte die Stellung der Legislative gegenüber der Exekutive und sah die Errichtung eines Zwei-Kammer-Systems (Kongreß) vor, bestehend aus einem für fünf Jahre gewählten Repräsentantenhaus und einem Senat, der sich aus zwei Senatoren je Provinz zusammensetzen sollte (Art. 5 Sec. 1, 2, 8 des Entwurfs). Außer den gesetzgeberischen Tätigkeiten sollte der Kongreß das Recht haben, eine unabhängige Wahlkommission einzurichten (Art. 5 Sec. 4 des Entwurfs) und gegenüber allen staatlichen Stellen Amtspflichtverletzungsverfahren durchzuführen (Art. 5 Sec. 7 des Entwurfs). Als Regierungsform wurde ein Präsidialsystem mit einem unverändert starken Staatspräsidenten an der Spitze der Regie-

---

692 In diesem Abschnitt (Zweiter Teil, B.) beziehen sich Artikel ohne Gesetzesangaben auf die Verfassung vom 30.11.1990, s. Fn. 2.

693 Maier, SAPEM February 1991, S. 12.

694 Blaustein/Flanz, Constitutions of the Countries of the World, Mozambique, S. 6.

695 Diederichsen in: Afrika-Jahrbuch 1990, S. 378.

696 Text in: Blaustein/Flanz, Constitutions of the Countries of the World, Mozambique, S. 87ff.

rung vorgeschlagen (Art. 6 Sec. 1-9 des Entwurfs). Die Verwaltungsstruktur des Landes sollte durch entsprechende Gesetze des Kongresses im Sinne eines föderalistischen Systems aufgebaut werden (Art. 8 Sec. 1 des Entwurfs). Die aus allgemeinen Wahlen hervorgegangenen Provinzversammlungen sollten das Recht besitzen, sich eigene Provinzverfassungen zu geben, die die im Verfassungsentwurf vorgesehenen legislativen und exekutiven Befugnisse der Provinzen im Einzelnen regeln sollten. Hierzu zählten insbesondere die Festlegung der Bodennutzung, der Aufbau von Bildungs- und Sozialeinrichtungen und die Regulierung des Familienrechts (Art. 8 Sec. 2 des Entwurfs). Die am Anfang des Verfassungsentwurfs enthaltene Grundrechtscharta (Art. 1 Sec. 1-26 des Entwurfs) räumte der Meinungs-, Informations- und Pressefreiheit, dem Recht auf freie politische Betätigung sowie der Religionsfreiheit eine besondere Bedeutung ein. Außerdem wurden die Rechte regionaler, ethnischer und tribalistischer Minderheiten betont. Hinsichtlich der Wirtschaftsordnung war die Einführung der freien Marktwirtschaft, das Verbot staatlicher Monopole und die Garantie privaten Grundbesitzes vorgesehen (Art. 3 Sec. 1-13 des Entwurfs). Die neue Verfassung sollte dem Zustimmungsvotum einer Zweidrittelmehrheit in einem nationalen Referendum mit internationaler Beobachtung unterliegen (Art. 13 des Entwurfs).

Der Verfassungsentwurf der RENAMO knüpfte stärker als die verabschiedete Verfassungsänderung der FRELIMO an die Verfassungsmodelle westlich-liberaler Demokratien an und ging in seinen Reformvorschlägen, insbesondere hinsichtlich der Wirtschaftsordnung und der föderalistischen Struktur, über die realistischen Entwicklungsmöglichkeiten des vom Bürgerkrieg zerrütteten Landes ohne eine ausgebildete Zivilgesellschaft hinaus. Der Entwurf spielte als Alternative zu den Reformbestrebungen der FRELIMO in der öffentlich geführten, nationalen Verfassungsdebatte keine Rolle, da der RENAMO die Mittel und ein geeignetes Forum für die Darstellung ihrer Ziele fehlten. Der Bürgerkrieg bestimmte nach wie vor die politische Auseinandersetzung. Direkte Verhandlungen zwischen den Kontrahenten konnten nur außerhalb der Landes stattfinden. Die zukünftige politische Bedeutung der Guerillabewegung war weiterhin ungewiß.[697]

II. Allgemeine Grundsätze

1. Der Einfluß ausländischer Verfassungen

Als „Schöpfer" der neuen Verfassung ist José Oscar Monteiro, damals Minister für Staatsverwaltung im Kabinett von Staatspräsident Chissano, anzusehen.

697 Vgl. Adam, Reform in Mosambik - eine Rückkehr zu den „wahren" Zielen der Befreiung?, S. 93; Vines, Renamo: terrorism in Mozambique, S. 76ff.

Monteiro hatte gemeinsam mit Samora Machel in Lissabon studiert und nach Guerillaausbildung und algerischem Exil die FRELIMO in Italien und Algerien vertreten. Er hatte bereits der Übergangsregierung 1974/75 angehört und bekleidete seit der Unabhängigkeit ohne Unterbrechung höchste Regierungs- und Parteiämter.[698] Auf dem V. Parteitag der FRELIMO schied Monteiro aus dem Politbüro der Partei aus[699] und widmete sich ganz dem Entwurf einer neuen Verfassung für Mosambik. Anregung hierfür erhielt er unter anderem durch eine gemeinsame Reise mit dem damaligen Leiter der Friedrich-Ebert-Stiftung in Maputo, Reinhold Schattenfroh, in die Bundesrepublik Deutschland im November 1989. Er besuchte die Städte Erlangen, Ansbach und Bonn, um Ideen für eine zukünftige Kommunalverfassung Mosambiks zu erhalten.[700] Die Ergebnisse dieser Reise fanden ihren Niederschlag in Teil III Kapitel IX: „Die Gebietskörperschaften des Staates" der neuen Verfassung (Art. 185-191), das sich an den Grundsätzen des deutschen Kommunalverfassungsrechts orientiert.[701]

Weitere Vorbilder für die neue Verfassung waren die Verfassung der Republik Portugal vom 2. April 1976 in der Form vom 30. Oktober 1982[702] und die DDR-Verfassung vom 6. April 1968 in der Fassung vom 7. Oktober 1974[703], die bereits der Unabhängigkeitsverfassung als Vorlage diente. Von der ebenfalls sozialistisch geprägten portugiesischen Verfassung, die auch hinsichtlich des Umfangs und der Detailliertheit auf die mosambikanische Verfassung Einfluß gehabt zu haben scheint, stammt der Aufbau der Verfassung und die Bezeichnung

---

698 Hanlon, Mosambik: Revolution im Kreuzfeuer, S. 330, 332; Isaacman/Isaacman, Mozambique: From Colonialism to Revolution, 1900-1982, S. 112, 143.

699 Diederichsen in: Afrika-Jahrbuch 1989, S. 318.

700 Schattenfroh wollte mit dem Besuch in Ansbach und Erlangen Monteiro das westdeutsche Modell kommunaler Selbstverwaltung vorführen. Die Ergebnisse dieser Studien arbeitete Monteiro noch während der Reise in seinen Verfassungsentwurf ein und übermittelte ihn per Fax nach Maputo; vgl. Schattenfroh, Interview mit dem Verfasser am 10.10.1999 in Berlin; auch Grill in: Friedrich-Ebert-Stiftung, Beiträge zu Versöhnung, Demokratie und Entwicklung. 10 Jahre Arbeit der Friedrich-Ebert-Stiftung in Mosambik, S.7.

701 Vgl. Schattenfroh in: DASP (Hrsg.), Die Verfassung der Republik Mocambique vom 30.11.1990, S. 10.

702 Text in: Thomashausen, Die revidierte Verfassung der Republik Portugal, eine Einführung, JÖR, 1983, S. 446ff.; auch Kimmel, Die Verfassung der EG-Mitgliedstaaten, S. 284ff.; Blaustein/Flanz, Constitutions of the Countries of the World, Portugal, Booklet 1/2, S. 1ff.

703 Text in: Roggemann, Die DDR-Verfassungen, 3. Aufl., S. 135ff.

der Staatsorgane, die allerdings nicht vollständig identisch sind.[704] Beide Verfassungen kennen einen „Obersten Rat für Massenmedien“ (Art. 105 der mosambikanischen Verfassung) bzw. „Medienrat“ (Art. 39 der portugiesischen Verfassung) als Kontrollinstanz der Informations- und Pressefreiheit und einen „Nationalen Rat für Verteidigung und Sicherheit“ (Art. 158 der mosambikanischen Verfassung) bzw. einen „Obersten Rat der Nationalen Verteidigung“ (Art. 274 der portugiesischen Verfassung). Mit der Verfassung der DDR ist ihnen die Unterscheidung des Eigentums in verschiedene Eigentumsarten gemein.[705] Die mosambikanische Verfassung enthält wie die DDR-Verfassung das Recht auf Körperkultur und Sport und die Pflicht des Staates, Natur und Umwelt zu schützen, was in Mosambik sogar als Grundrecht und -pflicht gestaltet ist (Art. 72 der mosambikanischen Verfassung).[706]

Hinsichtlich der mosambikanischen Außenpolitik (Art. 62 der mosambikanischen Verfassung) orientiert sich die Verfassung an der Charta der Vereinten Nationen vom 26. Juni 1945 und der Charta der Organisation der Afrikanischen Einheit vom 25. Mai 1963. Im Grundrechtsteil der Verfassung (Teil II Art. 66ff. der mosambikanischen Verfassung) sind Ähnlichkeiten zur Allgemeinen Erklärung der Menschenrechte vom 10. Dezember 1948 und zur Afrikanischen Charta für Menschenrechte und Rechte der Völker vom 27. Juni 1981 erkennbar.[707]

2. Verfassungsprinzipien

Die Verfassungsänderung vom 30. November 1990 erfolgte gemäß Art. 44 lit. b), 48 der Unabhängigkeitsverfassung in Gestalt einer neuen Verfassung. Staatsrechtlich gesehen wurde die Verfassung des unabhängigen Mosambik nicht lediglich geändert, sondern durch eine neue Ordnung ersetzt. Diese neue Ordnung wendet sich von der marxistisch-leninistischen Staatskonzeption ab und orientiert sich an den Verfassungsgrundsätzen westlich-liberaler Demokratien. Die Gewaltenteilung und Rechtsstaatsprinzipien werden eingeführt, die Bevölkerung

---

704 Mosambik besitzt anders als Portugal keinen Staatsrat und kein Verfassungsgericht. Dessen Aufgaben werden in beschränktem Umfang von einem Verfassungsrat übernommen (Art. 173 der mosambikanischen Verfassung, s. Fn. 2).

705 Vgl. Art. 89 der portugiesischen Verfassung (s. Fn. 701), Art. 10, 11 der DDR-Verfassung von 1974 (s. Fn. 702) und Art. 41 der mosambikanischen Verfassung (s. Fn. 2).

706 Vgl. Art. 18 AbS. 3, 35 AbS. 2 bzw. Art. 15 der DDR-Verfassung von 1974 (s. Fn. 702) und Art. 93 bzw. Art. 37 der mosambikanischen Verfassung (s. Fn. 2).

707 Vgl. Lindholt, Questioning the Universality of Human RightS. The African Charter on Human and Peoples' Rights in Botswana, Malawi and Mozambique, S. 93ff.; Camurca in: DASP (Hrsg.), Die Verfassung der Republik Mocambique vom 30.11.1990, S. 11f.

wird durch allgemeine und freie Wahlen an der Ausübung der Staatsgewalt beteiligt, der Grundrechtskatalog wird erweitert und durch die *habeas corpus*-Grundsätze ergänzt und eine unabhängige Rechtsprechung abgesichert. Aus der „Volksrepublik Mosambik“ wird nun die „Republik Mosambik“ und aus der „Volksversammlung“ wird die „Versammlung der Republik“, wodurch der qualitative Bruch mit der alten Staatsordnung symbolisch zum Ausdruck gebracht wird. Alle sprachlichen Attribute an die *podar popular* und die marxistisch-leninistische Terminologie werden aus dem Verfassungstext gestrichen. Die ehemalige Einheitspartei FRELIMO, deren Führungsanspruch die Unabhängigkeitsverfassung garantierte, findet nur noch in der Präambel und Art. 7 Abs. 2 der Verfassung Erwähnung, wonach der Staat die entscheidende Rolle der einstigen Befreiungsfront bei dem Sieg über den Kolonialismus und der Erringung der nationalen Unabhängigkeit als nationales Erbe wahrt.

Die neue Verfassung ist mit 206 Artikeln mehr als doppelt so lang wie die Unabhängigkeitsverfassung. Der Aufbau und die formale Struktur der Verfassung ist identisch geblieben. Die Präambel der Verfassung von 1975, die den Befreiungskampf der FRELIMO, der „in der klaren Tradition des jahrhundertelangen Kampfes der arbeitenden Massen Mocambiques“ wurzelte, emphatisch schilderte und den Führungsanspruch der Befreiungsfront in einer neu aufzubauenden, sozialistischen Gesellschaft proklamierte, wurde vollständig umgeschrieben. Auch die neue Präambel verweist auf die Bedeutung der FRELIMO für den nationalen Befreiungskampf Mosambiks, ordnet diesen wie auch die verfassungsrechtliche Garantie der Alleinherrschaft der FRELIMO aber einer historischen Entwicklung zu. Allerdings wird die Festigung der Demokratie als eine Errungenschaft der Politik der FRELIMO dargestellt. Die Notwendigkeit einer neuen Ordnung wird mit den Erfahrungen der Tätigkeit der staatlichen Institutionen und der Ausübung der Demokratie durch die Bürger begründet. Die Ziele des Unabhängigkeitskampfes, die nationale Einheit und Souveränität des gesamten mosambikanischen Volkes, werden wieder in den Vordergrund der staatlichen Tätigkeit gerückt und die Achtung der Würde des mosambikanischen Menschen zum Gegenstand der Verfassung erklärt. Die Grundlagen der neuen demokratischen Ordnung sollen die Gleichheit der Bürger, Meinungspluralismus und die Hoheit des Gesetzes sein, und der Wille der Bürger den obersten Maßstab der staatlichen Souveränität bilden.

III. Die staatsrechtlichen Grundlagen

1. Gründungsbestimmungen

Nach Art. 1 der geänderten Verfassung ist die Republik Mosambik ein unabhängiger, souveräner, einheitlicher, demokratischer Staat der sozialen Gerechtigkeit. Die Einheit der Staatlichkeit umfaßt die Bildung der territorialen Verwaltungskörperschaften Provinzen, Distrikte, Verwaltungsstützpunkte und Ortschaften (Art. 4 Abs. 1), die mit begrenzter Selbstverwaltungsautonomie ausgestattet sind (Art. 187ff.). Die Republik ist ein weltlicher Staat (Art. 9 Abs. 1). Die Verpflichtung der religiösen Institutionen, die bestehenden Gesetze zu respektieren, wird, wie in der Unabhängigkeitsverfassung, hervorgehoben, ihr Wirken nunmehr aber ausdrücklich vom Staat geschätzt (Art. 9 Abs. 2 u. 3).

Die demokratischen Elemente der Verfassung werden betont. Gemäß Art. 2 liegt die staatliche Souveränität beim mosambikanischen Volk, die in der durch die Verfassung festgelegten Form ausgeübt wird, d.h. durch demokratische Institutionen. Die Partizipation der gesamten Bevölkerung an der Konsolidierung der Demokratie in Gesellschaft und Staat und die Teilnahme an Wahlen ist nicht nur ein Recht sondern eine staatsbürgerliche Pflicht (Art. 73 Abs. 1 u. 3).

Die Festigung der demokratischen Prinzipien gehört nach Art. 6 zu den grundlegenden Zielen des Staates, die erstmals auch die Stellung des Einzelnen im Staat, die Menschenrechte und das materielle und geistige Wohlergehen der Bürger umfassen. Neben der Verteidigung der Unabhängigkeit und der Souveränität ist die Konsolidierung der nationalen Einheit nach wie vor das oberste Ziel des Staates. Die Betonung der nationalen Einheit zieht sich als „allgemeiner Schrankenvorbehalt" der staatlichen Ordnung wie ein roter Faden durch die Verfassung, was die Sorge der Verfassungsgeber um die Entstehung separatistischer Tendenzen durch die Gewährung und Wahrnehmung politischer Freiheiten zum Ausdruck bringt.[708] Gleichwohl werden erstmals ausdrücklich, wie von der RENAMO gefordert, die Traditionen und unterschiedlichen gesellschaftlich-kulturellen Werte der mosambikanischen Bevölkerung (Art. 6 lit. g)) sowie die Bedeutung der nationalen Sprachen gegenüber der offiziellen Amtssprache Portugiesisch (Art. 5 Abs. 2) anerkannt.

2. Geltung der Verfassung

a) Primat des Verfassungsrechts

Die Verfassung ist nach Art. 200 die höchste Rechtsquelle in der Normenhierarchie der mosambikanischen Rechtsordnung. Anders als in der Unabhängigkeitsverfassung, die das Primat des Verfassungsrechts ebenfalls verankerte, kommt diesem Gebot nun eine rechtliche Bedeutung zu, da die Verfassung die Funktion einer grundlegenden Rechtsquelle erhalten hat, die aufgrund des pro-

708 Vgl. Art. 6 lit. b) (Staatsziele), Art. 9 AbS. 3 (Wirken der Religionsgemeinschaften), Art. 32 (Parteien), Art. 69 (Grundrechte), Art. 110 (Aufgabe der Staatsorgane), Art. 125 (Amtseid des Staatspräsidenten), s. Fn. 2.

grammatischen Charakters der Unabhängigkeitsverfassung bislang relativiert war. Dies verdeutlicht die Tatsache, daß von den sechs Teilen der Verfassung Teil V allein der Verfassungsänderung gewidmet ist. Die Verfassung ist der Maßstab für die Fortgeltung der bisherigen Gesetzgebung, die bei Verfassungskonformität grundsätzlich wirksam bleibt (Art. 203).

Die Wahrung der Verfassung wird durch einen Verfassungsrat gesichert (Art. 180-184), dessen Aufgaben bis zu seiner Konstituierung vom Obersten Gericht wahrgenommen werden sollen (Art. 202.). Das Institut der Verfassungsbeschwerde des Einzelnen ist allerdings nicht vorgesehen. Neben dem Verfassungsrat fungiert gemäß Art. 117 Abs. 2 der Staatspräsident als „Garant der Verfassung", wobei dieses Wächteramt nicht näher präzisiert wird.

b) Verfassungsänderungen

Das Verfahren der Verfassungsänderung ist in der neuen Verfassung in einem eigenständigen Teil bestehend aus zwei Artikeln geregelt. Danach hat der Präsident der Republik und mindestens ein Drittel der Abgeordneten des Parlaments das Initiativrecht, das mindestens 90 Tage vor Beginn der Parlamentssitzung ausgeübt werden muß (Art. 198). Das Recht zur Verfassungsänderung besitzt das Parlament, wobei grundsätzlich eine Zweidrittelmehrheit erforderlich ist (Art. 199). Eine „Ewigkeitsklausel" ist in der Verfassung nicht vorgesehen; eine grundlegende Änderung der Organisation der Hoheitsgewalt und der Rechte der Bürger wird vielmehr ausdrücklich für möglich gehalten (Art. 199 Abs. 1). In diesem Fall muß der Änderungsvorschlag nach Annahme durch die Versammlung der Republik zum Gegenstand eines Volksentscheides gemacht werden. Bedenklich erscheint insofern, daß die Rechte des Einzelnen und die staatlichen Strukturprinzipien, deren Änderung einer öffentlichen Diskussion und einem Volksentscheid unterworfen werden müssen, keine weitere Präzisierung erfahren. Eine Verfassungsänderung ist nur während der dauerhaften Vakanz des Präsidentenamtes, d.h. bei Rücktritt oder langanhaltender gesundheitlicher Verhinderung (Art. 130 Abs. 1), ausgeschlossen.

c) Staatsnotstandsregelungen

Auch die Regelung des Staatsnotstandes hat durch die Verfassungsänderung an Rechtsklarheit gewonnen. Der Staatspräsident ist nach Art. 122 lit. a) befugt, den Ausnahmezustand zu erklären. Dies ist die Voraussetzung für die Einschränkung individueller Freiheiten und Garantien, deren Suspendierung wie auch die Erklärung des Ausnahmezustandes der Genehmigung durch die Versammlung der Republik bedarf. Welche Freiheiten einschränkbar sein können bzw. auch im Notstandsfall uneinschränkbar sind, bleibt einer gesetzlichen Regelung vorbehalten (Art. 106 Abs. 3). Die Dauer des Staatsnotstandes und die Einschränkung von Freiheitsrechten darf nach Art. 106 Abs. 2 sechs Monate nicht überschreiten. Der neu geschaffene Nationale Verteidigungs- und Sicherheitsrat, der als beratendes Organ des Präsidenten fungiert, hat das Recht, sich zu der Suspendierung verfassungsrechtlicher Garantien zu äußern. Auch die Frage, wer im Fall der Existenzkrise die Geschicke des Staates leitet, wird durch Gesetz geregelt. Es wird daher nicht der Substanz der staatsrechtlichen Ordnung die Entscheidung überlassen bleiben müssen, ob im Ausnahmezustand die normative Kompetenzverteilung auch *de facto* Bestand hat und wer Inhaber der Staatsgewalt ist.

3. Staatsgebiet

Der räumliche Geltungsbereich der Verfassung wird in Art. 3 Abs. 1 festgelegt. Danach umfaßt das Staatsgebiet einen einheitlichen, unteilbaren und unveräußerlichen Raum, der von den nationalen Grenzen eingeschlossen wird. Der Anknüpfungspunkt für die räumliche Ausdehnung des Staates sind also die bestehenden Grenzen. Das Staatsgebiet entspricht daher dem historisch gewachsenen Territorium, dessen Grenzen infolge der Berliner Kongo-Konferenz Ende des 19. Jahrhunderts festgelegt wurden. In der Unabhängigkeitsverfassung fehlte eine Auseinandersetzung mit der Frage der Anerkennung der Kolonialgrenzen, die wie viele kolonialen Grenzen auf dem afrikanischen Kontinent das Ergebnis willkürlicher Entscheidungen der europäischen Kolonialherren waren und zur territorialen Teilung einzelner Völker und ethnischer Gruppen führten.[709] Obwohl die Präambel und die einleitenden Bestimmungen der Unabhängigkeitsverfassung den portugiesischen Kolonialismus als gewaltsame Unterdrückung, Ausbeutung und Demütigung verurteilten, wurde die Grenzziehung durch die herrschende FRELIMO nicht in Frage gestellt. Dies entsprach der Befreiungspolitik der OAU, die die FRELIMO als alleinige Befreiungsbewegung für Mosambik anerkannt und im Unabhängigkeitskampf unterstützt hatte. Die OAU setzte sich nach ihrer Gründung für die Anerkennung der bei Souveränität der aus den ehemaligen Kolonien hervorgegangenen Staaten ein. Durch eine auf ihrem zweiten Gipfeltreffen 1964 in Kairo verabschiedete Resolution verpflichtete sie ihre Mitgliedstaaten zur Anerkennung der bei Erlangung der Unabhängigkeit existie-

709 In Mosambik gilt dies zum Beispiel für den Stamm der Makonde, der durch die Grenzziehung im Norden Mosambiks entlang des Rovuma geteilt wurde und zum überwiegenden Teil in Tansania lebt; vgl. zur kolonialen Grenzziehung Schneppen, Afrikas künstliche Grenzen: Koloniale Erblast oder Gebot der Vernunft?, VRÜ 31 (1998) S. 318ff.

renden Grenzen.[710] Dies folgte der Erkenntnis, daß die Achtung der territorialen Realitäten zum Schutz der Stabilität der neuen Staaten und als Voraussetzung für die Nationenbildung und Organisation politischer Einheiten der afrikanischen Völker notwendig war, und entsprach dem völkerrechtlichen Prinzip des *uti possidetis*.[711] Da sich die Republik Mosambik nach Art. 62 Abs. 2 der neuen Verfassung ausdrücklich zu den Grundsätzen der OAU bekennt und außerdem mit ihren Nachbarn keine Grenzstreitigkeiten existieren, wird es wohl auch in Zukunft bei der Anerkennung der bestehenden Grenzen bleiben.

4. Staatsangehörigkeit

Nachdem in der Volksrepublik Mosambik die Regelung der Staatsangehörigkeit in Ermangelung einer verfassungsrechtlichen Normierung durch Gesetz erfolgte und der Entwurf zur Verfassungsänderung zunächst nur einen Artikel enthielt, widmet sich die neue Verfassung in 19 Artikeln den Fragen des Staatsangehörigkeitsrechts (Art. 11-29). Das *ius sanguinis* und das *ius soli* werden miteinander verbunden und zwischen ursprünglicher und erworbener Staatsangehörigkeit unterschieden. Die originäre Staatsangehörigkeit kennt über 14 Erwerbsgründe. Dies beinhaltet die Teilnahme am mosambikanischen Befreiungskampf, sofern der Wunsch geäußert worden ist, Mosambikaner zu sein. Auch für die in Mosambik geborenen Abkömmlinge ausländischer Eltern und für Personen mit Wohnsitz in Mosambik zum Zeitpunkt der Unabhängigkeit ist die Erklärung, Mosambikaner sein zu wollen, innerhalb von 90 Tagen nach der Proklamation der Unabhängigkeit maßgeblich. Die Voraussetzungen der erworbenen Staatsangehörigkeit sind Heirat und Einbürgerung, die eine mindestens zehnjährige Wohnhaft in Mosambik verlangt. Nach Art. 29 wird eingebürgerten Staatsangehörigen der Zugang zu diplomatischen, militärischen oder vergleichbaren Ämtern verwehrt und ihre Tätigkeit in öffentlichen Ämtern oder im öffentlichen Interesse von gesondert festzulegenden Bedingungen abhängig gemacht. Diese Einschränkungen richten sich vor allem gegen die nach der Unabhängigkeit im Land verbliebenen oder mittlerweile zurückgekehrten Personen portugiesischer oder indischer Abstammung.

---

710 Schneppen, VRÜ 31 (1998) S. 328.

711 Das *uti possidetis* - Prinzip wurde in der Entkolonialisierung Lateinamerikas entwickelt und hat auch während des afrikanischen Emanzipationsprozesses Anwendung gefunden. Es besagt, daß die neu entstandenen Staaten ihr Gebiet in den von den früheren Kolonialmächten festgelegten Grenzen übernehmen. Mittlerweile ist das Prinzip ein allgemeiner, mit der Erlangung der Unabhängigkeit verbundener Grundsatz des VölkerrechtS. Dies hat der Internationale Gerichtshof in seiner Entscheidung über den Grenzstreit zwischen Burkina Faso und der Republik Mali bestätigt; vgl. Urteil des Internationalen Gerichtshofs vom 22. 12. 1986, I.C.J. Reports 1986, S. 565, Ziffer 20, 21.

5. Staatssymbole

Die Symbole des Staates sind identisch geblieben (Art. 193, 194). Lediglich der die Arbeiterklasse und die industrielle Produktion symbolisierende Zahnkranz ist aus der Nationalflagge verschwunden. In der Deutung der einzelnen Merkmale steht die Farbe Rot nun nicht mehr für die Revolution sondern für die Verteidigung der Souveränität. Auch wenn der Staat ein anderer ist, verdeutlicht seine äußere Selbstdarstellung weiterhin die von der FRELIMO bestimmte Staatskonzeption nach der Unabhängigkeit und die Grundsätze der *podar popular*. Im Verfassungsausschuß der Versammlung der Republik hat man sich deshalb im September 1999 nach der Durchführung eines nationalen Wettbewerbs für die Neugestaltung der Staatssymbole und die Komposition einer neuen Hymne geeinigt, was allerdings noch der Bestätigung des Parlaments bedarf.[712] Da die alte Hymne mit den Worten *Viva, viva a FRELIMO* beginnt, ist in den Jahren seit 1994 nur die Musik ohne den Text gespielt worden.[713]

IV. Die Strukturprinzipien der staatlichen Ordnung

Die Präambel der Verfassung zählt zu den Grundlagen der neuen Ordnung die Demokratie und „die Hoheit des Gesetzes“, die Grundfreiheiten und Grundrechte und das Prinzip der sozialen Gerechtigkeit deren verfassungsrechtliche Ausgestaltung nachstehend erörtert werden soll.

1. Das Demokratieprinzip

Als politisches System der Verfassung wird eine repräsentative Demokratie festgelegt. Nach Art. 2 ist die Gesamtheit des Volkes der Träger des Staatswillens, der unmittelbar durch Wahlen und Volksentscheide und mittelbar über Volksvertretungen ausgeübt wird. Die nationale Volksvertretung geht aus freien Wahlen hervor, an der die Staatsbürger in gleicher Weise teilnehmen können (Art. 73 Abs. 2, 107), und wird in regelmäßigen, im voraus bestimmten Abständen vom Volk neu legitimiert (Art. 134). Es gilt die Herrschaft der Mehrheit. Auch der Staatspräsident als Staatsoberhaupt und Regierungschef wird vom Volk gewählt (Art. 118), ist aber, wie in Präsidialdemokratien üblich, für seine Amtsführung *de iure* nicht von dem Vertrauen der Volksvertretung abhängig.

---

712 Vgl. Mozambique News Agency AIM Reports, No. 164, 6th September 1999 „Competetion for new flag and emblem;

713 Mozambique News Agency AIM Reports, No. 133, 6th May 1998, „Assembly discusses national anthem“.

Außer durch die Wahl der Vertretungsorgane aller Verwaltungseinheiten (Art. 107) und des Staatspräsidenten kommt die Volkssouveränität durch Volksentscheide über Fragen von nationalem Interesse zum Ausdruck. Die Durchführung eines Referendums kann vom Parlament vorgeschlagen werden (Art. 135 Abs. 2 lit. b)), unterliegt aber der Entscheidung des Präsidenten der Republik (Art. 120 lit. c)).

Der Gedanke der Partizipation der Bevölkerung wird in Art. 73 hervorgehoben. Danach ist die Teilnahme an der Konsolidierung der Demokratie auf allen gesellschaftlichen und staatlichen Ebenen nicht nur ein Recht, sondern auch eine staatsbürgerliche Pflicht. Der Zugang zu öffentlichen Ämtern wird garantiert (Art. 73 Abs. 2, 118 Abs. 3), wobei für eingebürgerte Staatsangehörige Einschränkungen möglich sind (Art. 29). In den Gebietskörperschaften sollen die Bürger nach Art. 185 zur lokalen Entwicklung beitragen. Der Ministerrat hat die Aufgabe, Privatinitiativen zu unterstützen (Art. 153 Abs. 2 lit. f)).

Das Instrument für die Teilnahme am politischen Leben des Staates sind die politischen Parteien, deren Existenz durch Art. 31 garantiert wird. Sie sollen die freie Willensbildung des Volkes fördern und den politischen Pluralismus gewährleisten. Da sich die regierende FRELIMO erst ein Jahr vor Verabschiedung der neuen Verfassung von ihrem Charakter einer marxistisch-leninistischen Einheitspartei löste und die Einführung der Mehrparteiendemokratie von der Sorge um die nationale Einheit begleitet wurde, stehen in der verfassungsrechtlichen Ausgestaltung des pluralistischen Systems weniger die Rechte der Parteien als ihre Pflichten im Vordergrund. Allein in Art. 33 wird sechsmal ihre nationale Verantwortung betont. Schutzvorkehrungen für die Rechte der Parteien sind nicht normiert. Nach Art. 77 ist aber die Freiheit, politische Parteien zu gründen und ihnen anzugehören, sofern sie demokratisch und gewaltfrei sind (Art. 31 Abs. 2, 33), garantiert. Dieses Grundrecht ist ausreichend gegen staatliche Eingriffe durch die Rechtswegeröffnung nach Art. 82 geschützt.

2. Das Rechtsstaatsprinzip

Die neue Verfassung bindet die Ausübung der Staatsgewalt an die verfassungsmäßige Ordnung und die allgemeinen Gesetze. Dieser Grundsatz wird nicht abstrakt festgelegt, sondern kommt in einer Vielzahl von Bestimmungen zum Ausdruck. Als tragendes Organisationsprinzip wird der Grundsatz der Gewaltenteilung verankert. Die politische Macht ist in verschiedene Funktionsbereiche aufgeteilt, die sich gegenseitig kontrollieren und miteinander verschränkt sind. So liegt die Kompetenz der Regierungsbildung zwar nicht beim Parlament, das Regierungsprogramm kann aber von der Volksvertretung mit der Folge abgelehnt werden, daß der Präsident das Parlament auflösen und Neuwahlen anordnen kann (Art. 136 Abs. 3). Die Verkündung eines Gesetzes kann vom

Staatspräsidenten mit einer begründeten Stellungnahme abgelehnt, jedoch vom Parlament durch die Annahme des Gesetzes mit Zweidrittelmehrheit nach erneuter Lesung erzwungen werden (Art. 124 Abs. 2 und 3). Der Ministerrat ist dem Parlament und dem Staatspräsidenten hinsichtlich der Regierungspolitik gemäß Art. 151 verantwortlich. Der Haushaltsplan muß vom Parlament angenommen werden (Art. 135 Abs. 2 lit. h)) und seine Durchführung wird vom Verwaltungsgericht kontrolliert (Art. 173 Abs. 2 lit. c)). Die Ernennung der höchsten Funktionsträger der Justiz durch den Präsidenten der Republik bedarf der Ratifikation durch die Volksvertretung (Art. 135 Abs. 2 lit. f)), die nach Art. 135 Abs. 2 lit. m) auch die Abwesenheit des Staatspräsidenten wegen Staatsbesuchen zu genehmigen hat. Der Staatspräsident leitet die Sitzung der Versammlung der Republik zur Wahl ihres Präsidiums (Art. 138 Abs. 2). Der funktionellen Gewaltenteilung wird durch die personelle entsprochen. Die höchsten Staatsämter sind nach Art. 192 untereinander inkompatibel.

3. Grundrechte und Grundpflichten

a) Grundrechtsarten und -funktionen

Der zweite Teil der Verfassung regelt in 41 Artikeln die Grundrechte, Grundpflichten und Grundfreiheiten der Bürger. Die Konzeption des Grundrechtsteils orientiert sich an der Tradition des liberalen Rechts, in dem die einzelnen Grundrechte überwiegend als Abwehr- und Freiheitsrechte gegenüber staatlicher Willkür und Machtkonzentration formuliert sind. Die Unterscheidung zwischen Grundrechten und Grundpflichten ist allerdings geblieben (Art. 66). Zu den Pflichten gehören der Schutz der Umwelt (Art. 72), die Wahlpflicht (Art. 73 Abs. 3), der Wehrdienst (Art. 84), die Pflicht zu arbeiten und sich zu bilden (Art. 88 Abs. 1, 92 Abs. 1), die Achtung der verfassungsmäßigen Ordnung (Art. 85), die Verteidigung der Unabhängigkeit, der Souveränität und der territorialen Integrität (Art. 84 Abs. 1) und der Schutz der Gesundheit (Art. 95). Den Pflichten steht ein sehr umfangreicher und detaillierter Katalog an Grundrechten gegenüber, der die Standards westeuropäischer Verfassungen zum Teil übertrifft. Hierbei nehmen die Freiheitsrechte eine besondere Stellung ein. Art. 70 garantiert das Recht auf Leben und körperliche Unversehrtheit und verbietet die Todesstrafe. Jeder Bürger hat nach Art. 71 einen Anspruch auf die Wahrung seiner Privatsphäre und das Recht auf Ehre, guten Ruf und die Verteidigung seines öffentlichen Ansehens. Zu den Freiheitsrechten zählen die Meinungs- und Informationsfreiheit, die Versammlungs- und Vereinigungsfreiheit, die Glaubensfreiheit, akademische und künstlerische Freiheiten und die freie Wahl des Wohnortes sowie die allgemeine Freizügigkeit. Nachdem der Vorentwurf zur Verfassungsänderung noch keine Pressefreiheit enthielt, wird diese nun in Art. 74 garantiert. Sie umfaßt den Zugang zu Informationsquellen, den Schutz der beruflichen Unabhängigkeit und des Berufsgeheimnisses sowie das Recht zu publizieren. Diese Rechte sollen vom neu geschaffenen Obersten Rat für Massenmedien, eine Art Ombudsmann gegenüber dem Staat, gewährleistet werden (Art. 105). Gesellschaftliche Organisationen und religiöse Gruppe genießen das Recht auf freie Betätigung. Es existiert ferner das Recht, in einer ausgewogenen Umwelt zu leben, das Recht auf Sport, auf medizinische Versorgung und auf Unfall- und Altersversorgung.

Die Grundrechte gelten nur für Staatsbürger, „jedermann"-Rechte kennt die Verfassung nicht.

b) Grundrechtsgewährleistung und Rechtsschutz

Die Schranken der Grundrechte sind zum Teil in einzelnen Bestimmungen geregelt und allgemein in Art. 96 normiert. Danach steht die Ausübung der Rechte und Freiheiten unter dem Vorbehalt der Verfassung und der Gesetze. Eine Einschränkung ist nur bei Verstoß gegen die öffentliche Ordnung, gegen die individuellen Rechte und Garantien und bei der Anwendung von Gewalt möglich. Abgeschwächt wird der umfangreiche Schutz vor willkürlichen Eingriffen durch die Übernahme des Art. 26 Abs. 2 der Unabhängigkeitsverfassung (Art. 69), wonach bestimmte Handlungen strafbar sind. Hierzu zählen die konkretisierungsbedürftigen Tatbestandsmerkmale der Gefährdung der nationalen Einheit und die Bedrohung oder Spaltung der gesellschaftlichen Harmonie.

Dem Einzelnen steht bei der Verletzung seiner verfassungsrechtlich garantierten Rechte der Rechtsweg offen (Art. 81, 82, 100) und ein Amtshaftungsanspruch zu (Art. 97). Er hat nach Art. 80 Abs. 2 die Möglichkeit, Petitionen, auch im Interesse des Gemeinwohls, einzureichen. Abs. 2 der Vorschrift gewährt ihm außerdem das Recht, sich rechtswidrigen Anordnungen zu widersetzen. Dies wird vermutlich keine Prüfungskompetenz staatlicher Maßnahmen implizieren, sondern eine Art verfassungsrechtliches Notwehrrecht konstruieren, dessen Realisierung aber fraglich bleibt. Die Rechtsweggarantie schließt das Recht auf Verteidigung und die Möglichkeit der staatlichen Prozeßkostenhilfe ein. Zu den Prozeßgrundrechten zählen die Grundsätze *nulla poena sine lege, ne bis in idem*, die Unschuldsvermutung und das Verbot der Rückwirkung von Strafgesetzen zuungunsten des Angeklagten.

4. *Die Wirtschaftsordnung*

a) Das Wirtschaftssystem

Der Verfassungsgeber knüpft an die bestehende Planwirtschaft an und führt ein gemischtes Wirtschaftssystem ein, in dem der Staat die regulierende Kraft bleibt. Ausdrücklich werden die Kräfte des Marktes, die Initiative aller Wirtschaftsträger und das Unternehmertum in die Wirtschaftsordnung mit einbezogen (Art. 41, 43, 44). Ausländischen Unternehmen erhalten nach Art. 45 grundsätzlich die Möglichkeit, am Markt teilzunehmen. Als Grundlagen der Wirtschaft werden nach wie vor die Landwirtschaft und die Industrie betrachtet (Art. 39, 40). In Abkehr von den großen landwirtschaftlichen Staatsbetrieben sollen die Familienwirtschaft und die kleinbäuerlichen Unternehmen vom Staat gefördert werden (Art. 42).

Art. 50 enthält die Ermächtigung, Steuern nach den Grundsätzen der sozialen Gerechtigkeit festzulegen. Der ausführliche Abschnitt über die wirtschaftlichen und sozialen Rechte der Arbeitnehmer enthält das Recht, Gewerkschaften zu gründen und zu streiken (Art. 88-91).

b) Die Eigentumsordnung

Die neue Verfassung übernimmt die Unterteilung der Eigentumsformen der Unabhängigkeitsverfassung, wobei die Differenzierung zwischen persönlichem und privatem Eigentum entfällt. Als Institutsgarantien werden das Recht auf Eigentum und das Erbrecht eingeführt (Art. 86, 87). Eine Enteignung ist im öffentlichen Interesse möglich, wird aber ausdrücklich von einer gerechten Entschädigung abhängig gemacht.

Der Staat bleibt der Eigentümer allen Grund und Bodens, der weder verkauft, mit Hypotheken oder Pfandrecht belastet noch sonst über ihn verfügt werden darf (Art. 46). Es besteht aber die Möglichkeit des Erwerbs von Nutzungsrechten, wobei die durch Inbesitznahme oder Erbschaft erworbenen Rechte besonders berücksichtigt werden sollen (Art. 47, 48).

V. Die Staatsorganisation

Der Verwaltungsaufbau Mosambiks bleibt zentralistisch. Als staatliche Hoheitsorgane kennt die Verfassung den Präsidenten der Republik, die Versammlung der Republik, den Ministerrat, die Gerichte und den Verfassungsrat, die zusammen mit dem neu konzipierten Nationalen Verteidigungs- und Sicherheitsrat, den Streit- und Sicherheitskräften und der Generalstaatsanwaltschaft die zentralen Organe des Staates bilden (Art. 109, 110). Deren Aufgaben bestehen in der

Ausübung der inneren und äußeren Souveränität und der Wahrung der nationalen Interessen (Art. 110, 111). Die Provinzgouverneure sind die Repräsentanten der zentralen Hoheitsgewalt auf der Ebene der Provinzen (Art. 113). Der Gouverneur und seine Regierung werden nicht gewählt, sondern zentral, d.h. vom Staatspräsidenten, ernannt (Art. 114 Abs. 3, 121 lit. d)). Ihre politische Legitimation erfolgt also nur mittelbar durch die direkte Wahl des Präsidenten der Republik. Das „ob" und das „wie" der Bildung demokratischer Vertretungsorgane auf Provinzebene bleibt einer gesetzlichen Regelung vorbehalten (Art. 115). Diese Abhängigkeit der Provinzen von der zentralen Staatsgewalt spiegelt das Mißtrauen der verfassungsgebenden FRELIMO gegenüber der RENAMO und der geforderten Gewährung von Selbstverwaltungsautonomien für die regionalen und lokalen Verwaltungseinheiten wider.

Zu den Gebietskörperschaften werden nach Art. 4 Abs. 1 außer den Provinzen, Distrikte und Ortschaften nun auch Verwaltungsposten gezählt, wodurch man zu der Verwaltungseinheit der *posto administrativo* der Kolonialzeit zurückgekehrt ist. Die Stadtgebiete werden in Großstädte und Städte unterteilt, im übrigen fehlen weitere Angaben zu den einzelnen Ebenen der territorialen Gliederung. Nach Art. 185 existieren in den Gebietskörperschaften grundsätzlich Vertretungs- und Exekutivorgane. Die gewählten Vertretungsorgane haben Entscheidungsbefugnis in einfachgesetzlich zu bestimmenden Zuständigkeitsbereichen und kontrollieren die vollziehenden Institutionen. Zu den Kompetenzen der Exekutivorganen zählt die Verwirklichung der wirtschaftlichen, kulturellen und sozialen Aufgaben von örtlichem Interesse (Art. 188). Art. 185 Abs. 2 weist auf die Bedeutung der Gebietskörperschaften für die nationale Integration und Einheit hin.[714] Es bleiben aber die Aufgaben und Kompetenzen der einzelnen Verwaltungseinheiten unbestimmt und die von der RENAMO geforderten Selbstverwaltungsautonomien unverwirklicht.[715]

1. Die Legislative

a) Die Versammlung der Republik

In der Volksrepublik Mosambik das „höchste Organ der Staatsmacht" und bedeutungslos wird die Versammlung nun als das „höchste gesetzgebende Organ der Republik" bezeichnet. Sie besteht aus mindestens 200 und höchstens 250 Abgeordneten, die für fünf Jahre in allgemeinen, direkten und geheimen Wahlen

---

714 Das Kapitel über die Gebietskörperschaften (Art. 185-191) ist durch eine Verfassungsänderung am 28. Oktober 1996 geändert und um sieben Artikel erweitert worden; vgl. Dritter Teil I. 3. b).

715 Vgl. Hall/Young, [1991] J.A.L. Vol.35, Nos.1 and 2, S. 112; Thomashausen, The Influence of Constitutional Change on Local Government: Lessons Learned in Mozambique, S. 94.

nach dem Mehrheitsprinzip gewählt werden (Art. 134). Die Abgeordneten genießen Immunität und Indemnität (Art. 145 und 146). Die Versammlung tritt zu zwei Sitzungsperioden im Jahr zusammen, die vom Parlamentspräsidenten einberufen und geleitet werden, und kann für ihre Arbeit Kommissionen bilden. Nach Art. 135 Abs. 1 hat sie die Kompetenz, Gesetze über die „grundlegenden Fragen der Innen- und Außenpolitik" zu beschließen. Was zu diesen grundlegenden Bereichen gehört, wird in Abs. 2 der Vorschrift in nichtabschließender Weise aufgezählt. Dies umfaßt die Festlegung der Grenzen und territorialen Gliederung Mosambiks, die Mitwirkung an Volksentscheiden und der Erklärung des Ausnahmezustands, die Festlegung der Steuerpolitik, der Verteidigungs- und Sicherheitspolitik, die Ratifikation internationaler Verträge und die Bestätigung des Staatshaushaltes und der staatlichen Entwicklungsplanung. Darüber hinaus fehlt eine inhaltliche Bestimmung der legislativen Befugnisse, insbesondere hinsichtlich der innenpolitischen Bereiche. Aus dem Wortlaut des Art. 135 kann nicht geschlossen werden, ob die Gesetzgebungskompetenz ausschließlich die grundlegenden Fragen (*questões básicas*) betreffen und wer gegebenenfalls die Konkretisierungs- und Durchführungsbestimmungen erlassen kann. Der Ministerrat hat nach Art. 152 Abs. 1 die Befugnis, „die Gesetzlichkeit zu vervollständigen und zu konsolidieren". Es ist daher ungewiß, in welchem Umfang sich die Exekutivorgane legislative Aufgaben aneignen können. Auch eine Abgrenzung gegenüber den Kompetenzen der örtlichen Gebietskörperschaften fehlt. Angesichts des zentralistischen Staatsaufbaus und der Beschränkung der Tätigkeit der Gebietskörperschaften auf die lokale Entwicklung ist die Gefahr eines Kompetenzkonfliktes aber gering.

Das Recht zur Gesetzesinitiative steht den Abgeordneten und den Kommissionen der Versammlungen sowie dem Staatspräsident und dem Ministerrat zu (Art. 137). Die Gesetze werden mit einfacher Mehrheit beschlossen, wobei die Beschlußfähigkeit die Anwesenheit mehr als der Hälfte der Mitglieder der Versammlung voraussetzt. Die angenommenen gesetzgeberischen Akte bedürfen zu ihrer Wirksamkeit der Verkündung durch den Präsidenten der Republik und der Veröffentlichung im Gesetzesblatt (Art. 124).

b) Die Ständige Kommission

Die Ständige Kommission der Versammlung der Republik bleibt als Institution erhalten, hat aber ihre herausragende Stellung verloren und findet in der Aufzählung der staatlichen Hoheitsorgane keine Erwähnung mehr (Art. 109). Sie ist nun das Präsidium des Abgeordnetenhauses und setzt sich aus dem Parlamentspräsidenten und gewählten Abgeordneten zusammen (Art. 147). Ihre Aufgabe besteht allein in der Koordination und Organisation der Arbeit der Versammlung der Republik und ihrer Beziehung zu den Volksvertretungen anderer Länder (Art. 148).

2. Die Exekutive

a) Der Staatspräsident

Der Präsident der Republik ist nach wie vor das stärkste Verfassungsorgan mit umfassenden Kompetenzen. Er ist Staatsoberhaupt, Regierungschef und Oberbefehlshaber der Verteidigungs- und Sicherheitskräfte (Art. 117). Er wird für fünf Jahre in allgemeinen und direkten Wahlen gewählt, wobei eine Wiederwahl möglich ist (Art. 118). Der Präsident vertritt die Nation nach außen und bestimmt die Richtlinien der Außenpolitik. Er entscheidet über die Durchführung von Volksentscheiden und ordnet allgemeine Wahlen an (Art. 120 lit. c), d)). Seine Einflußnahme auf alle wichtigen staatlichen Funktionsbereiche wird dadurch gesichert, daß er die Befugnis zu der Ernennung der Amtsinhaber der höchsten Positionen besitzt. Wie bereits in der Unabhängigkeitsverfassung vorgesehen, ernennt er die Regierung, die Staatssekretäre und diplomatischen Gesandten, die Provinzgouverneure, die höchsten Repräsentanten der Streitkräfte und der Polizei, den Generalstaatsanwalt und die Präsidenten der obersten Gerichte und des Verfassungsrates, die Leiter der Bank von Mosambik und die Rektoren der staatlichen Universitäten (Art. 120 lit. g), h), 121 lit. d), 122 lit. e), 123 lit. c)). Seine herausgehobene Stellung in der staatsrechtlichen Konzeption der Verfassungsgeber wird auch dadurch deutlich, daß nach der Wortwahl des Verfassungstextes seine Aufgaben nur Rechte aber keine Pflichten umfassen. Obwohl er den Vorsitz in der Regierung innehat, ist der Ministerrat ihm gegenüber für die Durchführung der Innen- und Außenpolitik verantwortlich und muß ihm, wie auch der Versammlung der Republik, Rechenschaft ablegen (Art. 151).

b) Die Ministerrat

Dem starken Staatspräsidenten steht ein unverändert schwacher Premierminister gegenüber. Er ist im Auftrag des Präsidenten befugt, den Ministerrat einzuberufen und als Vorsitzender zu führen. Die Festlegung der Regierungspolitik durch den Ministerrat kann allerdings nur erfolgen, wenn der Staatspräsident den Vorsitz führt (Art. 150). Die Aufgaben des Premierministers beschränken sich auf die Koordinierung und Kontrolle der Tätigkeit der Ministerien und die Unterstützung und Beratung des Präsidenten bei der Leitung der Regierung (Art. 154). Hier offenbart sich das Festhalten an der alten Staatskonzeption der FRELIMO, die Macht in einer zentralen Instanz zu konzentrieren unabhängig von der Frage, ob dies bei der Fülle der Aufgaben des Staatspräsidenten hinsichtlich der Effektivität der Regierungsarbeit sinnvoll erscheint.

Der Ministerrat besteht aus dem Präsidenten und dem Premierminister und zur Zeit 38 Fachministern und Vizeministern.[716] Zu seinen Aufgaben zählt die Leitung der Arbeits-, Sozial- und Wohnungspolitik, die Aufstellung des Haushaltsplanes und die Koordination der staatlichen Wirtschaftstätigkeit (Art. 153). Darüber hinaus ist er für die öffentliche Ordnung und Sicherheit zuständig (Art. 152). Unklar ist, was die nach Art. 153 Abs. 1 lit. a) und b) übertragene Befugnis umfaßt, den Genuß der Rechte und Freiheiten der Bürger zu garantieren und die gesellschaftliche Disziplin zu gewährleisten. Zu den legislativen Kompetenzen des Ministerrats zählt die Regelung der Aufgaben und Tätigkeit der Exekutivorgane der unteren Verwaltungseinheiten (Art. 153 Abs. 2 lit. c)) und der wirtschaftlichen und sozialen Tätigkeiten (Art. 153 Abs. 1 lit. e)). Die rechtssetzenden Akte ergehen in Form von Verordnung und bedürfen wie die übrigen Entscheidungen der Veröffentlichung im Gesetzblatt (Art. 157).

c) Der Nationale Verteidigungs- und Sicherheitsrat

Dieser neu gebildete Rat soll ein Wächteramt für die demokratisch konstituierten Staatsgewalten und die Sicherheit der mosambikanischen Nation übernehmen. Dazu berät er den Präsidenten der Republik in seiner Funktion als Oberbefehlshaber der Verteidigungs- und Sicherheitskräfte (Art. 158). Der Rat hat das Recht zur Abgabe einer Stellungnahme im Fall des Staatsnotstandes und der nationalen Verteidigung. Außerdem darf er die Tätigkeit der anderen Staatsorgane überwachen, die der Stabilisierung der politischen Ordnung und der Verteidigung der nationalen Unabhängigkeit dienen (Art. 159 lit. d)). Die Einzelheiten und die Zusammensetzung sind einer gesetzlichen Regelung vorbehalten.

3. Die Judikative

a) Die Gerichtsbarkeiten

Das Gerichtssystem wird durch die neue Verfassung erheblich erweitert. Seine Realisierung muß angesichts des Mangels an ausgebildeten Juristen zumindest für die nahe Zukunft aber zweifelhaft erscheinen. An der Spitze des zweistufigen Gerichtssystems steht das Oberste Gericht, das in erster und zweiter Instanz tätig ist (Art. 168). Es besteht aus Berufsrichtern und von der Versamm-

716 Vgl zu den einzelnen Ministerien Mozambique News Agency AIM Reports, No. 175, 8th February 2000, „New government appointed"; No. 176, 15th February 2000, „President appoints further ministers".

lung der Republik gewählten Laienrichtern, die allerdings nur in erster Instanz mitentscheiden dürfen (Art. 170). Die ordentliche Gerichtsbarkeit wird ergänzt durch ein Verwaltungsgericht, das in öffentlich-rechtlichen Streitigkeiten entscheidet und als Rechnungshof fungiert (Art. 173). Daneben ist die Schaffung fünf weiterer Gerichtszweige für Militär-, Zoll-, Finanz-, See-, und Arbeitsrechtsstreitigkeiten vorgesehen (Art. 167 Abs. 1, 175).

Die Richter sind unabhängig und nur dem Gesetz unterworfen (Art. 164 Abs. 1). Verfassungswidrige Gesetze dürfen nicht angewendet werden, was eine verfassungsrechtliche Kontrolle der Judikative auch über die Legislative impliziert. Nachdem die Richter in der Volksrepublik der Kontrolle durch die Volksversammlungen unterstanden, wird in Art. 164 Abs. 2 ausdrücklich die Verantwortlichkeit gegenüber anderen Staatsorganen abgelehnt. Die Entscheidungen der Gerichte haben nach Art. 163 Vorrang vor den Maßnahmen anderer Organe.

Die Staatsanwaltschaft ist eine hierarchisch gegliederte Justizbehörde und an Recht und Gesetz gebunden (Art. 178). Sie untersteht der Generalstaatsanwaltschaft der Republik, die ihrerseits dem Staatspräsidenten gegenüber verantwortlich ist und der Versammlung jährlich Rechenschaft geben muß (Art. 176). Die Staatsanwaltschaft überwacht die Einhaltung der Gesetze und der bestehenden Rechtsordnung.

b) Der Verfassungsrat

Zum Schutz der Verfassung soll ein Verfassungsrat (*Conselho Constitucional*) eingerichtet werden. Er ist nicht in das Gerichtssystem eingebunden, seine Entscheidungen entfalten aber verbindliche Wirkung und sind endgültig (Art. 182). Der Verfassungsrat ist nach Art. 181 zuständig für Entscheidung über die Verfassungs- und Rechtswidrigkeit von Rechtsakten der Staatsorganen. Hierzu kann er von dem Präsidenten der Republik und dem Premierminister, dem Präsidenten der Versammlung und dem Generalstaatsanwalt im Rahmen eines Organstreitverfahrens und einer Normenkontrolle befaßt werden (Art. 183). Außerdem befindet er über die Rechtmäßigkeit von Volksentscheiden und ist die höchste Entscheidungsinstanz hinsichtlich der Durchführung von Wahlen und der in ihrem Zusammenhang auftretenden Streitigkeiten. Weitere Befugnisse können durch Gesetz eingeräumt werden (Art. 184). Bis zu seiner Errichtung werden die Aufgaben des Verfassungsrates vom Obersten Gericht wahrgenommen (Art. 202).

IX. Verfassungspolitische Bewertung

Die neue Verfassung korrigiert die Fehler der Unabhängigkeitsverfassung und ermöglicht den Aufbau einer freiheitlichen und demokratischen Gesellschaft.

Die marxistisch-leninistische Staatskonzeption, deren Scheitern zu einem Legitimitätsverlust der herrschenden FRELIMO führte, wird durch eine neue Ordnung ersetzt, die sich an den Verfassungsmodellen westlicher Demokratien orientiert. Allgemeine und freie Wahlen und die Partizipation der Staatsbürger, die Gewaltenteilung, eine unabhängige Rechtsprechung und der Schutz des Individuums bilden die Merkmale der staatlichen Strukturprinzipien. Die kurze, programmatische Unabhängigkeitsverfassung ist einer ausführlichen und detaillierten Regelung gewichen. Die Verfassungsordnung hat an Transparenz, Rechtsklarheit und Rechtssicherheit gewonnen. Hervorzuheben ist der 41 Artikel umfassende Grundrechtsteil, der einen umfassenden Grundrechtsschutz gewährleistet. Die Detailliertheit der verfassungsrechtlichen Regelungen, die zum Teil das verfassungspolitisch gebotene Maß an Bestimmtheit und Rechtssicherheit übersteigen,[717] birgt allerdings die Gefahr des Verlustes der normativen Kraft als Staatsgrundgesetz in sich. Einige Normen behalten daher ihren programmatischen Charakter. Gleichzeitig läßt die Verfassung teilweise, insbesondere hinsichtlich der Funktionsnormen, an Bestimmtheit vermissen. Die Rechtsstellung der regionalen und kommunalen Verwaltungseinheiten im zukünftigen Staatsaufbau ist ungewiß.[718] Die „sozialistische Handschrift" der Verfassungsgeber bleibt erkennbar; der staatlichen Planwirtschaft und der Zentralisierung der Staatsgewalt in der Person des Präsidenten der Republik wird nach wie vor der Vorrang gegeben.[719] Die Öffnung des Wirtschaftssystems für die Marktwirtschaft und die Garantie privater Eigentumsrechte bei gleichzeitiger Beibehaltung des Staatseigentums an Grund und Boden verdeutlichen die Ambivalenz der Reformen. Die demokratische Verfassung besitzt keine Schutzmechanismen gegen eine Selbstzerstörung. Wie die Weimarer Verfassung vom 11. August 1919 ist sie allein durch das formale Prinzip der Volkssouveränität geschützt, d.h. eine Abschaffung der demokratischen Grundordnung durch das Volk ist möglich.

Die Unabhängigkeitsverfassung und die aktuelle Verfassung übernahmen bzw. übernehmen bekannte Verfassungsmodelle und sind insofern vergleichbar. Während sich die Unabhängigkeitsverfassung auf die „historischen Erfahrungen" der sozialistischen Länder berief, berücksichtigt die neue Verfassung auch die Erfahrungen der eigenen Staatlichkeit und kann daher trotz der Inspirationen durch die Verfassungen andere Staaten und internationaler Organisationen als „mosambikanisch" bezeichnet werden. Gleichwohl läßt auch diese Verfassung

717 Vgl. etwa Art. 129 AbS. 1, wonach die ständige Verhinderung des Staatspräsidenten der Bestätigung eines gesetzlich zu bestimmenden Ärztegremium bedarf.

718 Vgl. Hall/Young, [1991] J.A.L. Vol.35, Nos.1 and 2, S. 112; Thomashausen, The Influence of Constitutional Change on Local Government: Lessons Learned in Mozambique, S. 94.

719 Vgl. hierzu Africa Institute of South Africa, The 1990 Frelimo Mozambican Constitution. Law or Party Politics?, S. 1ff.

die Auseinandersetzung mit spezifisch mosambikanischen und afrikanischen Problemen vermissen, deren Lösung angesichts ihrer rechtssoziologischen Bedeutung in der höchster Rechtsquelle einer staatlichen Gemeinschaft ihren richtigen Platz hätte. So fehlen Regelungen über die Rechtsstellung kultureller und ethnischer Minderheiten und die Bedeutung ihrer gewohnheitsrechtlich anerkannten Rechtsformen. Ungelöst bleibt die Frage, in welchem Maß eine Mehrzahl von Rechtssystemen und deren Repräsentanten unter einer modernen Verfassung mit allgemeinem Geltungsanspruch fortbestehen können. Die vom afrikanischen Verfassungsrecht zu lösende Thematik des Rechtspluralismus, d.h. die Vereinbarkeit der aus der Kolonialzeit und aus der eigenen, afrikanischen Geschichte geerbten Rechtstraditionen, wird, anders als etwa in der südafrikanischen Verfassung,[720] von der mosambikanischen Verfassung nicht beantwortet. Auch eine Auseinandersetzung mit dem Bürgerkrieg, die in jüngster Zeit unter Hinweis auf die südafrikanische Wahrheits- und Versöhnungskommission vor allem von der RENAMO vermehrt gefordert wird,[721] hat nicht stattgefunden. Dies war angesichts der Tatsache, daß der Bürgerkrieg zum Zeitpunkt der Verfassungsgebung noch andauerte, nicht zu erwarten, eine Aufarbeitung der Vergangenheit bleibt aber für eine dauerhafte Befriedung des Landes unentbehrlich.

Die Verfassungsänderung erfolgte durch einen legalen Akt der verfassungsändernden Gewalt. Die Legitimität der Verfassungsgebung war zunächst fraglich, da sie durch den Beschluß der Parteiorgane und das allein aus FRELIMO-Abgeordneten bestehenden Parlament zustande kam. Daran vermag auch die öffentlich geführte Reformdiskussion in dem vom Bürgerkrieg geteilten Land grundsätzlich nichts ändern. Ihre Rechtfertigung hat die neue Verfassung aber durch die Vereinbarungen der Bürgerkriegsgegner im Friedensvertrag von Rom und den politischen Konsens der Kontrahenten über die Gültigkeit der Verfassung und die Notwendigkeit weitere Reformen nach Durchführung der ersten freien Wahlen erhalten. Die Effektivität der neuen Verfassung muß sich in der Verfassungswirklichkeit erweisen. Die tatsächlichen Bedingungen werden sich nur schrittweise an die Normen und Konzeptionen der Verfassung annähern. Ob die neue Verfassung nicht nur eine positivrechtliche Sollensordnung, sondern die tatsächlich gelebte und von der Mehrheit der Bevölkerung akzeptierte Verfassungsordnung Mosambiks darstellt, ist anhand der Verfassungswirklichkeit und der Entwicklungstendenzen zu untersuchen.

---

720 Vgl. Art. 135 der Südafrikanischen Verfassung von 1997.

721 Vgl. Internationales Afrikaforum 1997, S. 149; Fandrych in: Afrika-Jahrbuch 1997, S. 364.

Dritter Teil:

Verfassungswirklichkeit und Entwicklungstendenzen

A. Die Verfassung als Indiz moderner Staatlichkeit - Leitbild oder Rechtfertigungselement?

Die Bewertung der normativen Kraft der Verfassung und der Verfassungswirklichkeit muß in einem Land, das in den internationalen Statistiken zu den ärmsten der Welt gezählt wird, negativ ausfallen und zuweilen künstlich erscheinen. Mehr als 70% der mosambikanischen Bevölkerung leben in absoluter Armut, d.h. haben weniger als 1 US$ pro Tag zum Leben, und die Analphabetenrate beträgt nach wie vor über 60%.[722] Die Entwicklungsunterschiede zwischen der Hauptstadt Maputo und dem Rest des Landes sind erheblich. Der überwiegende Teil der Bevölkerung, vor allem in den ländlichen Gebieten, profitiert zwar von der Befriedung des Landes, ist aber so sehr mit der Sicherung der eigenen Existenz beschäftigt und hat ein so niedriges Bildungsniveau, daß die politischen Veränderungen kaum wahrgenommen werden. Eine Verinnerlichung der demokratischen Gesellschaftsform hat bisher nur in einer kleinen Elite stattfinden können. Eine Betrachtung der Verfassungswirklichkeit kann sich daher nicht mit dem Aufzeigen der Versäumnisse begnügen, sondern muß vor allem an das Erreichte anknüpfen und die Entwicklungstendenzen und Lösungsansätze aufzeigen. Nur die Verwirklichung der verfassungsrechtlich garantierten Rechtsstaatlichkeit im Sinne eines formellen Gesetzesstaates und eines materiellen Gerechtigkeitsstaates kann aber der Garant für die dauerhafte Prosperität der staatlichen Gemeinschaft Mosambiks sein und muß daher der Maßstab für eine kritische Bewertung der Entwicklung bleiben.

I. Das Mehrparteiensystem

1. Das Parlament

Die ersten allgemeinen, gleichen und geheimen Wahlen im Oktober 1994 haben zu der Beendigung der Einparteienherrschaft der FRELIMO geführt. In das

722 GTZ, Länderprofil zum Stand der Dezentralisierung, Mozambique, Oktober 1998, S. 4; Mozambique News Agency AIM Reports, No. 167, 18th October 1999, „1997 national census results published".

neue Parlament zog die FRELIMO mit 129 Sitzen, die RENAMO mit 112 und die Koalition *União Democrática* mit 9 Sitzen ein. Die übrigen elf angetretenen Parteien scheiterten an der 5% - Klausel. Die Verteilung der Sitze auf die einzelnen Parteien erfolgte nach der d'Hondt'schen Formel.[723] Dieses Ergebnis hat zu einer demokratischen Wirklichkeit geführt. Mosambik ist zur Zeit eines der wenigen afrikanischen Länder mit einer großen Opposition. Der regierenden FRELIMO fehlt die verfassungsändernde Mehrheit von 167 Stimmen im Parlament; ihre einfache Mehrheit beträgt lediglich vier Mandate. Die Ergebnisse der ersten freien Wahlen sind durch die zweiten Wahlen im Dezember 1999 bestätigt worden. Im neuen Parlament sind die regierende FRELIMO mit 133 Sitzen vertreten, die restlichen 117 Sitze entfallen auf die RENAMO (99) und die mit ihr durch ein Wahlbündnis verbundenen zehn kleineren Parteien (18).

Nach einigen Anlaufschwierigkeiten hat sich das Parlament schnell zu einer aktiven Kraft des politischen Lebens entwickelt und seine Tätigkeit wird aufmerksam von Presse und Öffentlichkeit verfolgt. Das Parlament trifft sich zweimal im Jahr zu einer 45tägigen ordentlichen Sitzungsperiode. Die Arbeit des Parlaments wird durch acht Kommission unterstützt, die aus jeweils 15 Abgeordneten bestehen.[724] Bislang wurde erst ein Abgeordneter der RENAMO wegen dauerhafter, unentschuldigter Abwesenheit seines Mandates enthoben; von zwei weiteren RENAMO-Abgeordneten wurde wegen ihrer Beteiligung an gewaltsamen Demonstrationen die Immunität aufgehoben.[725] Die parlamentarische Arbeit ist von der Auseinandersetzung der ehemaligen Bürgerkriegsgegner geprägt. Die Volksvertretung versteht sich aber zunehmend auch als eigenständige Staatsgewalt und Kontrollinstanz gegenüber der Exekutive. Regelmäßig werden von den entsprechenden Ausschüssen die Fachminister vorgeladen, um über die Regierungsvorhaben aufzuklären. Das Parlament verabschiedete einstimmig einen Mißtrauensantrag gegen Generalstaatsanwalt Sinai Nhatitima, nachdem er sein verfassungsrechtlich gebotenes Erscheinen und die Rechenschaft über die Tätigkeit seiner Behörde vor den Abgeordneten abgelehnt hatte. Dies führte zu der Entlassung des Generalstaatsanwalts durch Präsident Chissano am 7. Dezember 1997.[726] In seiner zweiten Sitzungsperiode 1997 lehnte das Parlament einen Gesetzentwurf der Regierung ab, der die Einrichtung einer Hohen Kommission zur Korruptionsbekämpfung vorsah. Über alle Parteigrenzen hinweg wurde der Vor-

---

723 Internet: http://www.mozambique.mz/parlamen/results.htm (Stand: 24.02.1999)

724 Mozambique News Agency AIM Reports, No. 177, 1st March 2000, „Assembly sets up commissions".

725 Mozambique News Agency AIM Reports, No. 129, 9th March 1998, „Deputy loses parliamentary seat"; No. 189, 22nd August 2000, „Parliament to lift immunity".

726 Fandrych in: Afrika-Jahrbuch 1997, S. 367; Mozambique News Agency AIM Reports, No. 124, 16th December 1997, „President Chissano on Attorney-General dismissal".

schlag unter Hinweis auf die fehlenden Entscheidungsbefugnisse der Kommission und die unnötigen Kosten verworfen und die Stärkung der bereits existierenden Institutionen in Justiz und Verwaltung angemahnt.[727] Der Staatspräsident hat seinerseits mehrfach die Ausfertigung von Gesetzen verweigert, wie etwa ein im April 1998 vom Parlament verabschiedetes Gesetz über die Pensionsansprüche der Abgeordneten wegen Zweifeln an der Sozialverträglichkeit der vorgesehenen Regelung.[728] Mittlerweile ist allgemein anerkannt, daß der Staat durch den politischen Pluralismus profitiert hat. Die Regierung und die Opposition sind durch den politischen Wettbewerb gereift; insbesondere die FRELIMO scheint der Gewinner des Systemwechsels zu sein. Eine Rückkehr zum Einparteienmodell, wie häufig nach „zweiten Wahlen" in der postkolonialen Entwicklung afrikanischer Staaten, kann wohl ausgeschlossen werden. Das Mehrparteiensystem wird allerdings dadurch bedroht, daß die kleineren Parteien national noch keine Bedeutung haben und, wie auch die RENAMO, über geringe finanzielle Mittel verfügen. Die RENAMO hat große Schwierigkeiten, sich als politische Partei zu etablieren.

2. Die Parteien

Die FRELIMO ist als Regierungspartei nun politisch legitimiert und nach wie vor die beherrschende Kraft im Lande. Ihre Politik ist auf die Erhaltung der Macht ausgerichtet; sie zeigt sich inzwischen weniger kompromißbereit als zu Beginn des Demokratieprozesses. Die FRELIMO versteht es, die zentralen politischen Entscheidungen zu dominieren und die Opposition zu marginalisieren. Nach den ersten Wahlen ernannte Präsident Chissano auch die Gouverneursposten der Nord- und Zentralprovinzen, in denen die RENAMO die absolute Mehrheit erlangt hatte, aus den Reihen der FRELIMO.[729] Auch nach den zweiten Wahlen werden gegen den heftigen Protest der RENAMO alle elf Provinzgouverneursposten mit FRELIMO-Mitgliedern besetzt, obwohl die RENAMO in sechs Provinzen die absolute Mehrheit erzielen konnte.[730] Dem im August 1996 konstituierten, elfköpfigen Nationalen Verteidigungs- und Sicherheitsrat CNDS

---

727 Mozambique News Agency AIM Reports, No. 121, 6th November 1997, „Assembly rejects anti-corruption bill".

728 Mozambique News Agency AIM Reports, No. 141, 25th August 1998, „President vetoes bill on debuties' pensions".

729 Internationales Afrikaforum 1995, S. 346; Fandrych in: Afrika-Jahrbuch 1995, S. 360.

730 Internationals Afrikaforum 2000, S. 343; Mozambique News Agency AIM Reports, No. 181, 17th April 2000, „Dhlakama threatens to take governorship by force".

gehören allein Angehörige der Regierung an.[731] Bei der Reform der Bodenordnung während der ersten Sitzungsperiode 1997 hat die FRELIMO mit den Stimmen ihrer Abgeordneten die von der RENAMO vorgeschlagene Privatisierung des Grundbesitzes und die Beteiligung der traditionellen Autoritäten an der Vergabe von Landrechten verhindert.[732] Auch die Durchführung der ersten Kommunalwahlen im Juni 1998 setzte die FRELIMO gegen die Kritik der RENAMO an der Beschränkung der Wahlen auf städtische Wahlbezirke im Parlament durch und ließ die Wahlen abhalten, obwohl sie von der RENAMO und zahlreichen außerparlamentarischen Oppositionsparteien wegen ihrer mangelnden Beteiligung an der Wahlkommission boykottiert wurden.[733] In der Parlamentsdebatte über die Ernennung des Präsidenten und Vizepräsidenten des Obersten Gerichtes im April 1999 setzte die FRELIMO die von Präsident Chissano ausgewählten Kandidaten gegenüber der RENAMO durch. Diese hatte eine Wiederernennung des bisherigen Vizepräsidenten Noberto Carrilho favorisiert, der das Urteil des Obersten Gerichtes, das die Rechtmäßigkeit der Kommunalwahlen vom 30. Juni 1998 bestätigte, in einem abweichenden Votum kritisiert hatte.[734] Die RENAMO hat eine Verletzung des Friedensvertrages von Rom gerügt, da sie in den neuen Streitkräften nicht paritätisch und in der schnellen Eingreiftruppe der Polizei überhaupt nicht vertreten sei. Die von der RENAMO geforderte parlamentarische Kontrolle der Armee ist im Rahmengesetz zur nationalen Verteidigungs- und Sicherheitspolitik nur durch eine Regelung entsprochen worden, die eine Mitwirkung des Parlaments an der Bestimmung der Struktur der Armee vorsieht. Lediglich mit der Streichung der von der FRELIMO vorgeschlagenen Bürgerpflicht zur Zusammenarbeit mit dem Geheimdienst hat sich die RENAMO durchsetzen können.[735] Die heftig umstrittene Wiedereinführung der Wehrpflicht ist von der FRELIMO gegen die Stimmen der RENAMO und bei Enthaltung der UD am 26. November 1997 im Parlament beschlossen worden.[736]

---

731 Der Rat besteht aus dem Präsidenten, dem Premierminister, den Ministern für Verteidigung, Äußeres, Inneres, Finanzen, Justiz und Verkehr, dem Minister im Präsidialamt für Verteidigung und Sicherheit, dem Generalstabschef der Armee und dem Chef des Geheimdienstes.

732 Vgl. Mozambique News Agency AIM Reports, No. 115, 1st August 1997, „Controversial land bill accepted“; No. 114, 18th July 1997, „Assymbly discusses land law“; Fandrych in: Afrika-Jahrbuch 1997, S. 365.

733 Vgl. Internationales Afrikaforum 1998, S. 148; 1997, S. 248; 1996, S. 44.

734 Mozambique News Agency AIM Reports, No. 156, 21st April 1998, „Assembly debates supreme court ratifications“.

735 Fandrych in: Afrika-Jahrbuch 1997, S. 365f.

736 Fandrych in: Afrika-Jahrbuch 1997, S. 366.

Die ehemalige Staatspartei hat allerdings ihre innere Homogenität verloren. Trotz der Verjüngung des Zentralkomitees der FRELIMO auf seiner Sitzung im Juli 1995 haben die alten Führungskader der sozialistischen Ära noch nicht an Einfluß verloren.[737] Das Zentralkomitee hat die von der Regierung 1996 durchgeführten Reprivatisierung der Staatsbanken kritisiert.[738] Auf ihrem Treffen im November 1998 setzte sich die Parteiführung kritisch mit der Finanz- und Wirtschaftspolitik der Regierung auseinander und warnte vor einer Vergrößerung der Spanne zwischen Arm und Reich.[739] Auf dem VII. Parteikongreß der FRELIMO im Mai 1997 sind einige prominente Parteimitglieder in das Zentralkomitee der Partei zurückgekehrt, wie etwa der ehemalige Sicherheitsminister Sergio Vieira, der schon zu den Gründungsmitgliedern der Befreiungsbewegung gehört hatte und bis 1991 wichtige Parteiämter innehatte.[740] An dem weitgehend unter Ausschluß der Öffentlichkeit stattfindenden Parteitag durften nur ausgesuchte Journalisten teilnehmen,[741] zu den 15 ausländischen Gastdelegationen zählten die Kommunistischen Parteien Portugals, Chinas und Nordvietnams und die Sozialdemokratische Partei Schwedens.[742] Der Parteitag verkündete einen Mitgliederzuwachs seit dem VI. Parteitag 1991 von 464.550 auf knapp 1.2 Millionen.[743]

Das Programm der FRELIMO für die nationalen Wahlen im Dezember 1999 sieht eine Fortsetzung des 1994 eingeschlagenen Kurses vor. Die Schwerpunkte der Regierungstätigkeit bilden die Liberalisierung und Privatisierung der Wirtschaft, die Bekämpfung der Korruption, die Steigerung der Arbeitsfähigkeit der

---

737 Vgl. von Lucius, Nach dem Bürgerkrieg. Die ehemaligen Kriegsgegner in Mocambique wollen eine neue Verfassung verabschieden, FAZ vom 9.4.1999; Internationales Afrikaforum 1995, S. 244; Fandrych in: Afrika-Jahrbuch 1995, S. 361. Erst kürzlich hat Marcelino dos Santos, lange Jahre einer der Führungspersönlichkeiten der Partei und nach wie vor Mitglied des Zentralkomitees, in einem Interview anläßlich seines 70. Geburtstages erklärt, daß er ein Marxist-Leninist geblieben sei und sich für die Re-Transformation der Partei mit legalen Mitteln einsetze. „Even today, if we are to ask what is the system that can really ensure the well-being of everyone, it's obviously socialism. Capitalism in Mozambique is a process that we are living through, but as far as I'm concerned it's is not something we will live with forever.", vgl. Mozambique News Agency AIM Reports, No. 158, 31st May 1999, „Marcelino dos Santos at 70 looks to socialism".

738 Internationales Afrikaforum 1996, S. 247.

739 Mozambique News Agency AIM Reports, No. 148, 8th December 1998, „Frelimo Central Committee warns on poverty".

740 Vgl. Mozambique News Agency AIM Reports, No. 111, 5th June 1997, „Frelimo Congress elects new Central Commitee".

741 Internationales Afrikaforum 1997, S. 249; Fandrych in: Afrika-Jahrbuch 1997, S. 366.

742 Mozambique News Agency AIM Reports, No. 110, 22nd May 1997, „Frelimo opens seventh congress".

743 Internationales Afrikaforum 1997, S. 249.

staatlichen Verwaltung und die Verbesserung der Lebensverhältnisse der Bevölkerung.[744]

Die RENAMO hat Mühe, ihre Oppositionsrolle auch außerhalb des Parlamentsgeschehens auszufüllen. Die materiellen und personellen Ressourcen der ehemaligen Rebellenorganisation sind gering; es fehlt an politischen Strategien.[745] Die Partei hat es bislang nicht geschafft, ihre Mandatsstärke im Parlament in politischen Einfluß umzusetzen. Wiederholt ist es in letzter Zeit zu innerparteilicher Kritik wegen des undemokratischen Führungsstils Dhlakamas und zu Übertritten von RENAMO-Mitgliedern zur FRELIMO gekommen.[746] Im Juli 2000 wird Raul Domingo, der zweite Mann der Partei hinter Dhlakama, von allen Parteiämtern suspendiert wegen geheimer Treffen mit Regierungsmitglied Salomao.[747] Die Auseinandersetzung mit dem politischen Gegner findet zunehmend auch durch öffentliche Demonstrationen und Boykottmaßnahmen statt.[748]

Das Parteiprogramm für die nationalen Wahlen im Dezember 1999 umfaßt die Forderungen nach einer Verbesserung des Gerichtssystems und der öffentlichen Verwaltung. Die RENAMO bekennt sich zur Marktwirtschaft und verspricht die Förderung des Mittelstandes. Die Partei will bei einem Wahlsieg die kleineren Parteien an der Regierung beteiligen und sich für die Verbesserung des Bil-

---

744 Vgl. Mozambique News Agency AIM Reports, No. 167, 18th October 1999, „Frelimo programme unveiled".

745 Vgl. Mozambique News Agency AIM Reports, No. 118, 24th September 1997, „Renamo on brinks of collapse"; Fandrych in: Afrika-Jahrbuch 1995, S. 361.

746 Im November 1999 gaben eine Reihe von RENAMO-Delegierten ihre Wechsel zur FRELIMO bekannt. Im August 1999 wechselte der ehemalige Informationsbeauftragte der RENAMO, Virgilio Namalue, zur FRELIMO, nachdem bereits einige Wochen zuvor der Geschäftsmann Adelino Masquil die RENAMO verlassen hatte. 1997 waren in der südlichen Provinz Inhambane 500 Mitglieder zur Regierungspartei übergetreten; vgl. Mozambique News Agency AIM Reports, No. 168, 9th November 1999, „Renamo suffers defection"; No. 164, 6th September 1999, „Renamo's former information chief defects"; No. 163, 18th August 1999, „Adelino Masquil returns to Frelimo"; No. 153, 9th March 1999, „Renamo official defects to Frelimo"; Internationales Afrikaforum 1997, S. 347.

747 Mozambique News Agency AIM Reports, No. 187, 11th July 2000, „Crisis in Renamo: Raul Domingo suspended".

748 Vgl. Mozambique News Agency AIM Reports, No. 163, 18th August 1999, „Accusations fly in Niassa and Manica"; No. 160, 22nd June 1999, „Frelimo condemns Renamo incitement"; No. 113, 4th July 1997, „Renamo take armed action against police"; No. 110, 22nd May 1997, „Police break up Renamo demonstrations"; Fandrych in: Afrika-Jahrbuch, S. 366f.

dungs- und Gesundheitswesens einsetzen.[749] Wie auch im Programm der FRELIMO werden die Grundlagen der staatlichen Ordnung nicht in Frage gestellt.

Die RENAMO ist jedoch nicht bereit, die erneut knappe Niederlage in den nationalen Wahlen im Dezember 1999 zu akzeptieren, und fordert eine Neuauszählung der Stimmen, die vom Wahlausschuß und vom Obersten Gericht abgelehnt werden.[750] Trotz der höchstrichterlichen Bestätigung der Wahlergebnisse kommt es wiederholt zum Boykott des Parlaments und gewalttätigen Demonstrationen.[751]

Die dritte Kraft im Parlament nach den ersten Wahlen 1994, die Listenverbindung UD, hat bislang aktiv an der parlamanentarischen Arbeit teilgenommen, ohne sich in ihrem Abstimmungsverhalten einseitig auf die Oppositionsrolle zu beschränken. Nach Streitigkeiten über die Aufnahme von fünf weiteren Parteien in die Koalition ist die UD in ein Krise gefallen. Dies hat dazu geführt, daß sich eine der drei Parteien für die Wahlen im Dezember 1999 aus der Koalition gelöst hat.[752]

Außer den im Parlament vertretenen Parteien existieren zur Zeit 26 registrierte Parteien.[753]

II. Der Schutz der Menschenrechte

1. Allgemeines

Trotz einer deutlichen Verbesserung nach der Beendigung des Bürgerkrieges ist die Menschenrechtslage nach wie vor schlecht.[754] Die in der Verfassung ver-

---

749 Vgl. Mozambique News Agency AIM Reports, No. 168, 9th November 1999, „Renamo programme unveiled“.

750 Mozambique News Agency AIM Reports, No. 176, 15th February 2000, „RENAMO give ultimatum to government“; No. 180, 5th April 2000 „Assembly of the Republic“.

751 Vgl. Mozambique News Agency AIM Reports, No. 175, 8th February 2000, „President Chissano sworn in“; No. 192, 9th October 2000, „RENAMO demonstrations aim to topple government“; No. 195, 13th November 2000, „Forty dead as RENAMO clash with Police“.

752 Vgl. Mozambique News Agency AIM Reports, No. 163, 18th August 1999, „UD pledges to continue without PALMO“; No. 151, 8th February 1999, „Crisis in UD continues“.

753 Internet: http://www.sortmoz.com/aimnews/English/PParties.htm (Stand: 10.11.1999).

ankerten Grundrechte werden grundsätzlich gewährt, vielen Bürgern sind ihre Rechte aber gar nicht bekannt.[755] Es gibt keinerlei Anhaltspunkte für staatlich angeordnete oder politisch motivierte Verbrechen. Die politischen Grundrechte sind weitgehend sichergestellt. Die Polizei hat jedoch mehrfach Demonstrationen gewaltsam aufgelöst.[756] Es werden keine Anhaltspunkte für eine spezifische Verletzung der verfassungsrechtlich garantierten Gleichbehandlung von Frauen und Männern berichtet. Die Freiheit der Religionsausübung wird vom Staat respektiert.[757] Den Religionsgruppen ist es wieder gestattet, Vermögen zu besitzen und Bildungseinrichtungen zu unterhalten. So ist 1998 die Katholische Universität von Mosambik mit drei Fakultäten (Rechts-, Wirtschafts- und Erziehungswissenschaften) eröffnet worden.[758] In dem neuen Gesetz über die allgemeine Wehrpflicht ist die Möglichkeit der Kriegsdienstverweigerung aus Gewissensgründen nicht vorgesehen. Die Situation der Menschenrechte werden von der *Liga Moçambicana dos Direitos Humanos* (LDH) und anderen mosambikanischen Menschenrechtsorganisationen aufmerksam beobachtet und mit regelmäßigen Berichten dokumentiert.[759]

---

754 Vgl. Amnesty International Jahresbericht 1999, S. 395ff., 1998, S. 407ff.; US-Department of State, Mozambique Country Report on Human Rights Practices for 1997.

755 Dies liegt zum einen an der hohen Analphabetenrate und zum anderen an der fehlenden Zugänglichkeit der Rechtstexte in vielen Teilen des Landes; vgl. hierzu die von der FES in Maputo zur Unterrichtung der Bevölkerung herausgegebene bebilderte Broschüre *Os Meus Direitos e Os Meus Deveres*, República de Mocambique, 1996. Mittlerweile ist eine Sammlung von Gesetzestexten auf CD-ROM-Disketten erhältlich, vgl. KKM, Mosambik-Rundbrief Nr. 50/51, S. 41, und das Gesetzesblatt der Republik Mosambik kann im Internet unter http://www.lexmoc.moz eingesehen werden.

756 Amnesty International, Jahresbericht 1999, „Mosambik", S. 397; Jahresbericht 1998, „Mosambik", S. 407; Jahresbericht 1996 „Mosambik", S. 365.

757 Vgl. US-Department of State, Mozambique Country Report on Human Rights Practices for 1997, Section 1 c. Freedom of Religion.

758 Africa News Online „Catholic University opened in Mozambique", September 28, 1998; Internet: http://www.africanews.org/south/mozambique/stories/19980928_feat1.html (Stand: 1.12.1999).

759 Hierzu zählen die Vereinigung für Menschenrechte und Entwicklung (DHD) und die Stiftung für Gemeinschaftliche Entwicklung (FDC); vgl. Mozambique News Agency AIM Reports, No. 167, 18th October 1999 „Human rights not fully respected"; No. 119, 8th October 1997, „Human rights report published".

2. Die Pressefreiheit

Hervorzuheben ist die Verwirklichung der in Art. 74 der Verfassung garantierten Pressefreiheit, die exemplarisch dargestellt werden soll. Bereits wenige Monate nach Inkrafttreten der neuen Verfassung und noch während des Bürgerkrieges verabschiedete die Versammlung der Republik gestützt auf Art. 135 Abs.1 der Verfassung am 18. August 1991 das Pressegesetz.[760] Dieses Gesetz konkretisiert in 66 Artikeln die in Art. 74 der Verfassung garantierte Freiheit der Meinungsäußerung und Presse- und Informationsfreiheit. Die neun Kapitel des Gesetzes betreffen die grundlegenden Prinzipien des Presserechts, die Massenmedien, die Registrierung der Presse, die Journalisten, das Erwiderungsrecht, den Obersten Medienrat, die zivil- und strafrechtliche Haftung, Gerichtsbarkeiten und Verfahrensrecht und Schluß- und Übergangsbestimmungen. In der Präambel des Gesetzes wird die Bedeutung der Massenmedien für die Verwirklichung des Rechts auf Meinungsäußerung und Information betont. Als Presse wird in Art. 1 des Pressegesetzes jede Form der Medientätigkeit definiert, die auf die Sammlung, Verarbeitung und Veröffentlichung von Informationen gerichtet ist. Art. 2 wiederholt für den Umfang der Pressefreiheit den Wortlaut von Art. 74 Abs. 3 der Verfassung. Danach sind geschützt die Freiheit der Meinungsäußerung und der schöpferischen Tätigkeit der Journalisten, der Zugang zu Informationen, die Unabhängigkeit und das Berufsgeheimnis der Journalisten und das Recht, Zeitungen und andere Publikationen zu veröffentlichen. Die Wahrnehmung der Rechte muß in Einklang mit der Verfassung, der Würde des Menschen und den Interessen der nationalen Verteidigung erfolgen (Art. 5 des Pressegesetzes). Zu den Zielen der Presse sollen gemäß Art. 4 die Festigung der nationalen Einheit und die Verteidigung der nationalen Interessen, die Förderung der Demokratie, der sozialen Gerechtigkeit und der gesellschaftlichen Entwicklung, die Aufklärung der Bürger über ihre Rechte und Pflichten, und die Förderungen des Dialoges zwischen Bürger und Staat gehören. Nach Art. 6 Abs. 1 existieren private und staatliche Massenmedien, wobei die private Eigentümerschaft auf mosambikanische Staatsbürger und Unternehmen beschränkt wird (Art. 6 Abs. 5, Art. 9). Zur Sicherung der öffentlichen Daseinsvorsorge umfaßt der öffentlichen Sektor nationale Rundfunk- und Fernsehstationen und eine nationale Nachrichtenagentur (Art. 11). Die politischen Parteien haben nach Art. 12 einen Anspruch auf bestimmte Sendezeiten in staatlichen elektronischen Medien, wobei die Einzelheiten einer gesetzlichen Regelung vorbehalten sind. Die Presse bedarf gemäß Art. 19 der Registrierung durch das Ministerium für Information, deren Ablehnung Gegenstand eines Berufungsverfahrens sein kann (Art. 25). Journalisten werden im Rahmen ihrer beruflichen Tätigkeit umfassende Freiheiten gewährt (Art. 27). Zu ihren Pflichten zählen der Respekt der Grundrechte und -freiheiten,

---

760 Gesetz No. 18/91, BdR I Série vom 10.8.1991.

die Berichtigung falscher Meldungen und die Wahrung einer objektiven und vollständigen Berichterstattung (Art. 28). Jeder Person, die sich durch die Medien in ihrer Reputation verletzt oder verunglimpft fühlt, steht gemäß Art. 33 innerhalb von 90 Tagen ein Recht auf Erwiderung zu. Der Oberste Rat für Massenmedien ist nach Art. 105 der Verfassung und Art. 35 des Pressegesetzes das staatliche Organ zur Gewährleistung der Pressefreiheit und des Rechts auf Information. Hierzu hat der Medienrat die Kompetenz, die Einhaltung des Pressegesetzes zu überwachen, verbindliche Entscheidungen in Beschwerdeverfahren zu erlassen und der Regierung Empfehlungen zu geben (Art. 37). Der Rat besteht aus elf Mitgliedern, die weder der Regierung noch der Führung einer Partei angehören dürfen. Er setzt sich aus zwei vom Präsidenten und drei vom Parlament ernannten Mitgliedern, einem Vertreter der Justiz, drei Repräsentanten der Journalisten und einem Vertreter der Medienunternehmen zusammen (Art.38). Die Regelungen der zivil- und strafrechtlichen Haftung legen verschiedene Haftungstatbestände, die Verantwortlichkeiten von Medienanstalten, Verlagen und Journalisten und mögliche Sanktionen fest, wobei ergänzend auf das allgemeine Zivil- und Strafrecht verwiesen wird (Art. 41-54).

De facto existieren in Mosambik mehrere Tages- und Wochenzeitungen, die als lebendig und unabhängig eingeschätzt werden.[761] Die Reichweite der Presse ist allerdings noch gering, sie beschränkt sich auf Maputo und einige Provinzhauptstädte. Angesichts der hohen Analphabetenrate kommt den wenigen elektronischen Medien, die überwiegend noch unter dem Einfluß der Parteien stehen, landesweit eine große Bedeutung zu. Auch die Zugänglichkeit der elektronischen Medien ist aber wegen der fehlenden Elektrizität ebenfalls überwiegend auf die urbanen Gebiete beschränkt. Der Oberste Rat der Massenmedien (CSCS) hat sich 1996 konstituiert. Kritische Berichte über Politiker und Sicherheitsbehörden sind nach wie vor problematisch und werden teilweise mit Repressalien beantwortet.[762] Anfang November 1999 hat die RENAMO der der Regierungspartei nahestehenden Zeitung *Notícias* verboten, über den Wahlkampf ihrer Partei und ihres Vorsitzenden Dhlakama für die nationalen Wahlen im Dezember zu berichten.[763] Das Spannungsverhältnis zwischen freier Meinungsäußerung und

761 Vgl. GTZ, Länderprofil zum Stand der Dezentralisierung, Mozambique, Oktober 1998, S. 3; von Lucius, Nach dem Bürgerkrieg. Die ehemaligen Kriegsgegner in Mocambique wollen eine neue Verfassung verabschieden, FAZ vom 9.4.1999; es gibt die Tageszeitungen *Notícicias* und *Diário de Moçambique* und (per Fax) *Mediafax* und *Imparcial* und die Wochenzeitungen *Demos*, *Domingos*, *Savana* und *Tempo*.

762 Vgl. Africa News Online - A decade of progress on free spech, August 27, 1999, Internet: http://www.africanews.org/south/Mozambique/stories/19990827 (Stand: 30.8.1999).

763 Africa News Online - Opposition party bans daily paper from covering election, November 12, 1999, Internet: http://www.africanews.org/south/mozambique/stories/-19990827_feat2.html (Stand: 30.8.1999).

strafbarer Beleidigung und Diffamierung ist rechtlich noch nicht hinreichend geklärt. Eine große Bedeutung ist daher der Entscheidung in einem Beleidigunsprozeß in Maputo am 17. Juni 1999 beigemessen worden.[764] Der Gegenstand des Verfahrens war eine Schadensersatzklage eines Mitgliedes der Oppositionspartei Vereinte Front Mosambiks (FUMO) gegen die Wochenzeitung *Domingo*. Diese hatte einen Artikel eines FRELIMO-Mitgliedes veröffentlicht, in dem die antikolonialistische Einstellung des Klägers in Frage gestellt und er der faschistischen Ideologie António Salazars verdächtigt wurde. Dies war eine Reaktion auf die Behauptung des Klägers, der erste Präsident der FRELIMO, Eduardo Mondlane, sei nicht von den Portugiesen sondern dem linken Flügel der Befreiungsbewegung ermordet worden. Die Klage, die sich auch gegen den Autor und den Verlag der Zeitung richtete, wurde mit der Begründung abgewiesen, daß sich der Artikel im Rahmen der geschützten Freiheit der Meinungsäußerung und politischen Debatte befinde.

3. Die staatliche Rechtsschutzgewährung

Die Gewährung der verfassungsrechtlich garantierten Grundrechte leidet unter einem mangelhaft funktionierenden Gerichtswesen und schlecht ausgebildeten Polizei- und Sicherheitsbehörden. Der in der neuen Verfassung vorgesehene Verfassungsrat konnte bisher nicht besetzt werden, da es an qualifizierten Juristen fehlt. Das Land besitzt nach wie vor weniger als 200 ausgebildete Richter. Korruption und Bestechlichkeit läßt das Vertrauen in die staatliche Rechtsschutzgewährung sinken.[765] Neueinstellungen werden unter Hinweis auf die Haushaltssituation vermieden.[766] Im Juli 2000 hat Präsident Chissano den Generalstaatsanwalt und seine sechs Stellvertreter wegen Fehlverhalten entlassen müssen.[767] Das durch die Verfassung eingeführte Gerichtssystem mit sieben Gerichtszweigen konnte daher noch nicht verwirklicht werden. In einigen Distrikten existieren überhaupt keine Gerichte.[768] Aufgrund der personellen und fachli-

---

764 Vgl. Mozambique News Agency AIM Report Nr. 160, 22nd June 1999, „Opposition politician loses libel case".

765 Mozambique News Agency AIM Reports, No. 118, 24th September 1997, „Financial difficulties throttle judicial system"; No. 132, 21st April 1998, „Legal system under scrutiny"; No. 167, 18th October 1999 „Human rights not fully respected".

766 Mozambique News Agency AIM Reports, No. 118, 24th September 1997, „Financial difficulties throttle judicial system".

767 Mozambique News Agency AIM Reports, No. 194, 23rd October 2000, „Uphill struggle for new Attorney-General".

768 U.S. Department of State, Mozambique Country Report on Human Rights Practices for 1997, Section 1 e. „Denial of Fair Public Trial".

chen Mängel ist die Dauer der Verfahren teilweise erheblich lang, und die gesetzlich festgelegte Höchstdauer von 48 Stunden für Präventivhaft wird häufig überschritten.[769] Von dem einzigen Strafrichter am Provinzgericht von Nampula wurde 1997 ein Rückstand von 3.655 zu entscheidenden Fällen berichtet.[770] Die Justiz fällt damit als Instanz für die staatliche Rechtsschutzgewährung weitgehend aus. Zur Verbesserung der Situation ist am 15. April 1999 ein Gesetz über die Einführung eines außergerichtlichen Schieds- und Schlichtungsverfahrens beschlossen worden, was mit Hilfe der US Agency for International Development (USAID) aufgebaut werden soll.[771]

Von der Tätigkeit der Polizei werden trotz des verfassungsrechtlich garantierten Folterverbots und des Verbots erniedrigender Behandlung wiederholt schwerste Rechtsverstöße berichtet.[772] Mehrfach sind beschuldigte Personen im Polizeigewahrsam gestorben oder verschwunden.[773] Entgegen des in Art. 98 Abs. 1 der Verfassung enthaltenen Verbots der extralegalen Inhaftierung werden Personen widerrechtlich festgenommen und ohne Einleitung von Ermittlungen festgehalten. Die institutionelle Schwäche der Polizei macht sie anfällig für Bestechungen und den Mißbrauch des Gewaltmonopols. Die vor allem von der LDH geforderte Aufklärung der Mißhandlungsvorwürfe erfolgt, wenn überhaupt, nur zögerlich.[774] 1997 hat auf der Grundlage eines von der UNDP geleiteten Projektes mit der Unterstützung von der Schweiz, Deutschland, Spanien und den Niederlanden die Restrukturierung und Umschulung der Polizei begonnen. Dies umfaßt die Ausbildung von 66 mosambikanischen Polizeiausbildern durch die spanische *Guardia Civil*, insbesondere über die Menschenrechte und die ethischen Grundsätze der Polizeiarbeit. Die ursprünglich vorgesehene Schulung der gesamten Polizei mit etwa 19.000 Beamten über einen Zeitraum von sieben Jahren

769 Mozambique News Agency AIM Reports, No. 154, 23rd March 1999, „Justice system in crisis".

770 Mozambique News Agency AIM Reports, No. 118, 24th September 1997, „Financial difficulties throttle judicial system".

771 Mozambique News Agency AIM Reports, No. 156, 21st April 1999, „Arbitration, conciliation and mediation bill passed"; vgl. auch Internet: http://www.lexmoz.com/-arbitragem\leiacm.htm. (Stand: 14.11.1999).

772 Amnesty International, Jahresbericht 1999, „Mosambik", S. 396f.; Jahresbericht 1998, „Mosambik", S. 408f.

773 Amnesty International, Jahresbericht 1997, „Mosambik", S. 377f.; Mozambique News Agency AIM Reports, No. 197, 18th December 2000, „Prime Minister calls for action on Montepuez prison deaths".

774 Vgl. Mozambique News Agency AIM Reports, No. 119, 8th October 1997, „Hundreds of cases followed-up"; No. 147, 16th November 1998, „Policemen expelled"; Amnesty International, Jahresbericht 1999, „Mosambik", S. 396f, und Jahresbericht 1998, „Mosambik", S. 408f.

konnte aus finanziellen Gründen nicht verwirklicht werden.[775] Im Januar 2000 ist eine Polizeiakademie (ACIPOL) eingerichtet worden.

Die Situation der Gefängnisse ist ähnlich prekär. Die meisten Haftanstalten sind völlig überbelegt, eine Trennung zwischen Jugendlichen und Erwachsenen, Beschuldigten und Verurteilten sowie anhand der Schwere der Taten ist vielerorts nicht möglich.[776] Die gesetzlich vorgesehene Höchstdauer der Untersuchungshaft wird regelmäßig überschritten.[777] Die Haftbedingungen sind unzumutbar, es fehlt an medizinischer Betreuung und Bildungseinrichtungen.[778] Das Gefängnispersonal ist unterbezahlt und schlecht ausgebildet.[779] Eine Resozialisierung der Straftäter, wie vom Gesetzgeber vorgesehen, ist nicht möglich. Positiv zu bewerten ist die Tatsache, daß sich die Regierung zu den Versäumnissen bekennt und der Generalstaatsanwalt in seinen jährlichen Berichten gegenüber dem Parlament den Zustand des staatlichen Rechtsschutzsystems offen darlegt. Die Regierung versucht den Mißständen durch Entlassungen und Untersuchungen zu begegnen.[780] Eine Revision des Strafgesetzbuches, der Strafverfahrensgesetze und des Polizeistatuts wird zur Zeit im Parlament vorbereitet.

III. Demokratisierung und Dezentralisierung

Problematisch erweist sich die Demokratisierung der Bevölkerung. Die Einführung des Mehrparteiensystems reicht für die Demokratisierung der Gesellschaft allein nicht aus und kann nicht mit den realen Partizipationsmöglichkeiten großer Teile der Bevölkerung gleichgesetzt werden. Von den „demokratischen Massenorganisationen" der sozialistischen Ära, die nach der Einführung des pluralistischen Systems unabhängig geworden sind, hat sich nur die Gewerkschaft

---

775 Vgl. Amnesty International, Jahresbericht 1999, „Mosambik" S. 395"; Mozambique News Agency AIM Reports, No. 157, 10th May 1999, „UNDP support for police".

776 Mozambique News Agency AIM Reports, No. 154, 23rd March 1999, „Justice system in crisis"; No. 119, 8th October 1997, „Poor prison conditions raised".

777 U.S. Department of State, Mozambique Country Report on Human Rights Practices for 1997, Section 1 d. „Arbitrary Arrest, Detention, or Exile".

778 Vgl. Mozambique News Agency AIM Reports, No. 154, 23rd March 1999, „Justice system in crisis"; Viva Mosambik!, Ausgabe 1/99 (Nummer 47) vom 20. Januar 1999, „Strafe muß sein, aber nicht so!", Internet: http://members.aol.com/rovuma/-Mosambik.html (Stand: 24.2.1999).

779 Vgl. Mozambique News Agency AIM Reports, No. 156, 21st April 1999, „Guards threaten to release prisoners".

780 Amnesty International, Jahresbericht 1999, „Mosambik" S. 396; Mosambik Rundbrief Nr. 46, 2/97, S. 4.

OTM als eigenständige Organisation etablieren können.[781] Die übrigen sind in die Parteiorganisation der FRELIMO zurückgekehrt. In einzelnen Berufsgruppen existieren aktive Verbände, die ihre Interessen gegenüber der Politik geltend zu machen in der Lage sind, wie etwa die Journalistengewerkschaft und die Kleinbauernverbände *União Nacional dos Camponeses* und *Associacai Rural de Ajuda Mutua*.[782] Die Entstehung einer großen Anzahl mosambikanischer NGOs in den letzten Jahren spricht zwar für eine Politisierung der Gesellschaft. Dies verdeutlicht aber auch die Abwesenheit des Staates in vielen sozialen und gesellschaftlichen Bereichen und führt zu der Umgehung der staatlichen Organe. Die Demokratisierung findet nicht innerhalb der Staatsgewalt statt, solange die Staatsverwaltung zu schwach ist und sich Regierungsorganisation und Nichtregierungsorganisationen nicht wechselseitig positiv ergänzen können.

1. Traditional leaders

Die „traditionelle Zivilgesellschaft" ist nach wie vor stärker ausgeprägt als die „demokratische Zivilgesellschaft". Die Verwaltung des Landes ist zur Zeit in zehn Provinzen und die Hauptstadt Maputo mit Provinzstatus, 123 Distrikte und 23 Städten unterteilt.[783] Die Distrikte gliedern sich in Verwaltungsstützpunkte und Ortschaften; unterhalb der Ebene der *posto administrativo* sind Staat und Verwaltung weitgehend nicht existent.[784] Auf der kommunalen Ebene existieren sowohl die traditionellen Führer, die in die Kolonialverwaltung eingebundenen *regulos*, und die Dynamisierungsgruppen der sozialistischen Epoche. Die traditionellen *chiefs* und die gewohnheitsrechtlich anerkannten Sitten und Gebräuche, etwa im Bereich des Familienrechts und der Streitbeilegung, haben eine große Bedeutung.[785] Die Rückkehr der *regulos* und ehemaligen Autoritäten und ihre Anerkennung als politische Funktionsträger ist ein Verdienst der RENAMO. Die ehemalige Staatspartei FRELIMO hatte den *chiefs* ihren Status als Dorf- und Stammesoberhäupter aberkannt und sie der Kollaboration mit den Portugiesen

---

781 Vgl. Mozambique News Agency AIM Reports, No. 145, 20th October 1999, „OJM returns to FRELIMO".

782 Vgl. GTZ, Länderprofil zum Stand der Dezentralisierung, Mozambique, Oktober 1998, S. 3.

783 GTZ, Länderprofil zum Stand der Dezentralisierung, Mozambique, Oktober 1998, S. 2.

784 GTZ, Länderprofil zum Stand der Dezentralisierung, Mozambique, Oktober 1998, S. 2f.

785 Vgl. Lundin, Traditional Authority in Mozambique, in: FES, Decentralisation and Municipal Administration, S. 33ff.; Fandrych, Versöhnung als Voraussetzung für eine dauerhafte Friedenskonsolidierung in Mosambik, Afrika Spectrum 30 (1995) 1: 81f.

und feudalistischer Ausbeutungsmethoden bezichtigt.[786] Nach Abschluß des Friedensvertrages 1992 stimmte sie der Forderung der RENAMO zu, die traditionellen Autoritäten wieder einzusetzen und anzuerkennen. In vielen ländlichen Gebieten fungieren sie nun als Vertreter ihrer Gemeinden und als Ansprechpartner für die nationale und regionale Verwaltung, für Unternehmen und NGOs.[787] Sie übernehmen administrative Aufgaben und beteiligen sich am wirtschaftlichen und sozialen Aufbau ihrer Dörfer. Die örtliche Bevölkerung akzeptiert sie als ihre rechtmäßigen Vertreter, sie genießen eine höhere Legitimität als die Dynamisierungsgruppen und administrativen Repräsentanten des Staates.[788] Die *de jure* Anerkennung des *de facto* bestehenden Rechtspluralismus ist aber bislang unterblieben.[789] Die FRELIMO hat eine verfassungsrechtliche Institutionalisierung der *chiefs* und die Anerkennung ihrer Insignien abgelehnt. Die von der Opposition geforderte gesetzlich fixierte Beteiligung der *regulos* bei der Vergabe von Landkonzessionen ist bei der Verabschiedung des Landgesetzes 1997 nicht berücksichtigt worden.[790]

2. Die Verwaltungsreform

Als wichtiger Schritt zur Demokratisierung der Gesellschaft wird die Dezentralisierung der Staatsverwaltung angesehen, da der Zentralstaat unfähig ist, den Aufbau des heterogenen, ethnisch und kulturell vielfältigen Landes zu koordinieren.[791] In der Republik Mosambik gibt es über 60 Ethnien und mehr als 30 Spra-

---

786 Pitcher, Chiefs, Bosse, Baumwolle, Mosambik-Rundbrief Nr. 46, S. 9; Fandrych, Versöhnung als Voraussetzung für eine dauerhafte Friedenskonsolidierung in Mosambik, Afrika Spectrum 30 (1995) 1: 83; Lundin, Traditional Authority in Mozambique, in: FES, Decentralisation and Municipal Administration, S. 37f.

787 Pitcher, Chiefs, Bosse, Baumwolle, Mosambik-Rundbrief Nr. 46, S. 9.

788 Weimar/Fandrych, Die Verwaltungsreform in Mosambik - ein Beitrag zu Frieden und Demokratie?, Afrika Spectrum 32 (1997) 2: 123.

789 Vgl. GTZ, Länderprofil zum Stand der Dezentralisierung, Mozambique, Oktober 1998, S. 5; Fandrych, Versöhnung als Voraussetzung für eine dauerhafte Friedenskonsolidierung in Mosambik, Afrika Spectrum 30 (1995) 1: 81f.

790 Vgl. Mozambique News Agency AIM Reports, No. 115, 1st August 1999, „Controversial land bill accepted"; No. 114, 18th July 1997, „Assembly discusses land law"; Fandrych in: Afrika-Jahrbuch 1997, S. 365.

791 Weimar, Challenges for Democratization and Regional Development in Southern Africa: Focus on Mozambique, Regional Development Dialogue, Vol. 17, No. 2, Autumn 1996, S. 49.

chen.[792] In der Bevölkerung wird die Dezentralisierung aufgrund der negativen Erfahrungen mit der überzentralisierten Verwaltung der Vergangenheit akzeptiert, und vor allem in der urbanen Bevölkerung besteht eine große Bereitschaft zur lokalen Partizipation.[793] Auch wenn die Einführung eines föderalistischen Systems unmittelbar nach Ende des Bürgerkrieges wegen der berechtigten Sorge um die Spaltung des Landes abgelehnt wurde, kann die Demokratisierung dauerhaft nur durch die Einbindung der starken regionalen und kommunalen Traditionen in die Staatsverwaltung erfolgreich sein. Dieser Dezentralisierungsprozeß hat begonnen und wird noch eine lange Zeit in Anspruch nehmen, da es sich nicht allein um einen administrativen Vorgang, sondern um einen politischen Prozeß handelt.[794]

Im September 1994, noch vor den ersten freien Wahlen, verabschiedete das Parlament das Gesetz 3/94 zur Reform der Verwaltung.[795] Das Gesetz schuf die Voraussetzung für die kommunale Selbstverwaltung der in der Verfassung vorgesehenen lokalen Organe des Zentralstaates. Als unterste Ebene der staatlichen Verwaltung sollten kommunale Gebietskörperschaften mit administrativen, finanziellen und vermögensrechtlichen Autonomien geschaffen werden, um in einem zeitlich und territorial abgestuften Vorgang die zentralstaatlichen Organe zu ersetzen. Voraussetzung für diese graduelle Einführung der kommunalen Selbstverwaltung sollte ein Mindestmaß an administrativen und sozioökonomischen Strukturen der Gemeinden und Distrikte sein.[796] Das Gesetz sah eine klare Kompetenz- und Funktionsverteilung zwischen Zentralstaat und Gemeinde vor. Die Rechts- und Finanzaufsicht der Kommunen sollte durch die entsprechenden Ministerien erfolgen. Erstmals seit der Unabhängigkeit wurden die Bedeutung der traditionellen Autoritäten für die kommunale Verwaltung *de jure* anerkannt, obwohl die Verfassung hierfür keine Voraussetzungen bietet.[797] Die

---

792 Vgl. B.F. Grimes, Ethnologue, Languages of the World,13th Edition, SIL, International, Internet: http://www.sil.org/ethnologue/countries/Moza.html, (Stand: 19.11.1999); Deutsche Welthungerhilfe, Mosambik, März 1999, S. 1.

793 GTZ, Länderprofil zum Stand der Dezentralisierung, Mozambique, Oktober 1998, S. 7.

794 Vgl. GTZ, Länderprofil zum Stand der Dezentralisierung, Mozambique, Oktober 1998, S. 6f.

795 Vgl. Weimar, Challenges for Democratization and Regional Development in Southern Africa: Focus on Mozambique, Regional Development Dialogue, Vol. 17, No. 2, Autumn 1996, S. 49.

796 Weimar/Fandrych, Die Verwaltungsreform in Mosambik - ein Beitrag zu Frieden und Demokratie?, Afrika Spectrum 32 (1997) 2: 123.

797 Vgl. Weimar, Challenges for Democratization and Regional Development in Southern Africa: Focus on Mozambique, Regional Development Dialogue, Vol. 17, No. 2, Autumn 1996, S. 50.

Autoritäten sollten nach dem Vorbild der Kolonialverwaltung in die kommunale Selbstverwaltung eingebunden und an den Beratungs- und Entscheidungsprozessen beteiligt werden.

In der Folgezeit wurden vom Ministerium für Staatliche Verwaltung mehrere Gesetze und Verordnungen erarbeitet, um das Rahmengesetz Nr. 3/94 zu konkretisieren und die für 1996 angesetzten Kommunalwahlen vorzubereiten.[798] Noch bevor diese Gesetze verabschiedet werden konnten, kam es aber im neugewählten Parlament zu einem Streit über die Verfassungsmäßigkeit der angestrebten Verwaltungsreform und der Kommunalwahlen. Während die RENAMO vor allem die graduelle Einführung der lokalen Selbstverwaltung kritisierte und die Verfassung von 1990 als Dokument des Einparteienstaates grundsätzlich ablehnte, befürchtete der konservative Flügel der FRELIMO eine unkontrollierte Ausdehnung des Föderalismus und den Verlust der zentralistischen Macht und Privilegien. Der reformwillige Teil der FRELIMO mußte daher einer Veränderung der Verfassung und einer Verschiebung der Wahlen zustimmen.[799]

Am 28. Oktober 1996 verabschiedete das Parlament ein verfassungsänderndes Gesetz. Die Verfassungsänderung betrifft das Kapitel IX der Verfassung über die Gebietskörperschaften des Staates und hat die Verfassung um mehrere Artikel erweitert. Das Prinzip der kommunalen Selbstverwaltung wird durch die institutionelle Anerkennung von selbstverwalteten Gemeinwesen (*autarquias*) verankert. Diese Gemeinwesen sind juristische Personen des öffentlichen Rechts und in Gemeinden bzw. Kommunen (*municípos*) und Ortschaften bzw. Dörfer (*povoacões*) unterteilt. Als Exekutivorgane existieren Bürgermeister und Gemeindeverwaltung, das politische Vertretungsorgan ist der Gemeinderat. Bürgermeister und Gemeinderat werden durch Lokalwahlen legitimiert. Die Rechts- und Fiskalaufsicht liegt bei der Zentralregierung. Trotz der verfassungsrechtlichen Anerkennung von dezentralisierter Macht und der Gewährung von umfangreichen Autonomien hat die Verfassungsänderung eine Abkehr von dem durch Gesetz Nr. 3/94 eingeleiteten Dezentralisierungsprozeß bewirkt.[800] Die selbstverwalteten Gemeinwesen sollen nämlich nicht die örtlichen Verwaltungsorgane des Zentralstaates ersetzen, sondern parallel zu diesen bestehen. Die zentralistische Distriktverwaltung mit ernannten Administratoren bleibt also bestehen und wird durch kommunale Gebietskörperschaften mit gewählten Repräsentations- und Entscheidungsorganen ergänzt. In den Distrikten ist die Bevölkerung weiterhin von der Teilnahme an der politischen Willensbildung ausgeschlossen. Of-

---

798 Vgl. Weimar/Fandrych, Die Verwaltungsreform in Mosambik - ein Beitrag zu Frieden und Demokratie?, Afrika Spectrum 32 (1997) 2: 124.

799 Weimar/Fandrych, Die Verwaltungsreform in Mosambik - ein Beitrag zu Frieden und Demokratie?, Afrika Spectrum 32 (1997) 2: 125.

800 AWEPA, Mozambique Peace Process Bulletin 18, June 1997, „Discussion deferred on new constitution“.

fensichtlich hat sich der konservative Flügel der FRELIMO bei der Reform der Kommunalverfassung durchsetzen können. Die Parallelverwaltung kann sich angesichts der institutionellen Schwäche vieler Kommunen allerdings auch als vorteilhaft erweisen.

3. Die Kommunalwahlen vom 30. Juni 1998

Die Verfassungsänderung machte eine Revision des Gesetzes Nr. 3/94 erforderlich. Nach einer hitzigen Debatte beschloss das Parlament ohne die Stimmen der RENAMO, deren Abgeordnete unter Protest den Saal verließen, am 18. Februar 1997 das neue Rahmengesetz zur kommunalen Selbstverwaltung Nr. 2/97.[801] Darin wird die Einbindung der selbstverwalteten Gemeinwesen in das unitarische Verwaltungssystem des Staates festgelegt und die Aufgaben der Kommunen gegenüber den in Gesetz Nr. 3/94 vorgesehenen Funktionen eingeschränkt. Die Beteiligungsrechte der traditionellen Autoritäten in kommunalen Angelegenheiten sind weitgehend wieder aufgehoben worden.

In der Folgezeit verabschiedete das Parlament mehrere Gesetze zur Konkretisierung des Rahmengesetzes Nr. 2/97 und zur Durchführung der graduellen Einführung der kommunalen Selbstverwaltung.[802]

Die Kommunalwahlen wurden vom Ministerrat auf den 27. Dezember 1997 festgelegt.[803] Dieses Datum stieß bei den Oppositionsparteien wegen der Terminierung während der Regenzeit und der Weihnachtsfeiertage auf heftige Kritik, da eine geringe Wahlbeteiligung befürchtet wurde.[804] Ein weiterer Kritikpunkt war die Beschränkung der Wahlen auf nur 33 Städte und Gemeinden. Die RENAMO sah hierin den Versuch, ihre vor allem in den ländlichen Gebieten bestehende Anhängerschaft von dem Dezentralisierungsprozeß auszuschließen. Hinsichtlich der Schaffung einer nationalen Wahlkommission konnten sich die Parteien auf eine Besetzung nach dem Parteienproporz einigen.[805] Die FRELIMO weigerte sich aber, auch auf Provinz- und Distriktebene unabhängige Wahlkommissionen einzurichten, und überließ die Organisation und Durchführung der Wahl dem *Secretáriado Técnico da Administração Eleitoral*, einer Abteilung

---

801 Weimar/Fandrych, Die Verwaltungsreform in Mosambik - ein Beitrag zu Frieden und Demokratie?, Afrika Spectrum 32 (1997) 2: 128f.

802 Vgl. hierzu Fandrych in: Afrika-Jahrbuch 1997, S. 364f.; Weimar/Fandrych, Die Verwaltungsreform in Mosambik - ein Beitrag zu Frieden und Demokratie?, Afrika Spectrum 32 (1997) 2: 130ff.

803 Fandrych in: Afrika-Jahrbuch 1997, S. 365.

804 Internationales Afrikaforum 1997, S. 248; Mozambique News Agency AIM Reports, No. 165, 20th September 1999, „Government pledges telecom liberalisation“.

805 Vgl. Fandrych in: Afrika-Jahrbuch 1997, S. 365.

des Ministeriums für Staatliche Verwaltung, das von der Opposition als parteiisch abgelehnt wurde. Es kam zu Streitigkeiten über die Kandidatenaufstellung für die Bürgermeisterwahl und die Wählerregistrierung, die unvollständig und unregelmäßig erfolgte.[806] Die internationale Gebergemeinschaft rügte die zögerliche und nur halbherzige Vorbereitung der Kommunalwahlen und drohte mit einer Rücknahme der zugesagten Finanzierung der Wahlen in Höhe von 17 Millionen US$. Nach einer Änderung des Wahltermins auf den 29. Mai 1998 wurden die Wahlen erneut auf den 30. Juni 1998 verschoben.[807] Die RENAMO ließ sich von ihrem mehrfach angedrohten Wahlboykott, dem sich 15 kleinere Oppositionsparteien anschlossen, nicht mehr umstimmen, obwohl ihr in vielen Wahlorten ein Sieg prognostiziert wurde. Die FRELIMO ihrerseits konnte sich trotz der verfahrenen Situation nicht zu einer Verschiebung der Wahlen entschließen.[808] So führten die Wahlen zu katastrophalen Ergebnissen[809]: Die Wahlbeteiligung lag unter 15%. Die FRELIMO gewann in allen 33 Städten und Gemeinden; nur in 14 Kommunen gab es überhaupt einen Gegenkandidaten. Die Wahlenthaltung war am höchsten in den Provinzhauptstädten Quelimane (94,28%), Nampula (91,95%) und Beira (89,7%). Die Nationale Wahlkommission CNE wurde für eine chaotische Durchführung der Wahl kritisiert. In einigen Wahllokalen erschienen die Wahlhelfer mit großer Verspätung und es fehlten Wahlunterlagen.[810] Die internationalen Beobachter berichteten von Unregelmäßigkeiten bei der Stimmabgabe und -auswertung.[811] RENAMO-Präsident Dhlakama verlangte daher eine Annullierung der Wahl.[812] Das Oberste Gericht bestätigte am

---

806 Vgl. Mozambique News Agency AIM Reports, No. 126, 26th January 1998, „Renamo call to annul voter registration“; No. 128, 24th February 1998, „Voter registration results announced“; No. 129, 9th March 1998, „Cool response to Renamo boycott threats“; No. 136, 15th June 1998, „Elections commission denies UD claims“; Becker, Wahlen ohne Wähler, Mosambik-Rundbrief Nr. 50/51, S. 8.

807 Vgl. Internationales Afrikaforum 1998, S. 50; Mozambique News Agency AIM Reports, No. 127, 10th February 1998, „Renamo fury as timetable set for local elections“; AWEPA, Mozambique Peace Process Bulletin 20, 1998, „Local elections delayed“.

808 Vgl. Macamo, Kommunalwahlen oder Politikverdrossenheit als Sportart?, Mosambik-Rundbrief Nr. 50/51, S. 9.

809 Vgl. zu den Einzelheiten Internet: http://www.mozambique.mz/eleicoes (Stand: 1.8.1999); Mozambique News Agency AIM Reports, No. 139, 20th July 1998, „Election results published after lengthy delay“.

810 FES, Mocambique, Halbjahresbericht 1998, 1. HJ 98, S. 5.

811 AWEPA, Mozambique Peace Process Bulletin 21, 1998, „Local election fiasco“.

812 Africa News Online - Dhlakama Demands Annulment of Municipal Polls, July 20, 1998, Internet: http://www.africanews.org/south/mozambique/stories/19980720_feat1.html (Stand: 27.7.1998).

13. August 1998 die Rechtmäßigkeit der Wahlen, wobei allerdings zwei Richter in einem abweichenden Votum auf die unterbliebene Aufklärung aller berichteten Unregelmäßigkeiten hinwiesen.[813]

Die demokratische Legitimation der gewählten Organe muß angesichts der Wahlergebnisse fragwürdig sein. Die hohe Wahlenthaltung ist als Protest gegen die Regierungspolitik bewertet worden, hat aber auch die Vorgehensweise des Dezentralisierungsprozesses in Frage gestellt.[814] Im August 1998 sind die gewählten Bürgermeister und Gemeinderäte in ihre Ämter eingeführt worden. Die neuen Kommunen müssen ihre Selbstverwaltungsautonomie erst noch beweisen.[815]

IV. Die wirtschaftliche Entwicklung

Die mosambikanische Wirtschaft erlebt einen vielseitig bewunderten Aufschwung.[816] Obwohl Mosambik nach wie vor zu den ärmsten Ländern der Welt zählt, gibt es weltweit kaum ein Land, dessen Wirtschaft sich so rasch entwickelt.[817] Nach einem kontinuierlichen Verfall seit der Unabhängigkeit, wofür die sozialistische Planwirtschaft, der 16-jährige Bürgerkrieg und periodische Dürren ursächlich waren, hat seit den ersten freien Wahlen ein wirtschaftlicher Wachstumskurs eingesetzt. 1987 wurde das Wiederaufbauprogramm PRE verabschiedet, und es begann unter der Begleitung von IWF und Weltbank eine langsame

---

813 Vgl. Mozambique News Agency AIM Reports, No. 141, 25th August 1998, „Renamo promise not to hinder local authorities"; No. 156, 21st April 1998, „Assembly debates supreme court ratifications".

814 Vgl. zu einer Bewertung der Wahlen Castiano, Demokratisierung, Liberalimus und mangelnde Wahlbeteiligung, Mosambik-Rundbrief Nr. 52, Februar 1999, S. 16ff.; AWEPA, Mozambique Peace Process Bulletin 21, 1998, „Local election fiasco"; FES, Mocambique, Halbjahresbericht 1998, 1. HJ 98, S. 5.

815 Aus der Stadt Cuamba in der Niassa-Provinz wurde berichtet, daß die Stadtverwaltung am 29. Oktober 1999 die Schließung aller Banken, Geschäfte und sonstiger Einrichtungen verordnete, um die Bevölkerung zur Teilnahme an der Wahlkampfveranstaltung von Staatspräsident Chissano für die nationalen Wahlen zu veranlassen; vgl. Mozambique News Agency AIM Reports, No. 168, 9th November 1999, „Mayor accused of breaking law".

816 Vgl. Pech, „Up, up and away. Mozambique is back", New African, October 1999, S. 28; Presse Media SA, Mosambik, Dienstag 25.2.1999, Beilage zum Handelsblatt vom Februar 1999, „Wachstum übertrifft die kühnsten Erwartungen", S. 1.

817 Nach Einschätzung der Economist Intelligence Unit wuchs die Wirtschaft in Mosambik im Jahr 2000 mit 10% stärker als jede andere Volkswirtschaft in der Welt; vgl. das Zitat bei von Lucius, Renamo gibt Boykott auf, FAZ vom 11.1.2000, S. 7.

Umorientierung zu einer liberalen Wirtschaftspolitik. Das neu gewählte Parlament hat 1995 einen 5-Jahres-Plan zur Reform und Stabilisierung der Wirtschaft verabschiedet.[818] Die Schwerpunkte liegen bei der Armutsbekämpfung, im Gesundheits- und Erziehungswesen, bei der Entwicklung der ländlichen Regionen und beim Aufbau einer marktwirtschaftlichen Ordnung. Die grundlegenden ökonomischen Entscheidungen werden weitgehend von der internationalen Gebergemeinschaft beeinflußt.

Zu den wichtigsten Aufgaben der Regierung zählen die Reform des Finanzsektors und des Zoll- und Steuersystems. Es sind mittlerweile alle staatlichen Banken privatisiert worden und neue Kreditinstitute entstanden.[819] Im April 1999 ist ein neues Steuersystem eingeführt und die bisherige Verbrauchs- und Verkaufssteuer durch eine Mehrwertsteuer ersetzt worden.[820] Am 14. Oktober 1999 ist in Maputo die mosambikanische Börse eröffnet worden. Als erstes Unternehmen wurde die ehemals staatseigene Brauerei *Cervejas de Moçambique* notiert.[821] Dem verfassungsrechtlich vorgesehenen Mischsystem von Plan- und Marktwirtschaft wird durch ein breit angelegtes Privatisierungsprogramm entsprochen. Von den 1254 Staatsbetrieben sind bereits 900 kleine und mittlere Unternehmen und 85 Großbetriebe privatisiert worden.[822] Die übrigen staatseigenen Betriebe sollen noch im Jahr 1999 an Privatunternehmer veräußert werden. Dazu gehören das Stromversorgungsunternehmen *Electricidade de Moçambique*, die Telefongesellschaft, die Fluggesellschaft *Linhas Aereas de Moçambique* und die Hafen- und Eisenbahngesellschaft.[823]

Die Regierung lehnt die von der Opposition geforderte Einführung von Privateigentum an Grund und Boden weiterhin ab. Die in Art. 47 und 48 der Verfassung festgelegten Nutzungsrechte sind durch das Ende Juli 1997 gegen die

---

818 Resolution 4/95 vom 9.5.1995, BdR I Série, No. 18, 4. Supplement; Fandrych in: Afrika-Jahrbuch 1995, S. 360.

819 Vgl. Presse Media SA, Mosambik, Dienstag 25.2.1999, Beilage zum Handelsblatt vom Februar 1999, „Bankensektor profitiert von Libearalisierung", S. 4.

820 Mozambique News Agency AIM Reports, No. 155, 6th April 1999, „Vat launched".

821 Mozambique News Agency AIM Reports, No. 167, 18th October 1999, „Mozambican stock exchange opens".

822 Presse Media SA, Mosambik, Dienstag 25.2.1999, Beilage zum Handelsblatt vom Februar 1999, „Privatisierungsprogramm gut angelaufen", S. 3.

823 Vgl. Mozambique News Agency AIM Reports, No. 165, 20th September 1999, „Government pledges telecom liberalisation"; No. 166, 6th October 1999, „TDM and ALCATEL sign agreement"; No. 158, 24th May 1999, „LAM announces profits"; No. 169, 24th November 1999, „Doubts raised over port agreement"; DASP (Hrsg.), Heft Mosambik, DASP-Reihe 73 (98), S. 15, 24, 46.

Stimmen der RENAMO verabschiedete Landgesetz umgesetzt worden.[824] Danach bleibt der private Grunderwerb ausgeschlossen, es kann aber jeder Mosambikaner oder Ausländer ein bis zu 50jähriges Nutzungs- und Besitzrecht erwerben. Hierfür ist grundsätzlich ein im Grundbuch einzutragender Rechtstitel erforderlich. Mosambikanische Staatsbürger erhalten allerdings automatisch ein Besitzrecht, wenn sie das Land seit zehn Jahren bewirtschaften. Ob ein Grundstück herrenlos ist, muß von einer bestimmten Anzahl von Anwohnern bestätigt werden. Diese Regelung soll eine gerechte Verteilung des Landes ermöglichen und den vermögenslosen Kleinbauern ihre Existenzgrundlage gegenüber Investoren sichern. Ein Anspruch auf Landbesitz steht grundsätzlich auch den Frauen zu, dies wäre nach traditionellem Recht nicht möglich gewesen. Bis zu der Verabschiedung des Gesetzes wurden vom Staat viele Nutzungstitel ohne eine Berücksichtigung der Kleinbauern auf illegale Weise vergeben.[825]

Der Erfolg der Reformen drückt sich in den Wirtschaftsdaten des Landes aus. Das Wirtschaftswachstum ist seit 1994 kontinuierlich gestiegen und betrug 1998 12%; dies ist die höchste Wachstumsrate in Afrika.[826] Die Inflation konnte von 63% 1994 auf ca. 2% 1998 gesenkt werden und betrug im Jahr 1999 4,8%; die staatliche Währung Metical konnte an Stabilität gewinnen.[827]

Trotz aller Erfolge ist die mosambikanische Volkswirtschaft noch weit davon entfernt, selbsttragend zu sein, und wird noch lange von der internationalen Entwicklungshilfe abhängig sein. Etwa zwei Drittel der Investitionen kommen aus dem Ausland. Die wirtschaftliche Entwicklung hat außerdem durch eine verheerende Flutkatastrophe im Frühjahr 2000, die weite Teile des Landes erfasste, einen herben Rückschlag erlitten.[828] Die mosambikanische Wirtschaft verfügt aber über ein großes Wachstumspotential, was vor allem an der geographischen Lage

---

824 Vgl. Fandrych in: Afrika-Jahrbuch 1997, S. 365; Deutsche Welthungerhilfe (Hrsg.), Mosambik, März 1999, S. 40f.; Mozambique News Agency AIM Reports, No. 115, 1st August 1999, „Controversial land bill accepted"; No. 114, 18th July 1997, „Assembly discusses land law".

825 Eberling, „Wenn Elefanten kämpfen, leidet das Gras", KKM, Mosambik-Rundbrief Nr. 48, S. 9f.

826 Presse Media SA, Mosambik, Dienstag 25.2.1999, Beilage zum Handelsblatt vom Februar 1999, „Bankensektor profitiert von Liberalisierung", S. 4.

827 Vgl. Mozambique News Agency AIM Reports, No. 151, 6th April 1999, „Economic advances"; Internationales Afrikaforum 2000, S. 151; Mozambique News Agency AIM Reports, No. 175, 8th Febraury 2000, „1999 inflation rate published".

828 Vgl. Frank Räther, Ein Land versinkt. Die Menschen in Mosambik können nur aus der Luft gerettet werden, doch es gibt zu wenig Hubschrauber und viele Opfer haben kaum noch Hoffnung, Berliner Zeitung vom 3.3.2000, S. 3; Mozambique News Agency AIM Reports, No. 180, 5th April 2000, „Government updates Assembly on floods"; afrika süd Nr. 2 März/April 2000, S. 8ff.

Mosambiks liegt. Der Küstenstaat hat sechs Nachbarn. Die Binnenländer Malawi, Sambia, Simbabwe und Swasiland sind auf die Nutzung der mosambikanischen Häfen angewiesen und fördern, wie auch Südafrika, den infrastrukturellen Wiederaufbau der Korridore Maputo, Beira und Nampula. Der Cabora-Bassa-Staudamm gehört schon jetzt zu den wichtigsten Energieproduzenten im südlichen Afrika.[829] Die vorhandenen Bodenschätze und das touristische Pontential sind noch ungenutzt.[830]

Die wirtschaftliche Konsolidierung erhält durch die weltweite Entschuldungskampagne Auftrieb. Im September 1997 ist die Aufnahme Mosambiks in die HIPC-Schuldeninitiative (*Heavily Indebted Poor Countries*) von Weltbank und IWF beschlossen worden, die einen Schuldenerlaß der ärmsten Länder auf ein tragfähiges Niveau vorsieht.[831] Der im April 1998 beschlossene Schuldennachlaß von 1,4 Milliarden US$ ist aufgrund der positiven Entwicklung Mosambiks im Juni 1999 auf 3,7 Milliarden erhöht worden.[832] Dies ist die bisher höchste gewährte Entschuldung im Rahmen der HIPC-Initiative und reduziert die Staatsschulden Mosambiks um zwei Drittel. Auf dem G 8-Gipfel der sieben führenden Industrienationen und Rußland im Juni 1999 in Köln ist eine Beschleunigung der Entschuldung und ein weiterer Nachlaß von 70 Milliarden DM für die 36 ärmsten Länder der Welt vereinbart worden.[833] In der Bundesrepublik Deutschland wird zur Zeit eine Streichung der Forderungen der ehemaligen DDR gegenüber Mosambik diskutiert.[834] Diese Forderungen in Höhe von 340 Millionen DM stammen aus der staatlichen „Entwicklungspolitik" der DDR, die vor allem der Stützung der defizitären DDR-Wirtschaft diente und von der „Kommerziellen Koordinierung" unter der Leitung von Staatssekretär Alexander Schalck-

---

829 Mozambique News Agency AIM Reports, No. 161, 6th July 1999, „Demand for Cabora Bassa power grows".

830 Vgl. Presse Media SA, Mosambik, Dienstag 25.2.1999, Beilage zum Handelsblatt vom Februar 1999, S. 6, 8; KKM, Mosambik-Rundbrief 46, S. 16ff.

831 Vgl. zur HIPC-Initiative Internet: http://www.worldbank.org/hipc (Stand: 18.11.1999).

832 Vgl. Mozambique News Agency AIM Reports, No. 161, 6th July 1999, „Mozambque gets HIPC debt relief"; No. 166, 6th October 1999, „Mozambique in line for 'enhanced' HIPC". Die Auslandsverschuldung Mosambiks betrug 1998 5,7 Milliarden US$.

833 Vgl. BMF, Bericht der G7-Finanzminister zur Kölner Schuldeninitiative an den Wirtschaftsgipfel in Köln, 18.-20. Juni 1999, Internet: http://www.g-8.de/06/00215/index.-html (Stand: 26.9.1999); Mozambique News Agency AIM Reports, No. 161, 6th July 1999, „G-8 decision less than desirable".

834 Vgl. GKKE, Globalisierung der Solidarität, Erklärung der GKKE zum Weltwirtschaftsgipfel 1999 in Köln, S. 26ff.; Südwind/KKM, Schulden statt Solidarität? - Ex-DDR-Forderungen an hochverschuldete arme Länder - eine besondere Herausforderung der Bundesrepublik, 1998.

Golodkowski gesteuert wurde.[835] Diese Politik war zum Schaden der Entwicklungsländer und hat zu Verbindlichkeiten in Höhe von 6,2 Milliarden DM geführt.[836] Die Bundesrepublik Deutschland hat diese Forderungen gemäß § 24 des Einigungsvertrages[837] übernommen. Eine Revision des sozialistischen „Erbes" wird allgemein erwartet.

V. Die aktuelle Verfassungsdebatte

Ein Indiz für die Leitbildfunktion der Verfassung ist die aktuelle parlamentarische Verfassungsdiskussion, wenn auch die Reformbemühungen in der abschließenden Debatte im Parlament am 30. September 1999 einen Rückschlag erhalten haben.[838] Die angestrebte Verfassungsreform ist das Ergebnis eines vierjährigen Vorbereitungsprozesses. Die RENAMO hatte nach den ersten freien Wahlen 1994 die Revision der ihrer Auffassung nach demokratisch nicht legitimierten Verfassung verlangt. Ende 1995 setzte das Parlament eine Reformkommission unter Vorsitz des FRELIMO-Abgeordneten Hermenegildo Gamito zur Vorbereitung einer grundlegenden Verfassungsreform ein. Diese paritätisch besetzte ad-hoc Kommission von 31 Mitgliedern hat in mehrjähriger Arbeit im Konsens der Parteien einen Vorschlag für eine Verfassungsänderung erarbeitet und ihren Reformvorschlag im Oktober 1998 im Parlament eingebracht.[839] Der Verfassungsentwurf bezweckt die Stärkung der demokratischen und rechtsstaatlichen Grundsätze der staatlichen Ordnung. Das Präsidialsystem soll abgeschwächt und die Macht des Staatspräsidenten zugunsten des Premierministers und des Parlamentes dekonzentriert werden. Der Präsident bleibt das Oberhaupt des Staates, die Leitung der Regierung übernimmt der bisher unbedeutende Pre-

---

835 Vgl. Döring, „Es geht um unsere Existenz". Die Politik der DDR gegenüber der Dritten Welt am Beispiel von Mosambik und Äthiopien", S. 153; Südwind/KKM, Schulden statt Solidarität? - Ex-DDR-Forderungen an hochverschuldete arme Länder - eine besondere Herausforderung der Bundesrepublik, S. 31.

836 Südwind/KKM, Schulden statt Solidarität? - Ex-DDR-Forderungen an hochverschuldete arme Länder - eine besondere Herausforderung der Bundesrepublik, S. 23.

837 Vertrag zwischen der Bundesrepublik Deutschland und der Deutschen Republik über die Herstellung der Einheit Deutschlands vom 31. August 1990, Bundesgesetzblatt II S. 889.

838 von Lucius, Nach dem Bürgerkrieg. Die ehemaligen Kriegsgegner in Mocambique wollen eine neue Verfassung verabschieden, FAZ vom 9.4.1999; Mozambique News Agency AIM Reports, No. 166, 6th October 1999, „Renamo blocks constitutional ammendments".

839 Vgl. Internet: http://www.lexmoc.com (Stand: 1.11.1999); Mozambique News Agency AIM Reports, No. 145, 20th Ocotber 1998, „New constitution to reduce presidential power".

mierminister. Der Präsident soll die Kompetenz zur Ernennung des Regierungschefs behalten, dabei jedoch von der Zustimmung der im Parlament vertretenen Parteien abhängig sein. Dies würde dazu führen, daß in der Praxis die stärkste Partei den Premierminister stellt. Der Ministerpräsident soll in Zukunft für die Ernennung der Minister zuständig sein. Der Verfassungsentwurf schafft damit die Voraussetzungen für eine Kohabitation, d.h. Präsident und Regierung können von unterschiedlichen Parteien gestellt werden, und legt hierfür klare Verfahrensregeln fest. Darin liegt die besondere Bedeutung der geplanten Verfassungsreform.

Die Reformen sehen ferner die Einsetzung eines Staatsrates vor, der das Staatsoberhaupt beraten soll und vor allen wichtigen Entscheidungen des Präsidenten (Auflösung des Parlaments, Absetzung der Regierung, Erklärung des Staatsnotstandes) konsultiert werden muß. Er soll sich aus Vertretern aller Staatsorgane und Parteien und einigen ausgewählten Persönlichkeiten zusammensetzen. Der Präsident der Republik soll in Zukunft außerdem einem *Impeachment*-Verfahren unterworfen werden können. Das Parlament kann zukünftig bereits mit der Ablehnung des Regierungsprogramms die Regierung stürzen. Außerdem wird ein Mißtrauensvotum eingeführt. Zu den Änderungen in der Staatsverwaltung zählt die Überparteilichkeit der Beamten.

Der Grundrechtsschutz soll verbessert und Datenschutzbestimmungen eingeführt werden. Das Verbot der Todesstrafe nach Art. 70 Abs. 2 der Verfassung wird um das Verbot einer lebenslangen Freiheitsstrafe ergänzt. Die Auslieferung soll nicht in Länder erfolgen dürfen, in denen die Todesstrafe, lebenslange Haft, Folter oder grausame Behandlungen zu befürchten sind. Inhaftierte Personen haben in Zukunft einen verfassungsrechtlichen Anspruch, unverzüglich über ihre Rechte und den Grund ihrer Inhaftierung aufgeklärt zu werden. Das Kapitel über die Staatsangehörigkeit soll geändert und die Möglichkeit einer Doppelstaatsangehörigkeit eingeführt werden. Die Regierung ist verantwortlich für die Überparteilichkeit der öffentlich-rechtlichen Medien und muß deren Tätigkeit vor der Einflußnahme der Regierung und der Parteien bewahren.

Der Verfassungsentwurf ist wie die Verfassung von 1990 landesweit der Öffentlichkeit vorgestellt und debattiert worden. Auf der nationalen Ebene und in den Provinzen haben Seminare mit Vertretern des öffentlichen Lebens und der gesellschaftlichen Gruppen stattgefunden.[840] Der Zeitpunkt der abschließenden Debatte und der Abstimmung im Parlament war zunächst umstritten. Die FRELIMO und die UD befürworteten eine Verfassungsänderung im Februar 1999, um eine Überschneidung mit den für Oktober 1999 vorgesehenen Wahlen zu verhindern und die Umsetzung der Änderungen im Hinblick auf die neu zu wählenden Staatsorgane zu ermöglichen. Die RENAMO wies dagegen auf die nach

---

840 Vgl. Mozambique News Agency AIM Reports, No. 145, 20th Ocotber 1998, „New constitution to reduce presidential power".

Art. 198 Abs. 2 der Verfassung einzuhaltende Frist von 90 Tagen zwischen der Einbringung des Veränderungsvorschlages und der parlamentarischen Debatte hin und schlug als Zeitpunkt für die Verfassungsänderung Oktober 1999 vor.[841] Weil man sich nicht auf ein Datum einigen konnte, wurde die Parlamentsdebatte über die Verfassungsreform auf eine außerordentliche Sitzung zwischen den Sitzungsperioden verschoben.[842] Im August 1999 legte die RENAMO der Verfassungskommission überraschender Weise einen Änderungsvorschlag vor, der deutlich von der bisherigen Einigung über die Reform des politischen Systems abwich. Obwohl die RENAMO einst die Einführung eines semi-präsidialen Systems vorgeschlagen hatte, wollte sie nun die bestehende Machtfülle des Präsidenten beibehalten. Außerdem schlug sie die Wahl der Provinzgouverneure durch die Provinzversammlung und eine Abkehr vom unitarischen System vor. Die abschließende Parlamentssitzung über den Verfassungsentwurf fand Ende September 1999 statt. Als man sich nicht darüber einigen konnte, ob die neuen Vorschläge der RENAMO in den Entwurf der Kommission aufgenommen werden sollten, setzte die FRELIMO eine getrennte Abstimmung über den Kommissionsentwurf und die neuen Vorschläge der RENAMO durch.[843] Beide Abstimmungen wurden von der RENAMO boykottiert, so daß die erforderliche Zweidrittelmehrheit von 167 Stimmen nicht erreicht werden konnte. Der bereits erzielte Konsens über die Reform der Verfassung ist somit der Auseinandersetzung zwischen der FRELIMO und RENAMO zum Opfer geworden. Auch die unstrittigen Änderungen des Grundrechtsschutzes und der Nationalsymbole des Staates müssen daher weiter auf sich warten lassen. Eine Änderung der Verfassung und ihre endgültige demokratische Legitimierung durch die Volksvertretung ist daher erst wieder in der neuen Legislaturperiode möglich.

VI. Die nationalen Wahlen 1999

Am 3. und 4. Dezember 1999 sind die zweiten nationalen Wahlen seit Einführung des Mehrparteiensystem abgehalten worden. „Zweite" Wahlen haben im Transformationsprozeß des postkolonialen Afrika häufig dazu geführt, die demokratischen Strukturen zu schwächen und die Entstehung von Einparteiensys-

---

841 Vgl. Mozambique News Agency AIM Reports, No. 146, 2nd November 1998, „Parliamentary groups argue over constitution".

842 Vgl. Mozambique News Agency AIM Reports, No. 158, 24th May 1999, „Constitutional debate set for July"; No. 162, 20th July 1999, „Extra-ordinary session postponed"; AWEPA, Mozambique Peace Process Bulletin 21, 1998, „Discussion deferred on new constitution".

843 Vgl. Mozambique News Agency AIM Reports, No. 166, 6th October 1999, „Renamo blocks constitutional ammendments".

temen zu fördern. Nach den Mißerfolgen der Kommunalwahlen im Juni 1998 haben auch die zweiten Wahlen in Mosambik zunächst unter keinen guten Vorzeichen gestanden. Lange Zeit ist der Wahltermin zwischen den Parteien umstritten und die Durchführung der Wahlen im verfassungsrechtlich vorgesehenen 5-Jahres-Turnus fraglich gewesen.[844] Die nationale Wahlkommission CNE, die für die Organisation der Wahlen zuständig ist, hat erst nach Auseinandersetzungen über die Benennung ihres Vorsitzenden im März 1999 offiziell ihre Arbeit aufgenommen. Sie besteht aus acht Mitgliedern der FRELIMO, sechs der RENAMO, einem UD-Vertreter und zwei Repräsentanten der Regierung.[845] Wegen der zunächst schleppenden Wahlvorbereitung schien eine Verschiebung in das Jahr 2000 unausweichlich, um die Wahlen nicht in der Mitte Dezember einsetzenden Regenzeit stattfinden zu lassen. Im August 1999 wurde daraufhin das Wahlgesetz geändert, um die vorgesehenen Fristen zwischen Wähler- und Kandidatenregistrierung, Wahlkampf und Wahl zu verkürzen, und die Wahlen auf Anfang Dezember festgelegt worden.[846] Das Ende 1998 im Parlament einstimmig verabschiedete Wahlgesetz berücksichtigt die Kritik an der früheren Gesetzgebung und verbindet die Vorschläge der FRELIMO und der RENAMO.[847] Die gesetzliche Regelung ist transparenter und ermöglicht eine dezentralisierte und schnellere Stimmenauswertung.[848] Für je 1000 Wahlberechtigte ist eine Wahlstation vorgesehen (Art. 5, 52, 67, 69 des Wahlgesetzes). Es existieren getrennte Wahlzettel für Präsidentschaft- und Parlamentswahlen mit Bildern der Kandidaten und Parteisymbolen. Gewählt wird durch Zeichnung oder Fingerabdruck (Art. 9, 38, 39, 55, 67 des Wahlgesetzes). Die Presse hat Zugang zu den Wahllokalen, darf aber weder den geheimen Wahlvorgang beobachten noch die Wähler in einem Radius von 500 Meter um die Wahllokale interviewen (Art. 63, 75 des Wahlgesetzes). Parteien können auch nur in einzelnen Provinzen antreten und müssen mehr Kandidaten als Parlamentssitze je Provinz aufstellen (Art. 140, 146 des Wahlgesetzes). Die 5% - Klausel wird beibehalten (Art. 143 des Wahl-

---

844 AWEPA, Mozambique Peace Process Bulletin 21, „Elections delay to May 2000?"; Mozambique News Agency AIM Reports, No. 157, 10th May 1999, „Elections still technically possible in 1999".

845 AWEPA, Mozambique Peace Process Bulletin 21, „More political election commission named".

846 Vgl. Mozambique News Agency AIM Reports, No. 164, 6th September 1999, „Election date set for 3-4 December 1999".

847 Vgl. von Lucius, Nach dem Bürgerkrieg. Die ehemaligen Kriegsgegner in Mocambique wollen eine neue Verfassung verabschieden, FAZ vom 9.4.1999.

848 Vgl. AWEPA, Mozambique Peace Process Bulletin 22, Datum, „New election law similar to 1994, but clearer and providing faster results".

gesetzes). Die Präsidentschaftskandidaten bedürfen für ihre Kandidatur 10.000 notariell beurkundete Unterschriften (Art. 113, 115 des Wahlgesetzes).

Die Wählerregistrierung mußte vollständig neu durchgeführt werden, da die gesetzlich vorgesehene jährliche Aktualisierung der Anzahl der Wahlberechtigten 1998 aus Kostengründen unterblieben war.[849] Die erneute Registrierung erfolgte vom 20. Juli bis zum 17. September 1999. Dabei hat sich die Zahl der Wahlberechtigten von 6,4 Millionen auf 7,1 Millionen erhöht, was etwa 85% der potentiellen Wähler entspricht.[850]

Neun Parteien und drei Koalitionen sind in den Wahlen für das Parlament und das Präsidentenamt angetreten. Die RENAMO hat sich mit zehn kleineren Parteien zu einer „Wahlunion" zusammengeschlossen, deren gemeinsamer Präsidentschaftskandidat Afonso Dhlakama ist.[851] Die UD besteht nur noch aus zwei Parteien; ihr dritter Koalitionspartner PALMO tritt als eigenständige Partei an, wollte aber die RENAMO in den Präsidentschaftswahlen unterstützen. Die dritte Listenverbindung UMO (Union der Mosambikanischen Opposition) besteht aus drei Parteien. Die seit kurzem existierende Partei der „Grünen", die sich für Umweltschutz, Demokratie und Pluralismus einsetzt, ist von der CNE wegen interner Machtkämpfe von den Wahlen ausgeschlossen worden.[852]

Der auf 45 Tage festgelegte Wahlkampf verlief weitgehend friedlich und wurde vom Ausland mitfinanziert. Die RENAMO bezichtigte die CNE und die FRELIMO wiederholt der Wahlfälschung und beschuldigte jene, die Auszahlung staatlicher Wahlkampfgelder bewußt zu verzögern.[853] Die veranschlagten Kosten für die Wählerregistrierung und die Durchführung der Wahlen von 41 Millionen US$ wurden von der Europäischen Union (23 Mio.), von der UNDP (9 Mio.) und der mosambikanischen Regierung übernommen (9 Mio.).[854] Die Durchführung der Wahlen wird von einer Vielzahl von NGOs unterstützt.

---

849 Vgl. Mozambique News Agency AIM Reports, No. 155, 6th April 1999, „Voter registration law amended".

850 Vgl. Mozambique News Agency AIM Reports, No. 166, 6th October 1999, „Final voter registration figures released".

851 von Lucius, Bündnis der Opposition in Mocambique, FAZ vom 1.10.1999; Africa News Online - Renamo's Dhlakam In Presidential Race, July 2, 1999, Internet: http://www.-africanews.org/south/mozambique/stories/19990702_feat2.html (Stand: 13.7.1999).

852 Vgl. Mozambique News Agency AIM Reports, No. 168, 9th November 1999, „Green party disqualified"; DASP (Hrsg.), Heft Mosambik, DASP-Reihe 73 (98), S. 47.

853 Vgl. Mozambique News Agency AIM Reports, No. 168, 9th November 1999, „RENAMO accuses CNE of financial sabotage"; Africa News Online - Mozambican Political Parties Finally Get Election Funding, November 9 1999, Internet: http://www.africanews.org/south/mozambique/stories/19991109_feat1.html (Stand: 16.11.1999).

854 AWEPA, Mozambique Peace Process Bulletin 22, Datum, „Election to cost US$ 41 Millions".

Die Ergebnisse der Wahlen waren nicht vorhersehbar wie in anderen südafrikanischen Staaten. Als gesichert galt eine Wiederwahl des angesehenen Staatspräsidenten Chissano. Die Mehrheitsverhältnisse im Parlament waren aber ungewiß. Es wurde erwartet, daß der Ausgang der Wahlen die positiven Erfahrungen mit dem pluralistischen System widerspiegeln und den demokratischen Konsolidierungskurs stärken würde. Die Ergebnisse der Wahlen, die offiziell am 19. Dezember bekannt gegeben wurden, haben dies Erwartungen bestätigt[855]: Präsident Chissano wurde mit 52,3% der Stimmen wiedergewählt, auf Dhlakama entfielen 47,7%. Im neuen Parlament verfügt die FRELIMO über 133 Sitze und die RENAMO und ihr Wahlbündnis mit zehn kleineren Parteien über 117 Sitze, wovon 99 auf die RENAMO entfallen. Das Oberste Gericht bestätigte das Wahlergebnis und erklärte die Wahlen für rechtmäßig und gültig.[856]

VII. Ergebnis

Die verfassungspolitischen Entscheidungen von 1990 haben sich in der gesellschaftlichen Entwicklung bewährt. Anfänglich hatte die Verfassung noch keinen Einfluß auf die Rechtswirklichkeit in Mosambik, da der Bürgerkrieg die Geschicke des Landes bestimmte. Seit 1994 entwickelt sich das Verfassungsrecht zunehmend von einem Rechtfertigungselement zu einem Leitbild für die Ausübung der Staatsgewalt. Dies gilt vor allem für die Funktionsnormen und die institutionellen Regelungen der Verfassung. Dies verdeutlichen die wachsende Bedeutung der Volksversammlung gegenüber den anderen Staatsorganen und die politische Auseinandersetzung der Parteien. Vor allem die aktuelle Verfassungsdebatte zeigt, daß der Verfassung von den politischen Kräften Leitbildfunktion beigemessen wird. Die Verfassung wird überwiegend nicht mehr als Instrument der Herrschenden begriffen, um den Einfluß auf die staatlichen Institutionen zu sichern und um die Politik nach eigenen Vorstellungen gestalten zu können, wie es etwa nach dem lateinamerikanischen Verfassungsverständnis noch regelmäßig der Fall ist.[857] Es hat sich allgemein die Erkenntnis durchgesetzt, daß die demokratische Verfassung und die Einführung eines pluralistischen Systems zum Wohle des Staates und der politischen Funktionsträger ist. Der Staat versteht

---

855 von Lucius, Renamo zweifelt Wahlergebnis an, FAZ vom 8.1.2000, S. 7; ders., Renamo gibt Boykott auf, FAZ vom 11.1.2000, S. 7.

856 von Lucius, Renamo zweifelt Wahlergebnis an, FAZ vom 8.1.2000, S. 7.

857 In Lateinamerika ist ein Regierungswechsel häufig mit einer Verfassungsänderung verbunden, weil das Regelwerk eines Grundgesetzes als Eigentum der Politiker betrachtet wird und eine neue Verfassung den neuen Machtanspruch zum Ausdruck bringen soll; vgl. Oehrlein, Die Verfassung als Wundermittel. Lateinamerikanische Politker ändern Gesetze nach Belieben, FAZ vom 5. 6. 1999.

sich mehr und mehr als Treuhänder seiner Staatsbürger. Die Grundrechte werden nicht über ihre Grenzen sondern ihre Inhalte und Schutzfunktionen gegenüber der Staatsgewalt definiert, wenn auch ihre Gewährung tatsächlich nur unzureichend erfolgt.

Die normative Kraft der Verfassung leidet unter der fehlenden Verfassungsgerichtsbarkeit, deren Existenz die Souveränität des Rechts gegenüber der Politik in besonderer Weise zum Ausdruck bringen würde. Der Oberste Gerichtshof hat als stellvertretender Hüter der Verfassung seine Aufgabe bislang nur selten wahrgenommen. So hat er in einem der wenigen verfassungsrechtlichen Urteile ein Gesetz über die Einführung von zwei islamischen Feiertagen (Eid Al Fitr, Ende des Fastenmonats Ramadan, und Eid Al Adah, Ende der jährlichen Pilgerfahrt nach Mekka) als nationale Feiertage für verfassungswidrig erklärt und die vorgesehene Feiertagsregelung als unvereinbar mit der Religionsfreiheit und dem säkularen Charakter des Staates abgelehnt.[858] Für viele Grundrechte und Schranken wie für die Verfassung insgesamt fehlt bisher eine konkretisierende Rechtsprechung. Die Verfassung bietet nach wie vor keinen Rahmen für die Anerkennung der traditionellen Formen der politischen Repräsentation und Mitwirkung an der Verwaltung. Der *de facto* bestehende Rechtspluralismus beeinträchtigt die normative Wirkung der Verfassung als höchste Rechtsquelle. Es besteht zwar ein Basiskonsens des Staatsvolkes über die Friedensordnung und das pluralistische System der neuen Verfassung. Es kann aber noch nicht davon gesprochen werden, daß sich die Bürger in der Verfassung aufgehoben fühlen oder sich ein „Verfassungspatriotismus" herausgebildet hätte. Aufgrund der sozioökonomischen Verhältnissen und der hohen Analphabetenrate vermag die Verfassung und die neue politische Ordnung noch nicht über Maputo und die städtischen Gebieten hinaus in das Leben der ländlichen Bevölkerung hinein zu wirken. Hinzu tritt die Tatsache, daß das Gesetzessystem weitgehend noch aus der portugiesischen bzw. der marxistisch-leninistischen Zeit stammt und die Rechtsanwendung nicht mit der neuen Verfassung konform ist.

Trotz aller Kritikpunkte ist die Republik Mosambik auf gutem Wege, eine der wenigen rechtsstaatlichen Verfassungen der Region nicht nur auf dem Papier zu erhalten. Das Recht hat einen neuen Rang gegenüber der Politik. Der Staat ist auf das Recht gegründet. Die Verfassung hat die tatsächlichen Verhältnisse gestalten und die Ausübung der Staatsgewalt an Verfahrensnormen binden können und damit ihre Ordnungsfunktion erfüllt. Die Verfassung hat Mosambik als Verfassungsstaat geprägt.

---

858 Vgl. Massingue, Mozambique. Politics and religion, SAPEM February, 1997, S. 16f.

B. Mosambik: Hoffnungsträger der Mehrparteiendemokratie im südlichen Afrika - eine erfolgreiche Transition?

I. Zur Transitionsforschung

Als politische Transition wird der nichtrevolutionäre Übergang von einem autoritären Regierungssystem zu einer demokratischen und rechtsstaatlichen Staatsordnung verstanden. Der Übergang erfolgt ohne einen gewaltsamen Machtwechsel durch einen kontinuierlichen evolutionären Prozeß. Dieser Transitionsprozeß läßt sich grundsätzlich in drei Phasen unterteilen: Liberalisierung, Demokratisierung und Konsolidierung.[859]

Die Liberalisierung betrifft die Phase der kontrollierten Öffnung des autoritären Systems, ohne daß eine Änderung der tatsächlichen Machtverhältnisse herbeigeführt werden soll. Ausschlaggebend für die Öffnung des Systems sind der Legitimitätsverlust und die geringe Effektivität des autoritären Regimes. Der Niedergang des alten Systems wird begleitet von der Entstehung von Oppositionsgruppen. Kennzeichnend für diese Phase ist die Überzeugung der Inhaber der Staatsgewalt, den Öffnungsprozeß aufgrund der repressiven Stabilität des Herrschaftssystems steuern zu können.[860]

In der Demokratisierungsphase wird das autoritäre Regime durch die Konstitutionalisierung einer demokratischen Staatsordnung abgelöst. Es werden politischer Wettbewerb und Partizipationsmöglichkeiten der Staatsbürger an der politischen Willensbildung eingeführt. Der Übergang von der Liberalisierung zur Demokratisierung ist dadurch gekennzeichnet, daß die politischen Entscheidungen das Ergebnis eines institutionalisierten, rechtsstaatlich-demokratischen Verfahrens sind und nicht mehr der Kontrolle der alten Machthaber unterliegen.[861] Die Phase der Demokratisierung endet mit der Durchführung allgemeiner und freier Wahlen.

Die Konsolidierungsphase beginnt mit der Machtübernahme durch eine demokratisch gewählte Regierung und endet, wenn die demokratische Ordnung einen stabilen Zustand erreicht hat. Charakteristisch für die Stabilität des neuen Systems ist die Abwesenheit von unmittelbarer Gewalt, der Schutz politischer

---

859 Vgl. Bos, Die Rolle von Eliten und kollektiven Akteuren in Tranformationsprozessen, S. 85f.; Przeworski, Democracy and the Market, S. 55f.; Keller, Liberalization, democratization and democracy in Africa: Comparative perspectives, Africa Insight, Vol. 25, No. 4, 1995, S. 224, 225.

860 Vgl. Welzel, Systemwechsel in der globalen Systemkonkurrenz, S. 69; Bos, Die Rolle von Eliten und kollektiven Akteuren in Tranformationsprozessen, S. 85.

861 Vgl. Meinhardt, Politische Transition und Demokratisierung in Malawi, S. 22; Rüb, Die Herausbildung politischer Institutionen in Demokratiesierungsprozessen, S. 115.

und ethnischer Minderheiten und die Institutionalisierung der politischen Handlungsfähigkeit des Gemeinwesens.[862] Die Konsolidierung äußert sich in der Entstehung einer politischen Zivilgesellschaft und dem gesellschaftlichen Basiskonsens über die Grundlagen der politischen Ordnung, was zu einer Legitimierung des demokratischen Systems führt. Die Verfassung des Staates wird allgemein als souveräne Rechtsquelle, insbesondere hinsichtlich eines Machtwechsels, akzeptiert. Eine Demokratie kann als konsolidiert angesehen werden, wenn alle politischen, gesellschaftlichen und ökonomischen Entscheidungen innerhalb der dafür vorgesehenen Institutionen der demokratischen Staatsordnung getroffen werden.[863] Der politische Konkurrenzkampf darf nicht zu einer Rückkehr zu autoritären Verhältnissen oder einer Durchsetzung von alternativen politischen Systemen führen. Die demokratische Ordnung muß dauer- und wehrhaft, d.h. irreversibel sein.[864]

Diese allgemeine Gliederung des Transitionsprozesses leidet wie jede Kategorisierung unter dem Versuch einer Vereinheitlichung und Schematisierung. Es können nicht alle Aspekte einer Demokratisierung und ihre innen- und außenpolitischen Faktoren in die einzelnen Entwicklungsstufen eingeordnet werden.[865] Die Aufteilung in verschiedene Phasen ist aber dazu geeignet, die sehr unterschiedlichen politischen Transitionen transparent und vergleichbar zu machen.

II. Die demokratische Transition in Mosambik

Die drei Phasen einer politischen Transition - Liberalisierung, Demokratisierung, Konsolidierung - sind auch im Transitionsprozeß von Mosambik erkennbar. Hierbei ist zwischen der Erlangung der Unabhängigkeit von der portugiesischen Fremdherrschaft einerseits und der demokratischen Transition des unabhängigen Mosambiks andererseits zu unterscheiden. Obwohl die Entkolonialisierung Mosambiks eng mit der Staatswerdung der nun unabhängigen Kolonie verbunden ist und auch mitursächlich für die schwierige Suche des neuen Staates nach einer demokratischen Ordnung war, muß eine getrennte Untersuchung bei-

---

862 Vgl. Rüb, Die Herausbildung politischer Institutionen in Demokratiesierungsprozessen, S. 61f.; Nohlen, Mehr Demokratie in der Dritten Welt? Über Demokratisierung und Konsolidierung der Demokratie in vergleichender Perspektive, in: Aus Politik und Zeitgeschichte, 38, Nr. 25-26, 1988, S. 3ff.

863 Vgl. Przeworski, Democracy and the Market, S. 37.

864 Vgl. Hanisch, in: ders., Demokratieexport in die Länder des Südens?, S. 18.

865 Vgl. Meinhardt, Politische Transition und Demokratisierung in Malawi, S. 11ff., 22ff. m.w.N.; Wolff, Demokratie, Armut und Entwicklung: Ein Überblick, VRÜ 24, 4/91, S. 393ff.; Schmidt, Demokratisierungsprozesse in Afrika, S. 229ff.

der Phasen erfolgen. Die Unabhängigkeit Mosambiks war das Ergebnis eines revolutionären Prozesses, d.h. einer gewaltsamen Beseitigung der staatlichen Ordnung, die zur Anerkennung der Souveränität des mosambikanischen Volkes und zur vertraglichen Übergabe der portugiesischen Herrschaftsgewalt an die Befreiungsfront FRELIMO führte. Der Gegenstand der demokratischen Transition kann daher nur die postrevolutionäre Entwicklung seit der Unabhängigkeit bis zur Errichtung und Konsolidierung eines demokratischen Systems in Mosambik sein.

Die erste Phase der politischen Transition in Mosambik beginnt Mitte der 1980er Jahre. Nach der Erlangung der Unabhängigkeit und der Übernahme der Staatsgewalt durch die FRELIMO erfolgt der Aufbau eines autoritären Regimes nach sozialistischem Vorbild. Die Liberalisierung der Kolonialherrschaft, die zu der neuen Staatlichkeit führt, wird nicht fortgesetzt, sondern durch repressive Maßnahmen der neuen Machthaber beendet. Das autoritäre Regierungssystem fällt daher schon bald in eine Legitimitätskrise und provoziert die Entstehung eines 16jährigen Bürgerkrieges. Die geringe Effektivität und Wirtschaftskraft des Staates wird durch die kriegerische Auseinandersetzung weiter geschwächt. Mitte der 1980er Jahre beginnt sich daher die Einheitspartei FRELIMO zu öffnen. Diese Öffnung erfolgt zunächst nur in außen- und wirtschaftspolitischer Hinsicht. In Westeuropa und den USA wird für eine Unterstützung des Landes geworben, das kurz vor dem Kollaps steht. Aufgrund der abgelehnten Aufnahme in den RGW und die anhaltende ökonomische Schwäche der verbündeten sozialistischen Staaten wird eine Annäherung an die Weltbank und den IWF gesucht. Die innenpolitische Öffnung beginnt einige Jahre später mit den ersten Friedensverhandlungen zwischen den Bürgerkriegsparteien und der Abkehr von der marxistisch-leninistischen Staatsdoktrin auf dem V. Parteitag der FRELIMO. Dieser Prozeß wird begleitet und beschleunigt durch die Veränderung in Osteuropa und das Ende des Kalten Krieges.

Der Übergang von der Phase der Liberalisierung zu der Phase der Demokratisierung ist durch die Verabschiedung der neuen Verfassung im November 1990 charakterisiert. Mit dieser Weichenstellung akzeptiert die politische Führung unter dem wachsenden innen- und außenpolitischen Druck die Einführung eines pluralistischen Systems. Da die neue Verfassungsordnung aufgrund der kriegerischen Auseinandersetzung der politischen Gegner noch keine normative Kraft besitzt, wird die Rechtswirksamkeit der Verfassung im Friedensvertrag von Rom 1992 sanktioniert. Die Einzelheiten für die Durchführung der demokratischen Transition wird in den Protokollen des Friedensabkommens in Rom festgelegt; ihre Realisierung erfolgt mit Hilfe des ONUMOZ-Einsatzes der Vereinten Nationen. Die Demokratisierungsphase endet mit der Durchführung der ersten freien und allgemeinen Wahlen im Oktober 1994.

Nun befindet sich Mosambik in der Phase der Konsolidierung. Der Wechsel des Regierungssystems hat in friedlicher Weise stattgefunden. Die Machthaber sind allerdings die gleichen. Die politischen Parteien und das Parlament nehmen aktiv ihre Funktionen im demokratischen Entscheidungsprozeß wahr. Die Legitimität der neuen Regierung und der verfassungsrechtlichen Ordnung wird akzeptiert. Mit der jüngsten Verfassungsdebatte wird ein Stärkung der demokratischen Ordnung und des Gewaltenteilungsprinzips bezweckt.

Die Demokratie in Mosambik kann jedoch noch nicht als endgültig konsolidiert bewertet werden. Der Institutionalisierungsprozeß ist noch nicht abgeschlossen. Die hohe Analphabetenrate und die Armut erschweren die ohnehin problematische Herausbildung der politischen Zivilgesellschaft. Die geographischen Bedingungen des Landes und die sozialen, kulturellen und ethnischen Unterschiede verzögern den *nation-building*-Prozeß. Die wirtschaftliche und infrastrukturelle Entwicklung wird durch geschätzte zwei Millionen unentdeckte Minen, einer Hinterlassenschaft des Bürgerkrieges, gehemmt. Die Dezentralisierungsbemühungen sind durch die Ergebnisse der ersten Kommunalwahlen 1998 in Frage gestellt worden. Auch wenn die kommunalen Gebietskörperschaften durch die Verfassungsreform vom Oktober 1996 einen irreversiblen rechtlich-institutionellen Rahmen erhalten haben, ist die Geschwindigkeit und Tiefe der Verwaltungsreform innerhalb der FRELIMO und zwischen den verschiedenen Parteien umstritten. Die rechtliche Anerkennung der lokalen Autoritäten und die Integration der gewohnheitsrechtlichen Traditionen in das kodifizierte Rechtssystem sind noch ungeklärt. Der Präsident des Obersten Gerichts hat den anhaltenden Rechtsimport westlicher Länder kritisiert und die Entwicklung eines eigenen, afrikanischen Rechtssystems gefordert, das die besonderen Verhältnisse des afrikanischen Kontinents berücksichtigt.[866]

Es fehlt bislang eine juristische und gesellschaftliche Aufarbeitung der Vergangenheit. Die in den Jahren 1987 und 1988 gewährten Amnestien der FRELIMO-Regierung für RENAMO-Kämpfer waren nur ein politisches Mittel, den Gegner zu schwächen.[867] Im Friedensabkommen von Rom 1992 konnte eine Auseinandersetzung mit der Kriegsschuldfrage nicht stattfinden, da sich zu diesem Zeitpunkt die Konfliktparteien noch in der bewaffneten Auseinandersetzung befanden und die Beendigung des 16jährigen Bürgerkrieges im Vordergrund stand. Strafverfahren gegen Verantwortliche bedingen klare Sieger und Besiegte. In Pattsituationen wie in Mosambik ist man auf historische Kompromisse angewiesen. Der Kompromiß in Mosambik schien bislang die Ansicht zu sein, daß eine Auseinandersetzung mit der Kriegsschuldfrage die Friedenskonsolidierung

---

866 Africa News Online - Judiciary Supreme Court Head Deplores Importation, September 30, 1998, Internet:http: //www.africanews.org/south/mozambique/stories/19980930_feat3.html (Stand 2.10.1998).

867 Vgl. Hall/Young, Confronting Leviathan. Mozambique since Independence, S. 206.

stören würde.[868] In letzter Zeit hat die RENAMO jedoch wiederholt die Einrichtung einer Wahrheits- und Versöhnungskommission nach dem Vorbild Südafrikas gefordert. Die FRELIMO lehnt eine Aufarbeitung der Kriegsverbrechen weiter ab und hält sie mehrere Jahre nach Ende des Bürgerkrieges für sinnlos.[869]

Eine weitere Bedrohung für die staatliche Stabilität Mosambiks ist der Einfluß der internationalen Gebergemeinschaft und zahlreicher NGOs auf die politischen und ökonomischen Entscheidungen der mosambikanischen Regierung. Äußere Einflüsse sind für die staatliche Entwicklung Mosambiks stets ausschlaggebend gewesen. Der Abhängigkeit von der portugiesischen Kolonialherrschaft folgte die Einflußnahme der DDR und anderer osteuropäischer Staaten als Verfechter der sozialistischen Revolution auf das unabhängige Mosambik. Seit Ende der 1980er Jahre hat die internationale Gebergemeinschaft maßgeblich zur positiven Entwicklung der mosambikanischen Transition beigetragen, und Mosambik wird noch lange auf diese Unterstützung angewiesen sein. Diese Aufbauhilfe kann selbstverständlich nicht mit den vorherigen Abhängigkeiten verglichen werden. Dennoch muß die Wirkung der internationalen Unterstützung auf die autonome Staatswerdung Mosambiks kritisch betrachtet werden.[870] Es besteht die Gefahr, daß der mosambikanische Staat in eine neue Abhängigkeit gerät und die Entwicklung eigener Lösungsansätze unterbleibt. Eine staatlich nicht koordinierte Tätigkeit einer Vielzahl ausländischer NGOs führt vor allem in den ländlichen Gebieten zu einer Umgehung der nur rudimentär vertretenen Staatsgewalt. „*There are too many experts in Mozambique*" – so der Kommentar eines Mosambikaners gegenüber dem Verfasser während seines Aufenthaltes in Maputo.

Die Demokratisierung in Mosambik wird als eine der erfolgreichen Transition im südlichen Afrika bewertetet.[871] Dies soll ein kurzer Blick auf die politischen

---

868 Vgl. FES, Hoffnung für das südliche Afrika. Von der Konfrontation zum Dialog und zur friedlichen Entwicklung, Bericht der Internationalen Konferenz der Friedrich-Ebert-Stiftung in Bonn, 8.-10. März 1995, S. 24f.

869 Vgl. Fandrych in: Afrika-Jahrbuch 1997, S. 364; KKM (Hrsg.), Mosambik-Rundbrief Nr. 46, September 1997, S. 4.

870 Die westeuropäische Solidaritätsbewegung hat zum Teil einseitig und unkritisch für die FRELIMO trotz ihrer marxistisch-leninistischen Staatspolitik Partei ergriffen, weil sie der Agression durch das Apartheidregime Südafrikas ausgesetzt war; vgl. etwa die Kritik an der Finanzierung eines Radiosenders für die RENAMO in den ersten Wahlen 1994 durch die Bundesrepublik Deutschland, deren Vorgehen vom Sonderbeauftragten der VN Ajello unterstützt wurde; KKM, Mosambik-Rundbrief Nr. 34, 1994, S. 13ff; Boetius, Wie stehen wir heute zur Frelimo, zur Renamo? Eine Kritik der einseitigen Wahrnehmung Mosambiks, Mosambik-Rundbrief Nr. 50/51, Januar 1998, S. 28ff.

871 Der ehemalige Sonderbeauftragte der VN, Aldo Ajello, hat Mosambik als das beste Beispiel für Demokratie auf dem afrikanischen Kontinent bezeichnet; vgl. DASP (Hrsg.), Heft Mosambik, DASP-Reihe 73 (98), S. 47.

Transitionen in den Länder Angola, Namibia und Simbabwe verdeutlichen, deren Entwicklung Bezugspunkte zu Mosambik aufweisen.

Die zweite große portugiesischen Kolonie auf dem afrikanischen Kontinent, Angola, teilt mit Mosambik die Erfahrungen eines langen Befreiungskampfes und Bürgerkrieges. Nach 14jährigem Befreiungskampf wird Angola 1975 in die Unabhängigkeit entlassen. Die Volksbewegung MPLA ruft die Volksrepublik Angola aus und schlägt einen marxistisch-leninistischen Kurs ein.[872] Die konstitutionelle Grundlage des neuen Staates wird eine programmatische Verfassung, die vom Zentralkomitee der MPLA per Akklamation angenommen wird und große Übereinstimmung mit der Unabhängigkeitsverfassung Mosambiks aufweist.[873] Die am Unabhängigkeitskampf beteiligten Befreiungsbewegungen U-NITA und FNLA bilden eine Gegenregierung. Schon bald nach der Unabhängigkeit kommt es zum Bürgerkrieg, in dem bis zu 50.000 Kubaner auf Seiten der MPLA kämpfen, während die Rebellen von Apartheid-Südafrika unterstützt werden. Unter Vermittlung der Vereinten Nationen wird am 31. Mai 1991 in Lissabon ein Friedensvertrag ausgehandelt, dem die Verabschiedung einer demokratischen Verfassung am 25. März 1991 vorausgeht.[874] Die Vorbereitung der ersten freien Wahlen erfolgt mit Unterstützung der UN-Blauhelme (UNAVEM I und II), wobei eine konsequente Demobilisierung der Bürgerkriegsgegner jedoch unterbleibt. Als die UNITA ihre Wahlniederlage nicht anerkennt, ist daher eine Rückkehr zur militärischen Auseinandersetzung möglich. Auch die Vereinbarung eines zweiten Friedensvertrages 1994 in Lusaka und ein erneuter Blauhelm-Einsatz (UNAVEM III) sowie die Bildung einer „Regierung der Einheit und nationalen Versöhnung“ 1997 können das Land nicht befrieden.[875] Die Diamanten- und Ölvorkommen halten den Krieg in Gang und der Staat verfällt zunehmend.[876]

---

872 Vgl. Kappler, Angola und Mosambik nach vier Jahren Unabhängigkeit, EA 1979, S. 243ff.; Kress/Petzold, Volksrepublik Angola. Aufbruch in eine neue Zeit, S. 26ff.

873 Révész, Die Verfassungen von Angola und Mosambik. Beispiele für Gesetzes-Imperialismus der UdSSR, S. 7ff.

874 Vgl. Lorenz in: Baumann/Ebert, Die Verfassungen der frankophonen und lusophonen Staaten des subsaharischen Afrikas, S. 31.

875 Vgl. Fandrych in: Afrika-Jahrbuch 1997, S. 15f.; Ciment, Angola and Mozambique: Postcolonial Wars in Southern Afrika, S. 209ff.; Araújo, The Transition to Democracy, Internet: http://www.angola.org/referenc/transiti.htm (Stand: 21.2.1997); Lewis, Angola 1995: The Road to Peace, in: International Relations, vol. XIII, no. 1, April 1996, S. 81ff.; Bassey, The United Nations Conflict Management: Process In Angola, in: Foreign Affairs Reports, November-December 1995, Volume XLIV Numbers 11&12, S. 1, 16.

876 Vgl. von Lucius, Diamenten- und Ölgewinne halten Angola-Krieg in Gang, FAZ vom 11./12.9.1999, S. 7.

Namibia ist wie Mosambik ein Nachbarstaat Südafrikas und hat lange unter dem Einfluß des südafrikanischen Apartheidregimes gestanden. Die Konstitutionalisierung des demokratischen Staates erfolgt ebenfalls mit Hilfe der Vereinten Nationen. Namibia erhält im gleichen Jahr wie Mosambik eine demokratische Verfassung.[877] Die politische Auseinandersetzung in Namibia ist jedoch weniger innerstaatlicher Natur, sondern erfolgt mit der Besatzungsmacht Südafrika. Daher gewinnt in den ersten freien Wahlen 1994 die ehemalige Befreiungsbewegung SWAPO unter Gründungspräsident Nujoma mehr als 70% der Stimmen. Dem Land fehlt eine politische Opposition; das pluralistische System kann sich ohne einen demokratischen Wettbewerb nicht entfalten. Staatspräsident Nujoma hat sich durch eine Verfassungsänderung eine dritte Amtszeit ermöglicht.[878] Auch in den Parlaments- und Präsidentschaftswahlen Ende November 1999 erhält die Regierungspartei 77% der Stimmen, obwohl sie sich erstmals seit der Unabhängigkeit von einer glaubwürdigen Opposition herausgefordert sieht. Unter dem ehemaligen SWAPO-Politiker Ulenga hat sich aus Widerstand gegen die Regierungspolitik der „Kongreß der Demokraten" gegründet, der von der SWAPO mit undemokratischen Mitteln bekämpft wird.[879]

Mit dem Nachbarland Simbabwe verbindet Mosambik die gegenseitige Unterstützung der Befreiungskämpfe beider Völker. Simbabwe erhält seine Unabhängigkeit fünf Jahre später als Mosambik. Das Land gilt lange Zeit als Vorbild der afrikanischen Demokratie, verliert jedoch unter der Herrschaft Robert Mugabes, der seit 1987 als Staatspräsident die Geschicke des Staates bestimmt, an Ansehen und Bedeutung. Der Präsident besitzt nach der Verfassung umfangreiche Machtbefugnisse. Eine wirksame parlamentarische Kontrolle der Exekutive ist nicht möglich, da Mugabes Regierungspartei 147 der 150 Parlamentssitze innehat. Durch den Führungsstil Mugabes verliert das Recht zunehmend an Souveränität gegenüber der Politik.[880] Die von simbabwischen Zivilorganisationen initiierten Verfassungsgespräche mit der Regierung über eine Änderung des Regierungssystems scheitern an der Weigerung Mugabes, die Nationale Verfassungsversammlung, ein Bündnis von über 40 NGOs, an der Ausarbeitung einer neuen

---

877 Vgl. zur Entwicklung in Namibia Kießwetter, Die Verfassungsentwicklung in Namibia, Frankfurt am Main 1993.

878 Vgl. Hintze, Visionen braucht das Land, Interview mit Tsudao Gurirab, Gündungsmitglied des Kongreß der Demokraten, afika süd 2'99, S. 8ff.

879 Vgl. von Lucius, Regierung in Namibia siegesgewiss, FAZ vom 30.11.1999, S. 8; Melber, Namibias Innenpolitk am Scheidenweg?, afrika süd Nr. 2 März/April 1999, S. 10f.

880 Vgl. von Lucius, Feiern und Untergangsstimmung. Zimbabwes Präsident Robert Mugabe wird 75 Jahre alt, FAZ vom 22.2.1999; Rotberg, Africa's Mess, Mugabe's Mayhem, Foreign Affairs, September/October 2000, Vol. 79, No. 5, S. 47ff.

Verfassung zu beteiligen und einen allgemeinen Verfassungskonvent zu ermöglichen.[881]

Die Gründe für den Erfolg der mosambikanischen Transition sind vielschichtig und sowohl in den internationalen Veränderungen als auch den internen, mosambikspezifische Verhältnissen zu finden.

Zu den externen Faktoren gehören vor allem die Entwicklung im südlichen Afrika und das veränderte Verhältnis Mosambiks zu Südafrika. Mit dem Ende der Apartheid ist aus dem mächtigen Feind ein guter Freund geworden. Die beiden Staaten kooperieren nicht nur in wirtschaftlicher Hinsicht miteinander; der ANC und die FRELIMO unterstützen sich in ihrer Regierungsarbeit. Hierzu trägt auch die Ehe zwischen Nelson Mandela und Garcia Machel, der Witwe des ersten Staatspräsidenten Mosambiks, bei. Auch Namibia hat von dem Ende des Apartheidregimes profitiert. Angola fehlt ein starker Nachbar, und die Nähe zu den zentralafrikanischen Krisenherden läßt das Land nicht zur Ruhe kommen. Die geostrategische Lage Mosambiks mit sechs befreundeten Nachbarstaaten, die alle auf einen Zugang zu Mosambiks langer Küste angewiesen sind, ermöglichen die rasante wirtschaftliche Entwicklung des Landes, die den notwendigen Rahmen für die demokratische Konsolidierung schafft.

Für den mosambikanischen Transitionsprozeß sind ferner die weltpolitischen Veränderungen Ende der 1980er Jahre ausschlaggebend gewesen. Die Transformation der sozialistischen Einheitspartei FRELIMO wurde durch den Zusammenbruch der sozialistischen Herrschaftssysteme Osteuropas und deren ökonomische Schwäche hervorgerufen. Die entscheidende Phase der demokratischen Transition Mosambiks fiel in das Ende des Kalten Krieges. Die Entwicklungspolitik der ehemaligen Kolonialstaaten hat an außenpolitischer Bedeutung verloren. Die Entsendung von friedensstiftenden Blauhelm-Soldaten ist seit der Beendigung der Ost-West-Konfrontation stark gestiegen. Die ONUMOZ-Mission der Vereinten Nationen war der Geburtshelfer des demokratischen Staates in Mosambik. Hierbei wurden die Fehler des UN-Einsatzes in Angola vermieden und die Bürgerkriegsgegner konsequent demobilisiert, um eine Rückkehr zu der bewaffneten Auseinandersetzung zu verhindern. Für die demokratische Transition waren die entschlossene Umsetzung des Friedensvertrages durch den Sonderbeauftragten der Vereinten Nationen Ajello maßgeblich sowie das langfristige Engagement der Geberländer und der NGOs, deren Bedeutung gegenüber der Zeit der Entkolonialisierung Afrikas zugenommen haben.

Zu den mosambikspezifischen Faktoren zählt die Transformation der einstigen Staatspartei FRELIMO zu einer Partei des demokratischen Sozialismus. Die Entscheidung für eine marxistisch-leninistische Staatskonzeption nach der Unabhängigkeit erfolgte maßgeblich unter dem Einfluß der DDR und der Sowjet-

---

881 Vgl. afrika süd Nr. 2 März/April 1999, S. 4.

union. Die FRELIMO wurde jedoch auch zum Osten gedrängt, weil der Westen sich nicht öffnete und sich dem NATO-Mitglied Portugal verbunden fühlte. Der ideologische Dogmatismus der FRELIMO war trotz aller Bekundung, Afrikas ersten wahrhaft marxistischen Staat gründen zu wollen, gering, so daß eine Offenheit für eigene Lösungsansätze bestehen blieb und die Annäherung zum Westen gesucht wurden, wenn dies von Vorteil war.[882] Die Verhandlungen in Rom, die zum Abschluß des Friedensvertrages 1992 führten, ließen das Bedürfnis der Kriegsgegner nach einer dauerhaften Friedensordnung erkennen. Der Bürgerkrieg wurde nicht, wie in Angola, von wirtschaftlichen Motivationen geleitet, da Bodenschätze in Mosambik keine große Rolle spielten.

Von entscheidender Bedeutung für das Gelingen der mosambikanischen Transition waren die Ergebnisse der ersten freien Wahlen. Der knappe Sieg der FRELIMO hat auch die RENAMO als Gewinner erscheinen lassen und ihr die Akzeptanz der Wahlergebnisse erleichtert. Die gewendete Einheitspartei FRELIMO hätte eine Niederlage gegenüber dem mit dem Apartheidregime kollaborierenden Bürgerkriegsgegner zu diesem Zeitpunkt wohl wesentlich schwerer akzeptiert. Gleichzeitig ist eine Regierungsübernahme der RENAMO verhindert worden, die wegen ihrer institutionellen Schwäche vermutlich nicht in der Lage gewesen wäre, die Geschicke des Landes zu leiten, und wohl auch nach wie vor nicht ist. Die Regierungspartei FRELIMO ist anders als in Simbabwe und Namibia durch eine starke Opposition an dem Mißbrauch ihre Machtstellung gehindert worden. Das parlamentarische System hat sich entfalten und das Vertrauen der politischen Akteure gewinnen können.

Schließlich und ganz wesentlich hat der Friedenswillen der kriegsmüden Bevölkerung Mosambiks zur politischen Transition beigetragen.

Es erscheint nur bedingt möglich, die Transition in Mosambik zu verallgemeinern und ihr Gelingen auf andere Demokratisierungsprozesse zu übertragen. Zu vielseitig und länderspezifisch sind die Ursachen für den erfolgreichen Übergang zu einer demokratischen Regierungsform. Ist für eine Transition die Befriedung einer kriegerischen Auseinandersetzung erforderlich, so bleibt eine konsequente und längerfristige Beteiligung der Vereinten Nationen unverzichtbar. Dieser Einsatz darf sich nicht auf das *peace-keeping* beschränken, sondern muß von einem *„broader concern of assisting in the political evolution of a society"* getragen sein.[883] Auch die Implementierung demokratischer und rechtsstaatlicher Strukturen erfordert internationale Hilfe. Ihre Akzeptanz als Strukturprinzipien der staatlichen Ordnung und die demokratische Ausübung der Staats-

882 Vgl. Adam, Reform in Mosambik - eine Rückkehr zu den „wahren" Zielen der Befreiung?, S. 84.

883 Boutros-Ghali in UN (Hrsg.), The United Nations and Mozambique 1992-1995, S. 68.

gewalt kann aber allein durch den Souverän, das Staatsvolk erfolgen. In Mosambik hat die Bevölkerung diese Aufgabe übernommen.

Zusammenfassung

Die Republik Mosambik blickt an der Schwelle zum 21. Jahrhundert auf einen langen Entstehungsprozeß und eine kurze Staatlichkeit zurück. Während der 25jährigen Unabhängigkeit hat das Land zwei Verfassungen besessen. Die erste Verfassung vom 25. Juni 1975 war ein programmatisches Rechtsdokument, das die marxistisch-leninistischen Staatskonzeption der FRELIMO wiedergab. Die verfassungsgebende Gewalt wurde vom Zentralkomitee der Befreiungsbewegung noch vor der Entstehung des unabhängigen Mosambik ausgeübt. Weil die Verfassung der neuen Staatsgewalt keine Legitimation verleihen konnte, entstand ein 16jähriger Bürgerkrieg. Auch der zweite Verfassung vom 30. November 1990 fehlte die Legitimation durch ein demokratisch gewähltes Parlament. Sie bildete die Voraussetzung für das Friedensabkommen von Rom 1992 und die Durchführung der ersten freien Wahlen 1994. Die Verfassung hat ihre Legitimation aber nachträglich durch die dauerhafte Akzeptanz des Gemeinschaftswillens des Volkes erhalten. Sie wird als souveräne Rechtsquelle der staatlichen Ordnung nicht mehr in Frage gestellt.

Beide Verfassungen übernahmen bekannte Verfassungsmodelle; nur insofern sind sie vergleichbar. Die Unabhängigkeitsverfassung war eine Kopie des sozialistischen Verfassungsmodells der Sowjetunion. Die Verfassung von 1990 folgt den Grundsätzen westlich-liberaler Verfassungen. Allgemeine und freie Wahlen, die Partizipation der Staatsbürger, Gewaltenteilung, Rechtsstaatsprinzipien und der Schutz der Menschenrechte sind die Merkmale der staatlichen Strukturprinzipien. Die demokratische Verfassung ist jedoch nicht wehrhaft und gegen Selbstzerstörung geschützt. Es gilt allein das formale Prinzip der Volkssouveränität, d.h. eine Abschaffung der bestehenden Ordnung durch das Volk ist möglich.

Auch die Verfassung von 1990 läßt eine Auseinandersetzung mit der Frage vermissen, in welchem Maß eine Mehrzahl von Rechtssystemen und deren Repräsentanten unter einer modernen Verfassung mit allgemeinem Geltungsanspruch fortbestehen können und die „geerbten“ afrikanischen und europäischen Rechtstraditionen miteinander vereinbar sind. Die *de iure* Anerkennung des *de facto* bestehenden Rechtspluralismus ist bislang unterblieben. Es fehlen Regelungen über die Rechtsstellung kultureller und ethnischer Minderheiten und die Bedeutung ihrer gewohnheitsrechtlich anerkannten Rechtsformen. Diese vom afrikanischen Verfassungsrecht zu lösende Frage ist in Mosambik noch unbeantwortet.

Die normative Kraft der Verfassung ist angesichts der schlechten sozioökonomischen Situation des Landes noch gering. Insbesondere der Schutz der

Menschenrechte und die staatlichen Rechtsschutzgewährung entsprechen nicht den verfassungsrechtlichen Vorgaben. Die Bevölkerung hat jedoch begonnen, die demokratische Ordnung mit Leben auszufüllen. Die Verfassung hat die politische Auseinandersetzung und die Ausübung der Staatsgewalt geprägt und damit ihre Ordnungs- und Friedensfunktion erfüllt. Das Recht scheint gegenüber der Politik souverän zu werden. Die beabsichtigte Verfassungsreform zur Einführung eines semi-präsidialen Systems und zur Stärkung des Gewaltenteilungsprinzips belegt die Akzeptanz der Herrschaft des Rechts, auch wenn die Reform an der parlamentarischen Auseinandersetzung der einstigen Bürgerkriegsgegner zunächst gescheitert ist.

Das Land ist nach wie vor von dem fast 30 Jahre währenden Kriegszustand gezeichnet und wird noch lange auf ausländische Hilfe angewiesen sein. Die Republik Mosambik ist jedoch auf dem bestem Wege, eine der wenigen rechtsstaatlichen Verfassungen des südlichen Afrika nicht nur auf dem Papier zu erhalten.

Anhang

1. Der Friedensvertrag von Rom 1992

Letter dated 4 October 1992 from the President of the Republic of Mozambique addressed to the Secretary-General

I have the honour to convey to Your Excellency that the Government of the Republic of Mozambique and the Resistência Nacional Moçambicana RENAMO signed on 4 October 1992 a General Peace Agreement establishing the principles and modalities for the achievement of peace in Mozambique.

Accordingly, I would like to request Your Excellency to take appropriate action in order to ensure the participation of the United Nations in monitoring and ensuring the implementation of the General Peace Agreement and in assisting the Government by providing technical assistance for the General Elections and in monitoring these elections.

In this regard, I would also like to request the United Nations to chair the following Commissions:

(a) The Supervision and Control Commission of the implementation of the General Peace Agreement, as provided for in Protocol 1;

(b) The Cease-fire Commission provided for in Protocol VI, and;

(c) The Reintegration Commission, provided for in Protocol IV.

I would equally like to request Your Excellency to inform the Security Council on the need to send a United Nations team to Mozambique to monitor the above mentioned Agreement, until the holding of the General Elections, which, in principle, will take place one year after the signing of the General Peace Agreement.

The Agreement shall enter into force on the day of the publication of the legal Instruments to be adopted by the Assembly of the Republic as envisaged in the Joint Declaration of August 1992. The publication of such legal instruments shall take place no later than 15 October 1992.

According to Protocol IV, the United Nations is expected to start its functions of verifying and monitoring the cease-fire on the day of entry into force of the General Peace Agreement.

Although the Agreement will come into force as indicated above, it would be our wish to see this monitoring mechanism established in the field as soon as possible, but not later than the date of the entry into force of this General Peace Agreement.

Attached please find the signed text of the General Peace Agreement.

(Signed) Joaquim Alberto CHISSANO
President of the Republic of Mozambique

Annex

Rome, 4 October 1992

Joaquim Alberto Chissano, President of the Republic of Mozambique, and Afonso Macacho Marceta Dhlakama, President of RENAMO, meeting at Rome, under the chairmanship of the Italian Government, in the presence of the Minister for Foreign Affairs of the Italian Republic, Emilio Colombo, and in the presence of:

H.E. Robert Gabriel Mugabe, President of the Republic of Zimbabwe;
H.E. Ketumile Masire, President of the Republic of Botswana;
H.E. George Saitoti, Vice-President of the Republic of Kenya;
H.E. Roelof F. Botha, Minister for Foreign Affairs of the Republic of South Africa;
The Hon. John Tembo, Minister in the Office of the President of the Republic of Malawi;
Ambassador Ahmed Haggag, Assistant Secretary General of OAU;
and of the mediators: Mario Raffaelli, representative of the Italian Government and coordinator of the mediators, Jaime Goncalves, Archbishop of Beira, Andrea Riccardi and Matteo Zuppi of the Community of San Egidio;
and representatives of the observers: Dr. James O. C. Jonah, Under-Secretary-General for Political Affairs of the United Nations; H.E. Ambassador Herman J. Cohen, Assistant Secretary of State, for the Government of the United States of America; H.R. Ambassador Philippe Cuvillier for the Government of France; H.E. Dr. Jose Manuel Durao Barroso, Secretary of State for Foreign Affairs, for the Government of Portugal; and H.E. Sir Patrick Fairweather for the Government of the United Kingdom;

at the conclusion of the negotiating process in Rome for the establishment of a lasting peace and effective democracy in Mozambique, accept as binding the following documents which constitute the General Peace Agreement:

1. Protocol 1 (Basic principles);
2. Protocol II (Criteria and arrangements for the formation and recognition of political parties;
3. Protocol III (Principles of the Electoral Act);
4. Protocol IV (Military questions);
5. Protocol V (Guarantees);
6. Protocol VI (Cease-fire);
7. Protocol VII (donors conference).

They also accept as integral parts of the General Peace Agreement for Mozambique the following documents:

(a) The Joint Communiqué of 10 July 1990;

(b) The Agreement of 1 December 1990 [see Document 1];

(c) The Declaration of the Government of the Republic of Mozambique and RENAMO on guiding principles for humanitarian assistance, signed in Rome on 16 July 1992;

(d) The Joint Declaration signed in August 1992.

The President of the Republic of Mozambique and the President of RENAMO undertake to do within their power for the achievement of genuine national reconciliation.

The above-mentioned Protocols have been duly initialled and signed by the respective heads of delegation and by the mediators. The present General Peace shall enter into force immediately upon its signature.

(Signed) Joaquim Alberto CHISSANO
President of the Republic of Mozambique

(Signed) Afonso Marceta DHLAKAMA
President of RENAMO

The mediators:
(Signed) Mario RAFFAELU
(Signed) Jaime GONCALVES
(Signed) Andrea RICCARDI
(Signed) Matteo ZUPPI

Signed at Rome on 4 October

Protocol I

Basic principles

On 18 October 1991, the delegation of the Government of the Republic of Mozambique, headed by Armando Emílio Guebuza, Minister of Transport and Communications, and composed of Aguiar Mazula, Minister of State Administration, Teodato Hunguana, Minister of Labour, and Francisco Madeira, Diplomatic Adviser to the President of the Republic, and the delegation of RENAMO, headed by Raul Manuel Domingos, chief of the External Relations Department, and composed of Vicente Zacarias Ululu, Chief of the Information Department, Agostinho Semende Murrial, Deputy Chief of the Political Affairs Department, and Joao Francisco Almirante, member of the President's cabinet, meeting at Rome in the context of the peace talks, in the presence of the mediators, Mario Raffaelli, representative of the Government of the Italian Republic and coordinator of the mediators, Jaime Goncalves, Archbishop of Beira Andrea Riccardi and Matteo Zuppi of the Community of San Egidio;

Determined to secure the higher interests of the Mozambican people, reaffirm that dialogue and ration are the indispensable means of achieving peace in the country.

Accordingly:

1. The Government undertakes to refrain from taking any action that is contrary to the provisions of the Protocols to be concluded and from adopting laws or measures or applying existing laws which may be inconsistent with those Protocols.

2. RENAMO, for its part, undertakes, beginning on the date of entry into force of the cease-fire, to refrain from armed combat and instead to conduct its political struggle in conformity with the laws in force, within the framework of the existing State institutions and in accordance with the conditions and guarantees established in the General Peace Agreement.

3. The two parties commit themselves to concluding as soon as possible a General Peace Agreement, containing Protocols on each of the items of the agenda adopted on 28 May 1991 and to take the necessary steps to that end. In that connection, the Government shall endeavour not to hamper international travel by representatives of RENAMO and external contacts of RENAMO in connection with the peace negotiations. Contacts within the country between RENAMO and the mediators or the members of the Joint Verification Commission shall likewise be permitted for the same purpose. Specific arrangements for such contacts shall be made on a case-by-case basis in response to requests by the mediators to the Government.

4. The Protocols to be concluded in the course of these negotiations shall form an integral part of the General Peace Agreement and shall enter into force on the date of signature of the Agreement, with the exception of paragraph 3 of this Protocol, which shall enter into force immediately.

5. The parties agree on the principle of establishing a commission to supervise and monitor compliance with the General Peace Agreement. The commission shall be composed of representatives of the Government, RENAMO, the United Nations and other organizations or Governments to be agreed upon between the parties.

For the delegation of the Government of the Republic of Mozambique:
(Signed) Armando Emílio GUEBUZA

For the delegation of RENAMO:
(Signed) Raul Manuel DOMINGOS

The mediators:
(Signed) Mario RAFFAELLI
(Signed) Jaime GONCALVES
(Signed) Andrea RICCARDI
(Signed) Matteo ZUPPI

Done at San Egidio, Rome, on 18 October 1991

Protocol II

Criteria and arrangements for the formation and recognition of political parties

On 13 November 1991, the delegation of the Government of the Republic of Mozambique, headed by Armando Emílio Guebuza, Minister of Transport and Communications, and composed of Aguiar Mazula, Minister of State Administration, Teodato Hunguana, Minister of Labour, and Francisco Madeira, Diplomatic Adviser to the President of the Republic, and the delegation of RENAMO, headed by Raul Manuel Domingos, Chief of the External Relations Department, and composed of Vicente Zacarias Ululu, Chief of the Informormation Department, Agostinho Semende Murrial, Deputy of the Political Affairs Department, and Joao Fran Almirante, member of the President's cabinet, meeting in Rome in the context of the peace talks, in the presence of the mediators, Mario Raffaelli, representative of the Government of the Italian Republic and coordinator of the mediators, Jaime Goncalves, Archbishop of Beira, Andrea Riccardi and Matteo Zuppi of the Community San Egidio, took up item 1 of the Agreed Agenda of 28 May 1991, concerning "Criteria and arrangement for the formation and recognition of political parties".

At the conclusion of their talks, the parties agreed on the necessity of guaranteeing the workings of a multi-party democracy in which the parties would freely cooperate in shaping and expressing the will of the people in promoting democratic participation by the citizens in the Government of the country.

In this connection, and bearing in mind the provisions of Protocol 1 on "Basic principles", the parties agreed on the following principles:

1. *The nature of political parties*

(a) Political parties shall be independent, voluntary and free associations of citizens, national in scope, whose primary purpose shall be to give democratic expression to the will of the people and to provide for democratic participation in the exercise of political power in accordance with the fundamental rights and freedoms of citizens and on the basis of electoral processes at all levels of organization.

(b) Associations whose primary purpose is to promote local or sectoral interests or the exclusive interests of a given social group or class of citizens shall be different from political parties and may not enjoy the status provided for by law for such parties.

(c) The Political Parties Act shall determine conditions for the acquisition of the status of juridical person by political parties.

(d) Political parties shall be granted specific privileges, which shall be guaranteed by law.

(e) For the operation and full development of a multi-party democracy based on respect for and guarantees of basic rights and freedoms and based on pluralism of democratic political expression and organization under which political power belongs exclusively to the people and is exercised in accordance with principles of representative and pluralistic democracy, the parties must have fundamentally democratic principles by which they must abide in practice and in their political activities.

2. *General principles*

In their formation, structure and operations, political parties shall observe and apply the following general principles with the aim of controlling their actions:

(a) They must pursue democratic purposes;

(b) They must pursue national and patriotic interests;

(c) The political objectives pursued must be non-regional, non-tribal, non-separatist, non-racial, non-ethnic and non-religious;

(d) The members of political parties must be citizens of Mozambique;

(e) The parties must have a democratic structure and their internal bodies must be transparent;

(f) The parties must accept democratic methods for the pursuit of their aims;

(g) Joining a political party must be a voluntary act reflecting the freedom of citizens to associate with others who share the same political outlook.

3. *The rights of parties*

The purpose of the Political Parties Act shall be to protect the freedom of action and Operation of political parties, with the exception of those which espouse antidemocratic, totalitarian or violent aims, or which conduct their activities in a manner contrary to law.

Parties shall enjoy the following rights:

(a) Equal rights and duties before the law;

(b) Every Party shall have the right freely and publicly to propound its policies;

(c) Specific guarantees shall be provided with respect to access to the mass media, sources of public funding and public facilities, in accordance with the principle of non-discrimination and on the basis of criteria of representativeness to be specified in the Electoral Act;

(d) Exemption from taxes and fees as provided for by law;

(e) No citizen shall be persecuted or discriminated against because of membership in a political party or political opinion;

(f) Other aspects specific to individual political parties shall be determined in their respective statutes or regulations, which must conform with the law. Public notice shall be given of such statutes or regulations.

4. *Duties of parties*

Political parties shall fulfil the following requirements:

(a) They shall be identified by name, acronym and symbol. The use of names, acronyms or symbols which may be considered offensive by the inhabitants or which incite to violence and may have divisive connotations based on race, region, tribe, gender or religion shall be prohibited;

(b) They shall not call into question the country's territorial integrity and national unity;

(c) They must establish their organs and organize their internal structure on the basis of the principle democratic election and responsibility of all individuals holding party office;

(d) They must ensure that their statutes and programmes are approved by a majority of their members by assemblies representing those members;

(e) As regards their internal organization, Parties must fully respect the principle of free adherence oft their members, who may not be compelled to join or remain a party against their will;

(f) They must be registered and disclose annually their accounts and sources of funding.

5. *Registration*

(a) The purpose of registration is to certify that founding and existence of parties is in accordance with the applicable legal principles and, consequently, to confer on parties the status of juridical person;

(b) For the purposes of registration, each Party must have collected at least 2,000 signatures;

(c) Responsibility for registering parties shall rest with the Government;

(d) The Commission provided for in paragraph 5 of Protocol 1 on basic principles shall consider and settle any disputes which may arise in connection with registration of parties. For that purpose the Government shall make available to the Commission the document required by law.

6. *Implementation*

(a) The Parties agree that, immediately following the signature of the General Peace Agreement, RENAMO shall commence its activities as a political party, with privileges provided for by law; it shall, however, be required to submit at a later date the documents required by law for registration;

(b) Pursuing the method of dialogue, collaboration and regular consultation, the parties agree to establish connection with the discussion of item 5 of the Agreed Agenda, the timetable of activities necessary for proper implementation of this Protocol.

In witness whereof, the Parties have decided to sign this Protocol.

For the delegation of the Government of the Republic of Mozambique:
(Signed) Armando Emílio GUEBUZA

For the delegation of RENAMO:
(Signed) Raul Manuel DOMINGOS

The mediators:
(Signed) Mario RAFFAELLI
(Signed) Jaime GONCALVES
(Signed) Andrea RICCARDI
(Signed) Matteo ZUPPI

Done at San Egidio, Rome, on 13 November 1991

Protocol III

On 12 March 1992, the delegation of the Government of the Republic of Mozambique, headed by Armando Emílio Guebuza, Minister of Transport and Communications, and composed of Agular Mazula, Minister of State Administration, Teodato Hunguana, Minister of Labour, and Francisco Madeira, Diplomatic Adviser to the President of the Republic, and the delegation of RENAMO, headed by Raul Manuel Domingos, Chief of the Organization Department, and composed of Vicente Zacarias Ululu, Chief of the Information Department, Agostinho Semende Murrial, Deputy Chief of the Organization Department, and Virgilio Namalue, Director of the Information Department, meeting in Rome in the context of the peace talks, in the presence of the mediators, Mario Raffaelli, representative of the Government of the Italian Republic and coordinator of the mediators, Jaime Goncalves, Archbishop of Beira, Andrea Riccardi and Matteo Zuppi of the Community of San Egidio, took up the item of the agenda signed on 28 May 1991 concerning the Electoral Law and agreed as follows:

This Protocol sets forth the general principles which should guide the drafting of the Electoral Act and any possible amendments to the laws in connection with the conduct of the electoral process.

The Electoral Act shall be drafted by the Government, in consultation with RENAMO and all other political parties.

I. *Freedom of the press and access to the media*

(a) All citizens shall enjoy the right of freedom of the press and freedom of information. These freedoms shall encompass, specifically, the right to establish and operate newspapers and other publications, radio and television broadcasting stations and other forms of written or sound communication, such as posters, leaflets and other media. These rights shall not be abridged by censorship.

(b) Administrative and tax regulations shall in no case be used to hamper or prevent the exercise of this right on political grounds.

(c) Freedom of the press shall also include freedom of expression and creation for journalists and the protection of their independence and professional secrecy.

(d) The Government-controlled mass media shall enjoy editorial independence and shall guarantee, in accordance with the specific regulations envisaged in section V.3.(b).1 of this Protocol, the right of all parties to access without political discrimination. Provision should be made in such regulations for access by all parties free of charge

Advertisements which conform to the prevailing commercial practice may not be refused on political grounds.

(e) The mass media may not discriminate against or refuse on political grounds any party or its candidates the exercise of the right of reply or the publication of corrections or retractions. Access to the courts shall be guaranteed in cases of defamation, slander, libel and other press offences.

II. *Freedom of association, expression and political activity*

(a) All citizens shall have the right to freedom of expression, association, assembly, demonstration and political activity. Administrative and tax regulations shall in no case be used to prevent or hamper the exercise of these rights for political reasons. These rights shall not extend to the activities of unlawful private paramilitary groups or groups which promote violence in any form or terrorism, racism or separatism.

(b) Freedom of association, expression and political activity shall encompass access, without discrimination, to the use of public places and facilities. Such use shall be conditional on submission of an application to the competent administrative authorities, who must give a decision within 48 hours after the submission of the application. Applications may be rejected only for reasons of public order or for organizational considerations.

III. *Liberty of movement and freedom of residence*

All citizens shall have the right to move about throughout the country without having to obtain administrative authorization.

All citizens have the right to choose to reside anywhere in the national territory and to leave or return to the country.

IV. *Return of Mozambican refugees and displaced persons and their social reintegration*

(a) The parties undertake to cooperate in the repatriation and reintegration of Mozambican refugees and displaced persons in the national territory and the social integration of war-disabled.

(b) Without prejudice to the liberty of movement of citizens, the Government shall draw up a draft agreement with RENAMO to organize the necessary assistance to refugees and displaced persons, preferably in their original places of residence. The parties agree to seek the involvement of the competent United Nations agencies in the drawing up and implementation of this plan. The International Red Cross and other organizations to be agreed upon shall be invited to participate in the implementation of the plan.

(c) Mozambican refugees and displaced persons shall not forfeit any of the rights and freedoms of citizens for having left their original places of residence.

(d) Mozambican refugees and displaced persons shall be registered and included in the electoral rolls together with other citizens in their places of residence.

(e) Mozambican refugees and displaced persons shall be guaranteed restitution of property owned by them which is still in existence and the right to take legal action to secure the return of such property from individuals in possession of it.

V. *Electoral procedures: system of democratic, impartial and pluralistic voting*

1. *General principles*

(a) The Electoral Act shall establish an electoral system which is consonant with the principles of the direct, equal, secret and personal ballot.

(b) Elections to the Assembly of the Republic and for President of the Republic shall be held simultaneously.

(c) The elections shall take place within one year after the date of the signing of the General Peace Agreement. This period may be extended if it is determined that circumstances exist which preclude its observance.

2. *The right to vote*

(a) Mozambican citizens 18 years of age and over shall have the right to vote, with the exception of individuals suffering from certified mental incapacity or insanity.

(b) As envisaged by item 4 (a) of the Agreed Agenda, Mozambican citizens who are detained or have been sentenced to a prison term for a criminal offence under ordinary law shall not have the right to vote until they complete their sentence. In any event, this restriction shall not apply to individuals belonging to the Parties in respect of acts committed in the course of military operations.

(c) Exercise of the right to vote shall be conditional on registration in the electoral rolls.

(d) With the aim of promoting the broadest possible participation in the elections, the parties agree to encourage all Mozambican citizens 18 years of age over to register and to exercise their right to vote.

3. *National Elections Commission*

(a) For the purpose of organizing and conducting the electoral process, the Government shall set a National Elections Commission, composed of individuals whose professional and personal qualities afford guarantees of balance, objectivity and independence *vis-à-vis* all political parties. One third of the members to be pointed to the Commission shall be nominated by RENAMO.

(b) The Commission shall have the following functions:

1. To draw up, in consultation with the political parties, regulations governing election campaigning regulations on the distribution of broadcast air time, and regulations on the utilization of public and private places and facilities during the election campaign;

2. To oversee the compilation of electoral rolls, legal filing of candidates, the public announcement of candidacies and checking and recording the election results;

3. To monitor the electoral process and ensure compliance with the laws;

4. To ensure equality of treatment for citizens in acts relating to the elections;

5. To receive, consider and settle complaints with respect to the validity of the elections;

6. To ensure equal opportunity and treatment of the different candidates;

7. To review the election accounts;

8. To draw up and have published in the nation gazette *(Boletim da República)* the lists of the results of the final vote tally.

4. *Voting Assemblies*

(a) At each polling place there shall be a Voting Assembly composed of:

- All citizens who are to exercise their right to vote at the given polling place;
- representatives of the various candidates and parties.

(b) Each Voting Assembly shall be presided over by a Ballot Board composed of a Chairman, a vice-chairman-cum-secretary and tellers which shall oversee the electoral operations.

(c) The members of the Ballot Board shall be appointed from among the voters belonging to the Voting Assembly in question, with the agreement of the representatives of the various candidates.

(d) The Ballot Boards shall be responsible for monitoring all electoral Operations and transmitting the results to the National Elections Commission.

(e) Delegates of the candidates or parties in the Voting Assembly shall have the right:

1. To monitor all electoral Operations;

2. To examine the rolls compiled or utilized by the Board;

3. To be heard and to receive clarifications with respect to all matters relating to the conduct of the Assembly;

4. To submit complaints;

5. To occupy the places closest to the Assembly Board;

6. To initial and sign the official records of the Assembly and to monitor all acts related to the electoral operations.

(f) Any complaints shall be included in the official records and transmitted to the National Elections Commission.

5. *Election to the Assembly of the Republic*

(a) The country's provinces shall constitute electoral districts. The National Elections Commission shall decide on the apportionment of seats to each electoral district on the basis of population.

(b) The Electoral Act shall provide for an electoral system based on the principle of proportional representation for election to the Assembly.

(c) Parties which intend to stand jointly for elections to the Assembly must submit lists under a single emblem.

(d) Once the election campaign has begun, the combining of electoral lists for the purpose of pooling votes shall not be permitted.

(e) Citizens 18 years of age and over shall be eligible to stand for election to the Assembly of the Republic. The parties agree, however, on the desirability of raising the minimum age to 25 for the forthcoming elections as a transitional measure.

(f) A minimum percentage of votes cast nationwide shall be established, below which competing political parties may not have a seat in the Assembly. This percentage shall be agreed in consultation with all political parties in the country and shall not be less than 5 per cent or more than 20 per cent.

(g) Representatives of the parties in each electoral district shall be elected in the order in which they appear on the lists.

6. *Election of the President ofthe Republic*

(a) The President of the Republic shall be elected by an absolute majority of ballots cast. If no candidate obtains an absolute majority, a second ballot shall be held restricted to the two candidates who have received the highest number of votes.

(b) The second ballot shall take place within one to three weeks after the announcement of the results of the first ballot. Having regard to organizational considerations, the date of the ballot shall be indicated before the commencement of the election campaign.

(c) Individuals 35 years of age and over who are citizens and registered voters shall be eligible to stand for election to the office of President of the Republic.

(d) Candidacies for President of the Republic must have the support of at least 10,000 signatures of Mozambican citizens 18 years of age and over who are currently registered voters.

7. *Financing and facilities*

(a) The National Elections Commission shall guarantee the distribution to all parties competing in the elections, without discrimination, of subsidies and logistic support for the election campaign apportioned on the basis of the number of each party's candidates and under the supervision of all parties competing in the elections.

(b) The Government undertakes to assist in obtaining facilities and means so that RENAMO may secure the accommodation and transport and communications facilities it needs to carry out its political activities in all the provincial capitals, and in other locations to the extent that the available resources so permit.

(c) For these purposes the Government shall seek support from the international community and, in particular, from Italy.

VI. *Guarantees for the electoral process and role of international observers*

(a) Supervision and monitoring of the implementation of this Protocol shall be guaranteed by the Commission envisaged in Protocol 1 on "Basic principles".

(b) With a view to ensuring the highest degree of impartiality in the electoral process, the parties agree to invite as observers the United Nations, OAU and other organizations, as well as appropriate private individuals from abroad as may be agreed between the Government and RENAMO.

The observers shall perform their function from the commencement of the electoral campaign to the time when the Government takes office.

(c) With the aim of expediting the peace process, the parties also agree on the necessity of seeking technical and material assistance from the United Nations and OAU following the signature of the General Peace Agreement.

(d) The Government shall address formal requests to the United Nations and OAU in pursuance of the provisions of this section.

In witness whereof, the parties have decided to sign this Protocol.

For the delegation of the Government of the Republic of Mozambique:
(Signed) Armando Emílio GUEBUZA

For the delegation of RENAMO:
(Signed) Raul Manuel DOMINGOS

The mediators:
(Signed) Mario RAFFAELLI
(Signed) Jaime GONCALVES
(Signed) Andrea RICCARDI
(Signed) Matteo ZUPPI

Done at Rome, on 12 March 1992

Protocol IV

On 4 October 1992, the delegation of the Government of the Republic of Mozambique, headed by Armando Emílio Guebuza, Minister of Transport and Communications, and composed of Mariano de Araújo Matsinha, Minister without Portfolio, Agniar Mazula, Minister of State Administration, Teodato Hunguana, Minister of Labour, Lieutenant-General Tobias Dai, Francisco Madeira, Diplomatic Adviser to the President of the Republic, Brigadier Aleixo Malunga, Colonel Fideles De Sousa, Major Justino Nrepo, Major Eduardo Lauchande, and the delegation of RENAMO, headed by Raul Manuel Domingos, Chief of the Organization Department, and composed of José De Castro, Chief of the External Relations Department, Agostinho Semende Murrial, Chief of the Information Department, José Augusto Xavier, Director-General of the Internal Administration Department, Major-General Hermi'nio Morais, Colonel Fernando Canivete, Lieutenant-Colonel Arone Julai, Lieutenant Antonio Domingos, meeting at Rome in the presence of the mediators, Mario Raffaelli, representative of the Italian Government and coordinator of the mediators, Jaime Goncalves, Archbishop of Beira, Andrea Riccardi and Matteo Zuppi of the Community of San Egidio, and the observers of the United Nations and the Governments of the United States of America, France, the United Kingdom and Portugal, took up item 3 of the Agreed Agenda of 28 May 1991, entitled "Military questions", and agreed as follows:

I. *Formation of the Mozambican Defence Force*
(i) *General principles*

1. The Mozambican Defence Force (FADM) shall be formed for service throughout the national territory.

2. The FADM:

(a) Has as its general purpose the defence and safeguarding of the country's sovereignty, independence and territory. During the period between the cease-fire and the time when the new Government takes office, the FADM may, under the FADM High Command, act in co-operation with the Police Command to protect civilian inhabitants against crime and violence of all kinds. Additional functions of the FADM shall be to provide assistance in crisis or emergency situations arising in the country as a result of natural disasters and to provide support for reconstruction and development efforts.

(b) Shall be non-partisan, career, professionally trained, and competent; it shall be made up exclusively of Mozambican citizens who are volunteers and are drawn from the forces of both Parties. It shall serve the country with professionalism and respect the democratic order and the rule of law. The composition of the FADM should preclude all forms of racial or ethnic discrimination or discrimination based on language or religious affiliation.

3. The process of forming the FADM shall begin after the entry into force of the cease-fire immediately following the inauguration of the Commission provided for in Protocol 1 of 18 October 1991, to be called the Supervisory and Monitoring Commission (CSC). This process shall be completed prior to the commencement of the election campaign.

4. The process of forming the FADM shall be conducted simultaneously with the concentration, disarmament and integration into civilian life of the personnel demobilized in stages as a result of the cease-fire. The Government and RENAMO shall be responsible for contributing units drawn from the existing forces of each side; this process shall proceed until the new units of the FADM have been formed, with all existing units being demobilized when the FADM has reached full strength.

5. The neutrality of the FADM during the period between the cease-fire and the time when the new Government takes office shall be guaranteed by the Parties through the Commission referred to in section I.iii.1.a of this Protocol.

6. By the time of the elections, only the FADM shall exist and shall have the structure agreed upon between the Parties; no other forces may remain in existence. All elements of the existing armed forces of the two Parties which are not incorporated into the FADM shall be demobilized during the period envisaged in section VI. (i).3 of this Protocol.

(ii) *Personnel*

1. The Parties agree that the troop strength of the FADM up until the time when the new Government takes office shall be as follows:

(a) Army: 24,000

(b) Air Force: 4,000

(c) Navy: 2,000

2. The personnel of the FADM in each of the service branches shall be provided by the FAM and the forces of RENAMO, each side contributing 50 per cent.

(iii) *FADM command structures* 1/

1. The parties agree to establish a Joint Commission for the Formation of the Mozambican Defence Force (CCFADM) on the following basis:

(a) CCFADM shall have specific responsibility for overseeing the process of forming the FADM and shall operate under the authority of CSC;

(b) CCFADM is the body responsible for the formation of the FADM until the time when the new Government takes office. FADM shall be headed by a High Command (CS), which shall be subordinate to CCFADM. After the new Government takes office, the FADM shall be placed under the authority of the new Ministry of Defence or any other body which the new Government may establish;

(c) CCFADM shall be composed of representatives of the FAM and the RENAMO forces as members, who shall be assisted by representatives of the countries selected by the Parties to advise in the process of forming the FADM. CCFADM shall be inaugurated on the date of the entry into force of the cease-fire (E-Day);

(d) CCFADM shall draw up directives on the phasing of the establishment of the FADM structures and shall propose to CSC:

- The rules governing the FADM;
- The budget to be provided for the FADM until the new Government takes office;
- The criteria for selection and the selection of FAM personnel and RENAMO forces for the formation of the FADM;
- The names of the commanding officers of the main commands.

2. FADM High Command

(a) The general mission of CS shall be to act on the directives issued by CCFADM, taking into account the establishment of the FADM structures and support for the FADM;

(b) Until the new Government takes office, the command of FADM shall be exercised by two general officers of equal rank, appointed by each of the Parties. Decisions of the command shall be valid only when signed by these two general officers;

(c) The FADM command structure shall be strictly non-political and shall receive directives and orders only through the appropriate chain of command;

(d) The FADM shall have a single logistics service for all three branches. To that end, a Logistics and Infrastructure Command shall be established, under the authority of the FADM High Command;

(e) Appointments to the FADM High Command and the commands of the three branches of the FADM and the Logistics Command shall be proposed by CCFADM and approved by CSC;

(f) Until the new Government takes office, the FADM High Command shall be assisted by the Genereral Staff, with departments headed by general officers or senior officers proposed by CCFADM and approved by CSC.

3. Command of the Army, Air Force and Navy and the Logistics Command:

The FADM High Command shall have authority over the Commands of the three service branches (Army, Air Force and Navy) and the Logistics Command, which shall be organized as follows:

(a) Army Command

1. The structurc of the Army Command shall en compass the military regions under the direct authority of the Army Commander, whose functions are to be determined but which may include the organization and preparation of forces, training, justice, discipline and logistic support to assigned forces.

2. Each military region shall have a commanding officer holding the rank of general, who shall be assisted by a deputy commander.

3. The headquarters of the military regions shall be proposed by the Commander of the Army and approve by CS.

(b) Air Force Command

The Air Force shall be formed having regard to the training and skills of the personnel of the existing Air Force and the existing RENAMO forces, in accordance with the provisions of the directives issued by CCFADM.

(c) Navy Command

The Navy shall be formed having regard to the training and skills of the personnel of the existing Navy and the RENAMO forces, in accordance with the provisions of the directives issued by CCFADM.

(d) Logistics and Infrastructure Command

1. A Logistics and Infrastructure Command shall be set up under the direct authority of the FADM High Command.

2. The Logistics and Infrastructure Command shall have the overall mission of planning and providing administrative and logistic support for the FADM (Army, Air Force and Navy) and ensuring delivery of such support through the FADM General Services. It shall, particular, be responsible for production and procurement logistics.

3. The Logistics and Infrastructure Command shall be headed by a general, assisted by a deputy command and a general staff which shall, initially, include the following sections:

- Infrastructure;
- General services;
- Equipment;
- Finance.

4. The Logistics and Infrastructure Command shall have authority over such support units as may be assigned to it.

(iv) *Timetable for the process*

(a) The formation of the FADM shall commence with the appointment of the following:

- CCFADM, prior to the entry into force of the ceasefire (E-Day);
- The FADM High Command on E-Day + 1;
- The commanders of the three service branches and the logistics command;
- The commanders of the military regions;
- The unit commanders.

(b) General staffs shall be organized immediately following the appointment of each command.

(c) The system of administrative and logistics support shall be organized taking into account the new size of the FADM, in accordance with the principle of utilizing or transforming existing structures on the basis of the plans of the FADM High Command, as approved by CCFADM.

(v) *Technical assistance of foreign countries*

The parties shall inform the mediators within 7 (seven) days after the signing of the cease-fire protocol the countries which are to be invited to provide assistance in the process of forming the FADM.

II. *Withdrawal of foreign troops from Mozambican territory*

1. The withdrawal of foreign troops from Mozambican territory shall be initiated following the entry into force of the cease-fire (E-Day).

The Government of the Republic of Mozambique undertakes to negotiate the complete withdrawal of foreign forces and contingents from Mozambican territory with the Governments of the countries concerned.

The modalities and time-frame for the withdrawal shall not contravene any provision of the Cease-fire Agreement or the General Peace Agreement.

2. The Government of the Republic of Mozambique shall submit to CSC the deadlines and plans for implementation of the withdrawal, specifying the exact numbers of troops present in Mozambican territory and their location.

3. The complete withdrawal of foreign forces and contingents from Mozambican territory shall be monitored and verified by the Cease-fire Commission (CCF) referred to in paragraph VI.(i).2 of this Protocol. CCF shall inform CSC of the conclusion of the complete withdrawal of foreign forces from the national territory.

4. In accordance with its mandate CSC, through CCF, will, following the withdrawal of the foreign troops, assume immediate responsibility for verifying and ensuring security of strategic and trading routes, adopting the measures it deems necessary for the purpose.

III. *Activities of private and irregular armed groups*

1. Except as provided in paragraph 3 below, military, private and irregular armed groups active on the day of entry into force of the cease-fire shall be disbanded and prohibited from forming new groups of the kind.

2. CCF shall monitor and verify the disband of the private and irregular armed groups and shall collect their weapons and ammunition. CSC shall decide the final disposition of the weapons and ammunition collected.

3. CSC may as a temporary measure organize continued existence of security organizations for the purpose of ensuring the security of specified public or private infrastructures during the period between the cease-fire and the time when the new Government takes office.

4. These security organizations may be authorized to use weapons in the discharge of their duties activities of these organizations shall be monitored by CCF.

IV. *Functioning of the National Service for People's Security*

1. The parties agree that it is essential that the information service should continue to function during the period between the entry into force of the cease-fire and the time when the new Government takes office, in order to ensure that the strategic information required the State is made available and for the purpose of protecting the sovereignity and independence of the Republic of Mozambique.

2. For the purposes indicated above, the Parties agree that the State Information and Security Service (SISE) established by Act No. 20191 of 23 August shall continue to perform its functions under the authority of the President of the Republic of Mozambique and subject to the following principles:

3. SISE shall:

(a) perform its duties and functions strictly in accordance with the spirit and the letter of international recognized democratic principles;

(b) respect the civil and political rights of citizens as well as the internationally recognized human rights and fundamental freedoms;

(c) be guided in the performance of its functions by the interests of the State and the common welfare, in a manner free from any partisan or ideological considerations or regard for social standing and from any other form of discrimination;

(d) act at all times and in all respects in conformity with the forms and spirit of the General Peace Agreement.

4. SISE shall be composed, at all levels of the service, of citizens selected on the basis of criteria that are in conformity with the principles specified above.

5. (a) The measures taken by SISE, as well as all actions of its agents, shall at all times be governed by the law in force in the Republic of Mozambique and by the principles agreed upon in the General Peace Agreement;

(b) The activities and prerogatives of SISE shall be confined to the production of information required by the President of the Republic, within the limits authorized by the juridical order and in strict respect for the principles of the State ruled by law and for human rights and fundamental freedoms. The information thus obtained may in no case be used to limit the exercise of the democratic rights of citizens or to favour any political party;

(c) In no case may police functions be assigned to SISE.

6. The Director-General and Deputy Director General of SISE shall be appointed by the President of the Republic of Mozambique.

7. (a) For purposes of verifying that the actions of SISE do not violate the legal order or result in violation of the political rights of citizens, a National Information Commission (COMINFO) shall be established;

(b) COMINFO shall be composed of 21 members whose professional and personal qualities and past record afford guarantees of balance, effectiveness and independence *vis-à-vis* all political parties;

(c) COMINFO shall be established by the President of the Republic of Mozambique within 15 days following the entry into force of the General Peace Agreement and shall be composed of six citizens nominated by RENAMO, six nominated by the Government, and nine selected as a result of consultations to be held by the President of the Republic with the political forces in the country from among citizens meeting the requirements specified in subparagraph (b);

(d) COMINFO shall have full powers to investigate any matter relating to the activity of SISE that is held to be contrary to the legal order and to the principles specified in paragraphs 1, 2, 3 and 5. A request for investigation may be rejected only by a two thirds majority of its membership;

(e) COMINFO shall provide CSC with the reports and clarifications called for by the latter Commission;

(f) COMINFO shall inform the competent State authorities of any irregularities detected, in order that they may take the appropriate police or disciplinary measures.

V. *Depoliticization and restructuring of the police forces*

1.During the period between the entry into force of the cease-fire and the assumption of power by the new Government, the Police of the Republic of Mozambique (PRM) shall continue to perform its functions under responsibility of the Government.

2. The Police of the Republic of Mozambique shall

(a) perform its duties and functions strictly in accordance with the spirit and the letter of internationally recognized democratic principles;

(b) respect the civil and political rights of citizen, as well as the internationally recognized human rights and fundamental freedoms;

(c) be guided in the performance of its functions by the interests of the State and common welfare, in a manner free from any partisan or ideological considerations or regard for social standing and from any other form of discrimination;

(d) act at all times in conformity with the terms and spirit of the General Peace Agreement;

(e) act at all times with impartiality and indpendence *vis-à-vis* all political parties.

3. The PRM shall be composed of citizens selected on the basis of criteria that are in conformity with the principles specified above.

4. The basic tasks of the PRM shall be:

(a) to ensure respect for and defence of the law;

(b) to maintain public order and tranquillity and prevent and suppress crime;

(c) to guarantee the existence of a climate of social stability and harmony.

5. (a) The measures taken by the PRM, as well as all actions of its agents, shall at all times be governed by the law and the legislative provisions in force in the Republic of Mozambique and by the principles agreed upon in the General Peace Agreement;

(b) The activities and prerogatives of the PRM shall be exercised within the limits authorized by the juridial order, but with strict respect for the principles of the State ruled by law and for human rights and fundamental freedoms. These activities may not be directed towards limiting the exercise of the democratic rights of citizens or favouring any political party.

6. The Commander and Deputy Commander of the PRM shall be appointed by the President of the Republic of Mozambique.

7. (a) For purposes of verifying that the actions of the PRM do not violate the legal order or result in violation of the political rights of citizens, a National Police Affairs Commission (COMPOL) shall be established;

(b) COMPOL shall be composed of 21 members whose professional and personal qualities and past record afford guarantees of balance, effectiveness and independence *vis-à-vis* all political parties;

(c) COMPOL shall be established by the President of the Republic of Mozambique within 15 days following the entry into force of the General Peace Agreement and shall be composed of six citizens nominated by RENAMO, six nominated by the Government, and nine selected as a result of consultations to be held by the President of the Republic with the political forces in the country from among citizens meeting the requirements specified in subparagraph (b);

(d) COMPOL shall have full powers to investigate any matter relating to the activity of PRM that is held to be contrary to the legal order and to the principles specified in paragraphs 1, 2, 4 and 5. On being apprised of a matter, the Commission shall conduct a preliminary internal analysis in order to determine whether it falls within the sphere of police activities. The

Commission shall decide to proceed with the investigations if more than half of its members so agree;

(e) COMPOL shall submit systematic reports on its activities to CSC;

(f) COMPOL shall inform the competent State authorities of any irregularities detected, in order that they may take the appropriate judicial or disciplinary measures.

VI. *Economic and social reintegration of demobilized soldiers*

(i) *Demobilization*

1. Demobilization of the FAM and the forces of RENAMO means the process whereby, at the decision of the respective Parties, soldiers who on E-Day were members of those forces revert for all purposes to the status of civilians.

2. Cease-fire Commission

(a) On E-Day, the Cease-fire Commission (CCF) shall be established and begin its functions under the direct supervision of CSC.

(b) CCF shall be composed of representatives of the Government, RENAMO, the invited countries and the United Nations. CCF shall be presided over by the United Nations.

(c) CCF shall be based in Maputo and shall be structured as follows:

- Regional offices (North, Centre and South);
- Offices at the assembly and billeting locations of the two Parties.

(d) CCF shall have, *inter alia,* the function of implementing the demobilization process, with the following tasks:

- Planning and organization;
- Regulation of procedures;
- Direction and supervision;
- Registration of troops to be demobilized and issue of the respective identity cards;
- Collection, registration and custody of weapons, ammunition, explosives, equipment, uniforms and documentation; destroying or deciding on the other disposition of weapons, ammunition, explosives, equipment, uniforms and documentation as agreed by the Parties;
- Medical examinations;
- Issue of demobilization certificates.

(e) The United Nations shall assist in the implementation, verification and monitoring of the entire demobilization process.

3. Timetable

E-Day: Installation of CCF and commence its functions

E-Day + 30: Definition by Both Parties of the troops to be demobilized; activation of demobilization structures and initiation of the process

E-Day + 60: Demobilization of at least 20 per cent of the total troops to be demobilized

E-Day + 90: Demobilization of at least a further 20 per cent of the total troops to be demobilized

E-Day + 120: Demobilization of at least a further 20 per cent of the total troops to be demobilized

E-Day + 150: Demobilization of at least a further 20 per cent of the total troops to be demobilized

E-Day + 180: End of demobilization of the troops to be demobilized.

(ii) *Reintegration*

1. The term “demobilized soldier” means an individual who:

- up until E-Day was a member of the FAM or the RENAMO forces;
- subsequent to E-Day was demobilized at the decision of the relevant command, and handed weapons, ammunition, equipment, uniforms and documentation in his possession;
- has been registered and has received the identity card;

- has received the demobilization certificate.

For all purposes, demobilized soldiers of both Parties shall become civilians and shall be accorded equal treatment by the State.

2. Reintegration Commission

(a) A Reintegration Commission (CORE) shall be established. CORE shall operate under the direct authority of CSC and shall initiate its functions on E-Day.

(b) CORE shall be composed of representatives of the Government and RENAMO, representatives of the invited countries, a representative of the United Nations, who shall preside, and representatives of other international organizations.

(c) CORE shall be based at Maputo and shall be structured as follows:

- Regional offices (North, Centre and South);
- Provincial offices in each provincial capital.

(d) The assignment of CORE shall be to effect the economic and social reintegration of demobilized soldiers, and it shall for this purpose conduct the following tasks:

- Planning and organization;
- Regulation of procedures;
- Direction and supervision;
- Monitoring.

3. Resources

The economic and social reintegration of demobilized soldiers (demobilization allowances, technical and/or vocational training, transport, etc.) will depend on the resources made available within the framework of the Donors Conference as referred to in item 6 of the Agreed Agenda of 28 May 1991.

In witness whereof, the Parties have decided to sign the present Protocol.

For the delegation of the Government of the Republic of Mozambique:
(Signed) Armando Emílio GUEBUZA

For the delegation of RENAMO:
(Signed) Raul Manuel DOMINGOS

The mediators:
(Signed) Mario RAFFAELLI
(Signed) Jaime GONCALVES
(Signed) Andrea RICCARDI
(Signed) Matteo ZUPPI

San Egidio, Rome, 4 October 1992

Protocol V

On 4 October 1992, the delegation of the Government of the Republic of Mozambique, headed by Armando Emílio Guebuza, Minister of Transport and Communications, and composed of Mariano de Araújo Matsinha, Minister without Portfolio, Aguiar Mazula, Minister of State Administration, Teodato Hunguana, Minister of Labour, Lieutenant-General Tobias Dai, Francisco Madeira, Diplomatic Adviser to the President of the Republic, Brigadier Meixo Malunga, Colonel Fideles De Sousa, Major Justino Nrepo and Major Eduardo Lauchande, and the delegation of RENAMO, headed by Raul Manuel Domingos, Chief of the Organization Department, and composed of José De Castro, Chief of the External Relations Department, Agostinho Semende Murrial, Chief of the Information Department, José Augusto Xavier, Director-General of the Internal Administration Department, Major-General Hermlínio Morais,

Colonel Fernando Canivete, Lieutenant-Colonel Arone Julai and Lieutenant António Domingos, meeting at Rome in the presence of the mediators, Mario Raffaelli, representative of the Italian Government and coordinator of the mediators, Jaime Goncalves, Archbishop of Beira, Andrea Riccardi and Matteo Zuppi, of the Community of San Egidio, and observers from the United Nations and the Governments of the United States of America, France, the United Kingdom and Portugal, took up item 5 of the Agreed Agenda of 28 May 1991, entitled "Guarantees", and agreed as follows:

I. *Timetable for the conduct of the electoral process*

1. The elections to the Assembly of the Republic and the post of President of the Republic shall be held simultaneously and shall take place one year after the date of signature of the General Peace Agreement, as provided for in Protocol III.

2. Further to the provisions set forth in Protocol III, the Parties also agree as follows:

(a) By E-Day + 60, the Government shall establish the National Elections Commission provided for in Protocol III;

(b) Immediately following the signature of the General Peace Agreement, the Government, for purposes of the provisions of Protocol III, shall request technical and material support from the United Nations and OAU;

(c) The Government shall draft the Electoral Act in consultation with RENAMO and the other parties within at most two months from the adoption by the Assembly of the Republic of the legal instruments incorporating the Protocols and guarantees, as well as the General Peace Agreement, into Mozambican law. The approval and publication of the Electoral Act shall take place within at most one month following the completion of its drafting;

(d) Within 60 days following the signature of the General Peace Agreement, the Government and RENAMO shall agree on the observers to the electoral process. The Government shall draw up the corresponding invitations;

(e) The election campaign shall begin 45 days before the date of the elections;

(f) By the date of commencement of the campaign, all parties taking part must have been registered and have submitted their lists of candidates as well as their respective symbols;

(g) By the date of commencement of the election campaign, the candidates for the President of the Republic must have submitted their candidacies in conformity with the legally prescribed requirements;

(h) The election campaign shall conclude 48 hours before the start of voting;

(i) The elected Assembly of the Republic shall take office 15 days after the publication of the lists giving the results of the election. The lists giving the results of the election shall be published not more than eight days after the closure of voting;

(j) The investiture of the elected President of the Republic shall take place one week after the elected Assembly of the Republic has taken office.

II. *Commission to supervise the cease-fire and monitor respect for and implementation of the agreements between the Parties within the framework of these negotiations: its composition and powers*

1. Pursuant to Protocol 1, the Supervisory and Monitoring Commission (CSC) is established, which shall begin operating upon appointment of its Chairman by the Secretary-General of the United Nations.

2. This Commission shall be composed of representatives of the Government, RENAMO, the United Nations, OAU and the countries to be agreed by the Parties. The Commission shall be chaired by the United Nations and shall be based at Maputo.

3. The decisions of CSC shall be taken by consensus between the two Parties.

4. CSC shall draw up its own Rules of Procedure and may whenever it sees fit establish sub commissions additional to those provided for in paragraph present II.7 of the present Protocol.

5. CSC shall in particular:

(a) Guarantee the implementation of the provisions contained in the General Peace Agreement;

(b) Guarantee respect for the timetable for the cease-fire and the holding of the elections;

(c) Assume responsibility for the authentic interpretation of the agreements;

(d) Settle any disputes that may arise by Parties;

(e) Guide and coordinate the activities of the subsidiary commissions referred to in paragraph II.7 of this Protocol.

6. CSC shall cease to function when the new Government takes office.

7. CSC shall have under it the following Commissions:

(a) The Joint Commission for the Formation of the Mozambican Defence Force (CCFADM)

Its powers shall be those specified in Protocol IV, paragraph 1 (iii), on the formation of the Mozambican Defence Force. CCFADM shall be composed of representatives of the Parties and of the Governments selected by the Parties before the signing of the General Peace Agreement to provide assistance in the process of formation of the FADM in conformity with the provisions of Protocol IV, section I.

(b) The Cease-fire Commission (CCF)

Its composition and powers shall be those indicated in Protocol IV, section VI and Protocol VI, section 1.

(c) Reintegration Commission (CORE)

Its composition and powers shall be those specified in Protocol IV, section VI.

III. *Specific guarantees for the period from the cease-fire to the holding of the elections*

1. The Government of the Republic of Mozambique shall submit a formal request to the United Nations for its participation in monitoring and guaranteeing the implementation of the General Peace Agreement, in particular the cease-fire and the electoral process, with immediate priority to coordinating and making available food, medical attention and all other forms of support necessary at the assembly and billeting locations for the forces as provided in Protocol VI.

2. With the means available to it and with the assistance of the international community, the Government of the Republic of Mozambique shall make available to CSC and its subsidiary commissions the logistical support required for their functioning.

3. The Government of the Republic of Mozambique shall send formal requests to the Governments and organizations selected by the two Parties to participate in the commissions agreed upon above.

4. The resources and facilities specified in Protocol III, paragraph 7 (b) shall be made available by the Government of Mozambique as from the date of incorporation of the General Peace Agreement into Mozambican law by the Assembly of the Republic. The major part of this process shall have been concluded by E-Day.

5. The committee provided for in the Joint Declaration of 16 July 1992 shall exercise its functions before CSC takes office. CSC may if necessary decide to extend the activities of that committee, and establish guidelines for its operations to that end.

6. The Government of the Republic shall draw up in agreement with RENAMO and the relevant United Nations agencies, in accordance with Protocol III, the plan for assistance to

refugees and displaced persons, which shall be submitted to the Donors Conference the holding of which is agreed upon in Protocol VII.

7. Between the entry into force of cease-fire of the time when the new Government takes office, the entry of foreign troops or contingents into Mozambican territory shall not be permitted except in the cases agreed to by CSC.

8. RENAMO shall be responsible for the immediate personal security of its top leaders. The Government of the Republic of Mozambique shall grant police status to the members of RENAMO assigned to guarantee that security.

9. Guarantee of legality, stability and tranquillity throughout the territory of the Republic of Mozambique.

(a) The Parties recognize that the public administration in the Republic of Mozambique during the period between the entry into force of the cease-fire and the time when the new Government takes office will continue to obey the law in force and to be conducted through the institutions provided for by law.

(b) The public administration shall guarantee public tranquillity and stability, and seek to ensure the maintenance of peace and the creation of the climate required for the holding of fair and free general elections in accordance with the provision of the Peace Agreement and the Electoral Act.

(c) The two Parties undertake to guarantee that the laws and legislative provisions of the Republic of Mozambique, as well as the civil and political rights of citizens and human rights and fundamental freedoms, shall be respected and guaranteed in all parts of the national territory in conformity with Protocol 1 of 18 October 1991.

(d) In order to ensure greater tranquillity and stability in the period between the entry into force of the cease-fire and the time when the new Government takes office, the Parties agree that the institutions provided for by law for the conduct of the public administration in the areas controlled by RENAMO shall employ only citizens resident in those areas, who may be members of RENAMO. The State shall accord such citizens and the institutions staffed by them the respect, treatment and support required for the discharge of the basis of strict equality and without any discrimination in relation to others performing similar functions and institutions at the same level in other areas of the country.

The relationship between the Ministry of State Administration and the administration in the areas controlled by RENAMO shall be conducted through a National Commission constituted by the Parties for the purpose of facilitating collaboration and good understanding. This Commission shall be composed of four representatives of each of the Parties and shall begin operating 15 days after the signature of the General Peace Agreement.

(e) The Government undertakes to respect and not antagonize the traditional structures and authorities where they are currently de facto exercising such authority, and to allow them to be replaced only in those cases where that is called for by the procedures of local tradition themselves.

(f) The Government undertakes not to hold local, district or provincial elections or elections to administrative posts in advance of the forthcoming general elections.

(g) The Parties undertake to guarantee throughout the national territory the exercise of democratic rights and freedoms by all citizens, as well as the performance of party work by all political parties.

(h) The Parties guarantee access by the Commissions provided for in the General Peace Agreement, the representatives and officials of the State institutions provided for by law and their officials to any part of the national territory to which they may need to proceed on official business, as well as the right to freedom of movement in all locations not restricted by any legislative measure, instrument or rule.

IV. *Constitutional Issues*
The Joint Declaration of 7 August 1992 signed by Joaquim Alberto Chissano, President of the Republic of Mozambique, and Afonso Mecacho Marceta Dhlakama, President of RENAMO, constitutes an integral part of the General Peace Agreement. Accordingly, the principles embodied in Protocol 1 shall also apply with respect to the problem of constitutional guarantees raised by RENAMO and illustrated in the document submitted to the President of the Republic of Zimbabwe, Robert Gabriel Mugabe, at Gaborone, Botswana, on 4 July 1992. To this end, the Government of the Republic of Mozambique shall submit to the Assembly of the Republic for adoption legal instruments incorporating the Protocols, the guarantees and the General Peace Agreement into Mozambican law.

In witness whereof, the Parties have decided to sign the present Protocol.

For the delegation of the Government of the Republic of Mozambique:
(Signed) Armando Emílio GUEBUZA

For the delegation of RENAMO:
(Signed) Raul Manuel DOMINGOS

The mediators:
(Signed) Mario RAFFAELLI
(Signed) Jaime GONCALVES
(Signed) Andrea RICCARDI
(Signed) Matteo ZUPPI

San Egidio, Rome, 4 October 1992

Protocol VI

On 4 October 1992, the delegation of the Government the Republic of Mozambique, headed by Armando Emílio Guebuza, Minister of Transport and Communications and composed of Mariano de Araújo Matsinha, Minister without Portfolio, Aguiar Mazula, Minister of State Administration, Teodata Hunguana, Minister of Labour, Lieutenant-General Tobias Dai, Francisco Madeira, Diplomatic Adviser to the President of the Republic, Brigadier Aleixo Malunga, Colonel Fideles De Sousa, Major Justino Nrepo and Major Eduardo Lauchan and the delegation of RENAMO, headed by Raul Man Domingos, Chief of the Organization Department, and composed of José De Castro, Chief of the External Relations Department, Agostinho Semende Murrial, Chief of the Information Department, José Augusto Xavier, Director-General of the Internal Administration Department, Major General Hermínio Morais, Colonel Fernando Canivete, Lieutenant Colonel Arone Julai, Lieutenant António Domingos, meeting at Rome in presence of the mediators, Mario Raffaelli, representative of the Italian Government and coordinator of the mediators, Jaime Goncalves, Archbishop of Beira, Andrea Riccardi and Matteo Zuppi, of the Community of Egidio, and observers from the United Nations and Governments of the United States of America, France United Kingdom and Portugal, took up item 4 of Agreed Agenda of 28 May 1991, entitled "Cease-fire" and agreed as follows:

I. *Cessation of the armed conflict*

1. The cessation of the armed conflict (CAC) is a brief, dynamic and irreversible process of predetermined duration which must be implemented throughout national territory of Mozambique.

The implementation of the process shall be the responsibility of the Government of the Republic of Mozambique and of RENAMO, acting within the framework of the Cease-fire Commission (CCF). The CCF is answerable to the CSC, the organ responsible for the overall political supervision of the cease-fire.

The CCF shall be composed of representatives of the Government, and countries accepted by them and a representative of the United Nations, who shall preside.

2. The CCF, which shall be structured as stipulated in Protocol IV, paragraph VI (i) (2), shall have the following functions:

- To plan, verify and guarantee the implementation of the cease-fire rules;
- To set itineraries for the movement of forces, in order to reduce the risk of incidents;
- To organize and implement mine-clearing operations;
- To analyse and verify the accuracy of the statistics provided by the Parties on troop strength, arms and military equipment;
- To receive, analyse and rule on complaints of possible cease-fire violations;
- To ensure the necessary coordination with organs of the United Nations verification system;
- The functions provided for in sections II, III and VI of Protocol IV.

3. The CAC shall begin on E-Day and end on E-Day+180.

4. The CAC consists of 4 (four) phases:

- Cease-fire;
- Separation of forces;
- Concentration of forces;
- Demobilization.

5. The cease-fire

The Parties agree that:

(a) The cease-fire shall enter into force on E-Day. E-Day is the day on which the General Peace Agreement is adopted by the Assembly of the Republic and incorporated into Mozambican law. The deployment of United Nations personnel in Mozambican territory to verify the cease-fire shall begin the same day.

(b) As of E-Day, neither of the Parties shall carry out any hostile act or operation by means of forces or individuals under its control. Accordingly, they may not:

- carry out any kind of attack by land, sea or air;
- organize patrols or offensive manoeuvres;
- occupy new positions;
- lay mines and prevent mine-clearing Operations;
- interfere with military communications;
- carry out any kind of reconnaissance Operations;
- carry out acts of sabotage and terrorism;
- acquire or receive lethal equipment;
- carry out acts of violence against the civilian population;
- restrict or prevent without justification the free movement of persons and property;
- carry out any other military activity which, in the opinion of the CCF and the United Nations, might jeopardize the cease-fire.

In performing their functions, the CCF and the United Nations shall enjoy complete freedom of movement throughout the territory of Mozambique.

(c) On E-Day, the United Nations shall begin official verification of compliance with the undertaking described in paragraph (b), investigating any alleged violation of the cease-fire. Any duly substantiated violation shall be reported by the United Natio at the appropriate level;

(d) During the period between the signing of the General Peace Agreement and E-Day, the two Parties agree to observe a complete cessation of hostilities and of the activities described in paragraph (b), in order to allow the United Nations to deploy its personnel in the territory to verify all aspects of the CAC as of E-Day.

6. Separation of forces

The Parties agree that:

(a) The purpose of the separation of forces is to reduce the risk of incidents, to build trust and to allow the United Nations effectively to verify the commitments assumed by the Parties;

(b) The separation of forces shall last 6 (six) days, from E-Day to E-Day + 5;

(c) During this period, the FAM shall proceed to the barracks, bases, existing semi-permanent facilities and other locations listed in annex A;

(d) During the same period, the RENAMO shall proceed to the locations listed in annex B;

(e) The locations listed in the above-mentioned annexes shall be those agreed to between the Parties and the United Nations no later than 7 (seven) days after the signing of the General Peace Agreement. The list shall specify the name and site of the 29 assembly and billeting points for the FAM and the 20 such points RENAMO forces;

(f) Accordingly, by 2400 hours on E-Day + 5, the FAM and the RENAMO forces must be in the locations listed in annexes A and B respectively;

(g) All movements shall take place under vision and coordination of the United Nations. Neither Party may prevent or jeopardize the movements other Party's forces. The United Nations shall supervise all the locations listed in annexes A and B and shall in principle be present 24 hours a day in each locations as of E-Day;

(h) During this period of 6 (six) days, no force or individual shall be able to leave assembly and billeting points except to seek medical care or for other humanitarian reasons, and then only with the authorization and under the supervision of the United Nations. In each location, the commander of the troops shall be able for maintaining order and discipline and for ensuring that the troops conduct themselves in accordance with the principles and the spirit of this Protocol.

7. Concentration of forces

The Parties agree that:

(a) The concentration of forces shall begin on Day + 6 and end on E-Day + 30;

(b) During this period, the FAM shall concentrate in the normal peacetime barracks and military bases listed in annex C;

(c) During the same period, the RENAMO forces shall go to the assembly and billeting points listed in annex D;

(d) All movements shall take place under the supervision and coordination of the United Nations and shall be subject to the same conditions as those established for the separation of forces;

(e) All the main military facilities of the two Parties which cannot be moved to assembly and billeting points, such as military hospitals, logistical units and training facilities, shall be subject to verification *in situ.* These locations must also be specified no later than 7 (seven) days after the signing of the General Peace Agreement;

(f) Each assembly and billeting point shall be run by a military commander appointed by the corresponding Party. The military commander is responsible for maintaining the order and discipline of troops, distributing food and ensuring liaison with the organs for the verification and supervision of the cease-fire.

In the event of an incident or a cease-fire violation, the military commander must take immediate steps to avoid an escalation and put a stop to the incident or violation. Any incident or violation shall be reported to the senior level of the command structure and to the cease-fire verification and supervision Organs;

(g) Arrangements for the security of each assembly and billeting point shall be agreed between the corresponding commander and the CCF, with the knowledge of the United Nations. The military unit stationed in each location shall provide its own security. Each assembly and billeting point shall cover an area with a maximum radius of five kilometres. Individual weapons and the necessary ammunition shall be distributed only to the security staff of assembly and billeting points;

(h) Each location must have the capacity to accommodate at least 1,000 soldiers.

8. Demobilization

Shall take place as stipulated in section VI of Protocol IV.

9. Formation of the FADM

Shall take place as stipulated in section 1 of Protocol IV.

10. Miscellaneous provisions

(a) The Parties agree to the following:

1. To supply the United Nations with complete inventories of their troop strength, arms, ammunition, mines and other explosives on E-Day - 6, E-Day, E-Day + 6, E-Day + 30 and, thereafter, every 15 days;

2. To allow the United Nations to verify the aspects and data referred to in the preceding paragraph;

3. As of E-Day + 31, all collective and individual weapons, including weapons on board aircraft and ships, shall be stored in warehouses under United Nations control;

4. As of E-Day + 6, troops shall be able to leave their respective assembly and billeting points only with the authorization and under the supervision of the United Nations;

(b) As of E-Day, the naval and air force components of the FAM shall refrain from carrying out any offensive operation. They may carry out only such non-hostile missions as are necessary for the discharge of their duties unrelated to the armed conflict. All air force flight plans must be communicated in advance to the United Nations. Aircraft may not, in any case, be armed and may not overfly assembly and billeting points;

(c) The foreign forces currently present in the territory of Mozambique must also respect the agreed cease-fire as of E-Day. In accordance with section II of Protocol IV, on E-Day the Government of the Republic of Mozambique shall communicate to the United Nations and the CSC the plans for the withdrawal of foreign troops from Mozambican territory. These plans shall include the numbers and equipment of such troops. Withdrawal shall begin on E-Day + 6 and end on E-Day + 30. All movements must be coordinated and verified by the CCF;

(d) The Parties agree that, as of E-Day, they shall end all hostile propaganda, both internal and external;

(e) Border control as of E-Day shall be provided by the immigration services and the police.

II. *Operational timetable for the cease-fire*

E-Day: Entry into force of the cease-fire and beginning of United Nations verification;

Beginning of the cessation of the armed conflict (CAC);

Beginning of the separation of forces phase

E-Day + 5: End of the separation of forces phase

E-Day + 6: Beginning of the concentration of forces phase;

Beginning of the withdrawal of foreign forces and contingents from the country

E-Day + 30: End of the concentration of forces phase;

End of the withdrawal of foreign forces and contingents from the country

E-Day + 31: Beginning of the demobilization phase
E-Day + 180: End of the demobilization phase and of the CAC.

III. *Release of prisoners, except for those being held for ordinary crimes*

1. All prisoners who are being held on E-Day, except for those held for ordinary crimes, shall be released by the Parties.

2. The International Committee of the Red Cross, together with the Parties, shall agree on the arrangements for and the verification of the prisoner release process referred to in paragraph 1 above.

In witness whereof, the Parties have decided to sign this Protocol.

For the delegation of the Government of the Republic of Mozambique:
(Signed) Armando Emílio GUEBUZA

For the delegation of RENAMO:
(Signed) Raul Manuel DOMINGOS

The mediators:
(Signed) Mario RAFFAELLI
(Signed) Jaime Goncalves
(Signed) Andrea RICCARDI
(Signed) Matteo ZUPPI

San Egidio, Rome, 4 October 1992

Protocol VII

On 4 October 1992, the delegation of the Government of the Republic of Mozambique, headed by Armando Emílio Guebuza, Minister of Transport and Communications, and composed of Mariano de Araújo Matsinha, Minister without Porffolio, Aguiar Mazula, Minister of State Administration, Teodata Hunguana, Minister of Labour, Lientenant-General Tobias Dai, Francisco Madeira, Diplomatic Adviser to the President of the Republic, Brigadier Aleixo Malunga, Colonel Fideles De Sousa, Major Justino Nrepo and Major Eduardo Lauchande, and the delegation of RENAMO, headed by Raul Manuel Domingos, Chief of the Organization Department, and composed of José De Castro, Chief of the External Relations Department, Agostinho Semende Murrial, Chief of the Information Department, José Augusto Xavier, Director-General of the Internal Administration Department, Major General Hermínio Morais, Colonel Fernando Canivete, Lieutenant Colonel Arone Julai and Lieutenant António Domingos, meeting at Rome in the presence of the mediators, Mario Raffaelli, representative of the Italian Government and coordinator of the mediators, Jaime Goncalves, Archbishop of Beira, Andrea Riccardi and Matteo Zuppi, of the Community of San Egidio, and observers from the United Nations and the Governments of the United States of America, France, the United Kingdom and Portugal, took up item 6 of Agreed Agenda of 28 May 1991, entitled „Donors Coference", and agreed as follows:

1. The Parties decide to request the Italian Government to convene a conference of donor countries organizations to finance the electoral process, emergency programmes and programmes for the reintegration of displaced persons, refugees and demobilized soldiers.

2. The Parties agree to request that, of the funds provided by donor countries, an appropriate share shall be placed at the disposal of political parties to finance their activities.

3. The Parties appeal for the donors conference to be convened no later than 30 days after E-Day. In addition to donor countries and organizations, the Government and RENAMO shall also be invited to send representatives.

In witness whereof, the Parties have decided to this Protocol.

For the delegation of the Government of the Republic of Mozambique:
(Signed) Armando Emílio GUEBUZA

For the delegation of RENAMO:
(Signed) Raul Manuel DOMINGOS

The mediators:
(Signed) Mario RAFFAELLI
(Signed) Jaime GONCALVES
(Signed) Andrea RICCARDI
(Signed) Matteo ZUPPI

San Egidio, Rome, 4 October 1992

Joint communiqué

From 8 to 10 July 1990, at the headquarters of the Community of San Egidio, Rome, a direct meeting took place between a delegation of the Government of the People's Republic of Mozambique, headed by Armamdo Emílio Guebuza, Minister of Transport and Communications, and a delegation of RENAMO, headed by Raul Manuel Domingos, Chief of the External Relations Department.

Mario Raffaelli, representative of the Government the Italian Republic, Andrea Riccardi and Matteo Zuppi, both of the Community of San Egidio, and Jaime Goncalves Archbishop of Beira, attended the meeting as observers.

The two delegations, acknowledging themselves to be compatriots and members of the great Mozambican family, expressed satisfaction and pleasure at this direct, open and frank meeting, the first to take place between the two parties.

The two delegations expressed interest and witness to do everything possible to conduct a constructive search for a lasting peace for their country and their people.

Taking into account the higher interests of the Mozambican nation, the two parties agreed that they must set aside what divides them and focus, as a matter of priority, on what unites them, in order to establish a common working basis so that, in a spirit of mutual understanding, they can engage in a dialogue in which they discuss their different points of view.

The two delegations affirmed their readiness to dedicate themselves fully, in a spirit of mutual respect and understanding, to the search for a working basis from which to end the war and create the necessary political, economic and social conditions for building a lasting peace and normalizing the life of all Mozambican citizens.

At the close of the meeting, the two delegations decided to meet again in due course at Rome, in the presence of the same observers. They expressed satisfaction and gratitude for the spirit of friendship and the hospitality and support shown them by the Italian Government and by all those who helped make this meeting possible.

Done at San Egidio, Rome, on 10 July 1990.

For the delegation of the Government of the Republic of Mozambique:
(Signed) Armando Emílio GUEBUZA

For the delegation of RENAMO:
(Signed) Raul Manuel DOMINGOS

Observers:
(Signed)

San Egidio, Rome, 10 July 1990

Declaration by the Government of the Republic of Mozambique and RENAMO on the guiding principles for humanitarian assistance

On 16 July 1992, the delegation of the Government of the Republic of Mozambique, headed by Armando Emílio Guebuza, Minister of Transport and Communications, and the delegation of RENAMO, headed by Raul Manuel Domingos, Chief of the Organization Department, in the presence of the mediators, of observers and of representatives of international organizations, agreed to adopt the following Declaration:

Considering that, for the population, the consequences of the armed conflict have been seriously aggravated by the worst drought in 50 years in the country and the region,

Determined to mobilize every resource to alleviate starvation and prevent deaths in Mozambique,

While pursuing efforts to reach a total peace agreement in Mozambique as soon as possible,

Reaffirming the principles for humanitarian assistance contained in resolution 46/182 of the United Nations General Assembly,

Reaffirming the understanding reached in December 1990 between the Government, RENAMO and the International Committee of the Red Gross on the principles of free movement of populations and assistance for Mozambicans wherever they might be,

I. The Government and RENAMO solemnly agree and undertake to observe the following guiding principles for humanitarian assistance:

(a) Assistance shall go to all affected Mozambicans, freely and without discrimination;

(b) Freedom of movement and respect shall be guaranteed for persons and means which, under the flag of the United Nations or of ICRC, are engaged in humanitarian actions and are not accompanied by military escorts;

(c) The freedom and neutrality of humanitarian assistance shall be recognized and respected;

(d) Access shall be permitted to the entire affected population, using all means of transport;

(e) The use of all means for the rapid, expeditious distribution of humanitarian assistance shall be permitted and facilitated;

(f) Freedom of movement shall be guaranteed for all personnel who, under United Nations/ICRC auspices are responsible for identifying populations in need, priority areas, means of transport and access routes and supervising the distribution of assistance;

(g) Persons shall be allowed freedom of movement to enable them to have full access to humanitarian assistance.

II. In order to provide relief in situations of extreme urgency, which already exist in the country, the parties agree to:

(a) Immediately permit and facilitate air traffic to all points in the country, for transporting humanitarian assistance and what ever personnel is considered necessary and aviable;

(b) To the same end, to permit and facilitate immediate use and rehabilitation, where necessary, of other access routes to affected populations, including routes coming from neighbouring countries, as agreed by the parties and communicated by the committee referred to in paragraph V of this Declaration.

III. In addition, the Government and RENAMO will continue their negotiations with a view to reach as soon as possible, an agreement on the opening of roads and the removal of all obstacles which might prevent distribution of humanitarian assistance.

IV. The Government and RENAMO undertake not to derive military advantages from humanitarin assistance operations carried out under this Declaration.

V. Both parties agree that the coordination and supervision of all humanitarian assistance operations carried out under this Declaration shall be the responsibility of a committee presided over by the United Nations. This committee shall be made up of the mediators, the observers to the Rome negotiations and ICRC. The mediators will also have the task of verifying respect for this Declaration and for bringing any complaints or protests to the negotiating table.

The committee will report to the parties, in due course, on the operational details.

VI. Both parties agree to participate and cooperate with the international community in Mozambique in formulating action plans, with a view to implementing such plans in accordance with this Declaration. The committee will coordinate such activities. To that end, RENAMO will appoint its representative in the framework of and in accordance with the procedures of the COMIVE, who shall have the status provided for therein.

VII. Both parties undertake to comply strictly with the terms of this Declaration and agree that any violation substantiated by the committee may be communicated to the international community.

VIII. This Declaration shall be disseminated as widely as possible in Mozambique.

For the delegation of the Government of the Republic of Mozambique:
(Signed) Armando Emílio GUEBUZA

For the delegation of RENAMO:
(Signed) Raul Manuel DOMINGOS

The mediators:
(Signed) Mario RAFFAELLI
(Signed) Jaime GONCALVES
(Signed) Andrea RICCARDI
(Signed) Matteo ZUPPI

Done at San Egidio, Rome, on 16 July 1992

Joint declaration

We, Joaquim Alberto Chissano, President of the Republic of Mozambique, and Afonso Macacho Marceta Dhlakama, President of RENAMO,

Meeting at Rome in the presence of His Excellency Mr. Robert Gabriel Mugabe, President of the Republic of Zimbabwe; His Excellency Mr. Emilio Colombo, Minister for Foreign Affairs of the Republic of Italy; the representative of His Excellency the President of the Republic of Botswana, Ms. Gaositwe Keagakwa Tibe Chiepe, Minister for Foreign Affairs; the mediators of the peace process, Mario Raffaelli, representative of the Italian Government and coordinator of the mediators, Jaime Goncalves, Archbishop of Beira, Andrea Riccardi and Matteo Zuppi, of the Community of San Egidio,

Recognizing that

The achievement of peace, democracy and national unity based on national reconciliation is the greatest aspiration and desire of the entire Mozambican people,

In pursuit of this goal, the peace process was launched at Rome between the Government of the Republic of Mozambique and RENAMO, assisted by mediators from the Italian Government, the Community of San Egidio and the Catholic Church of Mozambique,

Important results have been achieved thus far, as exemplified and demonstrated by the signing of the partial cease-fire agreement of 1 December 1990 and the adoption of the following protocols and agreements:

(i) Agreed Agenda of 28 May 1991, and the amendments made thereto by the Act of 19 June 1992;

(ii) Protocol 1 "Basic principles", signed on 18 October 1991;

(iii) Protocol II "Criteria and arrangements for the formation and recognition of political parties", signed on 13 November 1991;

(iv) Protocol III "Principles of the Electoral Act", signed on 12 March 1992;

(v) Act of 2 July 1992 on improving the functioning of the COMIVE;

(vi) Declaration on guiding principles for humanitarian assistance, signed on 16 July 1992, Supplementing these efforts in the search for peace, democracy and national unity based on reconciliation in Mozambique, a meeting was held at Gaborone, Botswana, on 4 July 1992 between His Excellency Mr. Robert Gabriel Mugabe, President of the Republic of Zimbabwe, and His Excellency Sir Ketumile Masire, President of the Republic of Botswana, on the one hand, and Mr. Afonso Macacho Marceta Dhlakama, President of RENAMO, on the other,

Following which the President of the Republic of Mozambique, Mr. Joaquim Alberto Chissano, was briefed in detail by the President of Zimbabwe on 19 July 1992,

Whereas Mr. Afonso Macacho Marceta Dhlakama declared his readiness to sign an immediate cease-fire if certain guarantees were provided and arrangements were made for the security of both himself and members of RENAMO, and if his party was given freedom to Organize and campaign without interference or hindrance,

Considering his request for guarantees to enable RENAMO to operate freely as a political party after the signing of the General Peace Agreement,

Convinced that the suffering of the Mozambican people as a result of the war, exacerbated by the consequences of the worst drought in living memory, demands that rapid steps be taken to end the war,

Recognizing the need for the immediate restoration of peace in Mozambique,

Reaffirming the commitment of the Government of the Republic of Mozambique and of RENAMO to end the hostilities in Mozambique,

Determined to do everything possible to end the disaster brought about by the combined consequences of war and drought in our country,

Appreciating the progress made in the Rome peace negotiations between our respective delegations,

Considering the spirit of the Gaborone meeting of 4 July 1992,

Accordingly, commit ourselves to the following:

(i) To guarantee conditions permitting complete political freedom, in accordance with the internationally recognized principles of democracy;

(ii) To guarantee the personal safety of all Mozambican citizens and all members of political parties;

(iii) To accept the role of the international community, particularly the United Nations in monitoring and guaranteeing the implementation of the General Peace Agreement, particularly the cease-fire and the electoral process;

(iv) Fully to respect the principles set forth in Protocol 1, under which "the Government undertakes to refrain from taking any action that is contrary to the provisions of the Protocols to be concluded and from adopting laws or measures or applying existing laws which may be inconsistent with those Protocols" and "RENAMO undertakes to refrain from armed combat and instead to conduct its political struggle in conformity with the laws in force, within the framework of existing State institutions and in accordance with the conditions and guarantees established in the General Peace Agreement";

(v) To safeguard political rights, emphasizing that the principles set forth in Protocol 1 are valid and also relate to the problem of constitutional guarantees raised by RENAMO and dealt with in the document submitted to President Mugabe. To this end, the Government of the Republic of Mozambique shall submit to the Assembly of the Republic for adoption legal instruments incorporating the Protocols and guarantees, as well as the General Peace Agreement, in Mozambican law;

(vi) On the basis of the above principles and of the commitment made in this solemn Declaration, we Joaquim Alberto Chissano, President of the Republic Mozambique, and Afonso Macacho Marceta Dhlakama, President of RENAMO, hereby authorize and instruct our respective delegations participating in the Rom peace process to conclude, by 1 October 1992 at the latest, the remaining Protocols provided for in the Agreed Agenda, thereby permitting the signing of the Gene Peace Agreement by that date.

The signing of the General Peace Agreement and adoption by the Assembly of the Republic as provided in paragraph (v) [on this page] of this Declaration shall result in the immediate entry into force the cease-fire agreed to under the General Peace Agreement.

(Signed) Joaquim Alberto CHISSANO
President of the Republic of Mozambique

(Signed) Afonso Macacho Marceta DHLAKAMA
President of RENAMO

(Signed) Robert Gabriel MUGABE
President of the Republic of Zimbabwe

Witnessed by:
(Signed) Gaositwe Keagakwa Tibe CHIEPE
Minister for Foreign Affairs of Botswana
and by the mediators:
(Signed) Mario RAFFAELLI
(Signed) Jaime GONCALVES
(Signed) Andrea RICCARDI
(Signed) Matteo ZUPPI

Rome, 7 August 1992

Quelle: United Nations, The United Nations and Mozambique 1992-1995, S. 105

2. Das Abkommen von Nkomati 1984

Abkommen über die schrittweise Gewährung der Unabhängigkeit an Mosambik, unterzeichnet in Lusaka am 7. September 1974 durch den portugiesischen Außenminister, Mário Soares, und den Präsidenten der Frelimo, Samora Machel

Bei ihrer Zusammenkunft in Lusaka vom 5. bis zum 7. September 1974 haben sich die Delegationen der Befreiungsfront von Mosambik und des portugiesischen Staates im Hinblick auf die Erzielung einer Übereinkunft, die zur Unabhängigkeit Mosambiks führt, über die folgenden Punkte geeinigt:

1. Der portugiesische Staat, der das Recht des Volkes von Mosambik auf Unabhängigkeit anerkennt, akzeptiert im Einvernehmen mit der Befreiungsfront von Mosambik die schrittweise Übertragung der Hoheit, die er über das Territorium ausübt, und zwar nach folgenden Bestimmungen:

2. Die vollständige Unabhängigkeit Mosambiks wird am 25. Juni 1975, dem Jahrestag der Gründung der Befreiungsfront von Mosambik, feierlich proklamiert werden.

3. Um die Übertragung der Macht zu gewährleisten, werden die folgenden Regierungsorgane geschaffen, die während der mit der Unterzeichnung des Abkommens beginnenden Übergangsperiode amtieren werden:

- ein Hoher Kommissar, den der Präsident der portugiesischen Republik ernennen wird;
- eine Übergangsregierung, die durch Übereinkunft zwischen der Befreiungsfront von Mosambik und dem portugiesischen Staat eingesetzt wird;
- eine gemischte Militärkommission, die durch Übereinkunft zwischen der Befreiungsfront von Mosambik und dem portugiesischen Staat eingesetzt wird.

4. Der Hohe Kommissar hat als Vertreter der portugiesischen Staatsgewalt folgende Funktionen:

a) Er vertritt den Präsidenten der portugiesischen Republik und die portugiesische Regierung.
b) Er gewährleistet die territoriale Integrität von Mosambik.
c) Er verkündet die von der Übergangsregierung erlassenen Verordnungen und ratifiziert die Handlungen, die eine direkte Verantwortung des portugiesischen Staates einschließen.
d) Er gewährleistet die Erfüllung der zwischen dem portugiesischen Staat und der Befreiungsfront von Mosambik geschlossenen Abkommen und die Einhaltung der gegenseitig gegebenen Garantien, namentlich derjenigen, die in der allgemeinen Erklärung der Menschenrechte niedergelegt sind.
e) Er treibt den Entkolonialisierungsprozeß voran.

5. Der Übergangsregierung obliegt es, die schrittweise Übertragung von Zuständigkeiten auf allen Ebenen und die Vorbereitung der Unabhängigkeit von Mosambik zu fördern. Ihre Aufgaben sind im einzelnen:

a) die Ausübung der Legislative und der Exekutive für das Gebiet von Mosambik; die Ausübung der legislativen Gewalt geschieht mit Hilfe von Rechtsverordnungen;
b) die allgemeine Verwaltung des Gebiets bis zur Proklamation der Unabhängigkeit und die Wiedereinrichtung der diesbezüglichen Stellen;
c) die Verteidigung sowie der Schutz der öffentlichen Ordnung und der Sicherheit von Personen und Gütern;
d) die Durchführung der Abkommen zwischen der Befreiungsfront von Mosambik und dem portugiesischen Staat;

e) die Wirtschafts- und Finanzverwaltung des Gebietes; vor allem sollen die Strukturen und die Kontrollmechanismen geschaffen werden, die zur Entwicklung einer unabhängigen Wirtschaft in Mosambik beitragen;
f) die Gewährleistung des Grundsatzes, daß keine Diskriminierung aufgrund von Rasse, Volkszugehörigkeit, Religion oder Geschlecht erfolgt;
g) der Wiederaufbau der Justizorganisation in dem Territorium.

6. Die Übergangsregierung setzt sich zusammen aus:
a) einem von der Befreiungsfront von Mosambik ernannten Premierminister, der die Aufgabe hat, die Handlungen der Regierung zu koordinieren und sie zu vertreten;
b) neun Ministern, deren Geschäftsbereiche wie folgt verteilt sind: innere Verwaltung, Justiz, wirtschaftliche Koordination, Information, Erziehung und Kultur, Verkehr und Fernmeldewesen, Gesundheit und Soziales, Arbeit, öffentliche Arbeiten und Wohnungsbau;
c) Sekretären und Untersekretären, die auf Vorschlag des Premierministers, der vom Hohen Kommissar zu ratifizieren ist, durch Beschluß der Übergangsregierung eingerichtet und ernannt werden.
d) Die Übergangsregierung grenzt die Aufteilung der Zuständigkeiten zwischen den Ministern, Sekretären und Untersekretären ab.

7. In Anbetracht des Übergangscharakters dieser Phase der Regierungstätigkeit werden die Minister im Verhältnis von zwei Dritteln zu einem Drittel von der Befreiungsfront von Mosambik beziehungsweise dem Hohen Kommissar ernannt.

8. Die gemischte Militärkommission setzt sich aus Vertretern der Streitkräfte des portugiesischen Staates und der Befreiungsfront von Mosambik in gleicher Zahl zusammen. Ihre Hauptaufgabe wird sein, die Einhaltung des Waffenstillstands zu überwachen.

9. Die Befreiungsfront von Mosambik und der portugiesische Staat einigen sich durch das vorliegende Abkommen auf einen Waffenstillstand ab 8. September 1974, null Uhr (Ortszeit von Mosambik), zu den Bedingungen des als Anhang beigefügten Protokolls.

10. Im Falle einer schweren Störung der öffentlichen Ordnung, die das Eingreifen der Streitkräfte erforderlich macht, liegen Kommando und Koordination beim Hohen Kommissar; er wird dabei vom Premierminister unterstützt, dem die Streitkräfte der Befreiungsfront von Mosambik direkt unterstehen.

11. Die Übergangsregierung stellt ein Polizeikorps auf, dessen Auftrag es ist, die Aufrechterhaltung der Ordnung und die Sicherheit der Personen zu gewährleisten. Bis dieses Korps seine Aufgaben übernimmt, unterstehen die jetzigen Polizeikräfte dem Kommando des Hohen Kommissars gemäß den allgemeinen Richtlinien der Übergangsregierung.

12. Der portugiesische Staat und die Befreiungsfront von Mosambik verpflichten sich die Integrität des Territoriums von Mosambik gemeinsam gegen jede Aggression zu verteidigen.

13. Die Befreiungsfront von Mosambik und der portugiesische Staat bekräftigen feierlich ihre Absicht, Bande der Freundschaft und konstruktiven Zusammenarbeit zwischen ihren beiden Völkern zu schaffen und weiterzuentwickeln, vor allem auf kulturellem technischem, wirtschaftlichem und finanziellem Gebiet. Die Beziehungen sollen auf Unabhängigkeit, Gleichheit, gemeinsamen Interessen und Achtung vor der persönlichen Eigenart jedes Volkes beruhen.

Zu diesem Zweck werden während der Übergangszeit gemischte Fachkommissionen gebildet und danach die entsprechenden Abkommen abgeschlossen.

14. Die Befreiungsfront von Mosambik erklärt sich bereit, die vom portugiesischer Staat im Namen Mosambiks eingegangenen finanziellen Verpflichtungen zu übernehmen, soweit diese im wirklichen Interesse des Territoriums eingegangen worden sind.

15. Der portugiesische Staat und die Befreiungsfront von Mosambik verpflichten sich zusammenzuwirken, um die Folgen des Kolonialismus zu beseitigen und eine wirklich Rassen-

harmonie zu schaffen. In diesem Sinne bekräftigt die Befreiungsfront von Mosambik ihre Politik der Nichtdiskriminierung, nach der die Staatsangehörigkeit von Mosambik sich nicht nach der Hautfarbe richtet, sondern nach der freiwilligen Identifizierung mit den Zielen der mosambikanischen Nation. Andererseits werden der Status der portugiesischen Staatsangehörigen in Mosambik und der Staatsangehörigen von Mosambik in Portugal durch besondere Abkommen auf der Grundlage der Gegenseitigkeit geregelt werden.

16. Um zu gewährleisten, daß der Übergangsregierung Mittel für die Durchführung einer unabhängigen Finanzpolitik zur Verfügung stehen, wird in Mosambik eine Zentralbank eingerichtet, die auch die Funktionen einer Notenbank hat. Zu diesem Zweck verpflichtet sich der portugiesische Staat, die Aktiva und Passiva des Departements Mosambik von der Übersee-Nationalbank auf diese Bank zu übertragen. Eine gemischte Kommission nimmt unverzüglich die Arbeit auf, um die Bedingungen dieser Übertragung zu prüfen.

17. Die Übergangsregierung wird versuchen, von internationalen Organisationen oder im Rahmen bilateraler Beziehungen die für die Entwicklung von Mosambik notwendig Unterstützung zu erhalten, vor allem für die Lösung seiner dringenden Probleme.

18. Der unabhängige Staat Mosambik wird vollständige Souveränität nach innen und außen ausüben, seine eigenen politischen Institutionen einrichten und frei das Gesellschaftssystem wählen, das er im Interesse seines Volkes für das am besten geeignete hält.

19. Die portugiesische Regierung und die Befreiungsfront von Mosambik bekundet ihre Genugtuung über den Abschluß dieses Abkommens, das dem Krieg ein Ende macht, den Frieden wiederherstellt, zur Unabhängigkeit Mosambiks führt und eine neue Seite in den Beziehungen zwischen den beiden Ländern und Völkern aufschlägt.

Die Befreiungsfront von Mosambik - die in der Zeit ihres Kampfes immer einen Unterschied zwischen dem portugiesischen Volk und dem jetzt gestürzten kolonialistischen Regime gemacht hat - und der portugiesische Staat werden ihre Bemühungen entfalten, eine brüderliche und harmonische Zusammenarbeit zwischen Portugal und Mosambik aufzubauen.

Quelle: Europa-Archiv Folge 18/1974, S. D 429

3. Zeittafel

1498	Landung der Portugiesen in Mosambik unter Führung Vasco da Gamas
1608	Einrichtung eines Gouverneursposten für Mosambik, der der Kolonialverwaltung in Indisch-Goa unterstellt wird
1752	Selbständiges Generalgouvernement Mosambik
1783	Mosambik erhält einen eigenen katholischen Bischof
1820	1. geschriebene Verfassung in Portugal
1880	Lourenco Marques wird Verwaltungssitz des Generalgouvernements Mosambik
1884/85	Berliner Kongo-Konferenz
1886	Grenzvertrag zwischen Deutsch- und Portugiesisch-Ostafrika zur Festlegung der Nordgrenze Mosambiks
1891	Grenzvertrag zwischen Portugal und Großbritannien zur Festlegung der Grenzen zwischen Portugiesisch-Ostafrika und den britischen Besitzungen Nijassaland, Rhodesien
1899	Windsor Vertrag: Bestandsgarantie Großbritanniens für die portugiesischen Kolonien in Afrika
1907	Aufteilung der Kolonie Mosambik in fünf Distrikte
1910	Portugal wird Republik
1914	Grundgesetz für die Zivil- und Finanzverwaltung der portugiesischen Überseeprovinzen
1926	Militärputsch in Portugal
1927	António Salazar wird portugiesischer Finanzminister mit besonderen Rechten
1929	Eingeborenengesetz für Mosambik
1930	Acto Colónial
1932-68	Salazar wird Ministerpräsident von Portugal
1933	Grundgesetz für das portugiesische Kolonialreich
1940	Konkordat zwischen dem Heiligen Stuhl und Portugal

1951	Mosambik wird portugiesische Überseeprovinz
1953	Grundgesetz für die portugiesischen Überseegebiete
16.6.1960	Mueda-Aufstand
15.12.1960	GA Res. 1542 (XV): die portugiesischen Überseegebiete werden dem Aufsichtssystem des Dekolonisationsausschuß der VN unterworfen
19.12.1961	GA Res. 1699 (XVI): Einrichtung eines Sonderausschusses der VN für die portugiesischen Überseegebiete
25.6.1962	Gründung der FRELIMO in Dar-es-Salaam
1963	Mosambik erhält die erste Universität
24.6.1963	Grundgesetz für die portugiesischen Überseegebiete
23.-28.9.1964	I. Kongreß der FRELIMO: Eduardo Mondlane wird zum 1. Präsidenten gewählt
25.9.1964	Beginn des Guerillakrieges der FRELIMO
20.-25.7.1968	II. Kongreß der FRELIMO
1968-72	Marcello Caetano wird portugiesischer Ministerpräsident
3.2.1969	Ermordung Eduardo Mondlanes
25.4.1974	„Nelkenrevolution“ in Portugal
7.9.1974	Lusaka-Abkommen zwischen Portugal und der FRELIMO
20.9.1974	Aufnahme der Regierungsgeschäfte durch die Übergangsregierung unter Joaquim A. Chissano
25.6.1975	Unabhängigkeit; 1. Verfassung von Mosambik tritt in Kraft
17.9.1975	Beitritt zu den Vereinten Nationen
1975	Verstaatlichung von Grund und Boden, Banken, Schulen, Kliniken und Mietshäusern
1976	Gründung der RENAMO; Beginn des Bürgerkrieges
3.-7.2.1977	III. Kongreß der FRELIMO: Marxismus-Leninismus wird zur Staatsdoktrin erklärt
29.3.1977	Freundschaftsabkommen mit der Sowjetunion über 20 Jahre

25.9.- 4.12.1977	1. allgemeine Wahlen
5.12.1977	1. Sitzung der Obersten Volksversammlung
22.-24.2.1979	Offizieller Freundschaftsbesuch einer Partei- und Staatsdelegation der DDR unter Leitung des Generalsekretärs des ZK der SED und Vorsitzenden des Staatsrates der DDR, Erich Honecker, in Mosambik; Abschlusses eines Vertrages über Freundschaft und Zusammenarbeit
17.-20.9.1980	Offizieller Freundschaftsbesuch des Präsidenten der FRELIMO und der Volksrepublik Mosambik, Samora Machel, in der DDR
1980	Gründung des SADCC unter Beteiligung von Mosambik
27.4.1982	Portugiesisch-mosambikanischer Vertrag über militärische Zusammenarbeit
26.-30.4.1983	IV. Kongreß der FRELIMO
16.3.1984	Abkommen von Nkomati
1984	Beitritt zu IWF und Weltbank
19.10.1986	Präsident Machel stirbt bei einem Flugzeugabsturz
3.11.1986	Chissano wird neuer Staats- und Parteipräsident
24.-31.7.1989	V. Kongreß der FRELIMO: Aufgabe der marxistisch-leninistischen Staatsdoktrin
15.12.1989	Unterzeichnung des Lomé IV-Abkommens mit der EG
8.7.1990	Beginn der direkten Friedensverhandlungen in ROM
30.11.1990	2. Verfassung von Mosambik tritt in Kraft
4.10.1992	Friedensvertrag von Rom
16.12.1992	S/Res/797 (1992): ONUMOZ-Mandat
20.-21.8.1994	RENAMO löst sich als militärische Bewegung auf und besteht als politische Partei fort
27.-29.9.1994	1. allgemeine, freie Wahlen: Chissano wird zum Staatspräsidenten gewählt; die FRELIMO erhält 129, die RENAMO 112 und die UD 9 Parlamentssitze
1994	Mosambik wird Mitglied in der Konferenz islamischer Staaten

12.11.1995	Aufnahme Mosambiks in den *Commonwealth of Nation* als erstes Land außerhalb des anglophonen Raumes
28.10.1996	Verfassungsänderung zur Reform der Kommunalverfassung
30.6.1998	Kommunalwahl in 33 Städten ohne Beteiligung der RENAMO und 15 weiterer Oppositionsparteien
30.9.1999	Verfassungsreform zur Einführung eines semi-präsidialen Regierungssystems scheitert am Abstimmungsboykott der RENAMO
3.-4.12.1999	2. nationale Wahlen: Chissano wird als Staatspräsident bestätigt; die FRELIMO erhält 133, die RENAMO und ihr Wahlbündnis mit zehn kleineren Parteien 117 Parlamentssitze

Literaturverzeichnis

Abrahamson, Hans/Nilsson, Anders: Mozambique: The Troubled Transition, from Socialist Construction to Free Market Capitalism, London: Zed Books, 1995

Abrahamsson, Hans: Seizing the Opportunity: Power and Powerlessness in a Changing World Order: The Case of Mozambique, Padriqu Department of Peace and Development Research, Gothenburg University 1997

Adam, Erfried: Reform in Mosambik - eine Rückkehr zu den „wahren" Zielen der Befreiung? in: Peter Meyns (Hrsg.), Demokratie und Strukturrefromen im portugiesischen Afrika. Die Suche nach einem Neuanfang, Freiburg (Breisgau): Arnold-Bergstraesser-Inst., 1992

— Mosambik: Im 12. Jahr am Ende? Afrika Spectrum, Deutsche Zeitschrift für moderne Afrikaforschung, Institut für Afrika-Kunde, Hamburg, 21 (1986) S. 337-362

Africa at a Glance: Facts & Figures 1997/8, Africa Institute of South Africa, 1998

Agencia-Geral Do Ultramar: Political And Administrative Statute Of The Province Of Mozambique, Lisboa,1963

Ahanotu, Austin Metumara: Religion, State and Society in Contemporary Africa. Nigeria, Sudan, South Africa, Zaire and Mozambique, New York: Peter Lang, 1992

Akademie für Staats- und Rechtswissenschaften der DDR, u.a. (Hrsg.): Staatsrecht junger Nationalstaaten: Grundriß, Berlin: Staatsverlag der DDR, 1998

Alden, Chris: The UN and the Resolution of Conflict in Mozambique, The Journal of Modern African Studies, 33, 1 (1995), S. 103-128

Alden, Chris/ Simpson, Mark: Mozambique: a Delicate Peace, The Journal of Modern African Studies, 31, 1 (1993), S. 109-130

Ambrose, Brendalyn P.: Democratization and the Protection of Human Rights, Problems and Prospects, Westport: Praeger Publishers, 1995

Amnesty International: Jahresbericht 1986, 1996, 1997, 1998, 1999, Frankfurt a.M.: Fischer Taschenbuchverlag

— Mozambique: the human rights record 1975-1989, recent government measures, Amnesty International, 1990

— Amnesty International Report 1983, 1982, London: Amnesty International

Amnesty International and Martin Robertson: Torture in the Eighties. an amnesty international report, London: Amnesty International, 1984

Anderson, Hilary: Mozambique: A War Against the People, London: Macmillan Press Ltd, 1992

Annan, Kofi: In Afrika Entsetzen und Hoffnung. „Gerade jetzt könnte sich Hilfe auszahlen", FAZ vom 28.7.1999, S. 3

Ansprenger, Franz: Politische Geschichte Afrikas im 20. Jahrhundert, 3. neubearb. u. erw. Aufl., München: Beck, 1999

— Afrika - der verlorene Kontinent: Die Zukunft bleibt mit Unsicherheiten behaftet, Internationale Politik, 1996, 9, S.1-10

— Kriegsherd Afrika? Internationale Politik, 1995, 3, S. 41-46

— Konflikte in Afrika, EA 20/1994, S. 571-578

— Südafrika nach der Freilassung Nelson Mandelas und der Legalisierung von ANC und PAC, Afrika Jahrbuch 1990, S. 46-55

— Versuch der Freiheit, Afrika nach der Unabhängigkeit, Stuttgart, Berlin, Köln: Verlag W. Kohlhammer GmbH, 1972

Ansprenger, Franz u.a. (Hrsg.): Wiriyamu: Eine Dokumentation zum Krieg in Mozambique, München: Chr. Kaiser Verlag/Matthias-Grünewald-Verlag: Mainz, 1974

Anstee, Margaret Joan: Orphan of the Cold War: The Inside Story of the Collapse of the Angolan Peace Process, 1992-93, London: Macmillan Press Ltd., 1996

Anstee, Margaret J.: Angola: The Forgotten Tragedy A test Case for UN Peacekeeping, International Relations, 11.1993, N.6, S. 495-512

Araújo, Raúl C.: The Transition to Democracy, Internet: http://www.angola.org/referenc/transiti.htm (Stand: 21.2.1997)

Arntz, Reiner: Das Recht der Portugiesischen Überseegebiete. Seine Entwicklung von den Anfängen des „Neuen Staates" bis zur Gegenwart, Dissertation, Saarland, 1971

AWEPA (Association of Western European Parliamentarians for Southern Africa): Mozambique Peace Process Bulletin, Internet: http://www.mozambique.mz/awepa/index.htm (Stand: 1.12.1999)

Ayisi, Ruth Ansah: Mozambique: Fighting the Crime Wave, Africa Report (America's Leading Magazine On Africa), 1991, November-December, Volume 36, Number 6, S. 66-68

— Mozambique: The Problems of Peace, Africa Report (America's Leading Magazine On Africa), 1991, March-April, Volume 36, Number 2, S. 23-25

Azevedo, Mario: Historical Dictionary of Mozambique, African Historical Dictionaries, No 47, Metuchen, N.J., & London: The Scarecrow Press, Inc., 1991

Baloro, John: The law and pattern of repatriation of Namibian and South African refugees: possible lessons for a program of repatriation of Mozambique refugees, XXVIII CILSA 1995, S. 113-140

Banning, Emile: Die politische Theilung Afrika's, nach den neuesten internationalen Vereinbarungen (1885 bis 1889), ins Deutsche übertragen von Arthur Pfungst, Berlin: Walther & Apolant, 1890

Bassey, Celestine O.: The United Nations Conflict Management: Process In Angola, Foreign Affairs Reports, November-December 1995, Volume XLIV Numbers 11&12, S. 1, 16

Baumann, Herbert/ Ebert, Matthias (Hrsg.): Die Verfassungen der frankophonen und lusophonen Staaten des subsaharischen Afrikas, Verfassungen der Länder Afrikas sowie des Nahen und mittleren Ostens, Band 2, Berlin: Berlin Verlag, 1997

Baumann, Herbert u.a.: Politische Systeme in Entwicklungsländern Asiens und Afrikas, 1. Aufl., Berlin: Staatsverlag der DDR, 1988

Beck, Reinhart: Sachwörterbuch der Politik, 2. Auflage, Stuttgart: Kröner, 1986

Becker, Joachim: Wahlen ohne Wähler, Mosambik-Rundbrief Nr. 50-51, 1998, S. 8

— Angola, Mosambik und Zimbabwe: im Visier Südafrikas, Köln: Pahl-Rugenstein, 1988, Kleine Bibliothek. Dritte Welt: 514

Benda, Ernst/Maihofer, Werner/Vogel, Hans-Jochen (Hrsg.): Handbuch des Verfassungsrechts der Bundesrepublik Deutschland, Berlin; New York: de Gruyter, 1994, (zit.: Bearbeiter, in: Benda, Titel, S.)

Berg-Schlosser, Dirk: Democratization in Africa - Conditions and Prospects, Law and State, Vol. 52, S. 37-57

Berman, E.: Managing Arms in Peace Processes: Mozambique, Disarmament and Conflict Resolution Project, United Nations Institute for Disarmament Research, Geneva: United Nations, 1996

Betz, Joachim: Der Prozeß der Verfassungsgebung und die Grenzen von Verfassungen in Ländern der Dritten Welt - Einführung, in: ders. (Hrsg.), Verfassungsgebung in der Dritten Welt, Deutsches Übersee-Institut, Hamburg 1997, S. 9-31

Beukes, M.: Nkomati: The Accord and its Background, South African Yearbook of International Law (SAYIL), 9.1983, S. 116-127

Beye, Maitre Alioune Blondin: Interview über die innere Situation Angolas, Afrika-Post, 1998, 3-4, S. 10-12

Birmingham, D.: Front-line Nationalism in Angola and Mozambique, London: James Curry, 1993

Blaustein, Albert S./Flanz, Gisbert H. (Hrsg.): Constitutions of the Countries of the World, Dobbs Ferry, New York: Oceana Publications, Inc., 1992

Bleckmann, Albert: Afrika und das Völkerrecht, Jahrbuch für afrikanisches Recht, Band 3, 1982, S. 29, 44

Bloomfield, Richard J. (Hrsg.): Regional Conflict and U.S. Policy: Angola and Mozambique, A World Peace Foundation Study, Michigan: Reference Publications, Inc., 1988

Blumenwitz, Dieter: Die Entsendung deutscher Streitkräfte nach der Entscheidung des BVerfG. vom 12. Juli 1994, BayVBl. 1994 S. 641-646, 678-683

BMF (Bundesministerium der Finanzen): Bericht der G7-Finanzminister zur Kölner Schuldeninitiative an den Wirtschaftsgipfel in Köln, 18.-20. Juni 1999, Internet: http://www.g-8.de/06/00215/index.html (Stand: 26.9.1999)

BMZ (Bundesministerium für Entwicklung und technische Zusammenarbeit): Länderbericht Mosambik, Stand Mai 1998

Borges Coelho, J-P: The Reintegration of Ex-Combatans in Maputo Province, Refugee Studies Programme, University of Oxford, UK, 1997

Bos, Ellen: Die Rolle von Eliten und kollektiven Akteuren in Transformationsprozessen, in: Wolfgang Merkel (Hrsg.), Systemwechsel 1. Theorien, Aufsätze und Konzepte der Transitionsforschung, S. 85f.; Opladen: Leske +

Büderich 1996

Bosgra, S.J./van Krimpen, Chr.: Portugal and Nato, Amsterdam 1969

Botha, Pierre: Mozambique: the Democratic People's Revolution fails, Africa Insight, Vol. 13 No. 2 S. 130-134

Bowen, Merle L.: Beyond Reform Adjustment and Political Power in Contemporary Mozambique, The Journal of Modern African Studies, 30, 2 (1992), S. 255, 279

Bratton, Michael/va de Walle, Nicolas: Democratic Experiments in Africa: Regime Transitions in Comparative Perspective, New York: Cambridge University Press, 1997

Breytenbach, Willie Democratisation in sub-Saharan Africa: Transitions, elections and prospects for consolidation, second (revised) edition, 1997 (Africa Institute Research Paper No 60)

Bruneau,Thomas C.: Der Umsturz in Portugal. Ursachen und voraussichtliche Folgen, EA, Folge 14/1974, S. 487ff.

Brüne, Stefan/Betz, Joachim/Kühne, Winrich (Hrsg.): Africa and Europe: Relations of Two Continents in Transition, Afrikanische Studien; Bd. 2, Münster; Hamburg: Lit, 1994

Brunner, Georg: Einführung in das Recht der DDR, 2. Aufl., München: Beck, 1979, Jus-Schriftenreihe Heft 29

Bryde, Brun-Otto: Zur Einführung: Afrikanische Rechtssysteme, JuS 1982, S. 8-13

Buijtenhuis, Rob/Rijnierse, Elly: Democratization in Sub-Saharan Africa 1989-1992, Leiden 1993

Bundeszentrale für politische Bildung: Das Parlament, Aus Politik und Zeitgeschichte, „Südliches Afrika", 47. Jahrgang, Nr. 9, 21. Februar 1997

Busse, Nikolas: Eine Bedrohung für die Zivilbevölkerung, FAZ vom 3.5.1999

Büttner, Thea: Afrika: Geschichte Afrikas. Von den Anfängen bis zur Gegenwart. Teil 1. Afrika von den Anfängen bis zur territorialen Aufteilung Afrikas durch die imperialistischen Kolonialmächte, Berlin: Akademie-Verlag, 1976

Büttner, Thea (Hrsg.): Afrika: Geschichte von den Anfängen bis zur Gegenwart. Teil 4. Afrika vom Zusammenbruch des Kolonialsystems bis zur Gegenwart, Köln: Pahl-Rugenstein, 1985

Cabaco, José Luís: The long march of Mozambican democracy, in: Brazão Mazula (Hrsg.) : Mozambique: Elections, Democracy and Development, 1996

Carrilho, Norberto: The electoral legislation in Mozambique and the political and social achievments, in: Brazão Mazula (Hrsg.) : Mozambique: Elections, Democracy and Development, 1996

Carter, Gwendolen M./O'Meara Patrick (Hrsg.): Southern Africa: The Continuing Crisis, London; Basingstoke: Macmillan Press Ltd, 1979

Castiano, José P.: Demokratie, Liberalismus und mangelnde Wahlbeteiligung. Eine Analyse der Kommunalwahlen in Mosambik 1998, Mosambik-Rundbrief Nr. 52, Februar 1999, S. 16-20

Chabal, Patrick: The Curse of War in Angola and Mozambique: Lusophone African decolonization in historical perspective, Africa Insight, 1996, Vol. 26 No. 1

— Emergencies and Nationalists Wars in Portuguese Africa, Journal of Imperial and Commonwealth History, 21.1993, N.3, S. 235-249

— People's War, State Formation and Revolution in Africa: A Comparative Analysis of Mozambique, Guinea-Bissau, and Angola, Journal of Commonwealth and Comparative Politics, 1983 Volume 21 Number 3, S. 104-125

Chapman, Mike: Mozambique: The newest kid on the democratic block, Africa Insight, 1995, Volume 25 Number 1

Chillundo, Arlindo: Unsuccessful Attempts To Stop „Bipolarisation" in Angolan Politics, Southern African Political Economy Monthly (SAPEM), September 1992, S. 12, 14

Chimango, L.J.: The Relevance of Humanitarian International Law to the Liberation Struggles in Southern Africa - the Case of Mocambique in Retrospect, Comparative and International Law Journal of Southern Africa, VIII CILSA 1975, S. 287-317

Chingono, Mark F.: The State, Violence and Development: the Political Economy of War in Mozambique, Avebury, Aldershot, UK, 1996

Chissano, Joaquim Alberto: Peace and Reconstruction, Interview with President Joaquim Alberto Chissano, Harare: SARDC (Southern African Research and Documentation Centre), APG (African Publishing Group), 1997

Ciment, James: Angola and Mozambique: Postcolonial Wars in Southern Africa,

New York: Facts on File, Inc.,1997

Cleary, Seán: An Integrative Framework for Regional Co-operation in Southern Africa, The South African Journal of International Affairs, 1996 Volume 3 Number 2, S. 29, 52

Copson, Raymond W.: Prospects for conflict resolution in Angola and Mozambique, 1989

Coulson, Anita: Angola: Politics After Peace, Africa Report (America's Leading Magazine on Africa) 1991, July-August, Volume 36, Number 4, S. 49-52

Couto, Filipe J.: Mosambik und Frelimo. Darstellung einer Befreiungsbewegung, Stein/Nürnberg, Freiburg/Schweiz: Laetare/Imba, 1974

Daniel, John: Southern Africa in the Global Context: Forever in the Slow Lane? The South African Journal of International Affairs, 1996 Vol. 4 No. 1, S. 86-99

DASP (Deutsche Gesellschaft für die afrikanischen Staaten portugiesischer Sprache): Die Verfassung der Republik Mocambique vom 30.11.1990, Übersetzung und Kommentar von Brigitte Camurca, Erläuterungen von Reinhold Schattenfroh, DASP - Jahrbuch 1991 Bd.1, Sonderband 6 der DASP-Hefte (Nr.27), Bonn 1991

— Mocambique-Referate des 4. DASP-Symposiums an der Universität Köln 12.-13. April 1991, DASP - Jahrbuch 1991 Bd.2, Sonderband 6 der DASP-Hefte (Nr. 30/31), Bonn 1991

— Heft Mosambik, DASP-Reihe Nr. 73 (98), Bonn 1998

Dahl, Robert: Democracy and its critics, New Haven 1989

David, René/Grasmann, Günther: Einführung in die großen Rechtssysteme der Gegenwart, auf der Grundlage „Les grands systèmes de droit contemporains", von René David u. Camille Jauffret Spinosi, 2. deutsche Auflage, München: Beck, 1989

Davis, John A./Baker, James K.: Southern Africa in Transition, Published for the American Society African Culture, Frederick A. Praeger, Publishers: New York, London, 1966

de Waal, Alex/Vines, Alex: Conspicuous Destruction: War, Famine and the Reform Process in Mozambique in: Southern African Political Economy Monthly, 1992, July, S. 9-13

Diamond, Larry: The New Wind, Africa Report at 40 (America's Leading Maga-

Magazine On Africa), S. 50-53

Doering, Karl: Völkerrecht, Heidelberg: C.F.Müller, 1999

Dolan, C./Schafer, J.: The Reintegration of Ex-Combatans in Mozambique, Manica and Zambézia Provinces, Final Report to USAID - Mozambique, Refugee Studies Programme, University of Oxford, 1997

Döring, Hans-Joachim: „Es geht um unsere Existenz". Die Politik der DDR gegenüber der Dritten Welt am Beispiel von Mosambik und Äthiopien, Berlin: Links, 1999

Drathschmidt, Ursula: Portugiesischer Kulturimperialismus in Angola: ein halbes Jahrhundert „christlichen Imperiums", Saarbrücken; Fort Lauderdale: Breitenbach, 1982

Duffy, James: Portuguese Africa, Cambridge, Massachusetts: Harvard University Press, 1961

— Portugal in Africa, Harmondsworth: Penguin Books, 1962

Economist Intelligence Unit: Mozambique: Country Profile 1997/98, The Economist Intelligence Unit's country analysis, Kent: Redhouse Press Ltd., 1997

— Mozambique: EIU Country Report 1st quarter 1998, Kent: Redhouse Press, 1998

Edis, R.: Mozambique's Successful Peace Process - An Insider's View, Cambridge Review of International Affairs, vol. 9, no. 2, 1995

Egerö, Bertil: Mozambique: A Dream Undone: The Political Economy of Democracy 1975-84, Scandinavian Institute of African Studies, Uppsala, Sweden, 1987

— Mozambique and the Southern Africa Struggle For Liberation 1974-81, Current African Issues, No.5 1985, Scandinavian Institute of African Studies, Uppsala, Sweden, 1985

El-Ayouty, Yassin (Hrsg.): The Organization of African Unity after Thirty Years, Westport: Praeger Publishers, 1994

EMW (Evangelisches Missionswerk in Deutschland), in Zusammenarbeit mit dem Beratungskreis Mosambik: Mosambik, Hamburg: EMW, 1997 (Weltmission heute; 28: Länderhefte)

Engel, Ulf/Hofmeier, Rolf/Kohnert, Dirk/Mehler, Andreas: The Second Wind of Change: Demokratisierung in Afrika, 1989-95, in: Engel, Ulf/Hofmeier,

Rolf/Kohnert, Dirk/Mehler, Andreas (Hrsg.), Deutsche Wahlbeobachtung in Afrika, Hamburg: Institut für Afrika-Kunde, 1996

Engel, Ulf/Schleicher, Hans-Georg: Die beiden deutschen Staaten in Afrika. Zwischen Konkurrenz und Koexistenz 1949-1990, Hamburg: Institut für Afrika-Kunde, 1998,

Engel, Ulf/Schleicher, Hans-Georg: Thesen zur Afrikapolitik der beiden deutschen Staaten, Hamburg: Institut für Afrika-Kunde, 1997

Fagen, Richard R./Deere, Carmen Diana/Coraggio José Luis (Hrsg.): Transition and Development. Problems of Third World Socialism, New York: Monthly Press Review, 1986

Falk, Rainer/ Wahl, Peter (Hrsg.): Befreiungsbewegung in Afrika. Politische Programme, Grundsätze und Ziele von 1945 bis zur Gegenwart, Köln: Pahl-Rugenstein, 1980

Fandrych, Sabine: Konfliktmanagement und -regelung der Vereinten Nationen in Mosambik, Arbeiten aus dem Institut für Afrika-Kunde, Nr. 101, Hamburg 1998

— Versöhnung als Voraussetzung für eine dauerhafte Friedenskonsolidierung in Mosambik - Das Beispiel der Nampula-Provinz, Afrika Spectrum 30 (1995) 1: 77-83

Feix, Gerhard: Zum aktuellen Stand der Gesetzlichkeit in der Volksrepublik Mocambique, Staat und Recht (DDR), 10 (1979) S. 913-921

Finnegan, W.: A Complicated War: The Harrowing of Mozambique, Berkeley: University of California Press, 1992

Forbes Pachter, Elise: Contra-Coup: Civilian Control of the Military in Guinea, Tanzania, and Mozambique, The Journal of Modern African Studies, 20.1982,N.4, S. 595-612

Friedrich-Ebert-Stiftung (FES): Decentralisation and Municipal Administration: Description and development of ideas on some African and European models, Mozambique 1998, Länderberichte zu Angola und Mosambik

— Mocambique. Halbjahresbericht, 1. HJ 98

— Beiträge zu Versöhnung, Demokratie und Entwicklung. 10 Jahre Arbeit der Friedrich-Ebert-Stiftung in Mosambik, Bonn 1995

— Hoffnung für das südliche Afrika. Von der Konfrontation zum Dialog und zur friedlichen Entwicklung, Bericht der Internationalen Konferenz der

Friedrich-Ebert-Stiftung in Bonn, 8.-10. März 1995, Bonn, September 1995

Garnier, Christine v.: Le Mozambique et l'accord de Nkomati, Afrique. Contemporaine, 23.1984.N.131, S. 44-47

Gatter, Frank Thomas (Hrsg.): Protokolle und Generalakte der Berliner Afrika-Konferenz 1884-1885, Veröffentlichung aus dem Übersee-Museum, Reihe F, Band 20, Übersee-Museum Bremen, 1984

Gehrke, William S.: The Mozambique Crisis: A Case for United Nations Military Intervention, Cornell International Law Journal, Winter 1991, Volume 24 Number 1, S. 135-164

GKKE (Gemeinsame Konferenz Kirche und Entwicklung): Globalisierung der Solidarität. Erklärung der GKKE zum Weltwirtschaftsgipfel 1999 in Köln, Bonn 1999, GKKE-Schriftenreihe 25

Glickmann, Harvey (Hrsg.): Reconstructionist Strategies in Mozambique: How Insecurity and De-Development in Mozambique Provide an opportunity for US-USSR So-Operative Action toward Stability and Peaceful Change in Southern Africa, in: ders. (Hrsg.): Towards Peace and Security in Southern Africa, New York: Gordon and Breach Science, 1990, S. 189-203

Goncalves Fernando: Peace In Sight? Southern African Political Economy Monthly, 1992, July, S. 7-9

Goncalves Fernando: Angola: The Possible Peace, Southern Africa Political Economy Monthly, November 1996, S. 10-11

Graf, Herbert: Die Bildung und Entwicklung der Volksrepublik Mocambique - Beispiele einer neuen Qualität der Staatsentwicklung, Afrika, Asien, Afrika, Lateinamerika (DDR), 9 (1981) 2, S. 312-324

— Zur Entstehung und Entwicklung der revolutionären Staatsmacht in der Volksrepublik Mocambique, Asien, Afrika, Lateinamerika (DDR), 9 (1981) 1, S. 77-86

— Zur Staatsfrage in den Beschlüssen des III. FRELIMO-Kongresses, Staat und Recht (DDR), 26 (1977) 6, S. 607-614

Graf, Herbert/Joseph, Detlef: Volksrepublik Mocambique. Werden und Wachsen eines jungen Staates, Berlin: Staatsverlag der DDR, 1984

Günther, Konrad: Befreiung und Entwicklung im südlichen Afrika. Zu einigen Entwicklungstendenzen in der Verfassung der Völkerrechtsgemeinschaft, Festschrift I für Seidl-Hohenveldern, 1988

Hall, John A.: Consolidation of Democracy, in: David Held (Hrsg.), Prospects of Democracy, Cambridge 1993

Hall, Margaret/Young, Tom: Confronting Leviathan: Mozambique since Independence, London: Hurst&Company, 1997

— Recent constitutional developments in Mozambique, Journal of African Law, 35.1991, N.1-2, S. 102-115

Hampe, Karl Alexander: Das Staatsangehörigkeitsrecht von Spanien, Portugal und Irland, Sammlung geltender Staatsangehörigkeitsgesetze Band 11a, Frankfurt a.M., Berlin: Alfred Metzner Verlag, 1960.

Handbuch der Sowjetverfassung redigiert von Martin Fincke, Band I, Berlin: Dunckner & Humblot, 1983

Hanisch, Rolf: Demokratieexport in die Länder des Südens?, Hamburg, 1996

Hanlon, Joseph: Peace Without Profit. How the IMF blocks rebuilding in Mozambique, Oxford: James Curvey, 1997

— Is there an Africa Democracy, Internet Journal of African Studies, No. 1 April 1996, Internet: http://www.brad.ac.uk/research/ijas/contents.htm (Stand: 1.12.1999)

— Mozambique: Who Calls the Shots?, London: James Currey, 1991

— Mozambique: Revolution im Kreuzfeuer, Bonn: Informationsstelle Südliches Afrika, 1986, Edition südliches Afrika; 21, Aus dem Englischen von Erica u. Peter Fischer. Mit einem Nachwort von Ursula Semin-Panzer

— Mozambique: the revolution under fire, London: Zed Books, 1984

Harnheit-Sievers, Axel: Sozialgeschichte des Bürgerkrieges in Mosambik - Ein Workshop in Mosambik, Afrika Spectrum 30 (1995) 1: S. 85-92

Hastings, Adrian: Wiriyamu, London: Search Press, 1974

Hausmann, Hartmut: Fast das ganze Land noch ein Minenfeld: Am Tropf internationaler Hilfe, Das Parlament, Aus Politik und Zeitgeschichte, 1997, Nr. 9, S. 14

Hawrysz, Zygmunt: Zur Herausbildung des Systems örtlicher Organe der Staatsmacht in der VR Mocambique, Asien, Afrika, Lateinamerika (DDR), 10.1982, N.5, S. 892-900

Hecker, Hellmuth: Das Staatsangehörigkeitsrecht des nicht-anglophonen Afrika, Sammlung geltender Staatsangehörigkeitsgesetze, Band 39, Institut für Internationale Angelegenheiten der Universität Hamburg (Hrsg.), Frankfurt am Main: Alfred Metzner Verlag, 1982

Henrikson, Thomas H.: Mozambique: A History, London: Rex Collings, 1978

— Revolution and Counter-Revolution: Mozambique's War of Independence 1964-74, Connecticut: Greenwood Press, 1983

Herrfahrdt, Heinrich: Staatsgestaltungsfragen in Etwicklungsländern Asiens und Afrikas, Vortrag gehalten vor der Juristischen Studiengesellschaft in Karlsruhe am 11.Februar 1965, Karlsruhe: C.F.Müller, 1965

Hess, Martin: Mozambique: Fighting the Crime Wave, Africa Report (America's Leading Magazine On Africa) 1991, November-December, Volume 36, Number 6, S. 66-68

Hesse, Konrad: Die Grundzüge des Verfassungsrechts der Bundesrepublik Deutschland, 20., neubearb. Aufl., Heidelberg: Müller Verl., 1995

Heuer, Uwe-Jens (Hrsg.): Die Rechtsordnung der DDR. Anspruch und Wirklichkeit, Baden-Baden: Nomos, 1995

Heyns, Christof (compiled and edited): Human Rights Law in Africa: A Review Of National Instruments, The Centre For Human Rights, Pretoria, 1994

Hofmeier, Rolf/Schönborn, Mathias: Politisches Lexikon Afrika, 3. neubearbeit. Aufl., München: Beck, 1987

Hoffmann, Richard: Mosambik - zerrieben zwischen FRELIMO und RENAMO: Hoffen auf private Investoren, Das Parlament, Aus Politik und Zeitgeschichte 1997, Nr. 9, S. 11

Hoile, David: Mozambique, resistance and freedom. A case for reassessment, London: Mozambique Institute, 1994

— Mozambique, a nation in crisis, London: Claridge Press, 1989

Hoile, David (Hrsg.): Mozambique 1962-1993: a political chronology, London: The Mozambique Institute 1994

Holtmann, Everhard/Brinkmann, Heinz Ulrich/Pehle, Heinrich: Politiklexikon, 2. Auflage, München; Wien: Oldenbourg, 1994

Human Rights Watch: Conspicuous Destruction: War, Famine and the Reform Process in Mozambique, New York: Human Rights Watch, 1992

Human Rights Watch/Africa, Africa Watch: Mozambique: New Constitution protects basic rights, But political prisoners still suffer unfair trials, Human

Rights Watch/Africa, 1991, Volume 3 Number 3, S. 1, 11

Humbaraci, Arslan/Muchnik, Nicole: Portugal's African Wars. Angola, Guinea Bissau, Mozambique, London: Macmillan, 1974

Hume, Cameron: Ending Mozambique's War: The Role of Mediation and Good Offices, United States Institute of Peace Press: Washington, 1994

Hutschenreuter, Helga: Grundriß des Wirtschafts- und Außenwirtschaftsrechts der Volksrepublik Mocambique, Berlin (DDR) 1985

Illy, Hans F.: Staat und Verwaltung seit der Unabhängigkeit - Realitäten und Interpretationen, in: Illy, Hans F./Bryde, Brun-Otto (Hrsg.), Staat, Verwaltung und Recht in Afrika 1960-1985, Schriftenreihe der Hochschule Speyer Band 99, Berlin: Dunckner&Humboldt, 1987, S. 11-26

Institut für Afrika-Kunde, Rolf Hofmeier (Hrsg.): Afrika Jahrbuch 1988-1997. Politik, Wirtschaft und Gesellschaft in Afrika südlich der Sahara, Leske + Buderich: Opladen (zit.: Bearbeiter in Afrika-Jahrbuch, Jahr, S.)

Institut für Theorie des Staates und des Rechts der Akademie der Wissenschaften der DDR (Hrsg.): Marxistisch-leninistische Staats- und Rechtstheorie. Lehrbuch, 3. bearbeitete Aufl., Staatsverlag der DDR, Berlin 1980, (zit.: Bearbeiter in: Hrsg., Titel, S.)

Institut für Wissenschaftliche Zusammenarbeit Tübingen: Focus: transition to democracy, Law and State 49/50, Tübingen 1994

International Peace Academy: Southern Africa: Prospects for Peace and Security, IPA Report No. 25, Dordrecht, Boston, Lancaster: Martinus Nijhoff Publishers, 1987

International Peace Academy: Southern Africa in crisis, IPA Report No. 28

Internationales Afrikaforum: Quartalshefte, Köln: Weltforum Verlag

Issacman, Allen F.: The Tradition of Resistance in Mozambique, The Zambesi Valley 1850-1921, Berkley and Los Angeles: University of California Press, 1976

Isaacman, Allen/Isaacman, Barbara: Mozambique: From Colonialism to Revolution, 1900-1982, Boulder, Colorado/Hampshire, England: Westview Press, Inc./Gower Publishing Company Ltd., 1983

— Creating a new legal system, Africa Report (America's Leading Magazine On Africa) vol. 26 (Jan.-Feb. 1981), S. 19-22

Isaacs, Dan: Mozambique: Fulfilling a Dream, Africa Report (America's Leading Magazine On Africa), January-February 1995, S. 13-21

Isensee, Josef/Kirchhof, Paul (Hrsg.): Handbuch des Staatsrechts der Bundesrepublik Deutschland, Heidelberg: Müller, Jur. Verl., 1987, (zit.: Bearb in: Hrsg., Handbuch des Staatsrechts, S.)

ISSA (Informationsstelle Südliches Afrika e.V.): Dokumente des 3.Kongresses der FRELIMO, issa - wissenschaftliche Reihe 8, issa: Bonn, 1978

Jacob, Ernst Gerhard: Grundzüge der Geschichte Portugals und seiner Übersee-Provinzen, Wissenschaftliche Buchgesellschaft Darmstadt, 1969

Jacobson, Ruth: Gender and Democratisation: The Mozambican Election of 1994, Internet Journal of African Studies, No. 1 April 1996, Internet: http://www.brad.ac.uk/research/ijas/rjijasel.htm (Stand: 1.12.1999)

James, W Martin: A political history of civil war in Angola 1974-1990: W. Martin James III, New Brunswick: Transaction Publishers, 1992

Jett, Dennis: Cementing Democracy: Institution Building in Mozambique, The South African Journal of International Affairs, 1996 Volume 3 Number 2, S. 1- 12

Joseph, Detlef: Zur Staats- und Rechtsentwicklung in der VR Mocambique, Asien, Afrika, Lateinamerika (DDR), 17 (1989) 4, S. 667-682

— Zum Gesetz über den Schutz der Wirtschaft in der Volksrepublik Mocambique, Staat und Recht (DDR), 32 (1983) 2, S. 140-145

— Zur Rechtsentwicklung in der Volksrepublik Mocambique, Staat und Recht (DDR) 30 (1981), 5, S. 441-449

Jung, Helmut: Aktuelle sozialökonomische Programme und staatsrechtliche Konzeptionen in der Volksrepublik Angola und in der Volksrepublik Mocambique, Aktuelle Beiträge der Staats- und Rechtswissenschaft, Heft 384, Potsdam-Babelsberg: Akademie für Staats- und Rechtswissenschaft der DDR, 1989

Kahl, Joachim F.: Pro und kontra Portugal. Der Konflikt um Angola und Mosambik, Stuttgart: Seewald, 1972

Kaltenborn, Markus: Rechtsgrundlage und aktuelle Entwicklungstendenzen der regionalen Wirtschaftsintegration in Subsahara-Afrika, ZaöRV 59/1, 1999, S. 213-239

Kaplan, Irving: Angola, a country study, sec. edition, areas handbook series, Washington: The American University, 1979

Kappeler, Dietrich: Angola und Mosambik nach vier Jahren Unabhängigkeit, EA, 34.1979, N.8, S. 243-250

Kapungu, L.T.: Southern Africa and the role of SADCC in subregional developments, The Organisation of African Unity after thirty years, 1994, S. 43-51

— The OAU's support for the liberation of Southern Africa, The Organisation of African Unity after ten years, 1975, S. 135-151

Kaltenborn, Markus: Rechtsgrundlagen und aktuelle Entwicklungstendenzen der regionalen Wirtschaftsintegration in Subsahara-Afrika, ZaöRV 59/1, 1999, S. 213-239.

Keehan, Timothy E.: The Legal System of Mozambique, in: Redden Kenneth Robert (Hrsg.), Modern Legal Systems Cyclopedia, Volume 6 Africa, S. 6.370.1-30, William S. Hein & Co. Law Publisher, Buffalo, New York, 1990

Keller, Edmond J.: Liberalization, democratization and democracy in Africa: Comparative perspective, Africa Insight 1995, Volume 25 Number 4, S. 224, 230

Kießwetter, Antje: Die Verfassungsentwicklung in Namibia, Frankfurt am Main: Lang, 1993

Kimminich, Otto: Einführung in das Völkerrecht, 5. Aufl., Tübingen, Basel: Francke, 1992

Kingsley-Nyinah, M.: Reflections on the institution of asylum, refugee criteria, and irregular movements in Southern Africa, International Journal of Refugee Law, vol.7 (1995)

Kirsten, Johan/Bester, Marius: Political-constitutional change in Angola and Mozambique since independence: a comparative perspective, politeia - Journal of the department of Political Sciences and Public Administration, 1997 Vol 16 No 2, S. 50-59, Pretoria: UNISA Press, Business Section, 1997

Ki-Zerbo, Joseph: Die Geschichte Schwarz-Afrikas, aus dem Französischen von Elke Hammer, Frankfurt a.M.: Fischer, 1981

Klug, Heinz J.: The South African Judicial Order and the Future: A Comparative Analysis of the South African Judicial System and Judicial Transitions in Zimbabwe, Mozambique, and Nicaragua, Hastings International and Comparative Law Review, 1988, Volume 12 Number 1, S. 173, 234

KKM (Koordinierungskreis Mosambik e.V.): Mosambik-Rundbrief, Quartalhefte, Nrn. 34, 42, 46, 48, 50/51, 52, Bielefeld

Kopfmüller, Simone: Politische Ideen der Unabhängigkeitsbewegung, Informationen zur politischen Bildung Nr. 264/1999, S. 35-37

Kößler, Reinhart: Zwischen Rationalität und „Anarchie“: Beobachtung zu Plan und Markt im sowjetischen Modell und in der Erfahrung Mosambiks, S. 35-48

Kreile, Renate: Politisierung von Ethnizität in Afrika, Aus Politik und Zeitgeschichte, Beilage zur Wochenzeitung Das Parlament, Aus Politik und Zeitgeschichte, 1997, Februar, B 9, S. 12, 18

Kress, Albin/Petzold, Siegfried: Volksrepublik Angola: Aufbruch in eine neue Zeit, Berlin: Staatsverlag der DDR, 1985

Kuehne, Winrich: Südafrika und seine Nachbarn, Durchbruch zum Frieden?: zur Bedeutung der Vereinbarung mit Mozambique und Angola vom Frühjahr 1984, 1. Aufl., Baden-Baden: Nomos Verlagsgesellschaft, 1985

Kunig, Philipp: Das völkerrechtliche Nichteinmischungsprinzip. Zur Praxis der Organisation der afrikanischen Einheit (OAU) und des afrikanischen Staatenverkehrs, 1. Aufl., Baden-Baden: Nomos, 1981

Lewis, Joanna: Angola 1995: The Road To Peace, International Relations, Volume XIII, Number 1, April 1996, S. 81-98

Lindholt, Lone: Questioning the Universality of Human Rights. The African Charter on Human Rights and Peoples' Rights in Botswana, Malawi and Mozambique, Aldershot; Brookfield: Ashgate Publ.; Dartmouth Publ., 1997

Lucius, Robert von: Renamo gibt Boykott auf, FAZ vom 11.1.2000, S. 7

— Renamo zweifelt Wahlergebnis an, FAZ vom 8.1.2000, S. 7

— Regierung in Namibia siegesgewiss, FAZ vom 30.11.1999, S. 8

— Aus Fehlern nichts gelernt. Die trübe Bilanz der Friedenseinsätze in Somalia, Ruanda und Angola, FAZ vom 29.9.1999, S. 12

— Afrikas Staatschefs wollen eigene Fehler korrigieren, FAZ vom 16.7.1999, S. 6

— Afrika zwischen Selbstkritik und Zuversicht, FAZ vom 13.7.1999, S. 8

— Eine afrikanische Renaissance, FAZ vom 12.6.1999, Nummer 133, S. III

— Nach dem Bürgerkrieg. Die ehemaligen Kriegsgegner in Mocambique wollen eine neue Verfassung verabschieden, FAZ vom 9.4.1999

— Samora Machel doch ermordet? FAZ vom 22.6.1998, S. 6

Macamo, Elísio: Kommunalwahlen oder Politikverdrossenheit als Sportart? Mosambik-Rundbrief Nr. 50/51, S. 9.

Machel, Samora: Wir stehen vor einem harten Kampf, horizont (sozialistische Wochenzeitung für internationale Politik und Wirtschaft, Berlin/DDR) 1975, Nr. 32, S. 25

— Der Sinn unseres Kampfes in Mocambique, Asien, Afrika, Lateinamerika (DDR), 1974, S. 104

Macqueen N.: Die Öffnung der Außenpolitik Mosambiks, EA, vol. 39, 1984, S. 91-98

Mährdel, Christian (Hrsg.): Afrika: Geschichte von den Anfängen bis zur Gegenwart. Teil 3. Vom zweiten Weltkrieg bis zum Zusammenbruch des imperialistischen Kolonialsystems, Köln: Pahl-Rugenstein, 1983

Maier, Karl: Out-manoeuvring Renamo: The motives behind Mozambique's new constitution, Southern African Political Economy Monthly 1991, February, S. 11-12

— Mozambique: The Quiet Revolution, Africa Report (America's Leading Magazine On Africa), November-December 1990, S. 39-42

— Mozambique: A Traditional Revival, Africa Report (America's Leading Magazine On Africa), July-August 1991, S. 65-67

Mair, Stefan: Staatliche Unabhängigkeit seit Ende der fünfziger Jahre, Informationen zur politischen Bildung Nr. 264/1999, S. 17-18

— Weg zur Demokratie in den neunziger Jahren, Informationen zur politischen Bildung Nr. 264/1999, S. 41-44

— Klientelismus als Demokratiehemmnis in Afrika, EA 8/1994, S. 231-238

Makinda, Samuel M.: Demokratie und Entwicklung in Afrika, EA, Vol. 48 (1993), S. 567-576

Mandaza, Ibbo: Southern Africa in the 1990s, Resolving the South African (National) Question, Southern African Political Economy Monthly, May 1991, S. 4-13

Mann, Kirstin/Roberts, Richard (Hrsg.): Law in Colonial Africa, Portsmouth: Heinemann, 1991

Mardek, Helmut: Die Volksrepublik Mocambique - eine neuer antiimperialistischer Rechtsstaat. Bemerkungen zur Verfassung, Asien, Afrika, Lateinamerika (DDR), 5 (1975) 3, S. 971-976

— Die Verfassung der Volksrepublik Mocambique - ein programmatisches antiimperialistisches Rechtsdokument, Staat und Recht (DDR), 24.1975, N.11/12, S. 1552-1561

Maslowski, Rudi: Der Skandal Portugal. Land ohne Menschenrechte, München: Carl Hanser, 1971

Massingue, Maria Cremilda: Mozambique. Politics and religion, Southern Africa Political Economy Monthly, 1997, February, S.16-17

— Mozambique: Riding On A Crime Wave, Southern Africa Political Economy Monthly, November 1996, S. 12-13

Matthies, Volker: Zwischen Erfolg und Fehlschlag. Die Friedensmissionen der Vereinten Nationen in Afrika, Vereinte Nationen 3/1995, S. 105-112

Matlosa, Khabele: Multi-partyism versus democracy in Southern Africa, VRÜ, vol. 25, 1992, S. 327-340

Mazrui, Ali A.: Afro-Renaissance, Hoffnung im postkolonialen Afrika, Internationale Politik, 1996, 9, S. 11-18

Mazula, Brazão (Hrsg.): Mozambique: Elections, Democracy and Development, 1996

Mehler, Andreas: Staatsformen und Regierungssysteme, Informationen zur politischen Bildung Nr. 264/1999, S. 34-35

Meinhardt, Heiko: Politische Transition und Demokratisierung in Malawi, Hamburg: Institut für Afrika-Kunde, 1997

Meldrum, Andrew: Mozambique: On Deadly Ground, Africa Report (America's Leading Magazine On Africa), July/August 1994, S. 55-57

— Mozambique: Repatriating The Refugees, Africa Report (America's Leading Magazine On Africa), March/April 1994, S. 47-49

Menzel, Wolfgang/Lieberam, Ekkhard/Meister, Roland: Staatsrecht bürgerlicher Staaten, 2. überarb. u. erg. Aufl., Berlin: Staatsverlag der DDR, 1986

Merkel, Wolfgang: Systemtransformation, Opladen: Leske + Buderich, 1999

— Gibt es einen Königsweg in der Transformationsforschung? in: ders. (Hrsg.), Systemwechsel 1. Theorien, Aufsätze und Konzepte der Transitionsforschung, S. 85f.; Opladen: Leske + Büderich 1996

Metz, Steven: The Mozambique National Resistance and South African Foreign Policy, 85.1986, N.341, S. 491-507

Meurer, Renate: Friedensprozeß in Mosambik - ein Vorbild für die anderen afrikanischen Staaten? Wissenschaftliche Dienste des deutschen Bundestages 148/97, Bonn 1997

Meyns, Peter: Die „Entwicklungsgemeinschaft des südlichen Afrika" nach der Apartheid - neue Ziele, alte Probleme, VRÜ 31 (1998) S. 171-194.

— Parlaments- und Präsidentschaftswahlen in Mocambique (27.-29.10.1994), in: Engel/Hofmeier/Kohnert/Mehler (Hrsg.), Deutsche Wahlbeobachtung in Afrika, 2. Aufl., Hamburg: Institut für Afrika-Kunde, 1996, S. 132-144

— Grenzen der internationalen Wahlbeobachtung - Anmerkung eines Wahlbeobachters in Mosambik, Afrika Spectrum, 30 (1995) 1: S. 35-47

— Einleitung: Ein neuer Anfang für das portugiesischsprachige Afrika in: Peter Meyns (Hrsg.), Demokratie und Strukturreformen im portugiesischsprachigen Afrika. Die Suche nach einem Neuanfang, Freiburg (Breisgau): Arnold-Bergstraesser-Inst., 1992

— Befreiung und nationaler Wiederaufbau von Mozambique. Studien zu Politik und Wirtschaft 1960-1978, Arbeiten aus dem Institut für Afrika-Kunde 18, Hamburg 1979

Mhone, Guy: Mozambique: Structural Adjustment in a War Economy, Southern African Political Economy Monthly, 1992, July, S. 14-17

Möller, Detlef: Zur rechtlichen Regelung der staatlichen Wirtschaftstätigkeit in der Volksrepublik Mocambique - Struktur und Arbeitsweise staatlicher Unternehmen, Asien, Afrika, Lateinamerika (DDR) 11 (1993) 1, S. 100-112

Mondlane, Eduardo C.: The Struggle for Mozambique, London: Zed Press, 1983

— Kampf um Mosambik, Berlin: Dietz Verlag, 1973

— The Struggle for Independence in Mozambique, in: John A. Davis and James K. Baker (Hrsg.) Southern Africa in Transition, Frederick A. Praeger, Publishers: New York, London, 1966, S. 197-210

Mozambique, Angola and Guiné Information Centre: Principles of Revolutionary Justice, The Constitution, Documents on Law and State in the People's Republic of Mozambique, State Papers and Party Proceedings, Series (1979) Number 2, Mozambique, Angola and Guiné Information Centre,

London (1979)

Mozambique Institute: The 1990 Frelimo Mozambican Constitution: Law or Party Politics, Constitutional Comments No.1, London: Mozambique Inst., 1991

Mozambique Inview: Frelimo in „novel" hands, Mozambique Inview, The Inside Report and Analysis, Twice Monthly, on political and economic developments in Mozambique, 1995, August, Number 28, S. 1-3

Mozambique News Agency: AIM (Agência Informação Moçambique) Reports, Internet: http://www.poptel.org.uk/mozambique-news

Mozambique News Agency: Mozambiquefile: A Mozambique News Agency Monthly, Editor: Paul Fauvet, 1994, 1995, Maputo

Müller-Blattau, Beate: Julieta und die Stille des Todes, Mosambik: Vom Krieg gegen die Kinder, Reinbeck bei Hamburg: Rowohlt, 1990

Mugabe, Robert: Struggle for Southern Africa, Foreign Affairs, vol. 66 (1988), S. 311-327

Munslow, Barry (Hrsg.): Samora Machel: An African Revolutionary, London: Zed Books, 1985

Mutschler, Rudolf: Reintegrationsprogramme in Mosambik: erste Erfolge und neue Schwierigkeiten, Afrika Spectrum 30 (1995) 2: S. 194-205

Nabudere, Dan Wadada: Der Niedergang des neokolonialen Staates in Afrika, Vereinte Nationen, 32.1984, Nr. 4, S. 124-128

Nelson, Harold D.: Mozambique. a country study, Area handbook series, Research completed April 1984, Third Edition 1984; First Printing 1985, Washington D.C.: U.S. Government Printing Office

Newitt, Malyn: A History Of Mozambique, London: Hurst & Company, 1995

Niemann, Rolf: Zur Lage im südlichen Afrika, Politik & Zeitgeschichte 1977, N. B 21, S. 3-17

Nilsson, Anders: Die Mosambikanische Contra. Die RENAMO und ihr europäisches Recht, Bielefeld, Bonn 1993

Nohlen, Dieter: Mehr Demokratie in der Dritten Welt? Über Demokratisierung und Konsolidierung der Demokratie in vergleichender Perspektive, Aus Politik und Zeitgeschichte, 38, Nr. 25-26, 1988, S. 3-18

Nuscheler, Franz/Ziemer, Klaus: Politische Herrschaft in Schwarzafrika. Geschichte und Gegenwart, München: Beck, 1980

Oehrlein, Josef: Die Verfassung als Wundermittel. Lateinamerikanische Politiker ändern Gesetze nach Belieben, FAZ vom 5.6.1999.

Ofosu-Amaah, G.K.A: The Accord of Nkomati: International Law and the African Struggle against Apartheid, Jahrbuch für Afrikanisches Recht, Band 5, 1984, S. 117-135, 245-249

Okoth-Ogendo: Constitutionalism without constitutions: The challenge of reconstruction of the state in Africa, in: sanders instituut, Constitutionalism in Africa: A Quest for Autochtonous Principles, SI-EUR-reeks, deel 10, Rotterdam 1996

Ottaway, Marina: Mozambique: From Symbolic Socialism to Symbolic Reform, The Journal of Modern African Studies, 26, 2 (1988), S. 211-226

Owusu, Maxwell: Democracy and Africa - a View from the village, The Journal of Modern African Studies, 30, 3 (1992), S. 369-396

Paczolay, Peter: Constitutional transition and legal continuity, Connecticut Journal of International Law, vol. 8 (92-93), S. 559-574

Paul, John: Mozambique: Memoirs of a Revolution, Harmondsworth, Middlesex, England: Penguin Books Ltd., 1975

Pech, Khareen: Up, up and away. Mozambique is back, New African, October 1999, No. 378, S. 28-29.

Pereira, Anthony W.: The Neglected Tragedy: The Return To War In Angola, 1992-3, The Journal Of Modern African Studies, March 1994, Volume 32 Number 1, S. 1-28

Peterson, David: Finding African Solutions to African Problems, The Washington Quarterly, Cambridge, MA. J.21 Nr.3, Sommer 1998, S. 149-158

Pitcher, Anne M.: Chiefs, Bosse, Baumwolle. Beobachtungen aus dem ländlichen Nampula, Übersetzung aus dem Englischen: Ernestine Leutgeb, Mosambik-Rundbrief Nr. 46, S. 9-12

Plank, David N.: Aid, Debt, and the End of Sovereignty: Mozambique and Its Donors, The Journal of Modern African Studies, 31, 3 (1993), S. 407-430

Prinstoo, M.W.: Recognition and application of indigenous law in Zaire, Rwanda, Burundi and Lusophone Africa, Tydskrif vir die Suid-Afrikaanse Reg 1993, N.4, S. 541-551

Przeworski, Adam: Democracy and the Market, Cambridge 1991

Rabl, Kurt: Die gegenwärtigen Hauptprobleme des Verfassungsrechts der afrikanischen Staaten südlich der Sahara, Juristische Blätter 1989, S. 509-520

Ramos, Jose: Justice illusive in Mozambique, A Lawyers For Human Rights National Directorate Publication (LHR Rights), 1995, Vol.2 December, S. 22-23

Räther, Frank: Ein Land versinkt. Die Menschen in Mosambik können nur aus der Luft gerettet werden, doch es gibt zu wenig Hubschrauber und viele Opfer haben kaum noch Hoffnung, Berliner Zeitung vom 3.3.2000, S. 3

Redden (Hrsg.): Modern Legal Systems Cyclopedia, William S. Hein & Co. Law Publisher, Buffalo, New York, 1990

Resolutionen zum Selbstbestimmungsrecht der Völker: Die Vereinten Nationen und ihre Spezialorganisationen 3/II, Berlin: Rudolf Haufe Verlag, 1990

Regendanz, W.: Nyassland, Band I., Magdeburg-N.: R. Zacharias, 1918

Révész, László: Die Verfassungen von Angola und Mosambik. Beispiele für Gesetzes-Imperialismus der UdSSR, SOI-Sonderdruck 17, Schweizerisches Ost-Institut, Bern

Riley, Stephen: The Democratic Transition in Africa: An End to the One-Party State? Conflict Studies 245, London: Research Institute for the Study of Conflict and Terrorism, 1991

Riley, Stephen: Afrika im Wandel, EA 14/1992, S. 413-420

Richter, Roland: Flüchtlingsfragen in Afrika. Zwangsemigration im Rahmen größerer Entwicklungsprozesse, 1. Aufl., Baden-Baden: Nomos, 1992

Rogge, Hartwig: Die Verfassungen des afrikanischen Einparteienstaates: Eine vergleichende Untersuchung der verfassungsrechtlichen Institutionalisierung der Einheitspartei in den afrikanischen Staaten südlich des Sahara, Darstellung zur Auswärtigen Politik, hrsg. von Prof. Dr. Herbert Krüger, Band 14, Hamburg: in Kommission beim Alfred Metzner Verlag, Frankfurt/Main, 1974

Roggemann, Herwig: Die DDR-Verfassungen: Einführungen in das Verfassungsrecht der DDR; Grundlagen und neuere Entwicklung, 4., neu bearb. u. erw. Aufl., Berlin: Berlin-Verl. Spitz, 1989

— Die DDR-Verfassungen, 3., übearb. u. erw. Aufl., Berlin: Berlin-Verlag, 1980

Rotberg, Robert I.: Africa's Mess, Mugabe's Mayhenn, Foreign Affairs, September/October 2000, Vol. 79, No. 5, S. 47-61

Rüb, Friedbert W.: Die Herausbildung politischer Institutionen in Demokratisierungsprozessen, in: Wolfgang Merkel (Hrsg.), Systemwechsel 1. Theorien, Aufsätze und Konzepte der Transitionsforschung, Przeworski, Democracy and the Market, Opladen: Leske + Büderich 1996, S. 85f.

SAIIA (South African Institute of International Affairs): Some observations on Mozambique since independence - Update 4, Southern African Update, April 1991, volume 6 number 1, S. 101-106, Johannesburg: SAIIA, 1991

Sachs, Albie: Changing the terms of the debate: a visit to a popluar tribunal in Mozambique, Journal of African Law, Vol 28. (1984) J.A.L. S. 99-108

Sachs, Albie/Welch, Gita Honwana: Liberating the Law: creating popular justice in Mozambique, London New Jersey: Zed Books, 1990

Saul, John S. (Hrsg.): A Difficult Road: The Transition to Socialism in Mozambique, New York: Monthly Review Press, 1985

Schaedel, Martin: „Eingeborenen-Arbeit: Formen der Ausbeutung unter der portugiesischen Kolonialherrschaft in Mosambik, Köln: Pahl-Rugenstein, 1984

Schaeffer, Eugène: Die Entwicklung des afrikanischen Rechts zwischen Tradition und Entfremdung, Jahrbuch für afrikanisches Recht, Band 2, 1981, S. 107-117

Schillinger, Barbara/Unger, Karl (Hrsg.): Angola, Guinea, Mocambique: Dokumente und Materialien des Befreiungskampfes der Völker Angolas, Guineas und Mocambiques, Frankfurt am Main: Verlag Marxistische Blätter GmbH, 1971

Schleicher, Hans-Georg: Die DDR im südlichen Afrika, Mosambik-Rundbrief Nr. 34, 2/1994, S. 16-19.

Schmidt, Siegmar: Wie ist in Afrika wieder „Staat zu machen“? Überlegung und Thesen zur aktuellen Diskussion um den Staat in Afrika, Internationales Afrikaforum 1999, S. 257-272

— Demokratisierungsprozesse in Afrika, in: Wolfgang Merkel (Hrsg.), Systemwechsel 1. Theorien, Aufsätze und Konzepte der Transitionsforschung, Opladen: Leske + Büderich, 1996

Schmitt, Carl: Verfassungslehre, 1928, 4., unveränderte Aufl., Berlin: Duncker & Humblot, 1965

Schneppen, Heinz: Afrikas künstliche Grenzen: Koloniale Erblast oder Gebot der Vernunft?, VRÜ 31 (1998), S. 317-342.

Schoeller, Wolfgang: Nach Nkomati: Mosambik in den Zwängen von Außenpolitik und Außenwirtschaftsbeziehungen, Vereinte Nationen, 33.1985, N.1, S. 19-22

Schroeder, Werner: Verfassungs- und völkerrechtliche Aspekte friedenssichernder Bundeswehreinsätze - BVerfG, NJW 1994, 2207, JuS 1995, 399

Schröer, Herbert: Frelimo und Industriearbeiter in postkolonialen Konflikten: Zur Politik der mosambikanischen Befreiungsbewegung seit ihrer Machtübernahme, Saarbrücken, Fort Lauderdale: Breitenbach, 1983, Sozialwissenschaftliche Studien zu internationalen Problemen, Band 86

Schweitzer, Michael: Staatsrecht III, Staatsrecht, Völkerrecht, Europarecht, 6. Aufl., Heidelberg: CFMüller, 1997

Shivji, Issa G.(Hrsg.): State and Constitutionalism. An African Debate on Democracy, Human Rights and Constitutionalism Series, No.1, published by Southern Africa Political Economy Series Trust, Zimbabwe 1991

Simma, Bruno: Charta der Vereinten Nationen: Kommentar, München: Beck, 1991

Simpson, Mark: Foreign and Domestic Factors in the Transformation of Frelimo, The Journal of Modern African Studies, 31, 2 (1993), S. 309-337

Simpson, Mark/Alden, Chris: Mozambique: a Delicate Peace, The Journal of Modern African Studies, 31, 1 (1993), S. 109-130

Sinjela, Mpazi: United Nations Peacekeeping Role: The Angolan Experience, Africa Yearbook of International Law, 2.1994, S. 47-70

SIPRI (Stockholm International Peace Research Institute): Southern Africa: South Africa - Angola - Mozambique - War Termination: going from war to peace, SIPRI Yearbook 1993, S. 112-118, New York: Oxford University Press, 1993

Staatsverlag der DDR (Hrsg.): Rechtslexikon, Berlin: Staatsverlag der DDR, 1988

Stephanie, Geoffrey: Verfassung der Volksrepublik Mozambique vom 20.6.1975, Verfassungstexte, Beilage zu Verfassung und Recht in Übersee, Heft 2/1976, Baden-Baden: Nomos, 1974-1979

Stern, Klaus: Das Staatsrecht der Bundesrepublik Deutschland, Band I, 2. völlig neubearbeitete Aufl., München: Beck, 1984

Strandes, Justus: Die Portugiesenzeit von Deutsch- und Englisch-Ostafrika, Berlin: Verlag von Dietrich Reimer, 1899

Südwind (Institut für Ökonomie und Ökumene)/KKM (Koordinierungskreis Mosambik): Schulden statt Solidarität? - Ex-DDR-Forderungen an hochverschuldete arme Länder - eine besondere Herausforderung der Bundesrepublik, Dokumentation, Südwind Texte 8, Siegburg; Bielefeld, 1998

Synge, R.: Mozambique: UN Peacekeeping in Action, Washington, D.C.: US Institute of Peace Press, 1997

Tartter, Jean R.: Governments and Politics, Mozambique, a country study, ed. by Harold D. Nelson, Foreign Area Studies, The American University, 1984, S. 182-201, 233

Tetzlaff, Reiner: Afrika zwischen Demokratisierung und Staatsverfall, Aus Politik und Zeitgeschichte, Bonn B 21/98. 15.Mai 1998. S. 3-15

Tetzlaff, Reiner/Engel, Ulf/Mehler, Andreas (Hrsg.): Afrika zwischen Dekolonisation, Staatsversagen und Demokratisierung, Hamburg: Institut für Afrika-Kunde, 1995

Thomashausen, André E.A.M.: The Influence of Constitutional Change on Local Government: Lessons Learned in Mozambique, in: Local Government in Transition in South Africa: A Comparative Perspective, Conference 10 & 11 September 1992, Pretoria: University of South Africa, 1992

— People's Courts in Mozambique, unpublished paper, read at the „Workshop on New Approaches in Respect of the Administration of Justice", held on 10 July, 1987 at the University of South Africa Institute of Foreign and Comparative Law

— The National Resistance of Mozambique, Africa Insight Vol.13, No.2, 1983 S. 125-129

— Die revidierte Verfassung der Republik Portugal, eine Einführung, JÖR 1983, 443-506

Thompson, Carol: Kinder im Krieg, Mosambik-Rundbrief Nr. 52, Februar 1999, S. 9-11

United Nations (Hrsg.): The United Nations and Mozambique, 1992-1995, with an introduction by Boutros Boutros-Ghali, Sectretary-General of the United Nations, New York: UN, 1995

United Nations Institute for Training and Research (UNITAR) (Hrsg.): African International Legal History, ed. by A.K. Mensah-Brown, New York, 1975

U.S. Department of State: Mozambique Country Report on Human Rights Practices for 1997, Internet: http://www.state.gov/www/global/human_rights/1997_hr_reports (Stand: 15.4.1998)

Venancio, Moisés: The United Nations, Peace and Transition: Lessons from Angola, Lumiar Papers 3, Instituto de Estudos Estratégicos e Internacionais (IEEI): Lisbonne, septembre 1994

Vieira, Sergio: Democracy and Developments: Themes for a reflections on Mozambique, Southern African Political Economy Monthly (SAPEM), 1991, February, S. 18-22

Vines, Alex: RENAMO: From Terrorism to Democracy in Mozambique? (revised and updated edition), Trenton NJ: Africa World Press, 1995

— Angola and Mozambique: The Aftermath of Conflict, Conflict Studies, Research Institute for the Study of Conflict and Terrorism, 1995, May/June

— Renamo: Terrorism in Mozambique, Centre for Southern African Studies, University of York, 1991

Waller, Peter P.: Demokratische Renaissance in Afrika?, Internationale Politik 8/1999, S. 49-54

Wallerstein, Immanuel: Afrika hundert Jahre nach der Berliner Konferenz, Vereinte Nationen, 32.1984, Nr. 4, S. 113-117

Waterhouse, Rachel: Mozambique: Rising from the Ashes, An Oxfam Country Profile, Oxford: Oxfam (UK and Ireland), 1996

Wehler, Hans-Ulrich (Hrsg.): Imperialismus, Köln, Berlin: Kiepenheuer&Witsch, 1970

Weimer, Bernhard: Challenges For Democratization And Regional Development In Southern Africa: Focus On Mozambique, Regional Development Dialogue, Volume 17, Number 2, Autumn 1996, S. 32-59

— Mosambik hat gewählt: Analyse der Wahlergebnisse und Perspektiven des Wiederaufbaus, Afrika Spectrum 30 (1995) 1: S. 5-33

— Frelimo und Renamo, Onumoz und Unohac. Der Beitrag der Vereinten Nationen zum Friedensprozeß in Mosambik, Vereinte Nationen, 41.1993, N.6, S. 193-200

— Die mozambiquanische Außenpolitik 1975-1982. Merkmale, Probleme, Dynamik, Baden-Baden: Nomos-Verlagsgesellschaft, 1983

— Merkmale, Probleme, Dynamik, Baden-Baden: Nomos, 1983

Weimar, Bernhard/Fandrych, Sabine: Die Verwaltungsreform in Mosambik - ein Beitrag zu Frieden und Demokratie?, Afrika Spectrum 32 (1997) 2: 117-150

Welzel, Christian: Systemwechsel in der globalen Systemkonkurrenz, in: Wolfgang Merkel (Hrsg.), Systemwechsel 1. Theorien, Aufsätze und Konzepte der Transitionsforschung, S. 85f.; Opladen: Leske + Büderich 1996

Wenzel, Bernhard Josef: Portugal und der Heilige Stuhl. Das Portugiesische Konkordats- und Missionsrecht. Ein Beitrag zur Geschichte der Missions- und Völkerrechtswissenschaft, Lissabon 1958

Wenzel, Hans-Joachim: Flüchtlinge und Flüchtlingsintegration in Mosambik, Afrika Spectrum 30 (1995) 2: S. 205-223

Wheeler, Douglas L.: The Portuguese and Mozambique: The Past Against the Future, in: John A. Davis and James K. Baker: Southern Africa in Transition, Frederick A. Praeger, Publishers: New York, London, 1966, S. 181-196

Wilde, Martin: Schwarz und Weiß, Berlin, Berliner Missionsgesellschaft, 1913

Wolfrum, Rüdiger (Hrsg.): Handbuch der Vereinten Nationen, 2., völlig neu bearb. Aufl., München: Beck, 1991

Young, T. and Hall, M.: Confronting Leviathan: Mozambique Since Independence, London: Hurst and Co., 1997

— Recent constitutional developments in Mozambique, Journal of African Law, vol. 35 no.1+2, 1991, S. 102-115

Zacarias, Agostinho M.: Mozambique on the Road to Peace? Southern African Political and Economy Monthly, February 1991, S. 8-22

Zippelius, Reinhold: Allgemeine Staatslehre, 13. Aufl., München: Beck, 1999

Zischg, Robert: Die Politik der Sowjetunion gegenüber Angola und Mozambique, 1. Aufl., Baden-Baden: Nomos, 1990

AUGSBURGER SCHRIFTEN ZUM STAATS- UND VÖLKERRECHT

Herausgegeben von Professor Dr. Dieter Blumenwitz

Band 1 Fritz-Harald Wenig: Rechtsprobleme des innerdeutschen Handels.

Band 2 Wilfried Niedermeier: Der Beitritt der Bundesrepublik Deutschland zum Statut des Internationalen Gerichtshofes unter besonderer Berücksichtigung der obligatorischen Gerichtsbarkeit.

Band 3 Johann G. Gleich: Die Anerkennung der DDR durch die Bundesrepublik.

Band 4 Matthias Weigand: Der Vertrag über die gegenseitigen Beziehungen zwischen der Bundesrepublik Deutschland und der Tschechoslowakischen Sozialistischen Republik vom 11. Dezember 1973 - Eine völkerrechtliche Analyse.

Band 5 Werner Trützschler von Falkenstein: Die sich ändernde Bedeutung der Feindstaatenartikel (Artikel 53 und 107 der Satzung der Vereinten Nationen) für Deutschland.

Band 6 Reiner Schenk: Die Viermächteverantwortung für Deutschland als Ganzes, insbesondere deren Entwicklung seit 1969.

Band 7 Wolfgang Wagner: Die Verwirklichung der Menschenrechte im Pakt der Vereinten Nationen über bürgerliche und politische Rechte vom 16. Dezember 1966, im Grundvertrag und den ihn begleitenden Nebeninstrumenten.

Band 8 Ulrich Wacker: Der Konflikt verschiedener Rechtssysteme vor, während und nach der Kolonialzeit in Kenia.

Band 9 Wolfgang Enders: Der mexikanische Bundesstaat. Die politische und sozioökonomische Problematik eines föderalen Verfassungssystems in einem Land der "Dritten Welt".

Band 10 Heiner Hasford: Die Jurisdiktion der Europäischen Gemeinschaften. Zur extraterritorialen Wirkung des Gemeinschaftsrechts.

SCHRIFTEN ZUM STAATS- UND VÖLKERRECHT

Band 11 Wolf Dieter Remmele: Die Selbstdarstellung der Bundesrepublik Deutschland im Ausland durch den Rundfunk als Problem des Staats- und Völkerrechts.

Band 12 Elisabeth Lichtenstern: Die Gesetzgebung im Spannungsverhältnis zwischen Bund und Ländern.

Band 13 Peter Gassner: Kollektivmacht und Individualschutz im amerikanischen Arbeitsrecht.

Band 14 Helga Walter: Das Selbstverständnis des modernen Algeriens. Die historisch-nationalen und islamischen Elemente.

Band 15 Dieter Schütz: Der internationale ordre public. Der Ausschluß völkerrechtswidrigen fremden Rechts im Internationalen Privatrecht der Bundesrepublik Deutschland.

Band 16 Klaus-Peter Kißler: Die Zulässigkeit von Wirtschaftssanktionen der Europäischen Gemeinschaft gegenüber Drittstaaten.

Band 17 Rainhardt Freiherr von Leoprechting: Die neue Rohrwaffen-Artillerie-Munition im Lichte des I. Genfer Zusatzprotokolles vom 12. Dezember 1977. Zur Frage der Völkerrechtskonformität der Verteidigung der Bundesrepublik Deutschland mit modernen konventionellen Artilleriesystemen.

Band 18 Roland Steinmeyer: Die Schiffsgläubigerrechte im südafrikanischen nationalen und internationalen Privatrecht. Eine rechtsvergleichende Darstellung unter Einbeziehung des englischen und deutschen internationalen Privatrechts und unter besonderer Berücksichtigung des ordre public.

Band 19 Martin C. Ney: Der Einsatz von Atomwaffen im Lichte des Völkerrechts. Summary: The Use of Nuclear Weapons and International Law.

Band 20 Teodoro Ribera Neumann: Das chilenische Verfassungsgericht und das deutsche Bundesverfassungsgericht - Ein Rechtsvergleich -. 1985.

Band 21 Theodora Antoniou: Europäische Integration und griechische Verfassung. 1985.

Band 22 Georg Teyssen: Deutschlandtheorien auf der Grundlage der Ostvertragspolitik. 1987.

Band 23 Karin Klüpfel: Selbstbestimmung durch Assoziation. Die Assoziation als Verwirklichung des Selbstbestimmungsrechts der Völker - dargestellt am Beispiel von Puerto Rico. 1987.

Band 24 Friedrich Dehner: Die Stellung Berlins im Bundesrat. 1987.

Band 25 Thilo Morhard: Die Rechtsnatur der Übereinkommen der Internationalen Arbeitsorganisation. Zugleich ein Beitrag zur Lehre vom "soft law". 1988.

Band 26 Ralf Jahn: Ansiedlung von Einzelhandelsgroßprojekten (§ 11 Abs. 3 BauNVO 1977). Zur Frage der Bestimmtheit grundrechtsbeschränkender Eingriffsnormen. 1988.

Band 27 Wolfgang Götzer: Der völkerrechtliche Status der Donau zwischen Regensburg und Kelheim. Eine völkerrechtliche Untersuchung des Donauabschnittes Regensburg - Kelheim unter Einbeziehung der gesamten deutschen Donau. 1988.

Band 28 Michael Hakenberg: Die Iran-Sanktionen der USA während der Teheraner Geiselaffäre aus völkerrechtlicher Sicht. 1988.

Band 29 Renate Oxenknecht: Der Schutz ethnischer, religiöser und sprachlicher Minderheiten in Art. 27 des Internationalen Paktes über bürgerliche und politische Rechte vom 16. Dezember 1966. 1988.

Band 30 Raphael Quarshie Avornyo: Deutschland und Togo. (1847-1987). 1988.

Band 31 Friedrich Frhr. Waitz von Eschen: Die völkerrechtliche Kompetenz der Vier Mächte zur Gestaltung der Rechtslage Deutschlands nach dem Abschluß der Ostvertragspolitik. 1988.

Band 32 Gisela Süß: Die Zulassung von Zahnärzten aus dem EG-Bereich zur deutschen Kassenarztpraxis. Ein Beitrag zu Standort und Bedeutung der Grundrechte im Europäischen Gemeinschaftsrecht. 1988.

Band 33 Meggy Steffens: Die deutsche Ostpolitik im Spiegel publizistischer Stellungnahmen in den USA 1969-1973. 1988.

Band 34 Norbert Karl Riedel: Der Einsatz deutscher Streitkräfte im Ausland - verfassungs- und völkerrechtliche Schranken -. 1989.

Band 35 Heidi Dünisch: Der Mundatwald - Zur Bereinigung letzter Kriegsfolgenprobleme zwischen Deutschland und Frankreich.1989.

Band 36 Sabine Niedermeyer-Krauß: Kommunalwahlrecht für Ausländer und Erleichterung der Einbürgerung. Integrationsmöglichkeiten für Ausländer aus verfassungs- und europarechtlicher Sicht. 1989.

Band 37 Dirk-Hermann Voß: Regionen und Regionalismus im Recht der Mitgliedstaaten der Europäischen Gemeinschaft: Strukturelemente einer Europäischen Verfassungsordnung. 1989.

Band 38 Tilo Klinner: Satellitenfernerkundung im Völkerrecht. Inwieweit existiert ein völkerrechtlicher Datenschutz? 1989.

Band 39 Barbara Schmidt: Die Erweiterung der seewärtigen Hoheitsrechte der Bundesrepublik Deutschland und der DDR unter besonderer Berücksichtigung deutschlandrechtlicher Probleme. 1989.

Band 40 Hans-Joachim Brauns: Wiedervereinigung und europäische Integration. 1990.

Band 41 Gilbert-Hanno Gornig: Der Hitler-Stalin-Pakt. Eine völkerrechtliche Studie. 1990.

Band 42 Gudrun Lehnberger: Kommunale Entwicklungshilfe. Eine Aufgabe der Gemeinden? - Bestandsaufnahme und rechtliche Würdigung unter besonderer Berücksichtigung der bayerischen Verwaltungspraxis. 1990.

Band 43 Heike Kaup: Der Schwangerschaftsabbruch aus verfassungsrechtlicher Sicht. Eine rechtsvergleichende Untersuchung anhand des deutschen und des amerikanischen Rechts. 1991.

Band 44 Bernadette Steinmeyer: Verfassungsrechtliche Ansätze zur Neuordnung der multirassischen Gesellschaft Südafrikas unter Berücksichtigung des Vorschlages des Verhandlungsforums der "KwaZulu/Natal Indaba". 1991.

Band 45 Burkhard Schöbener: Die amerikanische Besatzungspolitik und das Völkerrecht. 1991.

Band 46 Christian Raap: Die Souveränität der Bundesrepublik Deutschland unter besonderer Berücksichtigung des militärischen Bereichs und der deutschen Einheit. 1992.

Band 47 Andrea Wagner: Der argentinisch-chilenische Konflikt um den Beagle-Kanal. Ein Beitrag zu den Methoden friedlicher Streiterledigung. 1992.

Band 48 Ralf Wittkowski: Die Staatensukzession in völkerrechtliche Verträge unter besonderer Berücksichtigung der Herstellung der staatlichen Einheit Deutschlands. 1992.

Band 49 Michael Piazolo: Das Recht auf Abtreibung als Teilaspekt des Right of Privacy. 1992.

Band 50 Silke Wenk: Das konfiszierte deutsche Privatvermögen in Polen und der Tschechoslowakei. Die Rechtslage nach Abschluß des deutsch-polnischen und deutsch-tschechoslowakischen Nachbarschaftsvertrages. 1993.

Band 51 Antje Kießwetter: Die Verfassungsentwicklung in Namibia. 1993.

Band 52 Angelika Kleffner-Riedel: Regionalausschuß und Subsidiaritätsprinzip. Die Stellung der deutschen Bundesländer nach dem Vertrag über die Europäische Union. 1993.

Band 53 Jerzy Kranz: Entre l'influence et l'intervention. Certains aspects juridiques de l'assistance financière multilatérale. 1994.

Band 54 Knut Kettwig: Rechtsgrundlagen dezentraler grenzüberschreitender Zusammenarbeit im deutsch-polnischen und deutsch-tschechischen Grenzraum. 1994.

Band 55 Ulrich Seidenberger: Die diplomatischen und konsularischen Immunitäten und Privilegien. Ein Beitrag zur Diskussion über die Reformbedürftigkeit des Diplomaten- und Konsularrechts aus staats- und völkerrechtlicher Sicht. 1994.

Band 56 Christian Schede: Bundesrat und Europäische Union. Die Beteiligung des Bundesrates nach dem neuen Artikel 23 des Grundgesetzes. 1994.

Band 57 Florian Prugger: Die Nachfolge in das Vermögen der ehemaligen DDR. Ein Beitrag zu Art. 21 ff Einigungsvertrag unter besonderer Berücksichtigung der Firma F.C. Gerlach des Bereichs Kommerzielle Koordinierung. 1994.

Band 58 Mark Zimmer: Einsätze der Bundeswehr im Rahmen kollektiver Sicherheit. Staats- und völkerrechtliche Grundlagen unter Berücksichtigung des BVerfG-Urteils vom 12.07.1994. 1995.

Band 59 Gerd von Laffert: Die völkerrechtliche Lage des geteilten Zypern und Fragen seiner staatlichen Reorganisation. 1995.

Band 60 Wolfram Schneeweiß: Die rechtliche Stellung der Indianerstämme innerhalb der Vereinigten Staaten von Amerika. Ein Modell für den Schutz der *indigenous peoples*. 1995.

Band 61 Marianne Janik: Möglichkeiten und Grenzen einer gemeinsamen Exportkontrolle für sensitive Waren und Dienstleistungen im Lichte des europäischen Gemeinschaftsrechts. 1995.

Band 62 Michael Brems: Die politische Integration ethnischer Minderheiten aus staats- und völkerrechtlicher Sicht. 1995.

Band 63 Martin Vocke: Verfassungsinterpretation und Normbegründung - Grundlegung zu einer prozeduralen Theorie der Verfassungsgerichtsbarkeit. 1995.

Band 64 Stefan von der Beck: Die Konfiskationen in der Sowjetischen Besatzungszone von 1945 bis 1949. Ein Beitrag zu Geschichte und Rechtsproblemen der Enteignung auf besatzungsrechtlicher und besatzungshoheitlicher Grundlage. 1996.

Band 65 Stephanie Baer: Der Zerfall Jugoslawiens im Lichte des Völkerrechts. 1995.

Band 66 Christine Sauerwald: Die Unionsbürgerschaft und das Staatsangehörigkeitsrecht in den Mitgliedstaaten der Europäischen Union. 1996.

Band 67 Silke Buchner: Die Rechtswidrigkeit der Taten von "Mauerschützen" im Lichte von Art. 103 II GG unter besonderer Berücksichtigung des Völkerrechts. Ein Beitrag zum Problem der Verfolgung von staatlich legitimiertem Unrecht nach Beseitigung des Unrechtssystems. 1996.

Band 68 Bernd Weiß: Einführung und Umsetzung der Europäischen Charta der kommunalen Selbstverwaltung in Deutschland, insbesondere in Bayern und Nordrhein-Westfalen. 1996.

Band 69 Gesine Katharina Neumann: Boliviens Recht auf freien Zugang zum Pazifik. Zur völkerrechtlichen Problematik des Zugangs der Binnenstaaten zum Meer. 1997.

Band 70 Elvira Pfrang: Das Verhältnis zwischen Europäischem Gemeinschaftsrecht und deutschem Recht nach der Maastricht-Entscheidung des Bundesverfassungsgerichts. Eine Studie zu den Konflikten beider Rechtsordnungen auf dem Gebiet des Grundrechtsschutzes und der Kompetenzen. 1997.

Band 71 Dieter Blumenwitz / Burkhard Schöbener: Stabilitätspakt für Europa. Die Sicherstellung mitgliedstaatlicher Haushaltsdisziplin im Europa- und Völkerrecht. 1997.

Band 72 Matthias Weinberg: Schutz der deutschen Minderheit in Polen nach den Weltkriegen. Ein Vergleich unter Berücksichtigung der aktuellen Rechtslage. 1997.

Band 73 Reinhard Müller: Der "2+4-Vertrag und das Selbstbestimmungsrecht der Völker. 1997.

Band 74 Stefan Strobl: Das Nichtverbreitungsregime für Kernwaffen nach 1995 und der freie Zugang zu nuklearen Technologien und Materialien. 1997.

Band 75 Christine Weber: Das Gegenzeichnungsrecht unter besonderer Berücksichtigung der Verfassung des Fürstentums Liechtenstein. 1997.

Band 76 Stephan Semrau: Die Gemeinsame Außen- und Sicherheitspolitik der Europäischen Union. 1998.

Band 77 Marcus Schultz: Die Auslandsentsendung von Bundeswehr und Bundesgrenzschutz zum Zwecke der Friedenswahrung und Verteidigung. Völker- und verfassungsrechtliche Analyse unter besonderer Berücksichtigung der Entscheidung des Bundesverfassungsgerichtes zum Einsatz deutscher Streitkräfte vom 12. Juli 1994. 1998.

Band 78 Benedikt P. Kuttenkeuler: Die Verankerung des Subsidiaritätsprinzips im Grundgesetz. Ein Beitrag zur Bedeutung des Subsidiaritätsprinzips für die Kompetenzabgrenzung im Bundesstaat. 1998.

Band 79 Winfried Bausback: Verfassungsrechtliche Grenzen des Wahlrechts zum Deutschen Bundestag. 1998.

Band 80 Elvira Pfrang: Towards Liberalisation of the European Electricity Markets. The Directive concerning Common Rules for an Internal Market in Electricity in the Frame of the Competition and Internal Market Rules of the EC-Treaty. 1999.

Band 81 Alexander Wolf: Prozessuale Probleme des „Maastricht"-Urteils des Bundesverfassungsgerichts. 1999.

Band 82 Jürgen Bartl: Die humanitäre Intervention durch den Sicherheitsrat der Vereinten Nationen im "Failed State". Das Beispiel Somalia. 1999.

Band 83 Thomas Gnielinski: Die Reform des deutschen Staatsangehörigkeitsrechts. Eine Analyse und Bewertung der vorliegenden Gesetzesvorhaben. 1999.

Band 84 Margarita González: Der völkerrechtliche Status des Panamakanals nach Ablauf der Übergangszeit im Jahr 1999. 2000.

Band 85 Petra Johnen: Die Verfassungsentwicklung Südafrikas unter besonderer Berücksichtigung der verfassunggebenden Gewalt des Volkes. 2001.

Band 86 Markus Allstadt: Die offene Völkerrechtslage im deutsch-tschechischen Verhältnis und ihre Bedeutung für die Osterweiterung der Europäischen Union. Zugleich Überlegungen zu den Auswirkungen zwingenden Völkerrechts in der Vertriebenenfrage. 2000.

Band 87 Gerrit Aschmann: Europol aus Sicht der deutschen Länder. 2000.

Band 88 Mark Weber: Der Berlin-Status im intertemporalrechtlichen Konflikt. Dargestellt am Beispiel von Grundstücksenteignungen im Ostteil Groß-Berlins. 2001.

Band 89 Heidi Hellwig: Die Staatsangehörigkeit als Anknüpfung im deutschen IPR. Unter besonderer Berücksichtigung des Gesetzes zur Reform des Staatsangehörigkeitsrechts. 2001.

Band 90 Aline Bruer-Schäfer: Der Internationale Strafgerichtshof. Die Internationale Strafgerichtsbarkeit im Spannungsfeld von Recht und Politik. 2001.

Band 91 Andreas Rosenfeld: Die Verfassungsentwicklung von Mosambik. Ein Beitrag zur rechtsstaatlichen Transformation im südlichen Afrika. 2001.

FSC
www.fsc.org
MIX
Papier | Fördert gute Waldnutzung
FSC® C083411

Kolibri 360 GmbH
Ferdinand-Jühlke-Straße 7
99095 Erfurt, Deutschland
produktsicherheit@kolibri360.de

Druck:
CPI Druckdienstleistungen GmbH
im Auftrag der
Kolibri 360 GmbH
Ferdinand-Jühlke-Str. 7
99095 Erfurt